KB220031

한국 여성 종교인의 현실과 젠더 문제

| 종교학총서 11 |

한국 여성 종교인의 현실과 젠더 문제

서강대 종교연구소 엮음

조승미 박혜훈 최혜영 임희숙
박미현 차옥숭 조은수 이숙진
강혜경 우혜란 함께 씀

동연

책을 펴내며

현대 한국의 다양한 종교 교단에는 적지 않은 수의 여성 성직자들이 포함되어 있다. 불교의 비구니와 가톨릭의 수녀 그리고 원불교의 여성 교무와 같은 독신 위주의 여성 성직자들뿐만 아니라, 개신교 여성 목사와 성공회 여성 사제, 그 밖에 무속의 여성 만신도 빼놓을 수 없는 한국의 주요 여성 종교인이다. 이들은 서로 다른 명칭만큼이나 소속된 교단의 현실 조건이 다르기에 활동과 역할 면에서 차이가 나지만, 각 교단의 가부장적 구조 아래서 여전히 소외된 위치에 놓여 있다는 점에서는 유사한 점이 많다.

그런데 이들 여성 종교인의 주변성은 현실 종교에서뿐만 아니라 종교연구 영역에서도 양상이 비슷하다. 종교와 여성을 다룬 연구가 적지 않게 발표되었지만, 여성 종교인에 초점을 맞춘 경우는 매우 드물기 때문이다. 또한 개별 종교별로는 최근 여성 성직자의 현황과 역사 연구가 조금씩 늘어나고 있는 것을 볼 수 있지만, 이 경우에도 대부분 교단 내부의 시야에 제한되어 있어 한국의 종교라고 하는 거시적인 관점에서 바라보는 여성 문제, 그리고 여성 종교인의 현실 조명이 아쉬운 상황이었다.

이 책은 이러한 배경에서 기획되었으며, 한국의 종교에서 여성 성직자들의 비중이 작지 않은데도 이들을 통합적으로 함께 조명하는 작업은 지금껏 이루어지지 않았다는 반성에서 출발하였다. 또한 한국 종교와 여성의 관계를 탐색한 일련의 선행연구들 역시도 구체적인 현실보다는 원론적인 사상 분석을 중심으로 이루어져 왔다는 한계를 극복해야 할 때라고 판단하였다.

한편, 한국의 여러 종교가 망라된 종교와 여성 연구서로는 지금껏 국내에서 단행본으로 간행된 것이 두 권 정도뿐이다.

가장 먼저 한국 여성과 종교의 관계를 모색한 것은 1980년대 여성학 진영에서의 일이었다. 1985년 한국여성학회 창립세미나에서 종교와 여성을 주제로 유교, 불교, 기독교의 세 종교사상을 검토했는데, 발표된 논문들은 이후 학술지 외에『한국여성연구 1, 종교와 가부장제』(박용옥 외, 서울: 청하, 1988)로 출판되었다. 그런데 제목에서도 볼 수 있듯이 이들 종교는 한국 여성의 삶을 규정짓는 가부장제의 대표일 뿐이었다. 물론 세부 논문 내용은 대부분, 각각 종교사상의 본질이 여성을 차별하지 않는 평등 정신에 있음을 피력하는 것에 맞추어져 있었다. 이와 같이 한국의 여성학이 출범하면서 시도했던 종교와 여성에 대한 조명은, 페미니즘과 종교뿐 아니라 여성학자들과 종교연구자들마저도 서로 평행선을 달리는 것과 같은 견해 차이를 보이는 것에 그쳤다.

한국 종교와 여성의 관계에 대한 연구가 폭넓게 확장된 것은 새로운 밀레니엄을 맞아 영산원불교대학 여성문제연구소가 개최한 세미나에서였다. 이 대회 발표논문과 토론문을 엮어『여성 종교 생명공동체』(여성문제연구소 저, 영산원불교대학교, 2000)라는 단행본으로 발간되었다. 여기서는 불교와 기독교, 유교 외에도 도교와 원불교 그리고 기타 한국 신종교까지 검토 범위를 확대했다. 또한 각 종교의 여성 관련 교설을 비판·재해석하는 것과 더불어 부분적으로는 여성 신자의 종교 경험 사례와 여성 성직자의 현실을 소개했다. 나아가 에코페미니즘과 여성 영성까지 주제를 심화하여 종합적으로 다루었다.

따라서 이와 같은 일련의 선행 연구 성과를 수용하고, 한국 종교와 여성에 대한 종합 연구서의 명맥을 잇기 위해 여러 여성 연구자들과 논의 끝에 이 책을 발간하게 된 것이다.

이 연구서 발간의 직접적인 계기가 된 것은 2011년 9월 3일에 서강대종교연구소가 "글로벌 시대의 한국 여성 종교인과 젠더 문제"라는 주제로 개최한 심포지엄이다. 현대 한국 사회의 변화와 더불어 독신 전통 종교의 경우 여성 성직자 수가 급감하고 있는 현상을 공통적으로 목격하게 되는데, 이와 관련하여 이들의 구체적인 현실과 경험을 종합적으로 조명할 필요가 있다고 생각하며 심포지엄을 열었던 것이다. 이 심포지엄에서는 특히 신자유주의 글로벌 시대를 배경으로 이루어지는 한국 사회 전반의 종교세속화 현상, 그리고 이와 관련한 여성 종교인으로서의 경험과 젠더(gender) 이슈들이 소개되면서, 여성 종교인과 연구자들이 함께 문제의식을 확대·공유할 수 있는 자리가 되었다.

기존의 논의와 달리 종교를 사상적 관점이 아닌 사회문화적 현실로서 접근하여 현재 한국의 여성 종교인들이 처한 현황과 그 경험을 검토하고, 이를 개별 종교 내에 국한된 문제가 아닌 여성 종교인 공통의 문제로 바라보게 하는 인식 지평의 확대를 가져왔다는 점을 이 대회의 가장 중요한 의의로 들 수 있을 것이다. 또한 심포지엄은 종교와 여성에 관한 학술과 실천영역을 결합하여, 여성 종교인들 간의 연대와 여성 종교학자들 간의 연대는 물론이고 여성 종교인들과 여성 종교학자들과의 폭넓은 연대까지 도모하는 계기가 되었다.

이 책에 수록한 글들은 주로 이 심포지엄에서 발표된 논문을 토대로 하였으며, 이후 관련 논문을 추가로 보강한 것이다. 우선 제1부 "한국 여성 종교인의 현실"과 제2부 "현대 한국 종교의 젠더 문제"로 크게 나누어 구성하였다. 1부에서는 불교와 원불교, 가톨릭, 개신교, 성공회, 무속의 순으로 여성 종교인의 현황을 검토하였고, 2부에는 한국 종교의 젠더 이슈를 주제로 하여, 한국 비구니 교단의 특성, 기독교의 아버지 담론, 유교 종부(宗婦)의 도덕성 그리고 마지막으로 여성 종교지도자들의 카리스마 등에 관한 연구 성과를 담았다. 권두언은 오인숙 사제님의 심포지엄 기조연설문 내용을 수정한 글이다.

특기할 만한 사항은 첫째, 1부의 여성 종교인 현황 논문이 불교와 무속을 제외하고는 현재 여성 성직에 종사하고 있는 연구자들이 썼다는 점을 들 수 있다. 따라서 여성 성직자이면서 동시에 연구자인 이들의 정체성에 근거한 진지한 문제의식이 잘 녹아 있음을 발견할 수 있다. 둘째, 여성 종교인의 현실을 좀 더 구체적으로 조명하기 위해 인터뷰나 통계 자료, 설문조사 등의 방법을 적극 활용한 점도 이 연구서의 장점으로 꼽을 수 있을 것이다.

불교의 경우, 여성 출가자 수 급감과 관련하여 비구니들의 경험과 현실을 드러내고자 심층인터뷰를 시도하였으며(조승미), 원불교는 그동안 여성 교무 정녀선서 문제에 집중되었던 주제를 전환하면서 새롭게 성별 직종 분리를 차별 문제로 제기하고 있다(박혜훈). 가톨릭과 개신교 부분은 오랫동안 종교와 여성 문제를 연구해 온 두 학자가 각각 집필하였는데, 우선, 가톨릭은 한국 여성 수도자의 역사 개관과 함께 그동안 제기되어 왔던 문제의식을 정리하면서 현대 사회에서의 과제를 집중적으로 제기하였고(최혜영), 개신교는 대표적인 주요 3대 교단을 중심으로 여성 목회자에 관한 풍부한 통계자료와 설문조사 자료를 활용하여 매우 세밀하고 종합적인 실태 파악을 가능하게 하였다(임희숙).

한편, 한국 4대 종교로 지칭되는 불교, 가톨릭, 개신교, 원불교 외에 대한성공회의 여성 사제(박미현의 글)와 무속의 대표적인 여성 만신의 사례(차옥숭의 글)를 나란히 소개한 점도 주목할 만한 부분이다. 이들은 종교를 사상 중심으로 접근하였을 때는 종종 배제되었으나, 현대 한국의 여성 종교인이라고 하는 '사람' 중심의 접근에서는 중요한 구성원으로서 포함되었던 것이다.

유교의 종부는 그간 여성 종교인으로서 다루어진 전례가 거의 없고 또한 제도적으로도 여성 성직자라고 할 수 없지만, 이들의 도덕적 실천에서 여성 윤리의 함의를 도출하고자 한 강혜경의 시도를 2부에서 한국 종교의 젠더 이슈로 포괄하였다. 그리고 개별 종교에 한정된 연구방식을 뛰어넘어 한국 주요 종교 교단의 여러 여성 지도자들의 카리스마 사례를 비교 분석한 우혜란의 논문은, 연구대상의 범위뿐 아니라 젠더 이슈의 주제까지 확장해 주고 있다. 또한 한국의 오래된 여성 종교인 집단으로서의 비구니 교단 역사를 여성주의적 관점에서 재규명한 조은수의 논문, 그리고 여성 종교인이라는 주제를 넘어서 젠더적 관점에서 최근의 한국 기독교 문화를 '아버지 담론'을 중심으로 비판·분석한 이숙진의 연구 등을 현대 한국 종교의 젠더 문제 범주로 포괄하여 함께 살펴보고자 하였다.

그 밖에도 심포지엄에서는 원로 여성 종교인들과 원탁회의를 가졌다. 김성례의 사회로 손인숙 수녀님(예수성심수녀회 한국 관구장, 전 수녀장상연합회장)과 전해주 스님(조계종 비구니, 동국대학교 불교학과 교수),

김효철 교무님(원불교 여성 교무, 전주 교동교당 교감) 등이 토론자로서 참여해 주셨고, 건강상의 이유로 불참하셨지만 정숙자 목사님(남양주 이주노동자여성센터 소장, 전 여성교회 담임목사)도 뜻을 같이해 주셨다.

이 토론은 급변하는 현대 사회에서 여성 종교인으로서 겪는 소감과 고충 그리고 과제 등을 주제로 긴 시간 심도 깊은 논의가 이루어진 귀중한 자리였다. 그 회의 내용 전문을 이 책에 수록하고자 하였으나, 주제가 다소 산만하고 글로 옮기기에 적절치 못한 부분이 많아 부득이 생략할 수밖에 없었던 점이 자못 아쉽다. 특히 참석해 주셨던 원로 여성 종교지도자분들께 죄송한 마음 가득하다. 이 자리를 빌려 양해를 구하며 아울러 다시 한 번 감사의 말씀을 올린다. 또한 심포지엄에서 사회와 토론을 맡아 주신 박경미(한국여성신학회장, 이화여대 신학대학원장), 허귀희(가톨릭여성신학회장, 수녀), 유정원(가톨릭대 종교학과), 최현민(씨튼연구원장, 수녀), 양현혜(이화여대 기독교학과, 목사) 선생님들께도 감사드린다.

여성 종교인을 다루는 이 책을 더욱 감성적으로 풍부하게 돋보이도록 "생명의 여신, 어머니들"의 아름다운 그림과 이야기를 부록으로 내어 주신 김용님 화백에게도 고마움의 인사를 전하고 싶다. 그리고 이 심포지엄의 첫 기획과 막바지 단행본 제작회의까지 함께했지만 아쉽게도 개인사정상 원고를 싣지 못한 서강대종교연구소 전 연구원이었던 최우혁 박사, 그리고 함께 기다려 주면서 끝내 이 연구서를 책으로 만들어 주신 동연출판사 김영호 사장님의 수고에 깊은 감사를 드린다.

마지막으로 누구보다도 감사한 것은 이 책이 나오기까지 오랜 시간이 경과하였음에도 기다려 주신 이 책의 필진 선생님들이다. 그들 모두 기꺼이 원고를 수락하시고 책이 나올 때까지 격려와 애정을 보내어 용기를 북돋아 주셨다. 모쪼록 이 책이 이러한 기대에 부응하여 한국의 종교와 여성 연구에 작은 기여라도 될 수 있기를 바란다.

2014년 2월

서강대종교연구소 소장 김성례와

필자를 대표하여 조승미가 쓰다

권 두 언

글로벌 시대의 한국 여성 종교인과 젠더 문제

오 인 숙(대한성공회 수녀사제)

인간의 역사에서 종교란, "인생은 무엇인가?", "삶과 죽음은 무엇인가?", "나는 왜 존재하는가?", "우리는 왜 고통을 당하는가?" 등의 문제들에 대한 답을 찾으려 한 노력의 결실이다. 이렇게 일상을 넘어서는 삶의 궁극적인 문제들에 대한 관심으로부터 고대의 신화와 의식, 도덕률이 생겨났다.

종교는 오늘날에도 여전히, 무엇이 정의와 사랑을 촉진하며 "'신'은 어떻게 악과 죽음을 용납하는가?"라는 질문에 대한 답변을 추구하고 있다. 그러나 이러한 전통적인 물음들은 해결이 안 된 상태로 남아 있으며, 미래에도 또한 그러할 것이다. 왜냐하면 종교적 신비는 인간의 언어를 넘어서 있으며, 인간의 이성만으로는 이해할 수 없는 측면을 지니고 있기 때문이다. 한편으로 인간은 자연의 아름다움과 웅장함을 대할 때도 한없는 신비를 경험하지만, 비애와 고통 속에 몸부림치면서도 평화와 감사함, 기쁨으로 충만하여 승리의 삶을 살아가는 사람들을 볼 때도 신비를 경험한다. 다시 말해 우리에게 아름답고 중요한 그 어떤 것이 인간 삶의 전체적인 의미와 필연적으로 관련이 있다는 것을 직감하기 때문에 신앙 안에서 영적 삶의 핵심인 신비를 경험하는 것이다. 그리고 우리의 모든 중요한 사고와 감정에 내포되어 있는 종교적 감각을 통해서 신비를 마주한 인간은 그 경험을 종교적 방식으로 표현하게 된다.

그런데 오늘날 우리는 종교인들이 사회와 사람들을 지도하는 것이 아니라, 사회와 사람들이 종교를 걱정하는 시대에 살고 있다. 기복주의를 근거로 진행된 종교 팽창주의는 영성의 타락으로 귀결되어 현대인의 전인적 자기정체성의 상실과 정신문화의 고갈 현상을 치유하지 못하고 있는 것이다.

이러한 상황은 분명히 무엇인가 잘못된 것이며, 종교인들의 깊은 반성이 절실히 필요한 때이다. 특히 인간의 심연에서 이루어지는 신비를 표현하는 종교들이 오히려 그 신자들의 다수를 차지하는 여성들의 종교적 경험에 대하여 여성들의 특성을 존중하지 않는 애매한 태도를 보이거나, 심지어 무시하는 입장으로 일관해 왔다는 것은 의심할 여지가 없다. 즉, 제도화된 종교들 안에서 여성은 남성의 일부분을 구성하는 익명의 존재로 간주되어 온 것을 역사 안에서 확인할 수 있다.

그러나 1960년대 후반부터 시작된 여성해방 운동의 전 세계적 확산으로 여성들은 성적 암흑기로부터 고통스런 탈출을 감행하게 되었고, 노동시장에 진입하여 여성 스스로 자신의 육체에 대한 통제권을 획득하게 되었으며, 이를 바탕으로 정치 · 경제 · 이데올로기 등에 대한 남성의 지배체제에 도전해 왔다. 1970년대 그리스도교의 페미니스트들 역시 교회 안의 대표적인 여성해방 운동으로서 여성 안수 혹은 여성 성직 수임 운동을 대대적으로 전개해 나갔다. 최근 여성의 권리가 신장되면서 양성평등이 점차적으로 이뤄지고 있지만 종교계에서 여성 성직자의 위치는 여전히 낮은 편이다. 그러므로 여성이 평등한 지위를 얻기까지 가부장제에 대한 혁명의 과제는 아직도 분야에 따라 많이 남아 있다. 다시 말하자면, 우리는 "왜 아직도 젠더가 문제인가?"를 고민해야 하는 시대적 요청을 여전히 마주하고 있는 것이다.

1-1. 새로운 여성성의 지평

현재 우리는 과거에 비해서 여성 선호시대라고 할 정도로 개방된 사회에 살고 있으며, 각 분야에서 여성들의 활약이 비약적으로 증가하고 있다. 여성의 활동이 증가하는 추세를 지켜보면 과거 수 세기 동안 묻혀 있던 보물을 날마다 발견하는 듯하기도 하다. 또한 여성 종교인들의 활동과 영성훈련이 더욱더 적극적으로 이루어져야 함을 느낀다. 이렇듯 정치, 예술, 과학, 상업, 문화, 건축, 군, 경찰, 우주항공 등에 이르기까지 모든 분야에서 여성들이 연구하고 활동하는데, 무엇 때문에 종교지도자들은 여성의 성직을 허용하지 않는 것인가?

구체적으로 각 종교는 제도적인 개혁을 통해서 신학교와 평신도 교육 커리큘럼과 정책을 수립하고 성 평등을 위해 집중적으로 노력해야 할 것이다. 또한 여성 사목의 분야를 개발하여 본래의 창조질서를 회복해야 할 것이다. 남성들과 마찬가지로 여성들에게 동등한 기회를 주기 위해 노력해야 하며, 여성들 역시 남성들에게 의존했던 수동적인 태도를 반성하고, 기회가 주어질 때 남성들과 함께 활동함으로써 여성의 가치를 스스로 찾아내고 개발해야 한다. 그리하여 하느님의 창조질서를 회복하고, 인간의 50%인 여성뿐만 아니라, 다른 50%인 남성과 함께 마음과 힘을 모아 진행되는 하느님의 창조, 즉 하느님 나라의 완성을 향한 여정에 참여하여야 할 것이다.

여성 수도자, 사목자, 종교지도자들은 여성들을 교육하고 훈련할 기회를 만들어야 한다. 자신의 소신을 지켜 행하면 자긍심을 더 높여 갈 수 있는 것이다. 내면의 자존감은 그 누구도 빼앗을 수 없기 때문이다(에스더 1-2장). 필자의 경험으로 1960년대부터 여성들의 활동 그룹과 대학교에서 여성의 중요한 위치를 지속해서 강조한 결과 대한성공회의 여성 사제 서품과 사목 활동에 큰 도움이 된 것을 목격할 수 있었다. 필자는 여성들이 자신의 삶의 자리에서, 맡겨진 모든 일에 스스로 적극적으로 참여해서 인간이 창조된 본래의 의미를 성취해야 한다고 강조했다. 인간이 만든 제도와 법규가 경전에 기초하지 않거나 신의 뜻과 다를 때 시정해 나갈 수 있도록 함께 뜻을 모아 참 인간성과 종교의 의미를 회복해야 하며, 그렇게 이룰 수 있음을 경험을 통해 알게 되었다.

성서를 연구하는 학자들이나 하느님의 말씀대로 살아가려는 모든 사람들, 특히 교회 지도자들이 꼭 기억해야 할 자세가 있다: 첫째, 배우는 자세가 필요하다. "아침마다 내 귀를 일깨워 주시어 배우는 마음으로 듣게 하신다."(이사야 50,4); 둘째, 하느님만을 온전히 신뢰하는 자세가 있어야 한다. "주 야훼께서 나를 도와주시니 조금도 부끄러울 것 없어 차돌처럼 내 얼굴빛 변치 않는다."(이사야 50,7); 셋째, 규칙적인 기도생활을 계속 가르치고 훈련함으로써 여성 자원 개발을 위해 협력해야 한다.

1-2. 여성 종교인의 삶과 영성

현재의 제도화된 교회는 예수 사후 그의 제자들과 사도들이 만든 것이다. 특히 교회가 현재와 같은 제도와 직제를 갖추게 된 것은 그리스도교가 로마의 국교로 공인된 이후이다. 그리고 중세기 이후 종교개혁의 과정을 거치면서 현재와 같은 다양한 교파와 이에 따른 교회의 직제와 제도가 형성되었다. 이런 교회 형성과 발전의 긴 역사적 과정에서 교회는 예수의 복음을 충실히 증언하고 실천하기도 하였지만, 반면에 제도화되고 분열된 교회가 각기 자기 세력을 확장하기 위해 예수의 복음을 수단화함으로써 교회의 본질이 변질되기도 하였다.

이러한 맥락에서 교회의 본래성을 회복하기 위해 초대교회로 돌아가자는 주장이 끊임없이 제기된다. 무엇보다도 교회가 지금까지 예수의 이름으로 자행한 성차별이 문제가 될 것이다. 여성은 남성보다 열등한 존재로 창조되었다는 독단적인 성차별적 성서 해석에 의해 교회에서 무조건 침묵하고 복종할 것을 강요당했으며, 그러한 성차별이 굳어진 제도교회 전통에서 여성들은 교회의 직제와 성직에서 배제되어 왔다. 즉, 예수의 복음 앞에서 '교회'라는 제도는 재고되어야 한다.

성공회의 경우, 여성 성직이 성서적으로나 신학적으로 반대할 이유가 없다는 의견이 1975년 영국 성공회 전국의회에서 동의를 얻었으나 여성에게 사제품을 주는 것은 25년이 지나서야 실현이 가능했다. 1987년 3품의 첫 단계인 부제서품을 주었고, 1992년 전국 시노드에서 여성 성직을 허용하기로 결의한 이래, 1994년부터 여성 사제들이 배출되기 시작했다. 최근 영국에서는 성직자의 4분의 1이 여성 사제로서 개별교회 현장에서 또는 특수지역에서 사목 활동을 하고 있다. 신학대학들에서도 여학생들이 증가하고 있는 추세이다.

미국 성공회의 경우, 1989년 최초의 여성 주교가 된 바바라 해리스(Barbara Harris)의 취임은 사제가 하느님의 본질을 간접적으로 대변하는 존재와 같은 위치로 평가되는 전례 중심의 교회전통에 속한 많은 사람들에게 매우 중요한 상징적 사건으로 인식되었으며, 교회사의 획기적인 변화들 속에 성령의 역사를 체험하게 한 사건으로 볼 수 있었다. 해리스 주교는 흑인 미국인으로서 또한 이혼한 여성으로서 그 과정에서 짊어진 십자가의 고통 또한 만만치 않았다. 한국 성공회는 2001년부터 12년간 여성 사제 19명과 여성 부제 2명을 배출하였다. 성가수도회는 수도회 설립 목적에 따라 이 시대에 요청되는 수도성소 개발과 다양한 수도회 활동을 활성화하기 위한 자체 내 성직자의 필요성을 절실히 인식한 바 있어, 필자 오카타리나 수녀와 이 엘리자벳 수녀가 사제로 활동하고 있다.

오늘날 여성이 진출하지 못한 사회분야는 없다. 여성에게 사회적 역할이 주어지지 않았던 예수 시대의 열두 사도는 남성만으로 구성되었다. 열두 사도 중 여성이 없다는 사실을 언급하면서 현대 교회가 여성의 역할을 제한한다면, 그것은 궤변에 지나지 않는다. 열두 사도는 유대인으로 구성되었기에 유대인 남성만 사제가 될 수 있다는 결론이 나올 수 있기 때문이다!

2. 다종교 사회의 소통과 이해

오늘날 우리가 살고 있는 지구의 상황을 볼 때 우리 인간들의 지혜만으로는 당면한 문제들을 해결하기가 점점 더 어려워지는 세상임을 절감하게 된다. 즉 어떤 분야의 지식보다도 종교를 통한 영적 힘에 의탁하지 않으면 안 되는 상황이 된 것이다. 인간의 이기적인 편의주의는 일상생활에서부터 알게 모르게 지구 환경의 파괴를 심화하고 있으며, 끊임없이 동요하는 전 지구적 경제체제의 불확실성으로 인해 미래에 대한 우리의 두려움 역시 더욱 커지고 있다. 그러나 이러한 중에서도 냉전의 종식이나 세계 평화 구조의 점진적인 정착, 그리고 불의를 이겨내려는 수

많은 노력들이 끊이지 않았으며, 이렇게 새로운 시대를 향한 낙관적 희망 속에서 여성 종교지도자들의 역할 또한 새롭게 기대된다. 개인의 영혼 구원만을 중요시하거나 기복사상에 빠져들지 않고, 마음을 열고 다른 종교를 이해하며 함께 선을 이루어 나가도록 삶 안에서 우호적인 관계를 형성하는 것이 중요하다고 생각한다. 즉, 다양성 안에서의 일치(unity in diversity)를 소망하며, 다른 문화와 다른 종교와의 갈등을 해소하고 화합하여 공동선을 이루어 가기를 희망하는 것이다.

그러한 기대를 실현하기 위해서는 첫째, 자신의 종교에 확신을 갖는 한편, 다른 종교를 존중하는 자세가 필요하다. 둘째, 다른 종교 지도자들과 대화를 나누고 다른 종교들의 경전을 공부하면 서로 이해하는 데 큰 도움이 될 것이다. 셋째, 복잡한 세상을 비켜서서 하느님의 뜻으로 세상일을 헤아리고, 우리가 처한 세계를 올바르게 이해하는 지혜와 넓은 마음을 갖추도록 수시로 평정을 찾으며 성찰하는 시간을 가져야 할 것이다. 모든 여성 성직자가 꼭 행동에 나서야 한다는 것은 아니다. 앞서 강조했듯이 성직자의 기본자세는 세속적 지식보다는 성서에 기초한 하느님의 말씀을 지속적으로 공부하고 올바르게 깨닫는 것이다. 정당한 방법, 공정한 잣대로 세상을 보는 지혜가 성경 안에 있는 것은 확실하다. 따라서 어떤 면에서 성직자는 일반인보다 더 폭넓은 관심으로 편견 없이 세상을 관찰해야 한다. 우리가 따를 만한 훌륭한 선배들이나 동료와 함께 고민하고 생각을 나누면서 각자의 삶의 자리에서 일상적 임무와 기도에 열성을 더해야 하는 것이다.

우리나라와 같은 다종교 사회(multi-religious society)에서는 열린 마음으로 다른 종교를 이해하고 수렴할 수 있어야 한다. 그리스도인은 지금 여기 삶의 자리에서 주님이 원하시는 뜻을 헤아리기 위해 매순간 노력해야 하며, 예수의 삶 속에서 성부께 드린 순명이 우선이라는 사실을 기억해야 하는 것이다. 십자가의 길이라도, 십자가에 죽어야 했어도 예수님은 성부의 뜻대로 하셨다. 그것은 오직 하느님 성부를 온전히 사랑하셨기 때문에 가능했던 것이다.

3. 세계화와 공동선

지난 1980년대 이후, 신자유주의 이데올로기를 배경으로 진행되어 온 경제의 세계화는 부유한 국가와 빈곤 국가 사이의 경제적 격차를 더욱 크게 벌려 놓았다. 세계 인구의 3분의 1이 하루 1달러 이하의 돈으로 연명하고 있다는 사실을 전해들을 때면, 물론 국내의 어려움도 민감하게 살피고 도와야 하겠지만 해외의 문제를 남의 일로 여기고 무관하게 지나쳐서도 안 된다는 것을 실감한다.

한 예로 한국 여성 수도자 모임인 '삼소회(三笑會)'는 유엔 재단의 '소녀 · 여성 돕기 기금' 창설멤버로서, 모금운동을 통하여 3년 동안 에티오피아 소녀 · 여성 돕기 성금을 보냈다. 이 기금은 세계에서 가장 소외된 미성년 소녀들의 삶을 향상시키는 개척 프로그램으로, 에티오피아의 소외된 지역 원주민 소녀들에게 교육을 통해 삶에 필요한 기술들을 가르치고 자신감과 자존감을 기르며, 여아들의 노동 착취 및 원하지 않는 조혼을 방지하고 양성평등을 촉진해 여아의 권익을 신장하며, 후천성면역결핍증(HIV)을 감소시키는 것을 목적으로 한다. 에티오피아는 한국이 6 · 25동란의 어려운 시기에 처했을 때 군인 6천 명을 유엔군으로 파견해 우리를 도와주었다. 이제는 우리가 그들을 도울 차례이다.

1억3천만 명의 전 세계 청소년이 교육의 혜택을 받지 못하고 생활하는데, 그중 70%가 소녀들이라고 한다. 이제 이러한 오늘의 세계적 상황들을 우리의 기도 속에서 생각해야 하는 책임이 새롭게 부과되었다. 이는 우리와 함께 사는 인류공동체의 삶을 생각하고 고통이 있는 곳에 마음을 함께하는 일이다. 지금도 우리 주변에는 가까이 또는 저 먼 아프리카에 이르기까지, 극심한 고통 속에서 삶의 의미를 잃은 채 살아가고 있는, 우리가 관심을 가져야 할 여성들이 부지기수로 많다. 개인 영혼의 문제에만 너무 집착한 나머지 이 시대의 긴박한 문제를 소홀히 해온 종교인들에게 성찰을 촉구한다.

> "나에게 절대적인 종교는 마치 진정한 어머니와 같이, 내 종교와 타 종교 사이의 비교의 대상이 아니라, 내 안에 살아 있는 삶의 원칙이고 힘이고 길이다. 내 안에서 나의 삶의 원칙과 방식으로 살아 있는 종교적 세계관을 소중히 지키는 사람은, 타 종교인도 나와 같이 그의 삶의 원칙을 지키고 살아간다는 사실을 발견하게 된다."
>
> — 2011년 공직자 종교차별예방 워크숍 중 윤이흠 교수의 특강에서

종교교육이 주로 맡아야 할 분야는 도덕적 가치관과 인생관을 사람들에게 올바르게 세워주는 일이다. 종교는 세상을 이해하고 설명하는 종합적이고 절대적인 세계관이기 때문이다. 종교는 인간에게 가장 확실하고 강건한 정체성을 부여하며, 종교인은 그가 수용한 세계관 안에서 흔들리지 않는 통일된 삶을 살아간다.

우리나라와 같은 다종교 사회에서는 종교적 신념과 사회적 사상의 대립을 극복하고 상생의 조화를 이룩하는 지혜가 필요하다. 글로벌 자본주의시대가 초래한 삭막한 인간관계와 가정의 파괴를 치유하고 재건하기 위해 한국 사회에 절실히 요구되는 것은, 여성 종교인의 모성애로

부터 비롯된 따뜻한 보살핌과 지도이다. 나아가 성차별적인 종교제도를 시정하기 위한 대안과 실천 역시 여성 종교인의 적극적인 참여로 이루어질 수 있을 것으로 희망한다.

"누가 돌을 치울 것인가?" 하는 위험과 어려운 문제를 안고서도 오직 예수를 만나려는 목적과 희망을 품고 그들의 계획을 추진한 막달라 마리아와 요안나 같은 여인들처럼 목표를 향해 굳건히 정진하면 길이 열린다. 바로 이 과정에 여성 종교인들의 적극적인 참여가 요구된다. 여성 종교지도자들 역시 앞에 놓인 문제들이 쉽게 풀리지 않더라도 실망하지 말고 진리와 정의, 평화와 사랑을 실현하여 종교의 역할을 제대로 할 수 있도록 노력해야 할 것이다.

차 례

| 1부 | 한국 여성 종교인의 현실

| 2부 | 현대 한국 종교의 젠더 문제

1부

한국 여성 종교인의 현실

현대 한국 비구니 승가의 성장과 위기 그리고 과제 조승미
글로벌 시대와 원불교 여성 교무 박혜훈
한국 가톨릭 여성 수도자와 젠더 문제 최혜영
한국 개신교 여성 목회자의 실태와 한국 교회의 과제 임희숙
그녀 이야기 – 대한성공회 여성의 역사와 여성 성직 이야기 박미현
젠더의 관점에서 본 한국의 무(巫) – 내림굿과 마을굿을 중심으로 차옥숭

현대 한국 비구니 승가의 성장과 위기 그리고 과제

조 승 미*

1. 들어가는 말

비구니(Bhikuni) 승가[1])는 불교의 여성 출가자 공동체를 지칭한다. 그동안 별로 주목받지 못해 왔지만, 이들은 종교연구의 몇 가지 측면에서 매우 중요한 연구주제라고 할 수 있다. 우선 첫째, 붓다 재세시절부터 성립하여 세계 제도종교의 역사에서 가장 오래된 여성 성직자 조직이라는 측면에서 그리고 둘째, 비구니 승가는 현대의 글로벌한 종교 상황 속에서 매우 논쟁적이고 새로운 실험이 진행되고 있는 곳이라는 점에서 그러하다. 즉 비구니 전통이 사라진 상좌부와 티베트 불교의 여성 승려들에게 대승불교권 비구니들이 수계의 전통을 이어 주고 있는 것이 그것이다. 오늘날까지 비구니 수계의 전통이 그대로 이어지고 있는 지역

* 서울불교대학원대학교 연구교수.

1) 일반적으로 여성 승려를 통칭하는 말로 쓰이는 '비구니'는 본래 예비승려(사미니 2년, 식차마나니 2년) 총 4년간의 의무 교육과정을 마치고 구족계를 수지한 정식 승려를 의미한다. 이 글에서는 구분이 필요한 경우를 제외하고, '비구니 승가'와 '여성 출가자'라는 용어를 사용했을 때는 일반적인 용법에 따라 예비승려를 포함한 개념으로 사용하고자 한다.

은 타이완과 베트남 그리고 한국이 유일한 것으로 알려져 있다.

한국 비구니 승가는 이런 배경하에서 재평가되기 시작했다. 우선, 한국의 불교 전래와 함께 시작한 오랜 역사적 전통을 간직하고 있기도 하거니와, 현대 비구니 승가 재건에도 큰 역할을 하고 있기 때문이다. 실제로 1996년 인도에서 한국 비구니들이 세계 여러 지역의 여성 수행자들에게 비구니 계맥을 전승해 주었고, 또한 2004년도 제8회 세계여성불자대회(International Buddhist Women Conference) 일명, 샤카디타(Sakyadhita)[2]를 주최하면서는 그 저력을 널리 펼쳐 보이기도 하였다.

한국 비구니에 대한 관심이 높아지면서 비구니 연구 또한 활발해졌다. 역사 중심의 연구경향에서 다양한 현황 분석들도 추가되었으며, 비구니 인물뿐만 아니라 승가 전체에 대한 조명도 시도되었다. 현대 한국 비구니 승가의 현황을 종합적으로 소개한 연구는 1999년 전해주 스님의 논문이 효시라고 할 수 있을 것이다.[3]

이후 2002년도 미국 AAS(Association for Asian Studies)에서는 이례적으로 한국 비구니 관련 패널이 만들어졌고, 국내에서는 2004년에 한국 비구니를 단독 주제로 한 국제학술대회가 최초로 열리기도 했다. 이 학술대회를 기획한 조은수 교수는 "한국 비구니들은 과거 여성이라는 이유로 고난을 겪었지만, 조직적 교육과 훈련을 통해 지금은 수행자

---

2) 이 대회는 1981년 미국 나로파 연구소에서 열린 여성과 불교 관련 회의를 시작으로 불교 여성들은 북미와 아시아에서 정기적인 회합을 가져 왔고, 1987년 전 세계 불교 여성들이 모인 역사적인 대회가 붓다의 깨달음 장소인 인도 붓다가야에서 개최된 이래로 2년에 한 번씩 열리고 있다(리타그로스, 『페미니즘과 종교』, 청년사, 1999, 77-78).

3) 전해주, 「한국 비구니 승가의 현황과 방향 -대한불교 조계종을 중심으로」, 『종교교육학연구』 8(1999). 그 밖에 해주 스님의 관련 논문으로는 「한국 근·현대 비구니의 수행에 대한 고찰」, 『한국사상과 문화』 33(2006); 「대한불교 조계종의 이부승수계(二部僧授戒)와 사분율」, 『한국사상과 문화』 39(2007) 등이 있다.

비구니 수계 전통을 계승하고 있는 한국 비구니 승가, 1980년대 모습(사진, 봉녕사 승가대학 제공)

로서뿐 아니라 포교, 교육, 사찰 운영 등에서 제 역할을 훌륭하게 수행하고 있다. … 한국 불교의 보루는 비구니다"라고 하면서 한국 비구니의 높은 위상을 드러내기도 했다.[4)]

이 밖에도 비구니 연구 성과를 집결한 논문집을 전국비구니회와 한국비구니연구소에서 각각 발간하였다.[5)] 이들 선행연구를 통해서 한국 비구니 승가의 역사와 근·현대기의 놀라운 성장사가 소개되었는데, 특히 세계적으로 주목되고 있는 비구니 교육시스템, 강원(講院)과 선원(禪

4) 조은수, 「서문에 대신하여」, 대한불교조계종 한마음선원 편, 『(2004국제학술대회) 동아시아의 불교 전통에서 본 한국 비구니의 수행과 삶』(안양: 한마음선원, 2004).

5) 전국비구니회, 『한국비구니의 수행과 삶』(예문서원, 2007) ; 한국비구니연구소, 『한국비구니 승가의 역사와 활동』(한국비구니연구소, 2010).

院) 그리고 근 · 현대 비구니 지도자 인물 조명 등이 중심을 이루었다. 또한 대체로 세계 승가에 있어서 한국 비구니의 위상과 역할 기대가 자신감 있게 표현되었고, 한국 비구니 승가의 성장 동력이 여러 가지로 분석되기도 하였다.[6)]

그런데, 현재 한국 비구니 승가의 상황은 성장의 한계에 맞닥뜨린 것으로 보인다. 위기의 징후들은 아이러니하게도 한국 비구니 승가의 잠재력이 강하게 피력되고 있던 시기에 드러나기 시작했는데, 우선 드러난 문제는 승가의 기반이라고 할 수 있는 여성 출가자 수의 급격한 감소이다. 그러나 성직자 감소 문제는 현대 종교의 보편적인 상황으로 여겨지기 때문에, 불교계에서는 이것을 특별히 개별 교단의 문제로 수용하지 않는 듯하다. 따라서 조계종단이나 비구니 승가 지도층에서도 출가자 모집방법이나 관련 제도의 개선, 입문자 생활편의 도모 등을 검토하는 것에 주로 초점이 맞추어져 있을 뿐, 좀 더 심도 있는 분석과 변화의 모색을 보이지 않고 있다.[7)]

하지만 이 글에서 지적하고자 하는 것은 출가자 감소 문제가 젠더화된 양상이라는 점이다. 물론 남성 승려의 수도 많이 감소했지만 이를 일반화하기에는 여성 출가자 급감현상이 매우 두드러지게 나타나고 있으

---

6) 해주 스님은 한국 불교 교단에서 비구니 승가가 비구 승단과 나란히 유지된 원동력으로 화엄경의 평등사상을 제기한 바 있었으며(전해주, 1999, 335), 조은수 교수는 현대 한국 비구니 승가의 괄목할 만한 성장 요인으로 집단적인 응집력과 비구니 사원의 경제력 확보 등을 제기하였다(조은수, 「한국의 비구니 교단에 대한 여성주의적 고찰」, 『불교평론』, 2010).

7) 출가자 감소 문제를 다룬 글로는 유승무, 「출가자 감소, 무엇을 어떻게 할 것인가」, 『불교평론』 21호(2004); 한태식(보광), 「대한불교조계종의 출가자 현황과 출가 제도의 개선 방안」, 『대각사상』 17집(2012) 등이 있으며, 여성 출가자 감소 문제를 다룬 것으로는 윤남진, 「조계종 여성 출가자의 감소현상에 대해」, 『참여불교』(2007)이 있다.

며, 더욱이 그 원인은 승가 내 젠더 문제로 파생된 현상들의 산물로 추정된다. 따라서 이 글에서는 일차적으로 출가자 감소의 젠더화 현상을 통계를 통해 논증하고, 이어서 이 현상의 원인을 규명하기 위해 여성 출가자들과의 심층면접 결과를 분석하고자 한다. 여성 승려들의 직접적인 경험 구술은 보다 구체적인 현실 이해를 도울 것으로 기대된다. 또한 여성 출가자들의 경험과 현실이 비구니 승가의 어떤 구조적 성격에서 파생되는지도 살펴보고자 하는데, 이는 젠더 문제가 발현되는 방식으로서 비구니 승가의 구조도 제외할 수 없기 때문이다. 필자는 이를 위해 현대 한국 비구니 승가의 성장사를 재검토할 것이며, 한국 비구니 관련 근·현대 신문기사를 통해 자료를 분석할 것이다.[8)]

한국 비구니 승가의 성장사는 그동안 주로 불교 내적인 가치, 즉 수행적 관점에서 기술되었기 때문에, 여기에서는 좀 더 객관적인 이해를 돕기 위해 사회적 정황과 물적 기반을 분석하고자 한다. 아울러 이를 통해 한국 비구니 승가의 성격을 규명하고자 하는데, 집단으로서의 한국 비구니는 대체로 불교 교단 내 성차별의 피해자로서만 규정되어 왔던 것이 사실이다. 현실적으로 아직도 개선되어야 할 제도와 관습이 산적한 상황에서 이런 구도는 불가피한 것으로 생각되기까지 한다. 하지만 많은 여성 연구가들이 지적하듯, 집단화된 '여성'을 단일한 것으로 보는 관점은 또 다른 권력구조를 은폐할 수 있다. 따라서 불교 여성 성직자 집단으로서의 한국 비구니 승가를 단일한 개념으로만 바라보는 관점은 이제 극복되어야 할 것이다.

---

8) 신문기사 자료는 한국비구니연구소, 『(신문기사로 본) 한국 근현대 비구니 자료집』 1~6, (2003)을 참조하였다.

이 글에서는 여성 출가자 감소 문제의 원인을 고찰하면서, 단순히 성차별 폐해의 문제로만 간주하기보다는, 비구니 승가가 내부의 이해관계를 포함하여 보다 복잡한 구조의 구성체임을 드러내고자 한다. 이것은 한국 비구니 승가의 성장과 위기의 문제를 단절된 것이 아닌 연속선상의 것으로 보게 할 것이며, 마지막으로 이를 통해 변화를 위한 과제를 모색해 보도록 하겠다.

2. 출가자 감소와 젠더 문제

서두에서 언급한 바와 같이 현재 한국 불교교단을 대표하는 조계종의 출가자 수는 점차 감소하고 있다. 출가자 수 현황 자료는 조계종 총무원에서 공식적으로 집계하여 발간한 통계자료집과 《불교신문》의 관련 기사를 참고할 수 있다.9)

우선, 2004~2008년 5년간의 조계종『종단통계』자료를 근거로 여·남 예비승과 비구니·비구 숫자 현황을 정리하여 도표화하면 다음과 같다.

9) 문화체육관광부의『한국의 종교현황』자료는 비교적 최근 현황이지만, 비구·비구니와 예비승이 합산되어 조사된 것이기 때문에 세분화된 현황을 파악할 수 없고, 통계수치의 격차가 너무 커서 신뢰하기 어려운 점이 있다. 참고로 2009년도 대한불교조계종 남성 교직자 수는 총 7,155명, 여성 6,421명이고, 2011년도는 남성 6,364명, 여성 5,608명으로 발표되었다.

〈표 1〉 조계종 승려 통계 현황[10]

	예비승(여)	예비승(남)	비구니(여)	비구(남)
2004	1,398	1,814	4,673	4,646
2005	1,335	1,862	4,885	4,953
2006	1,289	1,852	5,033	5,120
2007	1,212	1,863	5,209	5,292
2008	1,194	1,922	5,331	5,413

5년간의 비구니(구족계를 수계한 정식 여성 승려) 수와 비구의 수를 비교해 보면, 큰 차이가 없는 것을 알 수 있다. 이것은 한국의 비구니 승가가 그동안 비구 승가와 거의 동등한 규모로 발전해 왔던 것을 보여 주는 한 지표이기도 하다.

그런데 예비승려의 숫자를 보면 상황이 매우 달라진 것을 알게 된다. 즉 같은 기간 여성 예비승(사미니)의 수는 남성 예비승(사미) 수에 비해 60%정도밖에 되지 않으며, 게다가 남성의 수치는 약간 증가하기도 했지만, 여성 예비승은 계속 감소한 형태로 나타나고 있다. 조계종의 경우, 예비승은 출가입문한 이후 4년간의 승려 양성교육을 받는데, 여성 예비승의 규모가 남성에 비해 이렇게 축소되었다는 것은, 최소 4~5년 동안 출가자 감소 현상이 누적되었다는 것을 뜻한다.

조금 더 세밀한 현황 파악을 위해 조계종 기관지 《불교신문》에 발표된 2000년 이후부터의 연도별 신입 출가자 현황을 살펴보면 다음과 같다.

---

10) 『2008 조계종 종단통계자료집』. 2004~2008년도까지 매년 자료집이 발간되어 조계종 홈페이지에 게시되었다.

〈표 2〉 조계종 출가자수 현황(출가자=행자교육 수료자)[11]

	여성 출가자(명)	남성 출가자(명)	남녀대비율(%)
2000	231	297	77.8
2001	221	255	86.7
2002	169	237	71.3
2003	157	216	72.7
2004	150	147	102.0
2005	143	183	78.1
2006	134	200	67.0
2007	110	227	48.4
2008	118	169	69.8
2009	88	178	49.4
2010	90	197	45.7
2011	85	168	50.6
2012	70	142	49.3

위의 도표를 보면 전반적으로 남녀 출가자 수가 감소한 형태를 볼 수 있다. 다만 2004년도에는 출가자 연령 제한을 40세로 낮추는 규정이 일시적으로 적용되었던 시기이므로, 남성 출가자 수가 급락했다가 향후 몇 년 간 약간 증가하기도 한 변화가 있었다. 하지만 여성 출가자의 경우는 몇 번의 미세한 증가가 없는 것은 아니지만, 감소가 지속적으로 이루어지고 있음이 분명하게 나타난다. 더군다나 남녀대비율로 살펴보면 10여 년 전 70~80%의 수준이었던 것에서 최근에는 이 비율이 급기야 50% 미만으로 떨어지게 되었다. 이는 남녀가 비슷한 균형을 이루던 승가 규모의 물적 토대가 흔들리고 있음을 의미한다. 또한 남녀 출가자 수가 모두 감소하였지만, 여성 출가자 감소가 특히 급격하게 이루어진 것

11) 통계수치 출처는 "출가자 감소 어떻게 볼 것인가", 《불교신문》(2013. 6. 2).

은 여성 출가자 감소 문제를 젠더화된 양상으로 인식할 필요성을 일깨운다.

그럼에도 불구하고 불교계나 불교학계에서는 그동안 출가자 감소 문제를 다루면서 여성 출가자 감소 문제의 특수성과 그 심각성에 거의 주목하지 않았다. 다만, 남녀대비가 사상 최저의 수치로 나타났던 2007년도에는 뉴스에서 보도할 정도로 이 문제가 사회적 관심을 끌기도 했다. 이 기사에는 다음과 같은 한 종단 관계자의 원인분석이 소개되었다. 즉, "정확한 원인을 파악하기는 어렵지만 이 같은 추세는 사회 전반에서 여성의 권리와 경제력이 커지면서 출가의 계기가 줄어들었기 때문으로 여겨지고 있다"는 것이다.12)

여성의 권리와 경제력 신장이 출가자 감소로 이어졌다는 추정은 여성 출가자의 교단 내 지위나 권리가 일반사회보다 상대적으로 낮음을 의미한다. 그러므로 이는 여성 출가자 감소현상이 근본적으로 불교의 성차별 구조에서 파생되었다는 인식을 간접적으로 드러내 준다 하겠다. 불교 시민운동가 윤남진의 글에서는 이러한 인식이 한층 더 분명하게 나타나는데, 그는 여성 출가자 감소 문제의 해결 조치로서 비구니의 사회적 활동력과 교단 내 지위 제고 등을 제시하였다.13)

불교 승단의 양성평등이 이 문제의 궁극적 해결책이라는 점은 기꺼이 동의하는 바이다. 하지만 그가 제기한 것과 같이 현대 여성들의 결혼관 변화—즉 비혼의 증가와 같은—가 과연 앞으로 여성 출가에 긍정적 영향을 줄 것인지 여부는 차치하더라도,14) 현재 일어나고 있는 이 여성

12) "조계종 여성 출가자 몇 년 새 '급감'", 《연합뉴스》(2007. 9. 26).

13) 윤남진, 앞의 글.

14) 독신 여성 성직자의 경우, 사회적으로 비혼 여성이 증가하는 등 결혼관이 매우 변화한

출가자 급감현상의 원인과 해법 모색으로 이와 같이 욕구와 의식 문제만을 거론하는 것은 충분하지 않다.

비구니 승가를 단일한 단위로 보았을 때는 위와 같은 과제가 일차적으로 제기될 수 있지만, 비구니 승가의 내부로 시선을 확대할 경우, 여러 가지 다른 문제 지점들이 드러날 수 있다. 더군다나 젠더 문제는 여성들 내부의 구조에서도 발현되기 때문이다. 다음에서는 여성 출가자들의 경험을 통해 구체적인 현실을 좀 더 살펴보기로 하겠다.

3. 여성 출가자들의 경험과 현실

한국 비구니들의 현실을 연구하기 위해서는 그동안 설문지를 통한 의식조사 방법이 주로 많이 채택되어 왔으며,[15] 구술을 통해 직접적인 경험을 들을 수 있었던 대상은 대체로 수행력이 높은 여성 선사나 지도층 원로 비구니들에게 한정되었다.[16] 그러나 이 글에서는 여성 출가자들의 좀 더 구체적인 현실을 파악하는 것을 목표로 하였기 때문에 심층

최근에 특히 감소가 두드러진 것을 볼 때, 이는 오히려 부정적인 관계로 볼 수 있지 않나 추정된다. 즉, 독신 여성 성직자 제도는 사회적으로 여성의 결혼이 의무화되었을 때, 더욱 강하게 기능하는 것이 아닌가 생각된다. 이와 관련한 세밀한 연구가 필요하다.

15) 유승무, 「한국 비구니승가의 성불평등 의식 연구」, 『불교와 사회복지』 4(2000); 김미영, 「조계종 비구니 승려의 노후복지에 관한 연구」(동국대학교 행정대학원, 2004).

16) 비구니 스님과의 대담을 통해 기록한 행장기에는, 박원자, 『인홍스님 일대기, 길 찾아 길 떠나다』(김영사, 2007); 광우 스님, 최정희, 『한국 비구니계의 산증인 광우 스님과의 대담집 - 부처님 법대로 살아라』(조계종출판사, 2008); 정인영(석담), 『한계를 넘어서 (묘엄 스님 생애와 한국 비구니 승단)』, 이향순 역 (서울: 동국대학교출판부, 2012) 등이 있다.

면접 방법을 시도하였다. 비록 제한적이긴 하지만, 평범한 위치의 여러 비구니 스님들과의 인터뷰를 통하여 여성 출가자들의 생생한 목소리를 들어 보고자 한다.

1) 강원교육의 경험, 위계서열 구조의 문제

조계종의 경우, 모든 출가자들은 비구·비구니계를 받기 위해서 4년간의 의무교육 기간을 거쳐야 한다. 이때 교육(수행)방식으로는 중앙승가대학이나 동국대와 같은 현대식 대학에서 불교 관련 전공을 이수할 수도 있고, 기초선원과 같은 지정 수행센터에서 참선을 할 수도 있다. 하지만 가장 광범위하게 이루어지고 있는 것은 승가대학이라고도 불리는 '강원(講院)'에서의 교육이다.

특히나 한국 비구니 승가의 경우 강원교육을 매우 중시하고 있어, 남성 출가자에 비해 여성 출가자들이 강원교육을 이수하는 비중은 압도적으로 높다. 그런데 강원은 본래 주요 불교문헌(선불교 교육문헌과 대승의 주요 경전)을 학습하는 곳이지만, 사실 그보다 더 큰 교육적 의미는 '공동생활'을 통한 수행적 효과에 두고 있다 하겠다. 개인의 사적인 생활이 엄격히 차단되고 수십 명이 함께 같은 공간에서 생활해야 하는 강원의 교육은, 그 자체가 강도 높은 수행이자 한국의 비구니를 양성하는 핵심 프로그램이라고 할 수 있는 것이다.

그런데 이러한 강원교육에 대한 압박을 불만으로 제기한 경우도 있었다. 출가 후 대학원 과정까지 수료한 오현 스님(가명)[17]은 비구니 수

---

17) 이하, 인터뷰에 응한 여성 출가자들이 이름을 밝히기 꺼려하였기 때문에 모두 가명으로 처리하였다.

계 자격에는 아무 문제가 없었으나, 4년간 다시 강원교육을 받아야 했다. 그 이유에 대해서 스님은 이렇게 말했다.

"비구니 세계에서는 강원을 나오지 않으면 안 된다는 압박이 상당해요. 강원을 안 나온 비구니가 자기주장이 섞인 어떤 얘기를 하면 '중물'이 들지 않았다고 질책을 듣기 쉽구요."

이 스님의 설명에 따르면 비구니 세계에서의 강원교육이란 '자기주장이 섞인 이야기'를 하지 않는, 소위 '중물'을 들이는 곳이라고 할 수 있다. 한편, 외국인 출신의 여성 출가자가 한국의 비구니계를 받기 위해 강원교육을 이수하는 경우가 점차 증가하고 있는데, 이들이 가장 힘들어 하는 경우가 바로 이 '자기주장' 문제였다. 한 비구니 승가대학에서 주요 직책을 맡고 있는 성원 스님(가명)은 이런 상황을 소개하면서, "중간자 입장에서 난처할 때가 많아요. 외국인 스님들뿐 아니라 요즘 신세대 스님들은 왜 자기의견을 말하면 안 되는가 따져 오는데 타이르기 점점 힘들어요"라고 토로하기도 했다. 또한 그는 "외국에서는 한국 비구니계에 요구하는 게 점점 많아지는데, 어른 (비구니) 스님들이 아직 전통방식만 고수하시니 우린 이러지도 저러지도 못하고 있어요"라며 넌지시 고민을 전해 주기도 하였다.

영조 스님(가명)은 해외 유학생활을 하였다가 발심하여 출가하기 위해 한국으로 귀국한 경우였는데, 처음 강원에 들어갔을 때의 경험을 다음과 같이 표현했다.

"다시 중고등학생 시절의 여학교로 돌아간 기분이었어요. 성숙한 강사스님에 비해서 미숙한 어린 학생 집단의 모습을 해야 하는 게… 진짜 싫었어요."

또 다른 한 스님은 강원 내에서 서열 구조와 순종 규범이 가장 힘들었던 경험이라고 이야기했다.

"어른 스님들(강사직 비구니)은 고리타분한 사고방식을 강조할 뿐, 아래 사람 이야기를 잘 들어주지 않아요. 그리고 윗반(선배) 스님들 말에도 무조건 순종하고 따라야 한다는 방식이 옳다고 생각하지 않아요."

물론 강원의 공동체 교육은 여전히 중요하게 여겨지고 있었다. 한국에서 가장 규모가 큰 강원을 졸업하고 얼마 전 비구니계를 받은 경수 스님(가명)은 강원이 출가자에게 얼마나 중요한 것인지 강력하게 주장하였다.

"힘든 것은 사실이지만, 동료들끼리 서로 도우며 견뎌냈고, 자기 아상을 죽이고 대중을 우선으로 생각하는 교육이 앞으로 평생 승려 생활을 해나가는 데 밑천이 되는 것 같습니다. 강원교육은 정말 필수라고 생각해요."

경수 스님은 특히 동료들 간의 협동 경험과 스승(학장스님)에 대한 신뢰와 존경의 일화를 반복해서 이야기하였다. 이런 경험이 공동체 생활에 대한 불만을 최소화하고 수용적 태도를 이끌었던 것으로 보인다. 따라서 이와 같이 지적된 내용들을 종합해 보면, 비판의 지점은 강원의 공동체 생활규범 자체에 있는 것이 아니라, 위계서열 구조에 따른 관계 문제에 집중되는 것 같다. 즉 강원에서의 생활을 통해 승가를 평등한 공동체로 경험하기보다, 엄격한 위계에 따른 조직으로 수용해야 하는 것을 젊은 여성 출가자들이 불만으로 여기고 있었다.

2) 비구니 사찰 구조의 문제: 개별화, 빈곤화

여성 출가자들이 공동생활 중심의 입문과정 교육을 마치고 난 이후의 삶은 아이러니하게도 개별화된 생활방식이 주류를 이루고 있었다. 이는 최근의 사찰 구조가 매우 광범위하게 사설화되어 있기 때문이다.[18] 이 사찰 구조는 소위 '사설사암'이라고 불리는데, 승려나 일반 신자들이 새롭게 절을 창건하거나 폐사된 곳을 중창한 경우를 말한다. 기독교로 비유하자면 개척교회와 비슷하다고도 할 수 있겠는데, 종단에 정식으로 등록하여 일정 부분 관리를 받고, 소유는 궁극적으로 종단에 귀속되는 점이 다르다. 하지만 재산권과 실제 운영에서는 상대적으로 독립적인 형태를 띠고 있다.

사설사암 형태의 사찰은 비구니 승가에서 더 많이 나타난다. 본사를 비롯하여 대규모 전통 공찰은 대부분 비구승에게 주지가 맡겨져 왔기 때문이다.[19] 한국 비구니들은 이런 조건에서 개별적으로 각자 사찰을 건립하여 운영하는 방식을 택했던 것이다. 아직도 전통방식대로 대중생

18) 조계종에 등록된 사찰은 모두 2천787개. 이 중 사설사암은 전체의 66%인 1천541개로 알려져 있다. 또한 신규 등록된 사찰 역시 사설사암이 공찰보다 더 많이 증가하고 있다. "곳곳 빈 절인데 사설사암 계속 증가", 《불교포커스》(2011. 8. 25).

19) 비구승의 경우 사설사암이 주로 호화생활, 재산 은닉과 사유화 등과 결부되어 문제가 되었다면, 비구니 사설사암은 대부분 도시 주변의 소규모 형태를 띠고 있어 차이가 난다고 하겠다. 또한 비구니 승가에서 사설사암이 많은 이유 자체가 한국 불교승단의 성차별 구조를 그대로 반영하고 있는데, 이 부분에 대한 배경은 뒤에 다시 살펴보기로 하겠다.

활을 지키는 경우가 없지 않으나, 현재 많은 비구니 사찰들은 사설사암 형태를 띠고 있다.

사설사암들에는 대체로 소수의 승려들이 거주하는데, 이런 폐쇄적인 구조 속에서는 특히 비구니 사제관계[20]에서 종종 갈등이 일어나는 경우를 볼 수 있다. 대학원에 진학해서 불교 연구자로서의 전망을 세우고 있는 덕주 스님(가명)은 이런 사례에 해당하는데, 그는 은사스님과의 불편한 관계를 다음과 같이 설명했다.

"절에 있으면 일만 하다가 끝나요. 세상이 바삐 돌아가는 것을 도저히 따라갈 수가 없어요. 이제는 스님들이 예전같이 하면 안 되잖아요. 사람들 의식수준이 높아져서…. 은사스님은 나와서 공부하는 거 싫어하시죠. 절 살림 돕지 않는다고…."

여성 출가자들이 겪는 갈등은 세대차이 혹은 인간관계 문제로 간주되곤 하지만, 근본적으로는 소가족주의 같은 비구니 사설사암의 운영방식에 있음을 알 수 있다. 사찰 내에서 이들에게 기대되는 역할은 대개 종교 신앙 활동(신자들이 의뢰한 기도와 각종 의례집전과 보조)과 사찰운영(행정 잡무부터 세세한 살림살이 일체), 그리고 어른 모시기(노령의 비구니 스승의 시봉) 등이었다. 특히, 제사나 각종 기도의례는 일반적인 종교 활동으로 볼 수도 있겠지만, 소규모 사설사암에서의 이것은 사찰 경제의 주요 기반이 되는 일이기도 하다. 따라서 현재의 사설사암 운영방식은

20) 여성 출가자는 입문 시 반드시 비구니 은사를 정해야 하며, 이후 스승에 대해 상좌(제자)로서 사제관계를 맺는다. 대개 한번 정한 사제관계는 거의 변경하지 않으며 은사스님의 사찰에 함께 머물며 시봉하면서 가르침을 받곤 한다.

'절 살림'을 둘러싼 은/상좌(恩/上佐) 간의 갈등 문제가 지속적으로 발생할 수밖에 없는 구조이다.

덕주 스님은 현재 은사스님의 절이 아닌 비교적 규모가 큰 다른 절에 머물면서, 법회 법사 등의 활동으로 받은 약간의 수고비로 생활을 하고 있었다. 학비나 기타 부족한 경비는 일부 신도의 보시나 속가에서 후원해 주는 것으로 충당한다. 은사스님의 절은 여전히 행사나 명절 때 돌아가야 하는 '집'과 같은 곳이기도 하지만, 이것도 언제까지 이어질지 모르겠다고 했다. "사찰 운영권 문제로, 은사스님 돌아가시거나 하면 그 절이 어떻게 될지 아무도 모르기 때문"이었다. 이유를 묻자, 스님은 수년 전 이런 문제로 법정 소송까지 진행되었던 다른 비구니 사찰의 사례를 소개해 주었다.

"그 절의 주지스님이 창건주이셨는데, 권한을 상좌한테 안 물려주고 다른 스님한테 넘겨주었던 거예요. 나중에 (은사)스님이 돌아가시자 상좌와 그 스님 간에 싸움이 나고 소송까지 갔다는데, 결국에는 상좌가 그냥 떠났다고 하더라구요. 그럴 경우 어쩔 수 없다네요. 나는 이런 게 너무 싫고, 그냥 스님들 공동으로 생활하면서 각자 수행할 수 있는 곳이 있었으면 좋겠어요."

덕주 스님이 말한 이 일화는 현재 여성 출가자의 현실이 어떠한지를 극명하게 보여 주는 한 단면인 듯하다. 최근에는 이런 분쟁이 줄어든 양상이긴 하지만, 그렇다고 사설사암 운영과 관련된 갈등구조가 해결된 것은 아니었다.

얼마 전 조계종의 사설사암 관련 공청회에서도 이런 상황을 반영한 의견이 등장하기도 하였다. 즉 한 비구니 스님이 "사설사암이 안고 있는 상황들을 고려하지 않고 창건주의 권한 승계를 사자상승으로 제한할 경우 곳곳에서 파열음이 날 수밖에 없다"[21]고 한 것이다. '사자상승'이란 상좌(제자)에게 물려준다는 뜻인데, 이는 현재 사설사암의 운영과 관련하여 은사와 제자 관계가 왜곡되고 있음을 보여 주며, 이것이 비구니 승가에서 심각한 갈등 요소라는 것을 추정할 수 있다.

또한 사찰이 점차 사설화되고 승가의 경제적 기반이 개별화되다 보니, 승려의 경제 상태도 양극화되고 있었다. 우선 비구에 비하여 비구니들의 사찰 규모는 대부분 영세하기 때문에 그 경제력의 차이가 매우 크다. 하지만 비구니 승가의 경제 문제를 모두 성차별의 피해로만 돌려버리면, 비구니 내부의 빈부격차나 재화가 공유되지 못하는 구조의 문제를 볼 수 없게 된다. 현 상황에서는 사찰의 주지가 아닌 여성 출가자들의 경우 재정적으로 불안정하고 곤궁한 상태에 놓이게 되는 것을 피할 수 없었다. 많은 출가 승려들은 청빈을 미덕으로 여기기 때문에, 특히 경제 문제에 대해 불만을 드러내는 것을 기피하는 경향이 있다. 대학에 재학 중인 오영 스님(가명) 역시 그런 입장이었다.

> "비구니 스님들의 어려운 경제 사정을 알리는 것이 종교인으로서 품위가 떨어질까 우려스럽지만, 한편으로는 교단과 사회가 이 실정을 알아서 상황이 개선되기를 바라기 때문에 이런 이야기를 해드리는 거예요."

그리고 스님은 주위 비구니 스님들의 상황이 생각보다 어렵다고 전

---

21) "곳곳 빈 절인데 사설사암 계속 증가", 《불교포커스》(2011. 8. 25).

했다. 은사스님에게서 학비나 생활비를 지원받는 경우는 '아주 운이 좋은 경우'나 '복이 많은 사람'이라고 하며, 대부분 어린이나 청년부 법회, 최근에는 템플스테이 프로그램 법사 같은 소위 '알바'를 하는 경우가 많다고 한다. 종단의 지원은 학부과정에 한정되어 있고, 그나마 주요 장학금 혜택은 거의 남자 승려들에게 돌아갔다. 스님이 다니는 대학에서는 학부나 대학원 모두 여성 출가자들의 비율이 높았지만, 학비 문제로 휴학을 하고 있는 경우가 많다고 한다.

한편, 여성 출가자들이 비구 스님의 사찰에서 '기도스님'으로 지내는 경우도 늘고 있다고 전했다. 왜 비구니 사찰에서 기도스님 일을 하지 않는가라는 질문에, "비구니 스님 절은 규모도 작아 고용도 잘 하지 않지만, 임시로 사는 것을 싫어하고 대개 붙박이로 있어야 하기 때문에 선호하지 않는다. 그리고 무엇보다도 비구니 주지스님들이 같이 사는 것을 매우 불편해 한다"라고 했다. 그리하여 최근에는 비구 사찰인데도 제사나 각종 기도 의례에서 경전을 읽고 의례를 집전하는 비구니 '기도스님'의 모습을 보는 것이 그리 낯설지 않은 풍경이 되고 있다. 계율보다도 경제적인 문제가 사찰의 풍속을 바꾸고 있는 것이다. 사회적으로 여성들이 주로 비정규 계약직 노동 조건에 놓이게 된 것과 비슷하다는 이야기를 하자, 오영 스님은 "차라리 한 사찰과 일정 기간 계약을 맺어서 활동과 수입을 그 기간만큼이라도 안정적으로 보장받았으면 좋겠어요"라고 말하여 더욱 연구자를 놀라게 했다. 이는 현재의 여성 출가자들이 얼마나 불안정한 처지에 놓여 있는지 다시 한 번 확인시켜 주는 것이다.

3) 현대 세속주의와의 경쟁, 여성 종교인의 정체성

한편, 한국의 여성 출가자들은 종교와 관련된 분야의 전문자격증 획득에 매우 적극적으로 참여하고 있었다. 남성 승려들에 비하여 사찰 확보나 종단 정치면에서 매우 소외되어 있기 때문에, 전문 영역의 확보를 더욱 중요하게 여기게 된 것 같다.

불교학과 기타 인문 연구 분야에서도 여성 출가자들의 수가 남성 출가자보다 훨씬 많다. 그런데 많은 여성 출가자들의 가장 높은 관심을 받고 있는 분야는 사회복지였다. 불교계 한 대학 사회복지학과의 경우, 다른 불교 관련 전공에 비해 높은 경쟁률을 보였으며, 이 학과 재학생의 대부분이 여성 출가자였다. 대학원 과정에서 불교학을 전공하는 한 비구니 스님도 사회복지사 과정을 별도로 준비하고 있을 정도로, 사회복지는 여성 출가자의 종교 활동에 거의 필수처럼 여겨지고 있었다.

여성 출가자들은 사회복지사 자격 획득을 통해 불교 복지기관을 직접 운영하는 경우도 있고, 특히 최근에는 노인복지 분야에서의 활동이 두드러진 것으로 나타났다.[22] 그 밖에 상담심리, 호스피스, 명상 치유 등의 분야에서도 비구니들의 높은 참여가 진행 중이다. 이런 관심은 개인적인 것에 그치는 것이 아니라 종단 차원에서도 연계시키고자 하는데, 즉 "승가의 지도력 향상을 위해 호스피스 교육, 상담심리 교육과정 등을 개설하고…"의 기사[23]에서도 볼 수 있듯이 종교의 사회복지 분야 연계는 점차 확대되고 있었다.

현대 사회에서 종교는 목하 세속주의와의 경쟁이 진행 중이라고 할 수 있다. 종교가 독점해 온 지식의 영역, 사회봉사와 복지 활동, 심리 상담, 죽음과 생명윤리 문제, 나아가 영적 체험의 전통에 이르기까지 세속

---

22) 현담, 「한국 비구니 승가의 포교와 사회활동 현황」, 『한국 비구니승가의 역사와 활동』(한국비구니연구소, 2010).

23) "조계종 승려교육 제도 대폭 개편", 《금강신문》(2010. 1. 1).

의 여러 영역에서 도전해 오고 있기 때문이다. 게다가 최근의 한국 사회는 신자유주의로 인해 많은 변화를 겪고 있는 중인데, 특히 종교 활동의 사회복지화나, 혹은 사회복지 활동의 종교화 경향 등이 분석되기도 했다.[24] 그런데, 신자유주의와 종교, 종교와 사회복지의 관계는 문제가 제기된 바 있었지만, 이 가운데 여성 종교인의 위치는 거의 고려된 적이 없었다. 대부분 종교의 사회복지를 실천하는 주체가 바로 이 여성 종교인들인데도 말이다.[25]

그렇다면 여성 출가자들은 사회복지 활동에 대해 어떤 관점을 가지고 있을까? 사회복지학과에 재학 중인 도영 스님(가명)은 사회복지를 선택한 동기를 질문하자 다음과 같이 말했다.

"사회복지는 일반인보다 종교인들이 더 장점이 많은 것 같아요. 아무래도 궂은일을 마다하지 않고 봉사하려는 마음이 더 강하니까요."

스님은 사회복지를 종교 수행의 의미로 수용하는 듯했다. 그리고 사회복지에 있어서 종교인이 갖는 유리한 점을 언급하였는데, 이것은 역설적으로 종교(혹은 종교인)의 독점 영역이 축소되고 있는 현실을 인식하고 있다는 것으로 추측된다.

또 다른 사례는 상담심리학을 전공하고 상담 활동을 하고 있는 비구

24) 종교와 신자유주의에 대해서는 장석만, 「신자유주의와 종교의 위치」, 『종교문화비평』 13(2008) 참조. 한국 사회에서 사회복지를 둘러싼 정치권력과 종교의 관계를 다룬 연구서로는 강인철, 『종교정치의 새로운 쟁점들』(한신대학교출판부, 2012)이 참고된다.

25) 여성 종교인과 사회복지에 관한 비교 연구도 흥미로운 주제가 될 것 같다. 불교의 경우 종단별로 사회복지가 여성 종교인의 역할을 확대하거나 변화시키고 있는데, 이런 현상에 대한 종합적인 분석이 필요하다.

니 스님이었는데, 이 스님은 세속주의 학문에 대해 매우 개방적인 태도를 보였고, 심지어는 서구의 상담 기법이 승가의 전통 수행방식보다 더 효율적인 경우가 있었다고 자신의 경험을 소개하였다. 그리고 "절에서 3년간 부딪히면서 해결이 되지 않았던 문제가 3개월간의 상담을 통해서 명확하게 해결되었다"라고 평가하였다. 스님의 장래 계획은 여성 출가자들을 위한 전문상담가가 되는 것이었다. 상담심리학은 세속주의 학문인데도 그 효용성을 수용할 수 있었지만, "비구니로서 속인인 여성 상담가에게 상담을 받아야 하는 상황은 그리 유쾌하지 않았"기 때문이었다.

여성 출가자들은 종교와 세속주의 경쟁에 먼저 내몰리면서 고군분투하고 있었다. 그래서인지 강원을 이제 막 마치고 비구니 수계를 받은 한 스님은 졸업 이후의 계획을 묻자 이렇게 대답했다.

> "강원 4년 동안은 큰 스님의 그늘 아래 자유롭게 마음 편히 살았던 것 같은데, 이제 그늘 밖으로 나가려니 사막 한가운데 서 있는 기분이 듭니다."

이 말처럼 현재 한국 비구니들은 여성 종교인으로서의 정체성을 모색하는 과정에서 아무런 보호 장치도 없이 각자 홀로 사막에 서 있는 것인지 모른다.

4. 현대 비구니 승가의 성장 과정과 그 특징

최근 여성 출가자 수가 급감하고 있는 현실과 관련한 인터뷰를 통해, 현재 비구니들이 부딪치고 있는 문제들을 몇 가지 요소로 구분하여 살펴보았다. 첫째는 공동체의 위계서열 구조와 그 문화에 관련된 것이었고, 둘째는 사설사암 위주인 비구니 사찰의 구조에 따른 비구니들의 경제적 빈곤화 문제였으며, 셋째는 현대 세속주의 종교 상황에서 경험하는 어려움에 관한 문제였다.

여기서는 여성 출가자들의 이와 같은 경험이 비구니 승가의 어떤 구조적 성격에서 파생되는지 살펴보기 위해 현대 한국 비구니 승가의 성장 과정을 간략하게 검토해 보고자 한다. 특히 물적 기반과 제도적 조건이 분석된 경우가 별로 없어서, 참고 자료는 주로 불교계 신문기사를 활용하였다.

1) 비구니의 정화운동, 사찰 확보와 양적 성장

한국 비구니 승가의 성장에 대해서는 우선 양적인 측면에서 살펴볼 필요가 있을 것이다. 1910년에 조사된 통계에 따르면 총 사찰 수는 958개로, 승수(남성 승려)는 5,198명, 니수(여성 승려)는 563명으로 발표되었다.[26] 이후 조선총독부의 조사 자료를 보면, 1920년에는 비구니 숫자가 2배 이상 증가하여 1,239명(비구 6,324명)이 되었고, 이후 1930년에는 1,006명(5,614), 1940년에는 1,036명(5,621) 등으로 대체로 비슷한 수준이 유지된 것을 볼 수 있다.[27] 이후 정신대와 전쟁 등 여성 출가자에게 여러 장애요소가 있었지만, 그럼에도 비구니 전통의 명맥은 끊이지 않고 계승되었다. 그런데 이 수치를 최근 조계종 승가의 규모와 비교해 보면, 비구 승가는 큰 차이가 없는 반면, 비구니 승가는 약 6,000

---

26) 《황성신문》(1910. 5. 5), 3면.

27) 《조선총독부통계년보》 1916~1942. 임이랑, 「일제시기 신문으로 살펴본 비구니의 활동과 지위」, 『한국문화연구』 Vol.18(2010), 178 참조.

명 정도로 증가하여 100년 동안 무려 10배가 넘는 성장을 했음을 알 수 있다. 현대 한국 비구니 승가의 발전상을 확인할 수 있는 한 대목이다.

한편, 비구니 승가의 비약적인 성장은 해방 후 비구니 사찰을 확보한 이후였는데, 그 계기는 바로 비구/대처 싸움으로 더 많이 알려진 소위 '불교정화운동'의 참여였다. 해방 직후 한국의 남성 승려들은 결혼한 대처승이 대부분이었다. 청정(독신) 비구의 전통을 지키며 주로 선방에서 참선을 하고 있던 승려들은 수적으로도 소수였으며, 종단 정치뿐만 아니라 사찰 경제면에서도 소외되어 있었다. 그러던 차에 이승만 대통령의 '정화유시'를 계기로 비구 측이 헤게모니를 잡으면서 대처승들의 사찰을 '접수'하는 등의 불교정화운동이 대대적으로 진행되었다.

이 정화운동에 비구니들이 적극 참여했다는 것은 이미 많은 연구에서 소개되었다. 당시 1954년 불교정화대책안을 정부에 제출한 정화추진위원회는 비구 366명, 비구니 441명의 서명으로 구성되었는데, 비구보다 비구니의 숫자가 더 많았음을 알 수 있다. 비구/대처 분규라는 명칭에서 비구니의 위치는 삭제되어 버렸지만, 실제 더 많은 수가 참여하고 직접 몸으로 싸워낸 주체는 비구니들이었다. 이와 관련하여 '비구니'의 정화운동사를 별도로 조명할 필요가 있다고 생각한다.

비구니들은 비구 측의 청정(독신) 승가 전통의 회복이라는 명분에 동의하여 몸을 던져 대처승들과 싸웠다. 하지만 동시에 그들은 이런 상황에서도 비구 승단으로부터 명백한 성차별을 경험하기도 했다. 정화운동의 핵심이기도 했던 사찰 접수를 위해서 비구니들은 비구들에게 사찰 총섭(즉 주지의 개념)의 자격을 평등하게 부여받았다. 하지만 내부 의결기관인 종회 구성에는 비구니의 수를 비구의 6분의 1로 한다고 규정하고 있어,[28] 당시 수적 우위에 있던 비구니들의 지위가 향상되는 것을 차단하였다. 새로 구성된 조계종 중앙정치에서 젠더 위계를 우선해서 세운 것을 볼 수 있다.

한편, 비구니들의 사찰은 바로 이러한 시기와 맞물린 1950년대 후반에 집중적으로 개설되었다. 정화운동을 종교와 정치적인 관점으로만 여기기보다 젠더와 경제의 측면에서 재해석해 보면, 우선 사찰과 주변 토지 등은 불교 교단의 재화이자 수입의 원천으로서, 이것이 교단 기득권층인 남성(대처승)들로부터 소외층 비구니들에게로 일부 옮겨진 것이라 말할 수 있다. 그리고 비구니들이 획득한 사찰은 강원과 선원 형태로 많이 개설되었는데, 이것은 사찰의 주지 자격이 '안거와 강원 수료'[29]로 제한되었던 점과 관련이 있는 것 같다. 또한 안거와 강원 수료자로서 사찰 주지가 될 수 있었던 비구니들은 승가의 새로운 엘리트층으로 부상한 것이다.

과거에 비구니 주지의 사례가 전혀 없었던 것은 아니지만, 비구니 사찰의 경우일지라도 주지직은 대부분 비구에게 맡겨지는 경우가 많았다. 따라서 이와 같이 대규모로 비구니 주지가 탄생한 사건은 '정화'라고 하는 특별한 계기가 있었기에 발생한 것으로, 비구니에게는 정화가 사찰의 확보와 함께 비구니 주지라고 하는 제도의 변화로 경험된 점을 볼 수 있다. 그리고 현대 한국 비구니 승가의 자부심이 강원교육과 선수행 시스템이라고 할 때, 이것의 물적 기반은 이 시기에 획득한 사찰에 있었다.

그런데 정화운동의 주체이기도 했던 이 비구니 지도층의 경험은 향

28) 전해주, 「한국 근현대 비구니의 수행」, 전국비구니회, 『한국비구니의 수행과 삶』(예문서원, 2007), 136. 해주 스님은 현재 조계종 중앙종회 비구니 위원 비율이 1/8로, 정화 당시의 상황보다 더 악화되었다고 지적하였다.

29) 전해주, 앞의 글(2007), 136.

후 비구니 승가의 방향에 중요한 영향을 미쳤을 것으로 추정되는데, 직접적인 구술로 확인할 수 있는 것은 다음과 같다.[30] 즉 1955년 사찰의 주지로 임명된 비구니 스님들에게 어떤 일이 있었는가를 질문하자, 비구니 덕수 스님은 "그때도 비구 스님들은 비구니들이 큰절을 맡게 되었다고 말이 많았습니다. … 비구니 스님들에게는 몇 개 사찰밖에 돌아오지 않았습니다"라는 말로 비평을 시작했다. 그리고 이어서 덕수 스님의 정화 평가는 다음과 같이 무척 신랄했다.

> "어렵게 정화를 했으니까 종단이 바로 잡혀서 승려들이 승려답게 잘 살 줄 알았습니다. 그런데 정화를 하고 나니 종단 상황이 엉망이었죠. 지금은 억울하다는 생각까지 듭니다. … 정화를 하고 나니까 비구들끼리 싸움을 했죠. 밖에서는 사람들이 욕을 많이 했습니다. 나는 그것이 듣기 싫었어요. 우리가 정화한 것이 주지하려고, 총무원장되려고 한 것이 아닌데… 비구니들이 힘이 없고 연약하고 배움도 없었지만 종단에 좋지 않은 일이 있으면 언제나 앞에 나섰습니다. 그런데 일이 다되고 나면 비구니들이 대접을 받지 못했습니다."

당시 정치권 유력인사와 연계하며 정화운동의 최전선에서 활동했던 비구니의 이와 같은 비판은 그동안 불교(학)계에서 정화에 대해 찬탄해온 것과는 거리가 멀었다. 정화 이후 비구니들은 정당한 '대접'을 받지 못했고, 대신 비구들끼리의 끝없는 종권 '싸움'을 목격했다는 것이다. 그

30) 선우도량한국불교근현대사연구회, 『근현대 불교사 (22인의 증언을 통해 본)』(선우도량, 2002), 277-278.

렇다면 이것은 비구니 승가에 어떤 영향을 미쳤을까. 이어서 비구니의 사찰 문제를 좀 더 살펴보기로 하자.

2) 가람의 수호, 사설사암의 증가

근·현대 한국 비구니의 역사와 수행을 조명하는 데서 빠지지 않고 등장하는 항목이 '가람 수호'이다. 이와 관련하여 "한국 비구니 수행담록을 살펴보면 수많은 비구니 스님들이 가람 신축과 중창 보수를 위하여 일생을 바쳤다고 해도 과언이 아니다"[31]라고 지적되기도 한다. 사실 비구니들은 종단의 지원이 거의 없이 가람 수호의 모든 힘든 일들을 자체적으로 해결해 왔고, 오늘날 아름답고 여법하기로 찬탄을 받는 사찰들을 많이 남겨 주었다. 그리하여 정화 이후 세대 비구니들이 한생을 바친 가람 수호는 역사이자 수행으로 평가되고 있다.

한편, 한국 비구니 승가가 특히 최근 30년간 괄목할 만한 성장을 이루었다고 평가되면서, 그 요인으로 비구니 사찰의 경제력 확보가 제기되어 왔다.[32] 조금 더 세밀하게는 비구니 사찰들이 주로 도시 근처에 집중되면서 재가 불자와 밀접한 관계를 유지할 수 있었으며, 나아가 한국 비구니의 급성장 시기가 1980년대 이후 우리 사회의 근대화, 민주화 그리고 경제적인 발전 시기와 궤를 함께한다고 분석되기도 했다.[33]

문화적 요인으로 보면, 한국 불교의 경우 비구니 사찰의 등급과 의례 집전의 성차별이 없는 것이 특성이라고 할 수 있다. 일본 조동종과 같은

---

31) 윤진오, 「韓國 근현대 比丘尼의 修行과 敎化活動」(중앙승가대학교대학원, 2008), 113.

32) 조은수, 앞의 글(2010).

33) 정인영(석담), 『한계를 넘어서(묘엄 스님 생애와 한국 비구니 승단)』, 이향순 역(서울: 동국대학교출판부, 2012), 344-345.

경우에는 비구니 사찰의 사격(寺格)이 낮아 장·제례 의례집전을 할 수 없었는데, 이것은 이 종파 비구니들의 지위와 빈곤 문제에 결정적인 영향을 미치기도 했다.[34] 한국에서 비구니 사찰이 경제력을 확보하고, 또한 소규모 사설사암 형태가 계속 확대될 수 있었던 배경에는 이런 요인이 작용했다고 본다.

한편, 조계종에서는 1983년에 사설사암법이 제정되는데, 이 시기에 이미 사설사암이 문제되고 있었던 것이다. 1969년 비구니 관련 기사에서도 "독살림이니 자기 앞치레니 핀잔을 듣던 비구니 스님들은"[35]이라는 말이 있어, 비구니 사설사암 형태가 꽤 일찍부터 확산되었던 것으로 추측된다. 그리고 이 시기는 비구니의 수적 증가도 두드러졌다. 1985년 조계종 통계자료에 따르면, 비구 7,533명 대비 비구니는 4,030명[36]이었다. 정화 이후 가장 비약적인 성장이 이 시기에 이루어졌던 것이다. 이렇게 급속한 비구니 수의 증가로 인해 사찰 공간이 부족하게 되었을 것이며, 따라서 이런 조건이 비구니 사설사암 증가로 이어지게 하였을 것이다.

그러나 단순히 이런 요소뿐만이 아니라 비구니 승가의 또 다른 고심이 있었다. 바로 절 자체를 지키는 일이 문제였던 것이다. 정화 직후부터 비구니 사찰은 종종 비구승들이 빼앗아 가곤 했다. 비록 비구니에게 일정기간 사찰 주지로 임명될 자격이 부여되었을지라도, 이것이 안정적인 거주와 운영의 권리를 보장하는 것은 아니었다. 교구본사의 하나인 동

34) 조승미, 「동아시아 비구니의 근대와 그 특징」, 『한국비구니 승가의 역사와 활동』(한국비구니연구소, 2010).

35) "비구니 총림 건립을 계기로 본 우담바라회 오늘 내일", 《대한불교》 317호(1969. 9.), 144면.

36) 서종범, 『曹溪宗史: 資料集』(서울: 中央僧伽大學, 1989).

화사가 비구니에게 주어졌다가 다시 회수된 바 있었고,[37] 최대 비구니 강원으로 알려진 운문사 역시 "비구니가 큰절 맡았다고" 애를 먹이는 비구들로부터 지혜롭게 "가람을 수호한" 일화도 알려져 있다.[38] 또한 좀 더 조직적인 접수도 종종 일어났다. 조계종의 종권 분쟁이 심하던 시기, "새 세력은 구세력이 차지하고 있던 사찰을 자신들의 전리품으로 획득한다. … 종단의 힘 있는 실세들이 주인이 없거나 힘이 약한 사찰(그중에서도 목이 좋은)을 사적으로 접수하는 시도이다"[39]라고 폭로하듯이, 비구니 사찰은 가장 보호받지 못하는 '전리품' 신세에 놓여 있었다.

이런 배경에서 비구니들은 주지 임명과 결부된 공찰보다 사설사암을 안정적으로 여기게 되었던 것 같다. 그리고 심지어는 사찰의 소속을 변경하면서 비구니 사찰을 지키고자 했다. 보문종과 선학원 소속 비구니 사찰이 그런 경우라 할 수 있다. 보문종 창종 시기인 1970년대는 통합종단 출범 이후 법정 싸움이 극하게 이루어졌던 격변기였다. 이 분쟁 속에서 오랫동안 비구니 사찰의 전통을 지닌 보문사를 지키기 위해 이 절의 비구니들은 재단법인을 설립했는데, 이후 보문종이라고 하는 세계 유일의 비구니 종단의 창종으로 전환하게 된 데에는 "수십 년간 일부 비구 스님들로부터 겪은 모욕과 부당한 처사에 대한 방편의 뜻도 담겨 있다"고 지적된 바 있다.[40]

재단법인 선학원의 경우에도 조계종과 오랜 갈등을 벌여 왔는데, 그 내막의 일부에는 "선학원 소속 스님들의 과반수가 넘는 것으로 알려진

37) 본각, 「원허당 인홍선사와 비구니승가 출가정신의 확립」, 전국비구니회, 『한국비구니의 수행과 삶』(예문서원, 2007), 329.

38) 윤진오, 앞의 글(2008), 77.

39) 김경호, 「조계종 종권분쟁 연구」, 『불교평론』 제2호(2000).

40) "세계유일의 비구니 종단 보문종", 《주간불교》 16면(1999. 6. 18).

비구니 스님들" 그리고 "과거 조계종에서 사찰을 빼앗는 것을 직간접적으로 경험한 중진 이상의 비구니 스님들은 총무원을 불신하고 있어" 등의 표현에서[41] 알 수 있듯이, 조계종단으로부터 사찰의 재산권을 보호하기 위한 비구니들의 대응 방식을 확인할 수 있다.

그런데 비구니들의 이런 선택을 이해할 수 있다 하더라도, 이것이 공동체를 건강하게 만드는 방향인 것은 아니었다. 앞에서 살펴본 최근의 여성 출가자 급감 현상이 위기의 명백한 징후라고 한다면, 그 이전에도 심각한 문제 제기는 있었다.

> "대중처소에 살아 점점 스님화되어야 하는데 혼자 편하게 사니 점점 속인화되어 가고 있어요. 어떻든 스님들은 모여 살아야 해요."[42]

그리고 1994년 소위 조계종 개혁회의 시기에 이루어진 대대적인 비구니 설문조사에서도 "전체 68.6%의 스님이 노후를 걱정하고 있었다. 노후생활 중 가장 걱정이 되는 부분은 노후의 거처 43.5%, 비구니 위상 만족도 14%에 불과"[43]라고 발표된 바 있었다. 많은 비구니들이 거처의 불안을 느낀다는 것은 단순히 비구니 복지시설 확충만으로 해결할 수 없는 광범위한 비구니 사찰 (경제) 개별화의 그림자라고밖에 말할 수 없다. 그 이후에도 비구니 사찰은 사설사암 형태로 계속 증가하고 있다. 현재 조계종 비구니 사찰은 1천 개가 넘는 것으로 추산된다.[44]

---

41) "선학원 행보 어떻게 정할까", 《대한불교》 347호(1998. 3. 4), 3면.
42) "대담 김룡사 대성암 법천스님", 《승가대신문》(1998. 3. 20).
43) 비구니 정혜도량의 제도개혁을 위한 비구니 스님 의견조사로서 전국 82개 사찰, 573명의 비구니를 조사했다. "비구니 노후걱정 심각", 《대한불교》(1994. 6. 25), 9면.
44) 『한국 비구니 승가의 역사와 활동』 부록 "한국 비구니 가람 주소록 리스트"에는 922개

3) 비구니 승가의 정치와 리더십

지금까지 한국 비구니 승가의 최대 숙원은 '비구니 총림' 개설로 제기되어 왔다. 정화 직후 동화사에 개설을 시도한 바도 있었고, 1969년에는 전국비구니회 전신이었던 우담바라회에서 건립을 선언하면서 구체적인 준비를 진행한 적도 있었다.[45] 특히 이 시기는 회장 은영 스님[46] 이하 10여 개 지부, 회원 600여 명의 조직으로서 총림 건립기금을 적립하기 위해 50여 개 사찰의 비구니 스님들이 합심할 정도로 강한 단결을 보여 주기도 했다. 이후 비구니의 구심점은 전국 비구니회관 개관으로 모아졌다. 1980년대부터 비구니들의 땅 1평 사기 운동으로 시작하여, 2003년 서울 수서동에 개관하기까지 전국비구니회를 중심으로 한국 비구니들의 화합과 단결이 이루어졌다.

한편, 1950년대 정화운동 이후 조계종 교단정치에서 철저히 소외되어 왔던 한국의 비구니 승가에서는, 1994년 개혁종단 출범을 계기로 다시 한번 뜨거운 정치 참여 열기가 일어났다. 소위 '조계종사태'라고 불리는 이 종단개혁은 당시 총무원장의 3선 연임을 저지하면서 시작된 현대불교 최초의 자율적 종단개혁이었는데,[47] 특히 교단정치 구성에 민주적 공의제도를 도입한 점을 의의로 평가하기도 한다.[48]

사찰이 소개되었다. 여기에는 보문종이나 선학원에 소속된 비구니 사찰이 포함되지 않은 것으로 보이며, 이 밖에도 미등록 사설사암 형태도 적지 않아 실제로 비구니 사찰 수는 1천 개를 훨씬 상회할 것으로 추산된다.

45) "비구니 총림 건립을 계기로 본 우담바라회 오늘 내일", 《대한불교》 317호(1969. 9. 14), 4면. 비구니 총림은 중고등학교, 불교대학(4년) 그리고 대학 과정을 마친 비구니들의 수행기관(보리원), 대중원(고아원, 양로원) 등 대규모 구성으로 계획되었다.

46) 200여 명의 대중을 거느린 보문사 (보문종 창종 이전) 주지스님이었다.

47) 박수호, 「사회운동으로서의 조계종 종단개혁운동」, 『동양사회사상』 제11집(2005).

48) "종단 내 사법기능 개혁으로 위기 극복할 수 있다", 『참여연대』(2007. 10).

이와 같은 종단 개혁운동에 동참하기 위해 비구니 승가에서는 단일 의전 창구로서 '정혜도량'을 창립하기도 했다. 이때 회장으로는 선방 수행자로서만 살아왔던 계수 스님이 선출될 정도로 승가 내부에서 광범위한 관심과 참여가 있었다.[49] 그런데 이 개혁종단으로 종권을 인수받고 구체적인 개혁안이 발표되자 비구니들은 다시 실망할 수밖에 없었다. 소위 새로운 종단개혁안은 아예 비구니들의 종단 주요 직책의 선거권을 제한하거나 피선거권을 박탈하는 내용을 오히려 종법으로 명문화해버린 것이었다. 그런데 여기서 주목하고자 하는 것은 비구니 내부에서 비구니 대표기구의 태도를 문제 삼았던 점이다. 즉 중앙승가대와 동국대의 비구니회에서는 종단의 개혁안 비난성명을 발표하면서, 다음과 같이 대표기구 전국비구니회와 정혜도량의 각성을 촉구했다.

> "비구니 대중에게 공개하여 의견을 수렴하지 않고 일부 몇몇 비구니 스님이 모여 종회의원을 추천하고자 한 전국비구니회와 정혜도량의 스님들에게도 놀라움을 금치 못한다."[50]

그리고 한국 비구니계 발전에 있어서 "대표적 장애요인은 취약한 조직력과 뚜렷한 구심세력이 없다"는 점이 지적되기도 했다.[51] 정혜도량은 그 이후 해산되었지만 전국비구니회는 조계종 비구니 승가의 대표조직으로 남아 있다. 수계사 선정이나 승려 교육기관 운영과 같은 종교적인 문제도 종단에서 비구니회에 일임하고 있으며,[52] 해외를 비롯한 대

---

49) "비구니 정혜도량 창립 초대회장 계수스님 선출", 《대한불교》(1994. 5. 14), 15면.
50) "비구니는 분노한다", 《법보신문》(1994. 10. 24), 11면.
51) "얼핏보면 평등 알고보면 불평등", 《법보신문》(1994, 6. 27), 3면.

외적인 활동의 대표 역할도 이곳이 담당한다. 그런데 이 중 가장 예민한 주제라고 할 수 있는 것은 비구니 종회의원의 선출권[53]으로, 이것은 종단의 선거법에 명시된 것이기는 하지만, 전국비구니회의 성격이 종단행정 공식기구가 아니기 때문에 이의가 제기되기도 하였다.[54] 이런 문제는 근본적으로 종단 내에서 비구니 관련 기구를 제도화하지 않고 비공식적으로 필요에 따라 활용하였기 때문이다.

그러나 한편으로는 비구니 승가 내부의 개혁과제도 볼 수 있다. 2011년도에는 그동안 추대 방식으로 이루어져 왔던 비구니회 회장을 처음으로 선거제로 변경하여 선출하였는데, 경선의 선거 공간에서는 "현재 비구니회가 스님들로부터 신뢰 받지 못하고 있다", "전국비구니회가 모든 비구니 스님들의 것이 되어야 한다", "비구니의 위상을 높이는 일이 소통을 통해 이루어져야 할 일"[55]이라는 등의 문제들이 제기되기도 하여, 앞으로 비구니회의 민주적 변화가 기대되고 있다.

4) 강력한 그러나 고립된, 비구니의 섬

앞에서 살펴본 바와 같이 현대 불교사 속에서 비구니 승가가 가장 적극적이고 조직적으로 참여한 시기는 해방 이후 정화운동과 1990년대 종단개혁 때였다. 그런데 정화운동은 많은 비구니 사찰들이 오히려 종단에게 사찰을 빼앗기지 않기 위해, 사설사암 형태로 전환하는 계기가 되었으며, 종단개혁 시기에는 조계종의 비구 중심 정치에 의해 철저한

52) "비구니 삼사칠증 비구니회서 확정", 《불교신문》(1989. 7. 5), 1면; "비구니회에 기초선원 운영위임", 《현대불교》(1999. 6. 23).

53) 현재 조계종에는 종회의원 총 80석 중 10석이 비구니 할당분으로 배정되어 있다.

54) 전해주, 앞의 글(1999), 339-340.

55) 《불교포커스》(2011. 10. 11).

배신과 좌절을 경험하기도 하였다. 이후 비구니 승가는 뚜렷한 구심체를 갖지 못한 채 개별 사찰의 성장에 더 집중해 왔다고 할 수 있다. 또한 비구니 강원 역시 경쟁적인 방식으로 성장해 왔고, 수십여 개의 비구니 선원들도 서로 간에 지나치게 소통이 없다는 지적이 있을 정도로 개별화되어 있다. 비구니 일반 사찰과 승려들 간의 개별화도 마찬가지이다.

반면, 한국 비구니 승가의 성장사에서 가장 중요하게 평가하여야 할 부분은 바로 '비구니 간 법맥 계승'이라 할 수 있을 것이다. 100년 전 한국 비구니들은 강원교육과 참선수행 그리고 수계의식을 오직 비구 스승에 의해서만 지도받을 수 있었지만, 현재는 그 법맥을 비구 스승들로부터는 물론, 비구니 스승들로부터도 계승할 수 있는 높은 수준의 종교적 권위를 갖게 되었다.[56] 특히 한국 비구니의 강맥 전승은 가장 광범위하게 이루어졌다. 최대 규모의 비구니 강원인 운문사 학장 명성 스님의 경우, 비구 강백으로부터 전강(강맥 전수)을 받았음에도 돌아가신 비구니 강백(화산수옥, 1902~1966)의 영전에 다시 건당하였는데,[57] 이를 통해 한국 비구니 승가에서 비구니 간 전승을 중시한 태도를 엿볼 수 있다. 현재 활동하는 비구니 강사들은 비구니 스승에게서 전강 받은 사례가 매우 많다.

다음으로 참선수행 역시 비구니 승가의 자율·독립 정도가 높다 할 수 있는데, 비구니가 선원장이나 심층 지도인 '납자 제접'을 직접 담당하는 경우가 적지 않으며, 실질적인 지도의 입승 소임을 맡고 자율적으로 선원 운영을 하는 등이 그것이다. 다만 비구 선사에게 비구니가 선맥을 인가받은 사례는 있으나[58] 비구니 선사가 법을 전수해 준 사례는 아직

56) 전해주, 앞의 글(2007), 149.
57) 전해주, 앞의 글(2007), 152.

수계식에서 비구니 율사의 모습(사진, 봉녕사 승가대학 제공)

알려져 있지 않다.

마지막으로 율맥은 최근 가장 왕성하게 이루어지고 있는 비구니 전승의 주제이다. 특히 고(故) 묘엄 스님은 1999년에 비구니 율사 양성기관인 금강율원을 봉녕사 내에 설립하고 2007년까지 21명의 율원 졸업생과 3명의 율사를 배출했으며, 나아가 제자 비구니들에게 전계식을 봉행하기도 했다. 이것에 대해 묘엄 스님 일대기를 연구한 석담 스님은, "묘엄은 비구니 계맥 전승의 기반을 다짐으로써 비구니 승가는 한국의 승단 안에서 비구니 이부승 구족계 수계제도의 자율성과 정통성을 확보하게 된 것이다"[59]라고 평하였다.

58) 대표적으로 만공 선사에게 인가받은 법희 비구니 스님의 예화가 유명하다.

'자율'과 '정통'을 지적한 위의 평가는 매우 적절한 것으로 생각되는데, 사실 이것은 계율 부문에만 한정되는 것이 아니라, 입문자 양성 교육(강원) 그리고 핵심적인 수행(선원) 모두에서 한국의 비구니 승가는 유례없이 높은 수준의 독자 시스템을 구축하고 있다고 생각된다.60) 그런데 외부의 시선으로 바라본 한국 비구니 승가는 비판적인 면이 없지 않다. 특히 샤카디타 회장을 오래 역임했던 렉쉐 쏘모(Lekshe Tsomo)는 한국 비구니 승가를 소개하는 항목의 제목으로 "강력하지만 고립된(powerfully isolated)"이라는 표현을 썼다.61) 이에 대해 이향순은 "한국 비구니 승가가 정통성을 잘 지키는 청정 승가로서 위상이 높다고 해도 이들의 수행과 삶에 대한 본격적인 연구가 없으면 위의 이미지를 벗어날 수 없다"62)고 지적했지만, 한국 비구니 승가의 "고립" 문제는 연구의 부족에서만 기인하는 것은 아닐 것이다.

또 다른 외국인 인류학자는 티베트와 한국의 비구니 교단을 비교 연구하면서 한국 비구니 승가의 위계 문화를 비판했고, 나아가 "현재 세계 승가의 비구니 구족계 문제가 성차별이나 종교 정통성 문제일 뿐만 아니라, 불교관, 여성주의관, 여성 승단의 성격 등이 반영된 보다 복잡한 구조로 접근해야 한다"고 주장했다.63)

---

59) 정인영(석담), 앞의 책, 353. 현재 비구니 율원은 봉녕사 외에 청암사에도 개설되어 있다.

60) 이것은 비구 승가로부터 더 이상 아무런 간섭과 제재를 받지 않는다는 말은 아니다. 최근에는 오히려 비구니 자체에서 진행하던 수계식에서도 비구 율사가 참여하는 등의 변화가 있었다.

61) Karma Lekshe Tsomo, *Buddhist Women Across Cultures* (Suny Series, 1999), 18.

62) 이향순, 「국제화시대 한국비구니의 위상과 역할」, 전국비구니회, 『한국비구니의 수행과 삶』(예문서원, 2007), 187. "강력하지만 고립된"은 이향순의 번역 인용.

63) Michelle Hannah, "Colliding Gender Imaginaries: Transnational Debates about Full Ordination for Tibetan Buddhist Nuns", *Asian Journal of Women's Studies (AJWS)*

한국 비구니 승가가 확보해 온 정통성이라는 종교적 권위와 독자적 시스템의 의의를 부정할 수는 없을 것이다. 이것은 세계 여성 종교사적 측면에서도 결코 무시할 수 없이 중요하다. 다만 이와 같은 한국 비구니 승가의 '강력함'이 섬과 같은 '고립'의 방향으로 치우쳐 힘을 발휘하지 못하는 게 아닌가 우려하는 것이다. 아울러 고립된 내부는 구심을 잃고 지나치게 개별화되어 있다. 여성 출가자의 감소는 이런 구조하에서 이루어지고 있었다.

5. 한국 비구니 승가의 과제

현대 한국 비구니 승가에서 일어나고 있는 여성 출가자 급감 현상의 원인을 진단하기 위해 여성 출가자들과의 인터뷰를 통해 경험과 현실을 분석해 보았고, 그 구조적 탐색으로서 조계종 비구니 승가의 성장사를 개략적으로 고찰하였다. 앞에서 제기한 내용들을 서로 연관지어 정리해 보면, 다음과 같은 몇 가지 변화의 과제와 전망을 그려 볼 수 있을 것이다.

우선, 비구니 사찰 형태가 지나치게 사설화되어 있는 현상이 비구니들의 개별화와 빈곤화 구조에 핵심요인으로 추정되었는데, 사찰의 소유나 운영 방식의 전환이 근본적으로 필요하다고 생각한다. 종단이나 비구니회의 정책적인 대안도 당연히 제시되어야 하겠지만, 비구니들의 자발적인 공동운영 사찰이나, 새로운 운영 방식의 수행센터 설립도 실험적으로 시도해 볼 만한 대안이지 않을까 싶다. 현재와 같이 사제관계가

V.18, N.4-1 (2012), 25.

폐쇄된 사찰 구조 속에서 기도의례에 묶여 있는 것은 현대 사회에 더 이상 부합하지도 않고, 무엇보다 젊은 비구니들의 다양한 욕구를 실현할 수 없어, 여성 출가자 감소 문제를 해소하기 어려울 것이기 때문이다.

두 번째로는 정치적인 구조가 변화해야 하는데, 비구니회와 같은 대표기구가 민주적인 방식으로 전면 개혁되어야 할 것이다. 종단 내부에서 목소리를 반영하는 비구니 종회의원을 비구니들이 직접 선출하는 것도 필요하다. 비구니들이 겪고 있는 현실이 거론되고 이것이 정책으로 반영되는 선거가 이루어지는 것이 변화의 출발점이 될 것이기 때문이다.

마지막으로 비구니 지도층의 마인드가 중요한데, 글로벌한 현대 사회의 열린 가치관을 수용하는 비구니들을 적극적으로 활동할 수 있게 해야 한다. 한국 비구니 승가의 전통은 존중하되, 전통에 갇혀 섬으로 고립되는 것을 극복해야 하기 때문이다. 현대인은 준엄하고 순종하는 종교인보다는 평등하고 친절한 종교인을 열망하고 있다. 고립된 낙원처럼 고요한 섬이기보다, 수많은 다리가 놓여 세상을 향해 열려 있는 생기 있는 곳으로서의 한국 비구니 승가를 그려 본다.

글로벌 시대와 원불교 여성 교무

박 혜 훈*

1. 원불교의 이미지, 여성 교무

신종교는 제도권의 기성종교와는 구분되는 새롭게 탄생한 종교를 가리킨다. 한 사회에서 신종교를 기성종교와 구분하는 요소를 그 종교 단체의 발생 시기와 종교 인구 및 사회적 영향력 등이라고 볼 때, 원불교는 신종교의 범주 내에서 이해될 수 있을 것이다.

개교 100주년을 앞둔 신종교로서 원불교는, 그동안 비교적 빠른 성장을 해왔다는 평가를 받는다. 기성종교에 비해 미약한 교세에도 불구하고 원불교에 대한 사회적 인지도가 이렇게 빨리 향상된 데에는 원불교 여성 교무의 복장이 상당한 역할을 하고 있는 듯하다. 최근 원불교정책연구소에서 실시한 사회여론조사 보고서에서는 '원불교'의 이미지 관련 설문에 대한 약 80%의 응답률 가운데 성직자의 복장이 7.7%로[1] 나

* 영산선학대학교 교수, 원불교 교무.

1) 원불교정책연구소, 「원기 96년 원불교 사회여론조사 보고서」(익산: 원불교정책연구소, 2011), 14.

타났다. 이를 통해 알 수 있듯이, 우리나라의 전통 복장과 비슷한 여성 교무의 정복을 보고 원불교를 연상하게 되는 면이 상당 부분 차지하고 있는 것이다. 이것은 복장 자체보다 종교 활동에서 여성 교무의 활동이 두드러졌다는 의미를 함유한다고 생각한다.

이처럼 원불교에서 여성 교무의 활동이 유달리 부각되는 것은 원불교 교단의 출발이 교조인 소태산 대종사(1892~1916)[2]의 종교적 깨달음에 의한 것이며, 깨달음에 기초한 가르침 속에서 여성 문제에 대한 근원적인 해법을 모색할 수 있기 때문이다. 19세기 세계여성운동의 태동과 개화기 근대적 여성 의식의 성장, 그리고 수운과 증산의 후천개벽사상을 배경으로 소태산은 여기에서 한걸음 더 나아가 원불교의 교리 이념과 제도 구현에서 남녀평등을 실현해 가고자 하였다.[3] 그는 초기 교단에서부터 여성 교무가 남성과 동등하게 활동할 수 있도록 활로를 열었으며, 이 점에서 여성 교무의 현재는 곧 원불교 교법 실현 과정의 진행형 현재라고 할 수 있다. 즉 오늘의 여성 교무는 원불교의 현재이며, 미래가 될 수 있는 것이다.

이러한 단상에 기초하여 이 글에서는 원불교의 교리 이념과 제도를 통한 여성 교무의 현재를 살펴보고, 글로벌 시대의 원불교적 대응을 어떻게 해갈 것인가 하는 교단 내적 고민과 여성 교무의 관계를 비추어 봄

---

2) 소태산 대종사는 원불교 교조로서 이름은 박중빈이며, 소태산 대종사는 후대 제자들의 존칭이다. 이하 소태산이라 함.

3) 하정남, "한국 신종교의 남녀평등사상에 관한 연구", (원광대학교 불교학과 박사학위논문, 1997). 이 논문에서 하정남은 수운과 증산, 소태산의 후천개벽사상이라는 우주적 자각에 의한 인본주의가 남녀평등이라는 근대화된 여성의식을 선도함을 주장하며, 이 밖의 논문에서도 수운·증산·소태산의 후천개벽사상이 남녀평등을 뒷받침하는 주요 사상임을 밝히고 있다.

으로써 여성 교무들이 풀어 가야 할 과제와 그 방향에 대하여 정리해 보고자 한다.

2. 성 평등적 교리 이념과 원불교 교세 성장의 주역, 여성 교무

1) 성 평등적 교리 이념과 원불교 초기 교단의 조직

일원상의 진리를 비롯한 신앙과 수행을 밝힌 사은사요(四恩四要)와 삼학팔조(三學八條)의 교리 강령이 선포되고 창립의 인연들이 모여들게 되는 원불교 초기 시점에서부터 여성 제자들의 직접적인 교화 활동은 시작되었다. 소태산을 친견하고 귀의한 여성들이 활발하게 원불교 교법을 알리며 주위의 인연들을 모으는 데 큰 역할을 했으며, 이로 말미암아 모여든 인물들은 원불교 창립기에 교단적인 토대를 형성하는 데 공헌하게 된다.

이후 점진적으로 종교적 조직과 제도가 정비되면서 각 지방에 교화 활동을 위한 교무를 파견할 때에도 여성 교무는 남성 교무와 동등한 자격을 가지고 본격적인 교화를 담당할 수 있었다. 각 지방의 교당에서 행해진 교화 활동에 있어서 종교의례의 집전은 물론 단상에서의 설교와 기타 모든 종교적 역할을 수행하는 데에 남녀 교무의 차별은 없었다. 남녀 교무가 동등하게 원불교 교단의 성직으로서 역할을 수행했던 것은 교화 활동만이 아니었다. 1924년(원기 9)부터 익산총부가 건설되면서 교단 내부 업무를 총괄하는 총부 내 기관과 교육과 산업, 자선활동에서도 교단 내의 여성들은 남성들에 비하여 차별이 있거나 동등하지 못한 역할 범주에 그친 것이 아니라, 오히려 대단히 적극적이며 활발한 활동을 해왔다.

이러한 원불교 초기 교단의 여성 교무 활동은 당시 기성종교 여성 성직자들의 역할이나 여성에 대한 차별과 억압이 존재하던 사회적 분위기를 고려할 때, 대단히 개혁적이며 파격적인 것이었다. 또한 원불교 창립기로서 아직 교단의 교화를 위한 조직이나 여건이 제대로 조성되지 않은 상태인데도 이렇게 여성 교무의 사회전환적인 종교 활동이 가능할 수 있었던 것은, 원불교의 성 평등적인 교리 이념이 뒷받침되었기 때문이다.

원불교의 궁극적인 진리를 표현하는 일원상(◯)의 진리는 원불교 신앙의 대상이자 수행의 표본으로 모든 원불교 교리의 근간이 된다. 이 일원상의 진리는 궁극적 진리세계와 현상계의 모든 존재방식을 설명하는데, 「정전」 교의편 일원상의 진리에서는 "일원은 우주만유의 본원이며, 제불제성의 심인이며, 일체중생의 본성"[4]이라고 한다. 이는 일원상의 진리가 우주만물 모든 존재의 근원이라는 의미이며, 모든 성현이 깨달은 바가 같은 진리라는 것과 모든 존재의 본성은 진리 그 자체로서 차별이 없다는 것이다. 이러한 진리는 근본적으로 남녀노소, 종족, 선악귀천 등의 어떠한 대립적이거나 이분법적인 이원론의 관점에서 성립되는 모든 차별을 배제한다. 그러므로 여성은 당연히 남성과 비교되어 우위를 평가하거나 차별할 수 없는 진리의 모습 그대로를 함유한 진리적 주체자로서의 위상을 지닌 존재일 수 있다.

---

4) 「정전」 제2교의편 제1장 일원상의 진리, 『원불교전서』(익산: 원불교출판사, 1991), 23.

일원상의 진리를 통하여 모든 존재가 상대와 우열을 가릴 수 없는 고귀하며 주체적인 존재임을 밝히고 있으며, 이 모든 존재와 존재의 관계는 다시 은(恩)으로 설명한다. 모든 존재와 존재는 서로 없어서는 살 수 없는 관계로서 은혜로운 관계라는 것이다. 그리고 이 '은'은 네 가지 은혜인 사은(四恩), 즉 천지은·부모은·동포은·법률은으로 범주화되는데, 이 네 가지 은혜 없이 인간을 포함한 모든 존재가 이 세상에서 존재할 수 없다는 것이다.

사은은 모든 존재가 생명적 보은관계로서 서로 살려내고 협력하는 윤리이며, 상생상의의 관계임을 밝히고 있다. 소태산의 언행록이라고 할 수 있는「대종경」에서는 "사은의 내역을 말하자면 곧 우주 만유로서 천지 만물 허공 법계가 다 부처 아님이 없나니, 우리는 어느 때 어느 곳이든지 항상 경외심을 놓지 말고 존엄하신 부처님을 대하는 청정한 마음과 경건한 태도로 천만 사물에 응할 것이며"[5]라고 하여 사은의 그물망 속에 천지 만물과 허공 법계가 모두 부처임을 알아 부처로 대해야 함을 역설한다. 모든 존재가 곧 부처임을 인정할 때 모든 존재는 상하나 차별이 아닌 경외심의 대상이 되며 서로 존중받는 대상이 된다. 이렇게 볼 때 남성과 여성 또한 성이 다름에도 불구하고 서로 부처이며 경외심의 대상이다. 그러므로 남성과 여성은 근본적으로 서로 평등하며, 은혜로운 관계이므로 상생 보은해 가야 한다. 사은은 근본적인 어떠한 차별도 없이 은혜로운 존재이자 부처 그대로의 모습으로 여성이 주체적이며 능동적인 모습으로 설 수 있도록 하는 주요 배경이 되는 교리인 것이다.

사은과 더불어 신앙의 주요 교리인 사요는 특히 양성평등적인 요소

---

5)「대종경」 제2교의품 4장,『원불교전서』(익산: 원불교출판사, 1991), 113.

와 사회개혁적인 내용을 담고 있다. 자력양성(自力養成), 지자본위(智者本位), 타자녀 교육(他子女教育), 공도자 숭배(公導者崇拜)라는 네 가지 요강 즉, 사요(四要)는 일원의 진리가 현실적으로 실현되도록 하는 구체적인 신앙의 방법이자 사회적 불공의 방향을 제시하는 교리이다. 평등세계를 건설해 가는 평등 윤리로서 모든 인류가 함께 실천해 가야 할 내용이 제시되어 있는데, 특히 여성을 평등 세계 실현의 주체로 주목하여 남성과 동등한 권리를 부여해야 한다는 점이 강조되어 있다.[6)]

사요 가운데 자력양성의 경우 원불교 교단 초기 1920년 교무부 명의로 발표된 〈교법제정안〉에서는 '부부권리동일'이었으나, 1932년 발간된 교단 최초 교리서인『보경육대요령』에서는 '남녀권리동일'이라는 변천 과정을 거쳐 확립된 것이다. 자력양성은 부부는 물론 남성과 여성이 정신의 자주력 · 육신의 자활력 · 경제의 자립력을 갖는 것을 원칙으로 한다. 또한 구체적인 조목에는 여자도 남자와 같이 인류 사회에서 활동할 만한 교육을 받도록 하며, 여자와 차자도 장자와 같이 생전사후를 받들 수 있다고 하여 기존 가족문화에서의 남녀차별을 과감하게 타파해 가고 있다.

지자본위는 과거 불합리한 차별제도의 조목으로 반상 · 적서 · 노소 · 남녀 · 종족의 차별을 들고, 이러한 모든 차별에 끌리지 말고 항상 배움의 태도를 가지도록 한다. 남녀노소 유무식에 상관없이 누구나 잘 배울 줄 알아서 지식 평등 세계를 건설하며, 인류 사회를 모두가 함께 바람직한 방향으로 발전시켜 가고자 하는 것이 지자본위의 정신이다.

사요 가운데 타자녀 교육은 자타의 국한 없는 교육정신을 널리 실행

---

6) 졸고,「소태산의 여성관과 원불교여성교무의 현재」,『신종교연구』 제22집(2010), 64.

하여 모든 인류가 문명의 혜택을 골고루 받을 수 있는 교육 평등의 세계를 건설해 가자는 것이다. 특히 과거 교육의 결함 조목 가운데, "교육의 제도가 여자와 하천한 사람은 교육받을 생의도 못하게 되었음이요"라고 하여 교육에 대한 차별적인 제도와 기회에 대하여 언급하고 있으며, 여성도 남성과 같이 동등한 교육을 받음으로써 여성 교육 수준의 향상은 물론 사회활동 주체로서의 여성의 위치가 바로 세워질 수 있다는 것이 강조되고 있다.

공도자 숭배는 모든 인류가 공도 정신을 실천하고 공익에 헌신하는 사람이 많이 나와서 모든 사람들이 함께 잘사는 평등 세계를 건설하자는 것이다. 자력양성을 비롯한 지자본위, 타자녀 교육, 공도자 숭배라는 교리 내용에서의 사요는 여성이 남성과 동등한 기회와 권리를 부여받을 수 있으며, 독립된 인격이자 평등 세계를 실현해 가는 주체적인 존재라는 것을 강조하고 있다. 이처럼 일원상의 진리, 사은사요와 같은 원불교의 주요 교리는 남녀가 동등한 권리를 지닌 삶의 주체자임을 분명히 하고 있으며, 이는 초기 교단의 조직과 제도 형성에 중대한 영향을 끼치게 된다.

초기 교단에서 교단조직을 법규화한 『불법연구회통치조단규약』[7] 가운데 '남녀구별의 조직'에 관한 장에서는 "회원으로 단을 조직할 때에는 남녀를 구별하여 남자는 남자대로 여자는 여자대로 단을 조직하고 공부와 사업의 기관도 각각 설치하기로 함"이라고 하여 남녀를 구별하여 조단하고 활동하도록 하고 있다.[8] 단조직은 원불교의 가장 기본적

7) 불법연구회, 『불법연구회통치조단규약』(익산: 불법연구회, 1931).
8) 소태산이 제자들을 중심으로 교화를 시작하면서 1916년(원기 1) 모든 사람을 두루 교화할 십인 일단의 단 조직방법을 제정하게 되는데, 이 조단법은 모든 원불교 조직의 기본이

인 토대가 되는 조직이자 제도이며, 남녀를 각각 구별하여 조단하는 것의 원칙은 변화하지만, 모든 단조직에서 남녀가 평등한 권리와 의무를 가지는 것은 변함이 없다. 이러한 단조직의 성격은 현재까지 지속되고 있으며, 원불교 최고의결기관이자 최상위단인 수위단회에도 적용된다.

『불법연구회통치조단규약』에서 명시하고 있는 '수위단의 조직 및 선거방식'이란 조항에서는 다음과 같이 밝히고 있다.

> **제7조** 본단의 목적을 총감하기로 정수위단이라 명칭하고 남자로 일단, 여자로 일단을 조직하여 모든 단의 원시가 되기로 함.
>
> **제8조** 정수위단의 자격은 교리에 대한 이해나 사업에 대한 공훈이나 시비에 대한 공훈이나 시비에 대한 언론이나 신망실행이나 그 외 어떠한 상식으로든지 단원 내 제일 우월한 자로써 조직함.
>
> **제15조** 남녀정수위단의 단장은 현 종사주[9]께서 겸대(兼帶)하시되 창립한도 36년을 경(經)한 후에는 남녀단장을 각각 선택하야 관리하기로 함.[10]

원불교 교단 초기부터 모든 조직은 단(교화단)에 기초하였으며, 이 가운데 가장 최상위단이 수위단이다. 정수위단의 자격을 단원 내 제일 우월한 사람으로 조직한다는 조항에서도 할 수 있듯이 수위단은 교단 내의 공부와 사업으로 가장 뛰어난 사람들로 구성되는 단조직이다. 또

되고 있다.

9) 종사주라는 명칭은 소태산의 제자들이 부르던 존칭이다. 초기에 소태산에 대한 호칭이 제자들마다 다르게 사용되었으나 이를 통일하여 "종사주"라고 부르다가 후일에 "대종사"로 부르게 된다.

10) 『불법연구회통치조단규약』(익산: 불법연구회, 1931), 2-4.

한 소태산이 남녀 정수위단의 단장을 맡은 후, 창립 한도[11] 36년을 지낸 뒤에는 남녀 단장을 각각 선택하여 관리하기로 한다고 명시되어 있었으나, 소태산이 36년이 되기 전 1943년(원기 28)에 열반에 들게 되며 사회적인 혼란과 교단 운영의 형편에 따라 남녀 단장을 각각 선출하는 내용은 실현되지 못하였다.

현재는 남녀 수위단의 총단장을 종법사 1인이 맡고 있으며, 남녀 수위단원의 구성은 같은 수의 비율로 되어 있다. 종법사 피선자격도 원정사 이상의 법위를 가진 남녀가 모두 해당되므로 현재까지 여성 종법사가 선출되지는 않았지만 여성이 수위단의 총단장을 맡지 못하리란 법은 없다. 이와 같이 수위단 아래 출가와 재가 교도가 속해 있는 교화단에서 단장을 비롯한 단원 구성에 남녀의 차별은 없으며, 여성은 남성과 동등하게 주체적으로 단을 이끌어 갈 수 있으며 적극적인 참여를 할 수 있다. 조단에 기초한 원불교 전반의 조직은 교단 초기로부터 남녀가 동등하게 활동할 수 있었으며, 그러한 전통은 지금까지 유지되고 있다.

2) 원불교 교세 성장의 주역으로서 여성 교무

남녀 권리 동일과 같은 교리강령이 선포된 이래 원불교 초기 교단 시절부터 일생을 교단에 헌신하는 전무 출신만이 아니라 여성 제자들은 남성 제자들과 동등하게 꾸준히 교육을 받으며 능력을 개발하여 자율적인 여성으로 설 수 있었다.[12] 소태산의 대각 후 가르침을 펼치기 시작했을 때 첫 구인 제자가 그러하듯이 대부분이 남성 제자들이 중심이 되어

11) 소태산의 대각과 원불교 개교를 기준으로 108년을 교단의 창립기로 한 것이며, 108년을 36년씩 3대로 구분하고, 1대를 다시 12년씩 나누어 3회로 한다.

12) 김지정, 『개벽의 일꾼』(익산: 원불교출판사, 1985), 77-86.

초기 교단에서 역할을 했던 것은 분명하다. 이후 성 평등적인 교리 이념에 감응하여 귀의하는 여성도 꾸준히 증가하였으며, 교단에 전문적으로 투신하는 여자 전무 출신 제도에 대한 제안이 여성 제자로부터 자발적으로 이루어지게 된다. 여자 전무 출신 제도가 수용되면서 여성 전무 출신들의 공동생활은 물론 교화를 펼칠 수 있는 여성 교무 제도가 제도화되어 본격적으로 시행하게 되는데, 1929년(원기 14)경부터 여성 교무가 지방에 배치되어 교화의 주역으로서 활동하기 시작한 것이다.

기존의 많은 전통 종교들이 종교의례를 집전하거나 대중을 향한 설교 등을 남성의 역할로 한정했던 면이 있었던 것에 비하면, 종교 성직자로서 여성 교무가 모든 종교의례나 설교 등에서 남성과 동등하게 종교의례나 설교 등으로서 교화 활동에 전념할 수 있었던 것은 당시의 사회적·종교적 분위기에서 대단히 혁신적인 사항임에는 분명하였다. 또한 그와 같이 여성 교무들이 활약을 할 수 있었던 기저에는 초기 교단에서 시행한 겨울과 여름 각 3개월간의 정기훈련 기간 등의 교육이 바탕이 되었으며, 이후 남성 교무와 여성 교무가 동등하게 종교의 전문적인 교육과정을 이수하도록 하는 제도가 정착되었기 때문일 것이다.

이처럼 열린 의식의 교단적인 분위기에서 성장한 여성 교무들의 교화 활동도 활발하게 진행되었다고 할 수 있으며, 교세 성장에 지대한 역할을 수행해 왔다고 볼 수 있다. 최근 교화 기관에서 근무하고 있는 남성 교무와 여성 교무의 상황을 살펴보면 다음과 같다.

〈표 1〉 급수 성별 교화기관 전무 출신 현황(2012년 1월 현재)

구분	1급	2급	3급	4급	5급	합계
남	57	79	37	70	62	305
여	310	136	64	70	35	615
계	367	215	101	140	97	920

현재 교단에서 봉직하고 있는 여성 교무의 수도 남성 교무에 비하여 많은 편이며, 일선 교당에서 교화에 전념하는 여성 교무는 남성 교무에 비해 월등히 많아 원불교 교단 내의 여성 교무들이 원불교 교세 성장의 주역인 것은 누구도 부인할 수 없는 사실이다. 1급 교무의 경우 정식 출가이후 25년 이상, 근무 20년 이상이 되어야 하는 것이 필수사항이다. 1급 교무의 남녀 비율을 볼 때 여성 교무의 수가 훨씬 많은 것은 교화활동에서 여성 교무의 위상을 보여 주는 중요한 예가 될 것이다. 한편으로는 4급과 5급 교무의 경우, 남녀 비율이 같거나 여성의 수가 적은 것은 교화 활동을 하는 젊은 여성 교무의 수가 감소되고 있으며, 이는 교화기관에서만이 아닌 전체 교무의 수에서 여성 교무의 지원이 줄고 있다는 사실과 같은 선상에서 이해할 수 있다.

이러한 여성 교무의 교화기관 근무 현황 변화에도 불구하고 원불교 교세 성장과 발전에서 여성 교무는 교당을 중심으로 한 교화 일선만이 아니라 행정 · 복지 · 교육 · 문화 분야 등 교단 내의 활동 영역이 남성 교무들에 비하여 결코 적지 않았으며, 모든 방면에서의 여성 교무들은 지대한 역할을 수행해 오고 있다. 다만, 젊은 여성 교무들의 수가 감소하는 것과 더불어 기존의 교화기관에서 여성 교무가 많이 근무를 해왔던 것에 맞물려 교화기관에서 남녀 교무의 근무형태에 대해서는 되돌아볼 필요가 있다. 왜냐하면 남녀 교무들의 성별 직종 분리와 성 역할 분리라고 하는 성 불평등의 요소를 완전히 배제할 수 없기 때문이다.

성별 직종 분리는 근무시간의 제한 없이 온종일 상주하면서 교화에 임하게 되는 교당교화에 여성 교무들이 남성 교무들에 비해 월등히 높은 비율로 종사하며, 출퇴근이 가능하고 직무 수입이 안정적인 기관에 근무하는 것은 남성 교무들의 선호가 높아 여성 교무에 비하여 남성 교무가 많이 근무하게 되는 현상을 말한다. 또한 성 역할의 분리는, 같은 근무지에서도 외부활동은 남성 교무가, 전래적으로 여성이 담당해 오던 가사노동을 포함한 내부의 일은 여성 교무가 담당해야 한다는 의식에서 완전히 자유롭지 못하는 부분이 아직도 남아 있다는 것을 의미한다.

이러한 성 불평등적인 요소는 외적으로는 한국 사회에 뿌리 깊게 자리하고 있는 가부장적인 사고와, 교단 내적으로는 결혼의 선택에서 자유로운 남성 교무들에 비하여 여성 교무와 정녀를 동일한 범주로 하여 여성 교무 제도를 시행하고 있는 사실로부터 비롯된다고 할 수 있다.

3. 글로벌 시대 원불교의 대응과 여성 교무 제도의 과제

교단 초기에는 '정녀'에 국한하지 않고 결혼을 했던 '숙녀'들도 여성 교무가 될 수 있었으나, 정녀를 지원하는 여성 교무가 많아지게 되고 정녀들의 친목단체인 '정화단'의 위상이 높아지면서 여성 교무는 정녀 중심이 되어 왔다. 그리고 여성 교무를 지원하는 경우, 예비교역자 지원서류에 반드시 정녀지원서를 제출해야 하는 규정이 시행되면서 여성 교무는 결혼을 하지 않는 정녀를 전제로 하게 되는 변화과정을 겪고 있다.

결과적으로 여성 교무가 되려면 반드시 정녀 서원을 해야만 하는 여성 교무 제도로 고착화되고 있는 것이다. 이 과정에서 결혼을 선택할 수 있는 남성 교무에 비하여 정녀를 원칙적으로 수용해야 하는 성 불평등적인 여성 교무 제도에 대한 많은 비판적 논의와 문제 제기가 되고 있지만 정녀 일변도의 여성 교무 제도는 그대로 유지되고 있다.

성 불평등적인 면에 대한 가장 기본적인 단초는 분명히 정녀와 동일시되는 여성 교무 제도에 있지만, 원불교 교단 내부 여성 교무들의 위상이나 역할을 고려할 때, 여성 교무 제도는 단지 여성 교무들의 문제만이 아닌 교단 내의 다양한 측면에서의 종합적인 시각으로 접근해야 한다. 이는 세계화, 글로벌화라는 시대적 변화 환경 속에서 원불교의 종교적 교단으로서의 성장과 발전이라는 명제와 함께 대두되는 가장 중요한 과제가 될 것이다.

1) 글로벌 시대와 원불교 교화

우리가 사는 시대를 세계화, 글로벌화 시대라고 표현하는 것은 이제 일반화되었다고 할 수 있다. 세계화, 글로벌화란 국경을 넘어서서 정치·경제·사회·문화·예술·체육 등 모든 부문이 하나의 방향으로 통합되어 가는 것이라고 할 수 있다. 지구촌 전체의 경제사회적 통합의 증대, 그 결과로서 사람과 사람, 지역과 지역의 상호의존성 내지 상호관련성의 급격한 증대가 이루어지게 되는 것이다.[13] 세계화에 대한 긍정론, 회의론 또는 진화론적 이해를 비롯한 다양한 접근방식은 모두 급변하는 현 사회에서 세계화가 다면적이며 복합적으로 진행되고 있기 때문이라

13) 박세일, 『창조적 세계화론』(서울: 서울대학교출판문화원, 2010), 60-61.

여겨진다.

이러한 세계화 시대에 종교의 의미와 역할에 대한 본질적인 논의는 차치하더라도, 조직이나 교단적인 입장에서 모든 종교는 세계화의 영향권에 속해 있다. 일제하 식민지 시대로부터 종교의 문을 열어 격동하는 한국 역사와 함께 성장해 온 신종교로서의 원불교 또한 이러한 세계화, 글로벌화라는 시대적 명제 앞에 결코 자유로울 수 없으며, 원불교 교세 성장의 주역을 담당하고 있는 여성 교무들 앞에 놓인 과제도 이러한 흐름과 무관할 수 없는 것이다.

세계화의 개념이 기본적으로 지리적·공간적 요소를 내포하고 또한 그 범위의 확대를 그 핵심내용으로 한다고 할 때, 세계화 또는 글로벌화란 인간의 제반 사회적 활동과 관계가 국경 너머 초대륙적 차원에서 연결되는 현상으로 정의될 수 있다.[14] 교단적인 관점에서 보면, 지리적·공간적 제약의 초월이라는 이러한 시대적 배경은 한국에서 자생한 원불교가 민족종교라는 울타리를 넘어 세계적 종교로 성장하기 위한 하나의 발판이 되는 셈이다.

교리적으로도 하나의 세계, 일원의 세계를 지향하는 원불교로서는 '세계화'라는 제한 없는 공간적 개념이 세계 교화를 향한 추동의 요인이 된다는 것은 긍정적인 면으로 작용한다. 소태산 재세 시부터 일본 오사카(大阪) 법회를 시작으로 해외 교화를 시작한 이래, 세계 교화 지원을 위한 국제부 설립, 세계 교화를 위한 정책 수립, 국외 교당 및 기관 설립, 국제교류 및 종교연합운동 추진 등의 폭넓은 세계 교화가 이루어지고 있는 것은 이러한 교리에 기초하고 시대적 조류의 영향을 받고 있는 것

14) 이인성, 『21세기 세계화 체제의 이해』(서울: 아카넷, 2009), 15.

아프리카 지역을 최초로 개척 교화한 원불교 김혜심 교무

이다. 그 밖에 세계 각국 언어로의 교서 번역 작업과 미국 동부지역에 세계 교화의 전초지로서 국외총부 건설 등 다양한 방향으로 세계를 향한 교화가 진행되는 것도 당연한 추세일 것이다. 여성 교무들이 국외에서 활발하게 교화 활동을 펼칠 수 있는 것도 세계화라는 보편적인 흐름 속에서 자연스러운 것이 되었고, 결혼이라는 제약이 없기 때문에 더 적극적일 수 있다는 점도 간과할 수 없는 사실이다. 또한 이러한 세계 교화에 대한 적극적인 노력과 더불어 복합적인 문제들도 함께 끌어안게 된다. 한국 문화의 토양 속에서 형성된 원불교 문화가 이질적인 새로운 문화권과의 만남 속에서 제대로 정착할 수 있기까지는 수많은 장벽을 헤쳐가야만 하기 때문이다.

그러나 글로벌 시대라는 배경은 세계 교화의 가능성과 동시에 또 다른 고민을 원불교 교단에 안겨 주고 있다. 즉 글로벌 시대를 가져온 신자유주의적 세계화는 경제적 불평등과 빈곤을 확대시키고 있으며, 약소국가의 정치적 주권과 각국의 고유한 민족문화의 색채를 훼손하고, 환경파괴와 자원의 낭비 등 새로운 개념의 지배와 억압을 노정시키고 있는 것이다.

이러한 사회적 변화와 대립구조 속에서 발생할 수밖에 없는 사회적 갈등과 고민은 원불교 교단이 안고 있는 고민과 무관할 수 없으며, '물질이 개벽되니 정신을 개벽하자'라는 기치의 개교 의의를 제대로 실현해야 하는 종교로서의 의무와 기대를 더욱 무겁게 하고 있다. 따라서 이러한 시대적 요청에 부응하는 종교적 메시지를 사회에 전하고 종교적 영성을 통해 활기를 불어넣는 교단으로 성장하기 위해서는, 교단 구성원 모두의 더욱 집중된 노력과 더불어 각자의 종교적 각성과 실천에 대한 책임을 한층 더 강조하게 되는 것이다. 또한 한국 사회에서 기성종교가 아닌 신종교로서 세계종교를 향한 발걸음을 내딛기 위해서는 아직 극복해야 할 과제가 산재해 있다. 비록 원불교에 대한 인지도가 조금 상승하였다고는 하지만, 불교와 기독교 등의 기성종교에 비하면 그것은 아직 대단히 미약하다고 할 수 있다.

신자유주의의 영향은 종교계도 예외일 수 없다. 그러므로 이미 사회적·대중적 기반을 갖추고 보편화된 기성종교에 비하여 모든 면에서 열세에 놓인 신종교는, 자기 고유의 종교적 이념을 제대로 실현하기가 쉽지 않은 양태가 전개될 것이다. 종교에 무관심한 사람들의 증가와 종교를 대체할 새로운 영성 단체들의 등장 또한 창립기로서 초석을 다지고 있는 신종교인 원불교에게 또 하나의 새로운 도전이 되고 있는 셈이다.

비록 교단 외부에서는 원불교를 성장하는 종교로 평가하기도 하지만, 교단 내부의 입장에서는 원불교가 세계화의 물결 속에 정체와 발전이라는 중요한 기점에 있음을 인식하고 있다. 또한 이러한 시기에 능동적이며 생명력 있는 종교 조직과 제도로서의 대응이 필요하다고 보며, 이 가운데 출가 위주의 교단 운영이 이루어지고 있는 부분에 대한 재고를 통하여 출가 교도인 전무 출신 제도를 개선할 필요가 대두되고 있다. 동일선상에서 현재의 여성 교무 제도에 대해 면밀히 검토하고 개선 사항을 함께 고려하여야 할 시점인 것이다.

2) 시대적 변화에 따른 여성 교무 제도의 과제

원불교 교단이 짧은 기간 동안 다른 종교에 비하여 한국 사회에서 안정적으로 성장할 수 있었던 요인 가운데 하나는 바로 출가 교도, 즉 전무 출신의 헌신적인 노력이 있었음을 부정할 수 없다. 전무 출신이란 '출가 교도로서 정신과 육신을 오로지 교단에 공헌하는 자'[15]라고 하는 것처럼 일생을 원불교 교단에 전념하는 것을 기본정신으로 한다. 이러한 '전무 출신'이라는 출가 교도의 기본정신이 원불교가 주류 종교에 비하여 사회적 영향력이나 인적 · 물적 자원의 열세에도 불구하고 국내의 신종교로서 꾸준히 성장할 수 있는 중요한 동인이 되고 있다는 정서가 교단 내에서도 확고하게 자리하고 있다. 특히 전무 출신 중에서도 사적인 것을 소유하지 않는 동시에 결혼을 하지 않은 현재의 독신 여성 교무야말로 참다운 전무 출신이라는 인식도 교단 내에 있는 편이다. 또한 대부분의 기성종교에서 여성 성직자들이 독신이었다는 점과, 한국 사회에서 전통적으로 여성이 육아와 가정살림을 맡아 왔고 심지어 사회활동을

15) 원불교교정원, 『원불교헌규집』(익산: 원불교원광사, 1996), 69.

하는 여성들조차도 직장과 가정살림을 병행해야 하는 부담을 안고 있다는 현실적인 상황들도 정녀로서의 여성 교무 제도를 유지시키는 데 요인으로 작용해 왔다고 할 수 있다.

한편으로는 결혼 선택이 가능한 남성 교무의 경우, 결혼을 한 남자 교무의 가정이 경제적으로 안정되기 쉽지 않고 대부분 여자 정토(아내)가 가정경제를 책임져야 하는 현실적 부담 속에서, 여성 교무들의 결혼 허용이라는 것이 결코 매력적일 수 없는 점도 작용한다고 할 수 있다. 이러한 여러 가지 교단 내적 혹은 주변적인 상황이 결과적으로 전무 출신으로서 여성 교무의 결혼 선택이란 명제가 우선 해결 과제가 아닌 후 명제로 미루어지게 되었던 것으로 생각된다.

세계화라는 새로운 사회적 변동에 대한 원불교적 대응이 현실적인 장애요인을 안고 있으며, 또한 기존 종교의 닫힌 의식을 답습한 현상적이며 임시적인 것일 수 있음을 항상 경계하고 자각해야 할 것이다. 이러한 관점에서 볼 때 원불교 교단이 정녀 여성 교무만을 인정하는 제도를 고착시키는 것은 단지 여성 교무만의 문제에 그칠 수 없다. 그것은 동시에 세계화 시대에 원불교 교리 이념의 실현과 교단의 정체성을 확립해 가는 방향에서도 중요한 사안이 되고 있는 것이다. 뿐만 아니라 교단 내 구성원들의 시대에 따른 의식 변화와 종교인에 대한 시각 및 여성의 사회활동에 대한 인식이 급속히 바뀌고 있는 상황은 현재의 여성 교무 제도에 대한 성찰을 요구하고 있다. 이러한 요구는 교무가 되기 위해 수학 과정을 밟고 있는 예비교역자의 의식에서도 분명히 드러난다.

필자가 2011년 6월경, 여성 예비교역자를 대상으로 '원불교 여성 교무와 남성 교무는 평등한가, 불평등한가?'를 묻는 설문에서 응답자 45명 가운데 40명이 불평등하다고 답하였으며, 5명만이 평등하다고 답변하였다. 불평등 요소에 대한 질문에는 여성 교무의 결혼 불허용과 여성 교무의 머리 모양과 복장 등을 지적한 경우가 응답의 80% 이상을 차지하였으며, 그 밖에 직무상의 역할이나 인사배치를 불평등의 요소로 꼽는 것으로 나타났다. 이 밖의 여러 가지 질문을 통해서 알 수 있었던 것은, 불평등 요소로 꼽고 있는 여성 교무의 결혼 불허용과 복장에 관한 규정들을 반드시 유지해야 할 당위성에 대해서 상당히 부정적이었으며, 현재 드러난 불평등 요소들을 바꿔야 한다는 데 대한 전반적인 동감을 발견할 수 있었다. 물론 정녀로서의 여성 교무가 가지는 종교적인 정결의 이미지나 원불교의 이미지로서 알려져 있는 여성 교무의 복장이 가지는 의미는 인정하지만, 이는 시대상황의 변화에 따라 재정립해 가야 하며 개선해야 한다는 의식을 분명하게 읽을 수 있었다.

예비교역자 교육과정을 살펴보면, 원불교 교무가 되기 위한 교육과정은 대학과 대학원을 포함하여 6년의 기간 동안 이루어진다.[16] 예비교무 교육과정은 남녀가 같은 공간과 환경에서 이루어지고 있으며, 모든 평가와 심사의 기준도 동일하게 적용된다. 이렇듯 원불교의 교육과정은 남성들만의 예비 성직 과정을 유지하거나 여성들만의 폐쇄적인 공간 속에서 예비 과정을 밟게 하는 기성종교에 비하면 평등한 것은 물론, 상당히 개방적이며 자유로운 교육이라고 할 수 있다. 문제는 이러한 예비교육 과정을 마친 뒤 정식으로 교무가 되는 시점부터이다. 여성 교무에게는 허용되지 않는 결혼이 남성 교무에게는 자유로운 것이다.

이와 같은 불평등은 실질적으로는 예비교역자 교육과정의 출발선상

16) 대학입학 전, 예비 과정으로서 간사 근무 과정을 밟을 경우 총 예비 교육과정은 8년 정도가 되고, 특별히 바로 편입하여 수학하게 되는 경우 최소 4년이 소요될 수 있으나, 가장 일반적인 교육과정은 6년이다.

에서 이루어진다. 예비교육 지원과정에서 여성 지원자에게는 정녀지원서를 작성하는 것이 의무화되어 있기 때문이다. 일정 기간 교무로 근무한 후, 정식으로 정녀 서원식을 올리며 정화단[17]에 입단하여 정녀의 길을 걷게 된다고 하지만, 예비교육 지원과정에서 예비 정녀지원서를 작성한다는 것은 예비 교무 교육과정에서부터 정녀의 길이 시작된다는 것을 의미한다. 이는 결과적으로 모든 여성 교무가 반드시 정녀의 길을 걷도록 의무화한 것이라 할 수 있다.

이러한 전반적인 상황을 전제로, 선행연구자들의 성 불평등에 대한 시각과 의견들을 종합하여 여성 예비교역자들의 불평등 요소를 다음 몇 가지로 정리해 본다. 이는 단지 성 불평등뿐만 아니라 여성 교무와 관련하여 해결해야 할 과제라는 측면에서도 그러하다.

첫째, 남성 교무의 결혼 허용과 여성 교무의 결혼 불허용이다. 원불교의 교리적 이념이나 조직, 혹은 교단의 제도상에 있어서 성 불평등의 요인은 없다고 단언할 수 있지만, 여성 교무에게 결혼이 허용되거나 선택할 수 있는 사항이 아니라는 사실은 분명히 표면화된 불평등 요소이다. 또한 결혼을 한 남성 교무에게 가정생활 지원을 위한 약간의 수당을 지급하도록 하고 있는 사항을 고려하면, 여성 교무 입장에서 이는 불평등한 상황일 수밖에 없다. 반면에 남성 교무의 입장에서 보면, 그가 결혼을 할 경우 가정경제를 책임질 수 없는 경우가 많아 안정적인 가정문화를 이루기 어렵다는 점에서 또 다른 고민을 안게 된다. 이것은 성 불평등과는 별개로 교단의 전반적인 제도 개선 문제를 제기하기도 한다.

둘째, 여성 교무들의 머리 모양과 복장이 고착화되고 있는 점이다.

---

17) 정남 · 정녀의 친목단체로서 남녀 정화단이 각각 자율적으로 조직 운영된다.

의례에 사용되는 옷이 아닌 평상복의 경우, 남성 교무도 제복 형태의 복장이 있기는 하나 한복은 평이하고 양복은 안의 상의만 규정되어 있어 사실상 활동적인 면이나 이미지에서 일반적인 옷과 크게 다르지 않은 편이다. 이에 비해 여성 교무의 머리 모양이나 한국적 이미지의 정복은 원불교의 이미지라 할 수 있을 정도로 여성 교무의 복장으로 정착되고 있는데, 자유롭고 활동성이 강조된 복장이 아닌데다 머리 모양도 전통적인 이미지가 부각되어 있어 일반적인 옷차림과의 차이가 두드러진다. 이는 시대화·생활화·대중화를 주장하는 교단의 교화선상에서 볼 때도 불편함으로 느껴지고, 결국은 이러한 부분이 남자 교무의 활동과 비교하여 차별로 다가오게 되는 것이다. 물론 이 복장이 원불교만의 종교적인 이미지나 한국적 고유성을 간직하고 있다는 점에서, 또한 세계 교화를 지향한다는 면에서 고려하면 전면적인 변화가 아닌 부분적 유지의 방향도 바람직할 수 있으나, 이것이 자칫 획일적인 복장으로 고착될 경우 시대적 변화와 구성원들의 요구에 부응하지 못할 수도 있음을 잊지 말아야 할 것이다.

셋째, 남녀 교무들의 성별 직종 분리와 성 역할 분리이다. 예를 들어 근무시간에 제한 없이 상주하는 교당교화에 근무하는 여성 교무가 남성 교무에 비해 많다는 것은, 그만큼 여성 교무들이 교화 성장의 주역으로 활동하고 있다는 면에서는 긍정적일 수 있다. 그러나 남자 교무의 경우 출퇴근이나 안정적인 수입이 가능한 일반기관 근무를 선호하고 있는 현실을 고려하면, 현재의 성별 직종 분리는 실제적으로는 남성 교무들을 배려하는 인사배치로 되고 있다고 볼 수 있다. 다시 말하자면, 지금과 같은 남녀 교무의 직종 및 역할 분리 속에는 전통적인 한국 사회의 남녀 차별의식이 편재하고 있다고 보는 것이다.

넷째, 정녀인 여성 교무의 정체성과 순결 이데올로기의 적용 문제이다. 교단 초기에는 여성 교무의 정녀 여부가 의무사항은 아니었다. 그러나 점차로 정녀 서원은 여성 교무가 되기 위한 필수적인 의무가 되었으며, 현재는 정녀의 의무화가 여성 교무 제도로 정착되고 있다. 일생을 교무로서 헌신하고자 하는 여성에게, 반드시 정녀가 되어야 한다는 이러한 의무 조건은 선택의 길에서부터 남성과의 불평등 문제를 야기하며, 정녀인 여성 교무의 정체성에 갇히게 된다. 뿐만 아니라 정녀로서 여성 교무는 자칫 성적인 순결 이데올로기와 밀착되면서 순결에 대해 집착하거나 권위를 부여하게 되어 자유로운 의식의 영역까지 속박될 수 있는 면도 간과할 수 없다.

위와 같은 네 가지 요인은 모두 한 가지 중요한 사실을 근저로 하고 있다. 여성 교무의 결혼 선택 자유에 관한 것이다. 남성 교무의 결혼은 인정하면서 여성 교무의 결혼을 전면적으로 금지하는 것은, 성 불평등의 문제인 동시에 남녀 교무가 교단의 구성원으로 동등한 입장과 관점을 갖기 어렵게 하는 문제이기도 하다. 또한 정녀의 복장으로 정착된 여성 교무의 특별한 제복이나 성별 직종 분리와 성 역할 분리, 정녀인 여성 교무로서의 정체성과 순결 이데올로기 등의 억압적인 요소들도 결국은 결혼 선택의 자유를 남녀 교무에게 동등하게 부여하지 않음으로 해서 파생된 문제이거나 성 불평등의 불균형적인 면이 노정된 것이라고 할 수 있다.[18)]

이는 현재 여성 교무들이 처한 현실의 진단이자 해결해야 할 과제이다. 남성 교무들에게 결혼을 허용하는 것은 초기 교단부터 변함없이 유

---

18) 졸고, 앞의 논문, 76-77.

지되어 왔으므로 문제가 되지 않겠지만, 현재 정녀인 여성 교무로 관례화되어 있는 교단 풍토에서 여성 교무에게 결혼 선택의 자율성을 부여할 경우에는 세속화의 우려가 제기될 수 있다. 그러나 여성 교무가 기존의 관습법으로부터 벗어나 자신의 삶을 주체적으로 전환시켜 나가는 것은 오히려 원불교의 기본 교법을 실현하는 것이며, 초기 교단에서 여성 선진들의 자각에 의해 시작된 여성 교무 활동에 대한 자부심과 계승의 책임을 실천하는 길이라고 생각한다. 또한 원불교 교단 관점에서 볼 때, 이는 시대의 변화에 부응하는 종교조직으로 발전하는 것이기도 하다.

이상의 논의를 통해 우리는 교단 구성원들 개인의 주관적 삶의 만족도가 종교 발전의 핵심 요소임을 상기하게 된다. 그러므로 여성 교무 제도를 재조명하여 개선하고 보완하는 것에 대한 관심은, 세계화 시대에 대한 원불교의 대응에서 중요한 과제로 삼아야 할 것이다.

4. 여성 교무 제도 개선의 의의와 새로운 종교 문화 창출

세계화 또는 글로벌화로 정의되는 오늘날의 사회적 · 시대적 상황은, 정치 · 경제 · 문화 등의 다른 모든 사회 분야와 마찬가지로 현대의 종교 시장에서도 무한 경쟁을 강요하고 있다. 이에 따라 기존의 가부장적 종교전통이나 성 불평등한 제도를 그대로 답습하는 종교는, 그것이 아무리 새로운 것이라 할지라도 생명력과 경쟁력에서 위기를 맞게 될 것이다. 또한 세계를 향한 열린 의식을 갖고, 차별과 불평등을 극복한 종교문화의 토양 위에서 개인의 종교적 영성을 자유롭게 발현시켜 갈 수 있는

원불교의 여성 교무들

종교만이 이 치열한 종교시장의 경쟁 속에서 살아남을 수 있을 것이다.

결혼 여부와 관계없이 교무를 지원할 수 있는 남성과, 교무가 되고자 할 때 반드시 정녀 지원을 해야 하는 여성을 비교하면, 분명 교무 예비단계로부터 차별과 불평등이 존재한다. 여성 교무 지원자 수가 감소하고 있다는[19] 사실과 '여자 교무의 결혼 금지'라는 의무적 조항이 여자 청소년들에게 전무 출신 지원에 부정적인 영향을 미치고 있다고[20] 하는 연구보고 등은 성 불평등의 당연한 결과이다. 더구나 오늘날 사회의 발전

---

19) 박정원 외 공동연구, 「전무출신 제도 개선방안연구」(수위단회총무법제상임위원회 전문위원 발표, 2005). 본 연구발표에서는 1998년(원기 83년)부터 여자 전무 출신의 감소현상이 계속되고 있다고 분석하였다.

20) 한내창·박은아, 「전무출신 인재발굴을 위한 기초조사」, 2007 청소년 희망캠프 기간에 설문을 실시하여 최종 1,339부를 분석한 결과. 민현주, 「원불교 전무출신 출가동기에 관한 연구」, 『실천교학』 9호(원불교대학원대학교, 2010). 그 밖의 다수의 연구논문.

에 따른 인식의 변화는 육아, 가사 등의 가정생활뿐 아니라 진학, 직업 등의 모든 사회적 활동에서도 성적 차별의 벽을 무너뜨리고 있다. 이러한 사회적 변화 속에서 세계화 시대의 열린 종교로서 원불교가 한 걸음 더 전진하기 위해서는, 또한 변화에 대한 교단 내적인 요청에 응답하기 위해서는, 이제 여성 교무 제도에 대한 혁신이 반드시 필요한 시점이다. 즉 여성 교무 역시도 남성 교무와 같이 결혼이나 정녀의 길을 스스로 선택할 수 있도록 변화해야 한다는 것이다.

원불교 개교 100주년 기념사업 가운데는 전무 출신 제도의 새로운 정비가 하나의 주요 사안으로 되어 있다.[21] 전무 출신의 정체성 재정립을 비롯하여 기간제 전무 출신과 세대 전무 출신에 대한 연구와 준비가 진행되고 있는데, 여성 교무의 결혼 허용을 전제로 하는 제도 개선을 반드시 이뤄야 할 것이다. 물론 여성 교무의 결혼이 현 시점부터 허용되어야 한다는 것이 아니다. 먼저 현재의 의무적 정녀 지원부터 폐지하고, 이를 제도적 규제에 의한 강제사항이 아닌 주체적인 선택사항으로 전환하며, 전무 출신 제도를 복합적으로 점검하는 가운데 단계적으로 시행하여 보완해야 한다는 것이다.

오랜 종교 역사 속에서 대부분의 종교공동체는 남성 성직자들의 절대적이고 수직적인 가부장적 권위구조가 여러 가지 종교문화적인 상징과 예식을 통해서 유지·강화되어 왔다.[22] 기존의 남성 성직 중심의 가부장적 종교문화에서 보자면, 남성 교무와 동등한 여성 교무로서 성직

---

21) 원불교 100년기념성업회, "세상의 희망이 되다"(2010).

22) 김성은, 「탈가부장제 종교문화를 위한 여성 성직자의 역할」, 『여성종교생명공동체』(영산원불교대학교출판국, 2000), 330.

을 수행한다는 면에서는 원불교의 제도를 선진적이라고 할 수 있으나, 정녀로서 한계지운 여성 교무는 성적 억압이라는 본질적인 면에서 자유로울 수 없으며, 복장이나 성 역할에 이르기까지 간접적인 영향을 끼친다는 점에서 결코 성 불평등을 극복했다고 할 수 없다.

세계화라는 시대적 상황은 여러 인종과 민족, 다양한 사회체계와 문화와의 만남과 이해를 필요로 하고 있다. 이질적인 문화에 대한 갈등과 분쟁을 줄이고 다양성에 대한 이해도를 높여 지구촌의 새로운 문화를 창조해 가는 것이 바람직한 세계화의 방향일 것이다. 문화의 다양성이란 어떤 측면에서는 개별화된 사회구성원의 개인적인 자아와 의식, 가치가 다양하게 발현되는 것이라고 할 때, 종교문화도 가부장적인 수직구조 속의 인간 의식이 아닌 여성과 남성, 성과 속의 이분법적 사고 구조에서조차 자유로운 문화가 세계화 속에서 경쟁력을 가진 바람직한 종교문화로 자리할 수 있을 것이다.

그런 면에서 종교공동체 속에서 남녀 성직자가 동등한 자격과 역할을 수행하며 결혼에 대한 선택과 책임을 통한 건전한 가정문화를 가꾸어 가는 방향으로의 여성 교무 제도 개선은, 원불교 교단 내의 남녀평등 교리 이념을 구현한다는 의미에만 머무는 것이 아니라 원불교의 교리 이념과 초기 정신을 제대로 계승하고 실현해 가는 것이며, 바람직한 종교문화를 선도해 가는 관점에서도 반드시 필요한 사안인 것이다. 또한 여성 교무 제도 개선은 단지 원불교 교단의 발전을 위한 새로운 전기를 마련한다는 의미를 넘어, 모든 종교공동체 속의 남녀·종족·노소 등의 차별을 불식하고 성과 속이 일원화된 새로운 종교문화를 창출해 가는 좋은 본보기가 될 수 있으리라 확신한다.

한국 가톨릭 여성 수도자와 젠더 문제

최 혜 영*

1. 들어가는 말

바야흐로 우리는 온 세계가 지구촌을 이루며 살아가는 시대에 살고 있다. 21세기에 들어서 정치 · 경제적인 면에서 세계의 중심이 아시아로 움직이고 있고, 이러한 흐름은 종교적인 면에도 영향을 주고 있다. 가톨릭의 경우, 서구 중심이던 교회가 21세기에 들어서 아시아와 아프리카 대륙으로 그 중심이 움직이고 있고 특히 아시아, 그중에서도 한국 교회에 대한 관심이 높아지고 있으며, 세계 보편 교회를 위해 물적 · 인적 기여를 해주기를 기대하고 있다.[1)]

한국 가톨릭교회는 이승훈이 북경에서 한국인 최초로 세례를 받은 1784년부터 오늘에 이르기까지 대략 220여 년의 역사를 쌓아 가고 있

* 성심수녀회 수녀, 가톨릭대 종교학과 교수, 한국가톨릭여성연구원 대표.

1) 2010년 8월 31일부터 9월 4일까지 교황청에서 주관한 아시아 가톨릭 평신도 대회가 서울 명동에서 열렸다. 이 대회에 아시아 19개 국가(혹은 지역) 교회 대표와 36개 활동단체 대표 335명(한국인 118명, 외국인 217명)과 봉사자 105명을 합친 440명이 참가하였는데, 한국 교회의 위상을 세계 교회에 알리는 기회가 되었다.

는데, 이 시기를 크게 세 단계로 구분해 볼 수 있다. 초창기 100여 년의 역사는 박해기로 불리는 첫 번째 단계이고, 두 번째 단계는 1882년 신앙의 자유가 묵인된 후 1910년 경술국치를 거쳐 1945년 민족해방에 이르기까지의 기간이며, 세 번째 단계는 해방 이후 오늘에 이르기까지의 시기이다.[2)]

한국 사회의 가톨릭 신자 비율이 약 10%에 이른 오늘날에는 우리 국민의 가톨릭에 대한 인식도 상당히 높아졌고, 일반인들도 특이한 복장의 수녀(修女)를 가톨릭의 여성 종교인으로 쉽게 알아보고 만날 수 있게 되었다. 그렇지만 이들이 무엇을 하는 사람들인지, 또 남성 사제와는 어떻게 다르고 다른 종교의 여성 종교인과 어떻게 구별되는지는 아직도 정확히 알지 못하는 것 같다.

따라서 다음 장에서는 수도자가 무엇을 하는 사람인지 그리고 한국 여성 수도자의 현실은 어떠한지에 대해 간략히 소개하고, 수도자이기 이전에 여성으로서 인식해야 할 그들의 젠더 문제에 대해 논하고자 한다.

2. 한국 가톨릭 여성 수도자의 현실

1) 수도자는 누구인가?

"수도자는 하느님의 현존 체험을 바탕으로 자신의 온 생애를 통하여 세상에 그리스도를 보여 주는 사람들이다. 그들은 교회 안에서 하느님 나라의

2) 김정숙 외 6인, 『여성 천주교와 만나다 - 한국가톨릭여성사』(한국가톨릭여성연구원, 2008), 23.

도래를 예고하는 징표로서, 종말론적 삶을 앞당겨 사는 존재이다."

— 교회 헌장 44 참조

가톨릭의 수도생활은 서기 4세기경부터 시작된 오랜 전통을 가진 제도이다.[3] 각 수도회에 속한 수도자는 성직자와 평신도의 중간 신분이 아니고, 각기 나름대로 교회 사명 실현을 위해 특별한 삶의 양식에 부름을 받은 사람들로서, 가톨릭교회의 중요한 구성원으로 인식되고 있다.

수도자들은 교회 안에서 하느님의 영광과 교회의 건설과 세상의 구원을 위하여 예수 그리스도의 모범과 가르침을 따르고자 하는 사람들이다. 수도자들은 예수 그리스도의 모습을 끊임없이 세상 한가운데서 '눈에 보이도록' 드러내는 하느님 나라의 증거자들로서(봉헌생활 1 참조) 살기를 바라며, 이를 정결 · 청빈 · 순명의 삼대 서원(誓願)을 통하여 공적으로 드러낸다. 또 신앙으로 한 가족을 이루는 공동체 생활을 하며, 교육 · 선교 · 의료 · 사회복지 등의 사도적 활동을 통해 하느님 사랑과 이웃 사랑을 실현하고자 한다.

수도생활에는 다양한 형태의 수도회들이 있는데, 크게는 봉쇄수도회와 활동수도회로 나뉜다. 봉쇄수도회는 그 회원들이 세상과 거리를 두고 고독과 침묵과 노동 가운데 끊임없이 기도하면서 공동체로 생활하는 데 비해, 활동수도회는 기도와 활동을 통해서 세상 한가운데서 그리스도께서 보여 주신 공생활의 여러 모습을 연장해 나간다. 또 각각의 수도회는 설립자의 카리스마에 따라 독자적으로 생활하고 있는데, 세계

3) 수도생활의 간략한 역사에 대해서는 헤수스 알바레즈 고메스, 황경희 역, 『역사의 도전 앞에 선 수도생활』(생활성서, 2004) 참조.

여러 나라에 흩어져 한 정신으로 생활하고 있는 국제 수도회와, 각 나라의 특정 교구에서 설립되어 국내에서 활동하는 교구 설립 수도회가 있다.

2) 세계 교회 속 한국 가톨릭 여성 수도자들의 현주소

20세기 후반, 서구의 그리스도교는 신자 수가 급격히 감소하였고, 성직자의 숫자 역시 감소 일로에 있다. 서구의 수도생활자 역시 기존 수도자들의 사망과 고령화, 성소 지망자의 감소로 예전보다 많이 축소되었다.

그러나 아시아와 아프리카에서는 상대적으로 수도자의 숫자가 증가하고 있으며, 2008년의 교황청 통계자료에 따르면 세계 가톨릭 여성 수도자의 숫자는 74만 명에 이른다. 이는 2000년의 80만 명에서 많이 감소한 숫자인데, 수도자들의 대륙별 분포를 보면 유럽이 41%로 가장 높고, 아메리카 27%, 아시아 22%, 오세아니아가 1%를 차지한다. 이 중에서 아프리카와 아시아의 수도자 수는 각각 21%와 16%의 증가 추세를 보이고 있다.[4] 고령의 수도자가 많은 유럽과 북아메리카에서 수도자의 숫자가 계속 감소할 것을 감안하면, 아프리카와 아시아 수도자의 비율은 계속 높아질 것으로 예측할 수 있다. 2008년 말 현재 아시아 48개국의 가톨릭 수녀의 숫자는 160,862명으로, 중동아시아 5,049명, 동남·극동아시아 155,813명이며, 이 중 한국은 종신 서원자만 9,176명

4) 천주교 서울대교구 사목국,「아시아의 가톨릭, 2008 교황청 통계를 중심으로」,『주교회의 평신도사도직위원회 세미나 자료집』(2011. 7. 8), 77-78. 참고로 세계의 종교 현황을 살펴보면, 그리스도교가 전체의 33%로 가장 높은 비율을 차지하고 있으며, 이 가운데 가톨릭이 17.8%, 개신교가 6.2%, 정교회가 3.8%, 기타가 5.2%이다(앞의 자료집, 108).

으로 집계되었다.[5]

한편, 한국 천주교중앙협의회가 발행한 〈한국 천주교회 통계〉에 따르면(2010. 12. 31 현재), 한국의 여자 수도회는 107개, 수녀들의 숫자는 종신 서원자와 유기 서원자를 합하여 9,838명으로 추산된다. 또한 지원자와 청원자를 제외한 수련자[6]는 모두 422명으로 보고되었는데, 이는 이전에 비해 많이 감소된 숫자로 우리나라의 여성 수도자 지망자 역시 감소하고 있는 것을 보여 준다.

성소 감소의 원인에 대해서는 다각적으로 살펴보아야 하겠지만, 크게 물질 중심, 개인 중심, 편리한 삶을 추구하는 현대 사회 가치관의 변화와 여성의 사회참여 기회의 증대, 출산율 감소 등 여러 사회적 요인을 들 수 있겠다.

〈표 1〉 한국 천주교회 신자 및 수도자 현황(1960~2010)

		1960	1966	1970	1975	1980	1985	1990	1995	2000	2004	2005	2010
인구수(천명)	남	12,544	14,684	15,779	17,445	19,236	20,227	21,770	22,357	23,068	-	23,466	23,841
	여	12,445	14,475	15,656	17,234	18,888	20,192	21,619	22,196	22,917	-	23,576	24,150
	총계	24,989	29,159	31,435	34,679	38,124	40,419	43,389	44,553	45,985	-	47,041	47,991
신자수(천명)	남	-	-	343	435	537	782	1,089	1,417	1,682	1,897	1,954	2,165
	여	-	-	445	581	736	1,154	1,655	2,066	2,444	2,682	2,728	3,050
	기타	-	-	-	36	48	60	64	-	-	-	-15	-9
	총계	452	707	788	1,052	1,321	1,996	2,808	3,483	4,126	4,579	4,667	5,205
인구 대비 신자 비율(%)		1.81	2.42	2.51	3.03	3.47	4.94	6.47	7.82	8.97	-	9.92	10.85
수도	수사	123	150	112	194	198	273	347	930	1,249	1,373	1,407	1,558
	수녀	832	1,706	2,150	2,723	3,169	3,927	5,399	7,209	8,752	9,471	9,676	9,838

5) 앞의 자료집, 90-91. 참고로 2008년 기준으로 한국의 가톨릭 사제 수는 3,482명, 남성 수도자인 수사는 643명이다.

6) 교회법은 수련자부터 수도자로 간주한다.

자수(명)	총계	955	1,856	2,262	2,917	3,367	4,200	5,746	8,139	10,001	10,844	11,083	11,3
여성 신자 대비 여성 수도자 비율(%)		-	-	0.48	0.47	0.43	0.34	0.33	0.35	0.36	0.35	0.35	0

3) 한국의 여성 수도회와 그 활동

한국의 여성 수도회는 1888년 샬트르 성바오로 수녀회가 처음으로 한국에 진출한 이래 120여 년간의 세월 동안 한국 천주교의 발전과 성장에 그 맥을 함께하면서 오늘날 큰 성장에 이르렀다.

박해가 심했던 한국 가톨릭교회의 초기 역사에서는 평신도 여성들이 몰래 교리를 가르치거나 전교 활동을 하는 등 적극적인 활동을 보였는데, 수도회가 한국에 진출한 이후에는 여성 수도자들의 활동상이 두드러지게 나타난다. 일제 강점기에 들어오면서 수녀들이 주된 활동층으로 부각하기 시작했고, 이들의 활동은 6·25전쟁과 제2차 바티칸 공의회 이전 시기에 특히 두드러졌다. 1960년대 이후, 교육을 받은 여성 수가 증가하면서 본당을 중심으로 여러 여성 단체가 생겨났고, 이 단체들은 수녀들의 활동 영역을 보완하기 시작했다.[7] 수녀들의 숫자는 전체 신자의 비율로 볼 때 그리 많다고는 할 수 없으나, 현대 한국 천주교회와 사회 안에서 수도자들이 참여하는 신자들이나 사제, 본당이나 교구와 연계된 단체나 활동 범위로 본다면, 교회 안이나 수도회 자체에서 차지하는 여성 수도자의 영향력은 결코 작다고 할 수 없다.

7) 김정숙, 「한국 여성은 어떻게 천주교와 만나고 있는가?」, 『여성 천주교와 만나다』(한국가톨릭여성연구원, 2008), 11-12.

한국의 여자 수도회는 관상수도회보다 활동수도회의 숫자가 압도적으로 많으며, 사도직 활동 역시 전교 분야(본당 활동)가 절반 이상을 차지하는 것이 특징이다. 서구의 수도회들이 각 수도회의 카리스마에 따라 고유의 사도직을 수행하는 것이 전통이었다면, 우리나라는 한국전쟁 후 폐허를 딛고 일어서는 과정에서 교육과 의료사업 등 기관 운영이 많아졌고, 1970~80년대에 가톨릭 인구가 급증하면서 각 본당을 중심으로 세례 준비를 위한 교리, 전례, 사회복지 등 본당 사도직이 중심이 되었다. 따라서 많은 수도회가 각 수도회 고유의 설립 정신과 카리스마에 따라 움직이기보다는, 본당이나 교구의 필요에 따라 문제 해결 중심의 단기적인 응답이 많았다고 하겠다.

수도자들이 활동했던 분야를 보면, 1980년대까지는 전교 사도직과 교육 사도직이 대부분을 차지한 데 비해, 1980년대 이후에는 사회복지 분야의 사도직에 종사하는 수도자가 괄목할 만하게 급증하였고, 기타 항목에 들어가는 다양한 분야의 사도직이 증가하였다. 또한, 해외에 파견되는 수녀의 숫자 역시 늘어났다.

〈표 2〉 한국 여성 수도자의 사도직별 분류표

	1977년	1980년	1990년	1995년	2000년	2005년	2010년
전교	337	417	1599	2106	2206	2162	2083
교육	184	194	476	664	661	767	763
의료	55	46	580	635	581	618	589
사회복지	23	51	456	1091	1202	1493	1471
기타	80	101	589	2035	1263	930	936
합계	679	809	3400	6531	5913	5970	5842

정신대문제대책협의회 수요집회에 참석 중인 수녀들

우리가 글로벌 시대에 살고 있다는 것은 해외 선교를 위해 한국인 수녀 575명이 세계 각지에 파견되어 있다는 것만으로도 실감할 수 있다.[8] 그 밖에 한국에서 설립된 교구 설립 수도회 중 규모가 큰 수도회들이 세계여자수도회 장상연합회(USIG)에 가입하여 세계 교회의 흐름에 발맞추고 있으며, 국제 수도회의 경우 한국 회원의 숫자가 많아짐에 따라 수도회의 최종 책임을 맡게 되는 총장이나 총참사직을 한국인 수녀

8) 2010년 12월 31일 현재 총 62개국에 575명의 수녀가 파견되었다.

가 맡게 되거나, 또는 국제봉사를 위해 총본부(모원)에 파견되는 경우가 많아졌고, 앞으로도 더욱 한국인 수녀들의 리더십이 요청될 것으로 보인다.

이 밖에도, 한국의 여성 수도자들은 그동안 가난한 이들의 목소리에 귀 기울이고자 노력하여 왔으며 종군위안부 보상 문제, 새만금 살리기 운동, 호주제 폐지운동, 매매춘 여성을 위한 쉼터 마련, 북한돕기운동 등 사회 정의와 평화를 위한 많은 활동에 헌신해 왔다.

3. 한국 가톨릭 여성 수도자들의 여성 의식과 젠더 문제

1) 여성 수도자들의 여성 의식

페미니즘의 영향으로 가톨릭교회 안에 여성 의식이 들어온 것은 1960년 이후의 일이다. 이는 제2차 바티칸 공의회(1962~1965)가 '수도생활의 쇄신 적응에 관한 교령'(1965)을 반포한 시기와 맞물려, 수도자의 정체성을 확립하는 데 많은 영향을 끼쳤다고 볼 수 있다.

한국의 가톨릭 여성 수도자들은 얼마나 여성 의식이 있을까? 우리나라의 경우, 1980년대 후반에 이르러서야 여성 의식에 대한 논의를 시작하였는데, 과거 독신의 여성 수도자들이 중성적인 이미지였다면, 새로운 여성 의식은 여성 수도자들이 수도자이기 이전에 여성이라는 사실과, 여성으로서 분명한 정체성을 가질 때만이 전인적으로 성장할 수 있고 통합적이고 균형 잡힌 영성을 가질 수 있다는 것을 알려 준다.

그러면, 여성 수도자들의 여성 의식을 반영하는 두 가지 조사 결과를 소개하도록 하겠다.

(1) 〈한국 여자 수도회 성소지망자 및 수도자 실태조사〉

지금까지 한국의 여성 수도자들을 대상으로 한 가장 큰 규모의 의식조사는 1998년 한국여자수도회 장상연합회가 주관하고 한국가톨릭여성연구원이 연구 조사한 〈한국 여자 수도회 성소지망자 및 수도자 실태조사〉이다. 이 조사는 여성 수도자의 현실을 여성 스스로 분석하고 연구하자는 데 목적을 두고 여성 수도자와 여성 평신도 학자들이 함께 공동연구를 하였던 점에서 고취된 여성 의식을 보여 준다.[9)]

수도자 실태조사에 따르면, 수녀들의 여성 의식과 정체감에 대한 의식은 고정관념화된 한국 사회의 여성 관념에서 크게 벗어나 있지 않은 것으로 보인다. 남녀가 서로 다르다는 이분법적 사고를 견지하는 경향을 보이고 있으며, 이러한 의식이 수도자의 삶에 영향을 미치고 있다. 눈에 보이는 인권과 관계되는 영역에서는 여성 의식의 수위가 높으나, 비가시적이고 무의식 차원의 남녀 역할 개념에서는 기존의 고정관념에서 벗어나 있지 않다. 이는 한국 사회가 기대하는 여성의 역할과 비슷하게 나타나고 있으며, 특히 본당 수녀에게 가정에서의 어머니 역할을 기대하고 있다. 이는 젠더 문제와 관련하여 한국 사회가 여성가족부의 설치, 호주제 폐지, 재산상속법 개정 등 지난 20년간 괄목할 만한 법적·사회적 변화가 있었던 것에 비해, 가정이나 교회의 여성 의식에서는 여러 면에서 답보 상태에 머무르고 있는 것과 맥을 같이하고 있다고 할 수 있다.

이후, 서울대교구, 인천교구, 대구대교구 시노드를 통해 교회 생활

---

9) 당시 이미 성소자의 감소 현상을 예상하고 성소자를 대상으로 한 의식조사의 필요성이 제기되어 시작한 조사였으나, 성소자의 문제는 곧 종신서원자에게 달려 있다는 문제의식에서 수도생활 전반에 걸친 대대적인 실태조사가 되었다.

전반에 걸친 조사와 함께 수도자들에 대한 의식조사가 동반되었다. 2004년에는 한국천주교 주교회의 평신도사도직위원회 여성소위원회가 주관한 〈한국 천주교회 여성사목 방향 정립을 위한 의식조사〉가 실시되었는데, 이는 '여성 사목'에 대해 교회 구성원 전체가 함께 숙고해 볼 수 있는 기회가 되었다.

(2) 〈한국 천주교회 여성 사목 방향 정립을 위한 의식조사〉[10)]

이 조사에 따르면, 여성 수도자의 여성 의식이 조사대상자(사제, 수도자, 남/녀 평신도) 중에서 가장 높은 것으로 나타났다. 특히 호주제 폐지라든가 남녀평등 의식, 본당 내 남녀 차별, 교회 내 성차별, 성적 수치심이나 불쾌감 등 인권과 관계되는 영역에서 높은 여성 의식이 있는 것으로 나타났다. 이는 최근 십여 년간 한국여자수도회 장상연합회와 개별 수도회 차원에서 여성 수도자를 대상으로 한 다양한 교육으로 여성 의식 교육이 활발히 진행된 결과라고 생각할 수 있다.

그러나 비가시적이고 무의식 차원에서는 여성 수도자들이 기존의 고정관념을 벗어나지 못하고 있는 것으로 나타난다. 여성의 직장생활이 자녀와의 관계에 긍정적이지 못할 것으로 생각하는 경향이 높고, 자녀를 키워 놓고 난 뒤 재취업하는 것이 좋겠다는 데 절반 이상의 의견이 집중되는 등 여성의 역할을 자녀 양육과 직결시키는 전통적인 가부장제 가치관을 그대로 보전하고 있다. 또한, 사회의 남녀평등을 실현하기 위한 선결 과제가 무엇인가를 묻는 질문에서 수도자는 '여성의 의식 개선'

10) 최혜영, 「한국 천주교회 여성 사목을 위한 여성 신학적 제언」, 『인간연구』 9호(2005/가을), 236-238 참조.

을 매우 높게 지적하고 있다. 이는 남녀평등 문제를 사회 구조적인 요인의 개선을 통해서보다 여성 개개인의 책임으로 돌릴 우려가 있는 것으로 소극적인 해결책이 될 수 있다. 자칫 잘못하면 제도적인 개선을 소홀히 하고 여성 스스로 자신을 억압하는 이중의 잣대로 작용할 수도 있다.

독신생활을 하는 수도자의 위치상, 성과 관련된 문제에 대해서는 소극적인 태도를 보이고 있으며, 여성 사제 서품 등 교회의 공식 가르침에서 벗어난 문제에 대해서는 언급을 회피하는 경향이 있다.

2) 여성 수도자, 그리고 다른 여성과의 협력과 연대 의식[11)]

(1) 여성 수도자 사이의 협력

한국 여자 수도회들은 일찍이 연합회를 구성하여 여자 수도회들이 함께 연대하고 협력할 수 있는 길을 모색하였다. 한국여자수도회 장상연합회가 결성된 것은 우리나라 최초의 수녀회인 샬트르 성바오로수녀회 서울관구의 초대 관구장인 방 아네스 수녀가 1960년 '교회의 단합과 발전에 보다 더 효과적으로 이바지하고 수도회 상호 간의 융합과 긴밀한 협조를 위한' 협의체에 대한 구상으로 시작되었다.

1962년 11월 18일 샬트르 성바오로수녀회 서울 본원 강당에서 '한국 여자수도회 고위 장상연합회'란 이름으로 창립총회를 개최하였는데,[12)] 당시 참가 수녀회는 모두 9개에 이른다.[13)] 그 후 1966년 준비위

---

11) 최혜영, 「제2차 바티칸 공의회 이후 한국 수도 생활의 변화와 쇄신」, 『가톨릭 신학과 사상』 55(2006, 봄), 225 참조.

12) 1962년 11월 18일 회의록에 따르면, 모임 초기부터 교회기관의 공식적인 격려를 받았음을 알 수 있다. "이번 회합은 어떤 조직적인 수도회연맹을 갖기 위한 준비회 정도로 구상했는데도 불구하고 교황사절 대리이신 무통(Mouton) 몬시뇰께서 적극 밀어주시고 더 기다리지 말고 좋은 생각이 났을 때 실천하라는 말씀이었고 이 회합에 몸소 오셔

원회를 구성하여, 1969년 3월 28일 로마교황청에서 회칙을 인가받아 정식으로 출범하게 되는데, 당시 장상연합회의 설립 목적은 "교황 성하와의 연관 강화와 교회 정신의 이해 촉진, 수녀들의 영성생활 촉진, 사도직 수행상의 공통된 문제에 대한 해결책 연구, 각 회의 고유 목적을 저해함 없이 수도회 간의 친목과 사랑의 일치 도모, 주교단과의 긴밀한 유대관계 유지" 등이었다.

이처럼 한국의 여자 수도회들은 공의회 직후부터 서로 협력하면서 한국 교회를 위해 공동 사도직을 수행하고자 하였다는 점에서 공동체 정신을 구현하였다고 할 수 있다. 인적·물적 자원이 부족한 상태에서 각 수도회의 경계를 넘어 먼저 자리를 잡은 수도회들이 새로 진출하는 수도회들이 자리 잡을 때 도와준다든가, 강의, 피정 지도, 영적 동반 등 인적·물적 자원을 나눈다든가 서로 협력하고 연대하고자 했다는 점이 두드러진다. 특히 여성 수도자들의 양성교육, 사회 참여, 시대적 징표를 찾아 각 수도회의 카리스마와 융합하고자 하는 시도들을 함께 모색하였다.[14] 현재까지 한국 여자 수도회들은 수도자들을 위한 양성교육과 연

서 격려사까지 해주심으로 이미 성교회의 보장하에서 우리들끼리의 첫 회합을 인증해 주신 것입니다. 언제나 수도자들을 위해서 헌신하시는 정(丁)말구 신부님께서 이 회합을 더욱 성교회적, 교리적으로 이해시켜 주시려고 바쁘신 시간을 짜내어 연구해 주신데 대해서 무어라고 감사의 말씀을 드려야 좋을지 모르겠습니다. 박방지거 신부님께서도 시작이 반이니까 그저 시작만 해놓으라고 열렬히 지원해 주시고, 이 회합을 협조해 주시겠다고 하시며 그의 J.O.C.의 으뜸 지도신부로서 갖고 계신 사도열을 보여 주셨습니다."

13) 샬트르성바오로회, 성심수녀회, 대구베네딕토회, 메리놀회, 성가소비녀회, 한국순교복자수녀회, 영원한도움의 성모수녀회, 살레시오회, 성바오로딸수녀회 등 9개 수도회이다.

14) 장상연합회는 현재 회장, 부회장, 상임위원회로 구성되어 있고, 사무국에서 관장하는 총 10개의 분과, 즉 양성, 교육, 유아교육, 선교, 홍보, 재정, 한민족복음화, 사회복지, 사회사목, 여성분과로 구성되어 있으며, 계속 교육부와 본당 사도직 연구위원회, 가톨

구활동, 가난한 이들을 위한 연대와 공동사도직 모색, 사회정의 실현을 위한 기도 및 정치 참여 활동, 여성 의식의 고취와 연대 활동 등에서 공동 활동을 모색해 왔고 시대의 징표를 읽어 그 필요에 응답할 수 있는 예언자 역할을 담당해 왔다.

장상연합회가 주관하여 추진해 온 연구물들을 살펴보면, 1983년 한국천주교회 200주년을 기념하여 『한국천주교여성사』 I, II(김옥희 수녀 저)와 한국의 여성 수도회를 소개하는 책자 『오늘의 수도자들』이 발간되었고, 그 개정판이 1999년 『수도자의 길』이란 제목으로 발간되었다. 1990년 수도자의 영성생활을 돕기 위한 계간잡지 『영성생활』이 창간되어 시튼영성연구소에서 현재 40여 호까지 발간하고 있다. 또한 그동안 주요 설문조사로, 1993년 〈수녀들의 사도직 활동에 대한 성직자의 의식조사〉, 1997년 〈본당 사도직 여성수도자 실태조사〉, 1999년 〈한국 여자수도회 성소자 및 수도자 실태조사〉를 실시하였는데, 설문조사 후 강의 및 공동 세미나를 개최하여 개별 수도회 차원을 넘어 수도생활에 대한 공동 모색 작업이 이루어졌다.

1990년대에 들어서 여성 의식이 고양되면서 여성 수도자와 평신도 여성들의 공동연구의 필요를 인식하여 가톨릭여성신학회의 활동을 지원하고 있고, 그 결실로 『신학. 그 막힘과 트임』(역서, 2004), 『열린 교회를 꿈꾸며』(공저, 2004), 『여성과 그리스도교』 1, 2, 3권(역서, 2008~2012) 등이 출간되었다. 또한, 평신도 여성 인재 양성을 위해 2003년부터 매년 1명에게 장학금을 지급하고 있다.

수도회들 간의 연대 의식은 일찍이 수도자 신학원(1982)을 비롯하

릭 여성신학회, 부설기관으로 가정폭력상담소인 '여성의 전화'가 2001년 문을 열었다.

여, 양성장 교육원(2002), 본당 사도직 영성아카데미(2010) 등 필요가 있을 때 공동으로 교육기관을 설립하였으며, 이주여성들을 위한 공동사목으로 '국경 없는 친구들'을 출범시켰다.[15] 또한, 피정 지도, 신학, 심리학 강의 등 수도회 간 인적 자원을 나누고자 하는 노력이 향상되고 있다. 여러 수녀회에서 여성 의식을 가지고 인재 양성에 힘썼는데, 지난 십 년 사이에 신학, 여성신학, 심리학 등 전문교육을 받은 수도자들이 많이 배출되었다.

(2) 여성들과의 협력

한국의 여성 수도자들은 가톨릭교회 안에서 미미하게나마 여성 의식을 고취시켰다고 할 수 있겠는데, 이는 무엇보다 일반 사회에서 일어난 페미니즘의 영향이 서서히 미치기 시작한 덕분이다. 1980년대 말부터 여성학과 여성신학에 대한 관심이 높아졌고 교회 내 여성들의 지위와 역할에 대한 문제의식이 생겨났다. 이는 세계적인 추세로 처음에는 헬렌 그레함 수녀(1984, 1988) 같은 외국인이나 개신교의 여성신학자를 초청하여 여성학과 여성신학에 대한 특강을 듣는 것으로 시작하여, 1990년대에 들어서서는 한국의 가톨릭 여성 스스로 인재를 양성하고 여성신학을 만들어 가야 한다는 의식에 이르게 되었다.

1984년 6월 한국순교복자회 김옥희 수녀가 "한국 천주교회 여성사"에 대한 특강을 하였으며, 아시아/오세아니아 여성 수도자 모임(AMOR)의 여성 관련 주제를 통해(예를 들어 1986년 "아시아 교회 안의 여성(수도자)의 사명 - 역할과 위치") 여성으로서의 사명에 눈뜨게 되었다. 그러던

15) 현재는 장상연에서 운영하지 않고 있음.

중, 1993년 10월 정기총회에서 메리놀 수녀들의 건의로 '여성분과'를 신설하기로 결의하였다. 다른 나라 교회에서는 성차별을 지양하고 여성의 권익과 위치를 증진하려는 운동이 활발하게 진행되고 있는데, 한국 천주교회는 그렇지 못한 것을 안타깝게 생각하며 여성 수도자들이 깨어나야 할 필요성을 실감하게 된 것이다. 첫 모임에 9개의 수도회가 참여하였고, 1994년에는 주교회의에 '여성사목위원회'를 두도록 건의하였다.[16)]

장상연합회 산하 여성분과가 만들어진 이후, 매 학기 여성학과 여성신학, 생태여성신학 등 여성 의식을 고양할 수 있는 강좌 및 특강이 한동안 마련되었으며, 1995년 북경대회에 이영자 수녀 등이 참가하면서 여성 의식이 더욱 활발해져, 교회와 사회의 모든 여성과 연대하려는 방안을 모색하고 구체적인 대안을 마련하고자 하였다. 무엇보다 여성 평신도들과 수평적 상호협력 관계를 유지하며 연대할 수 있도록 의식화할 필요성을 제기하였다. 실천적인 여성운동에 참여하고 있는 여성분과는 1996년 9월 새세상을 여는 천주교여성공동체와 함께 '가톨릭 여성한마당'[17)]을 개최하였으며 평신도 여성 인재를 발굴하고 연대활동을 계속하려는 노력을 아끼지 않았으나 현재는 활동이 약화되고 있다. 이는 1997년 1월 '가톨릭여성신학회'가 발족되어 매월 신학연구 모임을 계속하고 있기 때문이다.

그 밖에도 장상연합회 차원에서 1998년 9월 가출 · 윤락 청소녀를 위한 '청소녀 상담소 – 쉼자리전국협의회' 창립 대회 및 심포지엄에 참

16) 계속된 건의에 대한 응답으로 2001년에 이르러서야 주교회의 산하에 '여성소위원회'가 구성되었다.

17) 수도자 200명 등 총 400여 명이 참석하였다.

석하였고, 여러 수도회에서 여성 사목 차원에서 가출 청소년 쉼터, 매 맞는 여성을 위한 쉼터 운영에 참여하게 되었다. 이 밖에 1999년 아프가니스탄의 억압받는 여성들을 위해 항의 서한 보내기, 불교 비구니 · 원불교 여교무와 함께 "북녘 어린이 돕기 삼소음악회"(1999), 교황청에서 정한 "여성의 날 행사"(2000) 등을 치렀다. 또한, 수녀들은 우리나라 타 종교 여성들과 적극 교류하면서 종교 간의 대화와 일치 운동에 협력하여 왔다. 예를 들어, 1972년 개신교 각 교파 여전도사 40여 명과 각 수녀회 대표 21명이 공동주최해 "도시화와 여선교사"라는 주제로, 소사 버들캠프장에서 한국 역사상 첫 연수회를 한 것을 비롯하여, 1984년에는 장상연합회에 성공회, 개신교 마리아 수녀회를 준회원으로 받아들이고 필요에 따라 공문을 보내기로 하였다. 또한 세계종교자평화회의 참석, 그리스도교 일치기도회 참석, "원불교, 천주교, 불교 여성 수도자들의 장애인 돕기 시화전"(1991, 백상기념미술관, 이리 원불교 총본부)을 열기도 하였다. 이 밖에 한 · 일 장상 세미나(1975~)[18]와 세계여자수도회 장상연합회(UISG), 한일총회,[19] 아시아/오세아니아 여성 수도자 모임(AMOR)[20] 등 세계 여성 수도자들과의 연대를 위해 애쓰고 있다.

18) 1975년 10월 7일 서울 분도회관에서 교구 설립 수도회 장상들(일본 대표 20명, 한국 대표 22명)이 참석하여, 아시아 복음화 연구 과제로 ㉠ 가난한 자들과의 대화, ㉡ 아시아 타 종교인들과의 대화, ㉢ 수도생활의 토착화를 채택하였다. 1996년에는 한 · 일여자수도회 장상연합회 상임위원들이 만나, 전후 50주년을 기억하며 여성 수도자로서 평화를 위해 기여할 것을 다짐하고, 한 · 일 양국 주교 대표들의 공동 교과서 편찬 등 바른 역사 교육에 협조하기로 결정하였다. 양국 상임위원 간의 정기적인 만남 추진, 일본군 위안부 문제 해결을 위한 공식 사죄, 법적 배상, 책임자 처벌 등 UN 권고 사항을 일본 정부가 이행하도록 계속 촉구하고 역사 바로 알기 교육 등을 추진하였다.

19) UISG 세계 총회에 이어 각 지역으로 나누어진 단위 회의가 다시 열린다. 한국은 일본과 함께 동아시아 수녀회로 분류되어 있다(UISG APME C2). 2011년에 제5차 총회가 열렸으며 핵발전 반대 등 중요 현안을 논의하고 연대하기로 결의하였다.

아시아/오세아니아 여성 수도자 모임(AMOR)에의 참석

가톨릭교회 내에서 새 세상을 여는 천주교 여성공동체(1994), 한국가톨릭여성연구원(1996), 가톨릭여성신학회(1997) 등의 진보적인 여성 단체가 생겨난 것은 여성들의 연대 의식을 높이는 데 도움을 주었다고 생각한다. 2000년 가톨릭교회 내 여성 단체들의 협의회 모임을 주선하였으나, 교구 제도 안에 소속된 본당의 여성 활동 단체들이나 가톨릭여성협의회와, 본당 밖에서 활동하는 진보적인 여성 단체들과의 성격이 일치하지 않아 지속적인 모임의 필요성은 제기되지 않았다. 2001년 주교회의 평신도 사도직위 산하 '여성소위원회'가 발족한 것은 교회가 공

20) 1977년 11월 20~30일 제4차 정기총회에 3명이 참석한 것을 계기로 이 모임에 계속 참가하고 있다.

식적으로 여성 사목에 대한 관심을 표현한 것이라 하겠다.

아시아 교회 차원에서는 아시아 여성신학자 모임(EWA),[21] 아시아 평신도 사도직 여성 모임(BILA),[22] 동아시아 여성 모임 등이 생겼으나, 교회 지도층의 관심과 지원을 받지 못한 상태에서 개인이 재정 부담을 떠안으며 언어 장벽이 있는 국제 모임에 적극적으로 참여하기는 어려운 실정이었다. 2010년 5월 대만에서 열린 '동아시아 여성 모임'에 담당 주교와 지도 사제가 주교회의 여성소위원회 위원들과 함께 참석한 것은 교회 내 언론매체를 통해 모임의 내용을 알리는 데 큰 도움을 주었다고 할 수 있다.

이 밖에 각 교구 시노드에서 여성 사목 전담기구, 수도자를 위한 사무국 설치 등의 제안이 있었으나 실행되지 못하였고, 여성 사목이라는 이름으로 적극적인 활동이 이루어진 적은 없다. 여성 사목이 활성화되지 못하는 이유는 교회에서 적극적으로 활동하고 있는 신자 대부분이 여성인 상태에서 가정, 청소년, 노인, 유아 교육 등이 여성과 관련된 사목으로 인식되고 있고, 여성 사목의 당위성은 인정되면서도 교회의 긴박한 당면과제라고는 생각하지 않는 관행에서 나온 결과라고 하겠다.

한국의 여성 수도자들은 앞으로 종교 간의 대화, 생태공동체, 생명문화를 구축하는 일에 좀 더 연대하고 협력하여야 할 필요가 있다. 이미 '국경 없는 친구들'처럼 여러 수도회 수녀들이 함께 참여했던 공동사도직은 상호협력의 중요한 모델이라고 할 수 있고, 가출 소녀 쉼터, 공부방 협의회 등 평신도와 수도자가 함께하는 연대 모임과 협의체들이 많이 생겨났지만, 아직도 수도자들이 주도적으로 참여하여야 할 많은 영역의

21) Ecclesia of Women in Asia의 약자.

22) Bishop's Institute of Lay Apostolate on Women의 약자.

일들이 있다고 생각한다.

3) 본당 안에서의 여성 수도자[23)]

한국의 여성 수도자들은 우리나라에 수도생활이 전래된 19세기 말부터 본당에 파견되어 전교활동에 적극 참여함으로써 지금까지 본당에서 여성 수도자들의 현존은 당연한 것으로 받아들여졌다. 이는 세계 어느 나라에서도 유래를 찾아보기 어려운 독특한 현상으로서, 우리나라 교구와 본당 사도직의 발전 안에서 한국 여성 수도자들의 역할이 매우 중요하게 인식되었다. 이러한 이유에서 많은 사람이 여성 수도자를 성직자로 생각하는 오해도 생겨났지만, 여성 수도자 덕분에 교회 내 여성의 위상이 높아진 측면도 있었다고 여겨진다.

그러나 가부장적 사회와 교회의 분위기 안에서 본당 사제와 수녀 간에 종종 문제가 발생했으며, 이에 대해 한국여자수도회 장상연합회에서는 설립 초기부터 수녀들의 문제에 대해 공동으로 대처하였다.[24)] 주로 본당 사도직을 수행하는 수도자들과 관련된 사안이 많았는데, 1974년 장상연합회 상임위원회에서는 본당 수녀들의 봉급 관계, 생활비 인상 문제가 논의되었고, 그 후에도 여러 차례 수녀들과 관련된 사안이 논의되었다. 1975년 춘계주교회의에 연합회 장상수녀들이 참석(14개 수도회, 19명 참석)하였고, 그 후 자연스럽게 대표들이 주교회의에 참석하여 의견을 개진하였다. 1978년 정기총회에서도 "성직자와의 의견 차이, 수

---

23) 최혜영, 「본당 사제와 본당 수도자」, 『가톨릭신학과 사상』 54(2005/겨울), 특집 "교구 사제의 대인 관계", 69-93.

24) 1973년 교황청 대사관 공문에 의하면, "수녀들의 사도직 활동은 인정하되, 권한은 주교에게 두고 모든 수녀들은 보다 영신적인 생활에 중점을 둘 것"을 강조한다.

녀는 사목 책임자가 아니라는 점을 내세우면서 인격적으로 대우하지 않고 일개 고용인으로 취급하기 때문"에 본당에서 일하기 어렵다는 의견이 나왔다. 1979년 총회에서는 수녀들의 인원 부족으로 업무 과중, 직업훈련에 치우침, 수도자 개인의 수련과 노력 부족 등을 반성하였다.

1985년 12월 총회에서는 본당 사제와의 긴장으로 어느 한 수녀회가 본당을 떠나는 경우, 수녀들의 인권을 존중하는 뜻으로 3년 동안 다른 수녀회에서 수녀를 파견하지 않기로 결의했고(1988년에 다시 거론됨), 본당 사제와 수녀들의 긴장이 점점 고조되고, 수녀들의 본당 활동을 재고할 시기가 되었으니, 수녀들을 필요로 하는 새 일터를 모색하자는 논의가 처음으로 개진되었다. 그 밖에도 본당 수녀 생활비 지원 문제 등이 종종 논의되었다(1991). 또 수도자에 대한 이해를 돕기 위해 새 사제학교(1994) 혹은 보좌신부 연수회(수원교구, 1993) 때 수녀들이 파견되어 강의를 하기도 하였다. 1995년에는 전교분과를 개편하여 전국 14개 교구 수녀 연합회장으로 위원회를 구성하고, 그중에서 위원장을 선출하고 있다. 한편, 1996년 본당 사도직 연구위원회가 발족하여 본당 사도직에 대한 논의를 계속하고 있다.

그런데 근래 교구 성직자의 증가와 본당 활동에 참여하는 신자들의 교육 수준이 높아지면서, 본당 내에 수도자의 존재가 꼭 필요한가 하는 근본적인 문제 제기가 수도자 스스로뿐 아니라 교회 구성원들 사이에서 나타나기 시작하였다. 우리나라에서 관습상 사제와 평신도 사이에서 중간관리자 역할을 해오던 수도자들의 위치와 역할이 교회의 사목구조 안에서 분명하지 않기 때문에 본당 사도직에 임하는 여성 수도자들의 낮은 만족도와 사도직에서 겪는 갈등과 고충이 당사자들인 여성 수도자들은 물론이고 교회 구성원들 안에서 문제로 계속 제기되고 있다.[25)]

이러한 흐름에서 볼 때, 앞으로 지속적으로 본당 사도직에 큰 변화의 움직임이 있을 것으로 여겨진다. 이미 대형 본당에서 본당 수녀 없이도 본당 운영을 잘해 가는 모델이 만들어지고 있다. 본당 체제가 안정권에 들어선 오늘날의 교회 안에서 더 이상 중간관리자나 사제 보조자의 역할은 불필요한 것으로 보이며, 본당을 매개로 하여 수도자로서 고유하게 할 수 있는 일이 무엇인지 살펴보아야 한다. 영적 상담자, 교리 교육자, 신앙 상담가, 지역사회 사업가로서 자리매김하여야 할 것으로 보인다. 이미 여러 차례 제기된 바와 같이 각자 자신이 속한 공동체에서 본당까지 출퇴근하는 방식이나 본당 사도직 안에 분야별로 여러 수도회의 공동 참여 등의 방법을 구체적으로 시도하여야 할 때라고 생각된다.

그러나 이러한 여러 가지 가능성과 제안에도 불구하고 현재까지 가톨릭교회 안에서 여성 수도자의 사목적 활동과 영향력은 본인들이 생각하는 것보다 훨씬 큰 것으로 보이며, 여성 수도자에게 거는 기대도 크다고 할 수 있다. 따라서 여성 수도자들은 자신을 스스로 여성 사목의 주체이며 대상으로 의식하면서, 여성 신자와 여성 단체와의 긴밀한 연대 안에서 변화하는 시대를 위한 여성 리더로서의 사명과 역할을 담당해야 할 것이다. 본당이나 사도직의 장에서 여성 평신도를 지도하고 지원할 수 있는 좋은 위치에 있다고 말할 수 있다.[26]

한편, 현재 본당과 교구 차원에서 여성 사목, 가정 사목, 유아 사목, 청소년 사목, 노인 사목, 농촌 사목, 환경 사목 등 다양한 사도직 간에 총체적인 연계성 안에서 이루어지는 통합적인 사목의 필요가 요청되는

---

25) 〈본당 사도직 여성수도자 실태 조사〉(장상연, 1997) 등.

26) 최혜영, 「한국 천주교회 여성 사목을 위한 여성 신학적 제언」, 『인간연구』 9호(2005/가을), 229-249.

데, 수도회 안에서 다양한 분야에 종사하는 수도자들이 본당을 위해서 연계성을 가져다주는 매개체 역할을 할 수 있을 것이다. 수도회들은 그동안 축적된 많은 경험과 단체가 가질 수 있는 장점을 활용할 수 있을 것으로 보인다.

4) 수평적이고 관계중심적인 여성 리더십의 향상

여성 의식이 확산되면서 수도자 개인 혹은 단체 사이에 개개인의 의사를 존중하고 평등한 입장에서 수평적인 인간관계를 맺어야 한다는 의식이 커졌다고 생각한다. 수도회 내부에서는 각 단체의 통치를 맡은 책임자(장상)에 대한 태도는 물론, 동료 및 선·후배와의 관계 등 구성원들 사이에서 인간관계의 중요성을 강조하게 되었다. 회원 수가 사오백 명에 이르는 큰 규모의 수도회들이 관구 분할 등 좀 더 인간적이고 유연한 통치구조의 변화를 시도한 예들이 있다. 이러한 현상은 유교적인 가치관이 변화하고 수평적인 인간관계가 중시되는 사회 분위기, 민주적 열망 등 우리 사회의 급격한 가치관의 변화가 수도회에도 영향을 주었을 것이다.

수도공동체는 혈연 가족은 아니지만 신앙 가족으로서 친밀함이 요청되는 동시에, 회원 수가 오십 명이 넘어 그 규모가 대형화될 때 인간적인 친밀함보다는 기관이 갖는 형식적이고 공적인 성격이 커지므로 효율적으로 운영되는 수직적인 통치구조를 갖게 되는 경우가 많은 것 같다. 또한, 대외적으로 사제 개인과 수도자의 관계, 사제들과 수도회의 관계, 주교들과 수도회와의 관계 등 성직자와의 관계에서 과거 비형식적으로 맺어지던 관계가 점차 합리적이고 공식적인 관계의 필요성이 높아졌으며, 교구와 계약관계를 맺을 때 교회법에 따라 자율성을 확보하고 합법적인 절차가 이루어지도록 노력하는 경향을 볼 수 있다. 최근 교황청에서는 주교회의 상임위원회를 통해 남녀 수도회와 주교들과의 정기적인 만남과 교류를 권고하고 있는데,[27] 이는 수도회의 독자성과 고유성을 충분히 인정받으면서 교회 전체를 위해 공동 노력할 수 있는 합리적인 태도라고 생각된다.

4. 한국 가톨릭 여성 수도자들의 변화와 미래 전망

그리스도교 교회는 전통적으로 "신부이며 어머니인 교회"로서의 자기정체성을 간직하고 신앙을 낳고 기르며, 사랑의 윤리로 섬기고 보살피는 것을 중요한 가치로 실천하고자 하였다. 이처럼 교회가 그리스도의 신부이며 아내인 배우자적 사랑으로 '하느님의 가족'을 구성한다는 관념은, 여성이 모성과 동정성(童貞性)으로 그리스도인 가정을 이끌어 가야 한다는 소명과 연결되어 왔다. 이는 성모 마리아에게서 교회의 규범을 찾고 마리아의 모성과 동정성 안에서 하느님의 동반자로서 그리스도와 일치하고자 하는 소명과도 일치한다.

따라서 그리스도교 교회가 권위적이고 위계적이고 가부장적인 모습에서 벗어나, 초대교회가 간직했던 수평적이고 평등한 모습, 하느님의 여성성과 남성성이 어우러진 온전한 모습을 지닐 수 있도록 쇄신되는 것은 그리스도 교회가 당면한 시대적 요청이라고 할 수 있다.[28] 이러한

---

27) 2009년 9월 7일 제1회 주교와 수도자 협의회 회의 자료.

28) 최혜영, 「21세기 열린 교회를 향하여」, 김정숙 외 6인, 『여성 천주교와 만나다 - 한국가톨릭여성사』(한국가톨릭여성연구원, 2008), 300-306 참조.

시대적 요청을 의식하면서 한국의 여성 수도자들이 직면하고 있는 몇 가지 변화와 미래 전망을 제시하고자 한다.

1) 여성 수도자로서 정체성 확립

가톨릭교회는 1976년 '여성 사제 불허 선언' 발표 후, 여성이 사제가 될 수 있는 가능성을 차단하였고 논의 자체를 자제하고 있는 실정이다. 이러한 현실에서, 성체성사를 일상 삶의 중심 일과로 삼고 있는 수도자들은 미사 참례를 위해 남성 사제에게 의존할 수밖에 없고, 그 결과 여성 수도자들의 자율성이 떨어지고 여성이 남성보다 부족하다는 인식이 부지불식간에 생겨날 수밖에 없다.

한편, 한국 가톨릭의 7개 신학교에서 신학을 가르치는 여성 수도자 혹은 평신도 교수는 극소수이며 다른 과목의 경우도 마찬가지이다. 신학을 공부한 여성들이 다소 있으나 활동할 영역이 매우 제한되어 있어 적극적으로 후진 양성을 장려할 처지가 못 된다. 또한 여성들만의 공동체인 수도회 역시 수직적인 조직의 모습을 띠고 책임을 맡은 장상 수녀와 일반 수녀 간에 수직적인 리더십으로 이루어지는 통치는 평등정신에 기반을 둔 수도생활의 이상과는 거리가 매우 멀다.

이러한 현실은 여성의 지위가 오르고 성에 대한 개방적인 인식이 높아지고 있는 사회 분위기와는 거리가 멀다. 여성 수도자들이 온전한 봉헌의 의미를 살려 독신생활에서 오는 한계를 극복하고 더 높은 차원의 통합적이고 전인적인 성장을 이루어낸다면, 모든 인간에게 인간적 차원의 발달(sexuality)과 영성적 차원의 발달(spirituality)이 균형 있게 이루어져야 한다는 좋은 모범을 제시해 줄 수 있을 것으로 생각한다. 수도자들의 연령과 국적을 넘어선 공동생활은 성숙한 인간관계를 통해 평등

공동체를 이루고 세상의 평화에 기여할 수 있는 가능성을 제시해 준다고 할 수 있다.

2) 회원들의 노령화, 성소자의 감소와 입회 연령이 높아짐

인구 감소와 고령화 현상은 수도생활에도 영향을 줄 것으로 예측되는데, 이미 입회율이 둔화되고 입회 연령이 높아지고 있고[29] 수도회마다 노년층 수도자가 증가하고 있으며,[30] 평균수명이 높아지는 추세를 보이고 있다. 이에 따라, 회원들 연령대의 균형이 깨질 위험이 예측되고 있다.[31]

특히, 각 수도회의 성장과 발전에 주도적인 역할을 담당했던 60대에 속하는 수도자들이 많은 수를 차지하고 있어, 이들에 대한 계속 양성 차원의 배려가 요청된다. 노년층 인구를 위한 영적 동반, 기도학교, 피정, 상담 등 새로운 사도직의 계발 등 수도자의 지속적인 양성이 그 어느 때보다도 중요하게 여겨진다. 나아가 6, 70대 수도자들이 그들의 풍부한 삶의 경험과 기도 생활을 일반인들과 함께 나눌 수 있는 만남의 기회나 새로운 사도직을 계발한다면 수도자나 일반인 모두에게 도움이 될 것이다.

성소자의 감소는 자연스럽게 수도회 간의 좀 더 긴밀한 연대를 가져올 것으로 예측되는데, 여러 수도회가 각각의 카리스마를 유지하며 함께 생활할 수 있는 공동양로원, 안식년 프로그램, 단계별 수도생활에 따

---

29) 수도자의 입회 연령은 결혼 연령의 영향을 받으며, 거의 비슷하게 나타난다.
30) 우리나라는 1980~90년대에 입회한 수도자의 숫자가 집중되어 있다.
31) 2011년 한국여자수도회 장상연합회 제44차 총회 자료에 따르면 향후 10년 후면 60세 이상의 수도자가 50% 이상이 될 것으로 예측한다.

른 통합적 양성프로그램 도입, 나아가 수도자들의 부모님과 함께 생활할 수 있는 공동양로원, 남녀 평신도들과 함께 생활하는 공동체 등 여러 수도회가 함께 고민하며 서로 연대해서 실행할 수 있는 새로운 구상이 필요하다.

3) 고도로 발달한 기술문명 사회 안에서 가난 정신 구현하기

오늘날 과학기술 사회가 가져온 개인 컴퓨터, 인터넷, 휴대전화 등 개인화를 부추기는 현대인의 생활양식은 수도생활에도 영향을 미쳐, 수도자들의 생활방식도 바꿔 놓고 있을 뿐 아니라 사도직의 방법도 바꿔 놓고 있다. 이는 청빈서원을 한 수도자들에게 큰 도전이 되는 부분이다. 각 수도회의 홈페이지에서 충분한 정보를 탐색한 후 수도회의 문을 두드리는 오늘의 성소자들을 위해, 수도회들이 자신의 카리스마가 무엇인지 차별화하고 그에 맞는 대응을 하고 있는 것도 변화된 양상을 보여준다.

또한, 많은 수도자가 휴대전화를 사용하고 소셜네트워크에 접속한다. 이제 인터넷 공간을 통해 국경과 종교의 차이를 넘어 인류와 대화하는 시대가 열렸다. 인터넷 공간을 통해 서로 통교하는 시대 안에서, 수도자는 사이버 복음전도사[32)]가 되고, 고독한 현대인들을 위해 영성을 강화하는 사도직에 힘쓰도록 요청 받고 있다. 이미 많은 수도회가 본당 사도직이나 사회복지 사도직의 비중을 줄이고 기도 사도직에 힘쓰고 있다.

그러나 수도생활은 사회의 변화에 어쩔 수 없이 따라가는 수동적인

---

32) 2010년 아시아 가톨릭 평신도 대회에서 펠리페 고메즈(Felipe Gomes) 신부가 특별히 강조한 바 있다.

자세가 아니라 현대 문화를 주도해 갈 수 있어야 한다. 그리스도교가 추구하는 복음적 가치는 언제나 일반사회와는 다른 역가치의 역할을 해왔다. 현대 사회가 추구하는 효율성과 전문화, 선택과 집중의 무한경쟁은 수도생활의 가치와 충돌할 수밖에 없다. 수도자들은 복음적 가치를 지키고 세상의 역가치를 살고자 할 때 자신의 정체성을 지켜나갈 수 있을 것이다.

미래 수도자는 무엇보다 세상의 가치에 휩쓸리지 않고 정결과 청빈과 순명의 정신으로 표현되는 복음삼덕의 진정한 의미와 가치를 오늘날의 현실에서 증거할 수 있어야 할 것이다. 쾌락주의, 물질주의, 개인주의가 극대화된 현대 세계 안에서, 축성된 독신자로서 보편적 사랑에 헌신하고, 가난을 자발적으로 선택하고 하느님의 뜻을 따르기 위한 자기 의지의 포기는 세상 가치에 대한 도전이 될 것이다. 수도자의 삶은 인생의 진정한 의미와 가치가 무엇인지 분명하게 제시하는 것이어야 하며, 현대문명에 대한 비판적 성찰과 함께 시대의 징표를 읽어내고 미래 비전을 제시할 수 있어야 한다.

4) 국제적인 연대를 통한 세계 평화에의 기여

성소자의 감소는 자연스럽게 국제 양성소를 유도하고 있고, 국제화되는 흐름 속에서 교구 설립 수도회도 회원들의 외국어 교육과 가난한 현장 체험을 동시에 충족시킬 수 있는 국제 봉사를 제도화하고 있다. 이는 제2차 바티칸 공의회 이전 획일적인 수도원 문화를 간직했던 서구 중심 국제수련원과 달리, 이제는 자국의 문화를 존중하면서도 인종과 문화의 차이를 극복하고 대화와 공존을 추구하는 '다양성 안의 일치'를 지향한다는 점에서 긍정적 의미의 국제공동체를 만들고 있다. 이러한 추세는 국제화를 지향하는 한국 현실과 매우 긴밀하게 맞닿아 있는데, 수도회들의 국제적인 연대 조직이 세계 평화를 위해 기여할 수 있기를 희망한다. 또한, 우리나라에 있다고 하더라도 중국·베트남·몽골 등 다른 나라의 지원자가 입회하는 경우, 자연스레 국제성이 높아진다고 하겠는데, 아시아의 공용어로 영어 사용이 일반화된 까닭에 필리핀에 국제수련원이 생기는 경우가 많다.

앞서 언급한 바와 같이, 국제수도회의 경우 한국인의 해외 파견이 많아졌고, 교구 설립 수도회의 경우에도 외국에 분원을 설립하거나 회원을 파견하는 경우가 많아졌다. 가난한 나라에 파견된 경우, 의료·교육·사회복지 등에 괄목할 만한 활동이 있으나, 우리나라에 파견되었던 선교사들의 활동에 비추어 본다면 각 나라에 맞는 새로운 선교정책이 필요하다고 생각한다. 성과위주의 활동과 물질적 지원으로 순수한 복음 전파를 흐리게 하지 않도록 자국민 스스로 복음을 전파할 수 있게 인재 양성에 힘써야 할 것이다. 또한, 통일 조국을 생각하며 만주와 중국 등 북방선교도 활발히 이루어지고 있다.

5) 대안가족으로서 공동체 정신의 함양에 기여

오늘날은 그동안 많은 수도회가 담당했던 교육, 의료, 복지 등의 활동을 국가가 책임지게 되면서 굳이 수도회가 담당하지 않아도 되는 일들이 많아졌다. 수도자들이 다양한 사도직을 통해 직접 활동했던 때와는 달리 오늘날 많은 수도단체가 공동생활 자체의 의미를 중시하게 되었는데, 이는 가정이 해체되고 불신이 만연한 사회 안에서 수도회가 대안적인 공동체의 역할을 할 수 있는 몫이 늘었기 때문이다. 이제 수도회는 새로운 대안가족으로서 인간의 존엄성을 깨우치고 부모 없는 아이들의 부모가 되고, 창조질서가 위협받고 있는 지구를 위해 생명공동체를 만들어 가고자 한다. 가장 가까워야 할 부모와 자녀 관계마저 깨어진 세상 안에서 공동체는 신뢰의 표징이 될 것이며, 그 어느 때보다 상처 치유와 사랑의 실천이 수도자들의 몫이 되었다고 생각한다. 수도자는 상처받은 영혼의 치유자로서 인간의 존엄성과 창조질서를 수호하는 역할을 수행해야 할 것이다.

이미 몇몇 수도회에서는 수도생활을 체험할 수 있는 단기적인 교육프로그램을 제공하고 있는데, 장기적인 투신이 어려운 현 세태를 감안한다면 앞으로 기혼자나 배우자를 잃은 독신자, 노인 등 다양한 사람들이 복음생활을 위해 함께 생활할 수 있는 다양한 형태의 수도공동체가 생겨날 필요가 있다.

6) 시민운동, 여러 종교단체와의 연대와 협력

이제 수도생활은 수도회의 울타리를 넘어, 좋은 지향을 가진 여러 종교단체, 비영리단체들과 연대하고, 시민운동에 참여하려는 움직임이 커지고 있다. 미래 수도자들의 숫자가 감소할 것을 생각한다면, 수도생활의 풍요로운 영적 자원들을 일반인들과 적극적으로 나누고, 수도자들이 직접 나서기보다 시민들에게 필요한 지원을 하는 것이 바람직하다고 생각한다. 특히, 현대인에게 부족한 근면, 절제, 인내, 공동협력, 생태적 삶의 양식 등 좋은 덕목들을 그리스도교를 넘어 일반 시민들과 기꺼이 나누는 개방성이 요청된다.

정의, 평화, 창조계 보전과 생명 수호를 위해 수도회 간의 긴밀한 연대, 이웃 종교인들과의 대화와 협력이 필요한 시기이다. 세계 평화와 정의 실현을 위해서는 구조적 악과 싸워야 한다. 그리스도교가 가부장주의, 권위주의, 성직자 중심주의를 벗어날 수 있도록, 하느님의 여성성을 되살려낼 수 있는 역할은 여성 수도자의 몫이 될 것이다.

5. 맺는 말

우리는 앞서 한국의 가톨릭 여성 수도자들의 현실을 소개함으로써 그들이 누구이며 무엇을 하는 사람들인가를 간략히 살펴보았고, 여성 수도자가 종교인이기 이전에 한 사람의 여성으로서 어떠한 여성 의식과 젠더 문제를 가지고 살아가는가를 살펴보고자 하였다. 수도자들의 젠더 의식은 수도자 개인은 물론, 단체로서의 개별 수도회에도 그 정체성과 사명의 방향을 설정하는 데 절대적인 영향을 끼치고 있다.

인간 평등 의식을 바탕으로 하는 가톨릭교회가 근본적으로 남녀평등을 주장하면서도, 가부장적 문화의 영향 아래 남성 중심적으로 움직여 온 것은 부인할 수 없는 사실이다. 이러한 분위기는 한국의 여성 수도자에게도 지대한 영향을 주었고 그들이 여성들만의 독자적인 수도공동체를 이루며 가톨릭교회뿐 아니라 한국 사회의 발전을 위해 헌신적인 기여를 해왔으며 어느 면으로는 발전된 여성 의식을 보여 주고 있는데도, 다른 한편으로는 매우 보수적이며 수직적인 가부장적 구조를 유지하고 있다는 것도 의식해야 할 것이다.

급격히 변화하는 현대 사회, 그 속에서 한국의 가톨릭 여성 수도자들은 어떻게 해야 할까? 이러한 상황에서 자신의 정체성을 확립하고 본연의 사명을 다하기 위해서는 우선 현실에 대한 정확한 인식과 개방적인 태도로 시대의 필요에 예언적으로 응답하려는 유연성과 올바른 가치관을 지녀야 한다. 또한 세상의 평화와 정의 실현을 위해 노력하는 여러 분야의 시민운동과 활동 단체, 이웃 종교들과의 적극적인 연대와 협력이 필요하다.

한국 개신교 여성 목회자의 실태와 한국 교회의 과제

임 희 숙*

1. 들어가는 말

젠더 연구가 학문 분야별로 전개되면서 "문화와 사회와 학문에서 성(젠더)이 어떤 의미가 있는지를 묻고, … 성 개념이 어떻게 생겨나고 만들어지는가를 추적"[1]하는 일이 활발하게 이루어지고 있다. 지구화 시대에 증가하는 다문화·다종교 현상에서 '한국 여성 종교인과 젠더 문제'를 다루는 것도 젠더학을 형성하는 한 영역으로 종교 젠더 연구의 활성화를 촉진하는 의미 있는 작업일 것이다. 이 글은 한국 종교 가운데 개신교를 선택하여 여성 목회자의 현실을 성 인지적 관점에서 분석하며, 더불어 그와 관련된 교회의 과제를 제안하고자 한다.

한국 개신교에서 여성 목회자와 여성 교역자란 용어는 관행상 혼용되고 있으나, 사실상 그 개념에는 차이가 있다. 교역은 교회공동체가 저

---

* 성공회대학교 겸임교수, 목사.

1) 크리스티나 폰 브라운·잉에 슈테판 편, 탁선미·김륜옥·장춘익·장미영 역, 『젠더연구. 성 평등을 위한 비판적 학문』(서울: 나남출판, 2002), 19.

마다 받은 은사에 따라 봉사의 사명을 담당하는 디아코니아를 의미하고, 목회는 하나님 백성을 돌보고 섬기는 지도자의 사명과 책임을 강조하는 개념이다. 나는 이런 개념상의 차이가 개신교 교단마다 다르게 수용되고 있는 현실을 고려하면서, '여성 목회자'의 개념을 목회자의 자격을 갖추기 위한 학업과 훈련과정을 마치고 목회에 참여하는 전도사와 준목 그리고 목사 안수를 받은 여성 목사로 정의하였다.

이 글은 한국 개신교 가운데 기독교대한감리회(이하 감리교), 대한예수교장로회 통합(이하 예장), 한국기독교장로회(이하 기장)를 연구 대상으로 선정하였다. 선정 기준은 여성 목회자를 배출한 역사가 길고, 여성 목회자들의 자체 조직으로 지속적인 활동을 전개하며, 여성 목회자에 대한 실태자료를 발간 · 공개한 단체를 기준으로 한 것이다.[2)]

현재 한국 개신교 여성 목회자에 대한 실태조사와 그에 기초한 실증적 연구는 매우 부족한 실정으로, 이에 관한 연구는 교회가 여성 목회자들의 권익에 대한 관심을 갖고 그와 관련된 정책을 수립하고 실천하는데 일조할 수 있을 것이다.

2. 여성 목회자의 이해를 위한 역사적 배경

현재 나타나는 여성 목회자의 실태를 역사적 맥락에서 이해하려면, 먼저 지난 날 한국 교회에서 여성들이 축적한 경험을 살펴보는 것이 필

2) 개신교 100여 개 교단 가운데 여성 목사 안수가 허용되는 교단은 감리교, 기장, 예장통합, 대한기독교 하나님의 성회, 연합여목총회, 구세군, 고신재건, 기독교성결회다.

요하다. 본 장에서는 교회 여성의 리더십 형성 과정, 여성 안수를 둘러싼 교단 정책, 교회 개혁의 양성평등 리더십을 중심으로 한국 교회의 여성 목회자를 둘러싼 역사적 배경을 간략하게 살피고자 한다.

1) 교회 여성의 리더십 형성과 발전

19세기 말에 시작된 개신교 선교는 병원과 학교를 중심으로 전개되었다. 당시 유교전통에서 공적 교육권을 부여받지 못했던 한국 여성들은 선교사들이 세운 학교를 통해 근대 교육에 참여하는 기회를 얻었고, 여성 교육은 국가 위기적 상황에서 구국운동의 일환으로 활성화되었다. 이 과정에서 개신교는 사회 개혁을 위한 새로운 사상과 변화를 모색하던 한국 사회에 선진적 서구 문명의 문화와 종교로 수용되었고, 특히 가부장제의 억압으로 고통 받던 여성들에게는 삶의 전환을 경험하는 '새로운 세상'과 '복된 소리(복음)'로 다가왔다.

개신교 여성 교육의 초창기에 교육을 받은 여성 대부분은 고아나 가난한 집의 딸, 과부, 소박당한 여인, 첩 등이었는데, 이들은 당시 자신의 이름조차 갖지 못하였다. 교육의 기회로 자기 이름을 갖고 의식이 변화된 여성들은 교회의 공개 집회에서 자신의 목소리를 내고 회중 앞에서 공개 기도도 드리게 되었다. 이는 한 집안이나 가문에만 종속되었던 여성이 개인의 자의식을 형성하고 사회적 활동을 전개할 수 있는 계기를 제공하였다.

한국 교회가 1907년 대부흥운동을 기점으로 급성장하는 과정에서 '전도부인'과 교회 여성들의 역할은 여성 리더십의 한 모델을 형성하였다. 특히 전도부인들을 중심으로 한 교회 여성들은 남녀유별이 강조되고 여성들의 외출과 사회활동을 통제하던 사회에서, 언어 소통이 어려운 외국 선교사들을 대신하여 활발한 선교활동을 전개하였다. 그들은 '쪽복음'을 들고 전국을 누비며 복음을 전파하였고, 집집마다 찾아가는 심방사역을 통해 선교 활동뿐 아니라 문맹 퇴치와 생활 개선 등, 종교적 지도자와 사회적 지도자의 역할을 병행한 리더십을 발휘하였다. 그 결과 1912년 2,535명이었던 교회 여성 수는 1913년 6,271명으로 급증하는 추세를 보였고, 이는 교회 성장의 원동력이 되었다. 교회 여성 수의 증가와 비례하여 전도부인도 1916년 7~80명이던 인원이 1933년에는 3~400명에 이르렀다. 이런 교회 여성의 리더십은 일제 강점기에 전개된 민족운동과 사회운동에 여성들이 적극적으로 참여하도록 선도하는 역할을 하였다.

근대 여성 교육과 개신교 선교로 촉발된 여성 리더십이 교회와 사회에서 인정받을 만큼 지속적으로 발전할 수 있었던 배경은, 근대 교육으로 개화된 여성 의식이 식민지 상황의 민족의식 및 사회의식으로 연계·확장되었던 시대적 조건과 교회생활로 훈련된 여성들의 조직력과 재정적 자립 능력[3]에서 찾아볼 수 있다.

2) 여성 안수에 대한 교단 정책

지대한 영향력을 발휘하던 교회 여성 리더십의 전개는 1930년대 한국 교회의 교권주의로 제동이 걸렸다.

1912년 평양에서 열린 성서연구반의 교수진에 전도부인이 참여하고[4] 1929년에는 한국 최초의 남녀공학이 설립[5]되는 역사가 있음에도

3) 당시 남성지도력과 교회가 재정적으로 외국 선교부에 의존적이었던 데 비하여 교회 여성들은 전도부인의 파송비용도 개인 헌금이나 후원을 조직해 자립적으로 마련하였다.

4) 당시 교수진은 선교사 6명, 한국인 목사 3명, 전도부인 1명으로 구성되었다.

불구하고, 1930년대 한국 교회는 여전도사의 설교권과 치리권에 대한 청원을 거부하며 여성 목회자의 역할을 제한하였다. 교단마다 차이는 있으나 여성의 안수제도를 거부하는 이유는 근본주의 신학, 가부장제 관행, 교권주의에서 기인하였다.6)

1933년부터 1935년까지 진행된 장로교 여성 안수 논쟁에서 여성 안수 반대의 근거는 사도, 장로, 안수집사가 남자였다는 성서 기록과 사람의 창조가 '주장자와 보조자'로 나누어진다는 해석, 그리고 여자 교역은 생산(출산의 의미), 양육, 가사의 여성 의무를 방기하는 거라는 주장이었다.7) 여성 안수를 반대하면서 교회는 전도부인에 대한 규례를 만들었는데, 그 목적은 목회자의 성 역할을 법제화해서 여성 안수의 논란을 잠재우려는 의도로 사료된다. 그 주요 내용을 인용하면 다음과 같다.

> "전도부인은 간판 그대로 전도하는 것이 본업이요, 전도할 어린양을 돌아보는 것이 부업이다. … 남교역자는 첫째, 진리를 먹이고 가르치는 일, 둘째, 교회 치리하는 일, 셋째, 교회경제에 관한 일 등이며, 전도부인들은 이 일을 위하여 기도할 의무는 있으되 발 벗고 나서거나 깊이 간섭함은 자타의 불리한 것이니 이상의 말한 설교, 정치, 재정문제는 직원과 목사에게 일임하고 마음을 단순히 하여 자기본분에 충성하면 늘 승리의 생활을 보낼 것이다."8)

---

5) 감리교 계통의 협성여자신학교와 협성신학교가 연합하여 세운 학교다.
6) 자세한 내용은 임희숙, 『기독교 근본주의와 교육』(서울: 동연, 2010)을 참조하라.
7) 《기독신보》 1934년 8월 22일자.
8) 한성과, 「교회부흥과 남녀교역자와의 관계」, 『기쁜소식』 1936년 10월호.

이상과 같은 역할론은 그에 합당한 전도부인의 성품과 태도로 "입이 무겁고, 겸소함, 책임감이 강하고 포용성이 있고, 복종"하고 "남자가 실수했을 때 조용히 넘어갈 줄 알고, 과다한 수다로 남자목회자를 괴롭히지 않는" 것을 강조하였다.[9]

당시 개신교 교단들은 여성 안수를 성서의 기록에 따르지 않는 중대 문제로 규정하고 이를 저지하는 교회법을 제정하였다. 선교 초기 여성의 인권을 존중하고 여성 리더십의 활성화를 촉진했던 복음의 정신은 근본주의 교리와 가부장적 교권주의에 의해 제한되고 훼손되었다. 하지만 페미니즘의 확산과 여성 안수 제도를 지지하는 세계 교회의 영향, 교회 가부장제에 저항하는 여성운동(이들과 연대하는 소수의 남성들을 포함)의 결과로 개신교 일부 교단에서 여성에 대한 장로/목사 안수가 제도화되었다. 여성 안수와 관련된 교단별 정책의 역사적 과정을 정리하면 다음과 같다.

(1) 기독교대한감리회(이하 '감리교')

감리교는 1931년에 여성 목사 안수를 허용하고 외국인 선교사 14명을 여성 목사로 배출하였으나, 한국인 여성 목사의 안수는 1955년에야 처음으로 이루어졌다.[10] 다른 교단에 비해 여성 목사 안수제도가 빨리 이루어진 것은 교단 특성 및 선교사들의 영향과 관련이 있다고 본다. 하지만 감리교의 여성 안수제도는 1972년에 "결혼한 여성에 대한 담임목사 불허"라는 차별 조항을 제정했다가 1989년 이 조항이 교회민주화에 반한다는 이유로 삭제되었다.

9) 『기쁜소식』 1937년 7~8월호.

10) 한국 최초의 여목사는 1951년에 안수 받은 최덕지 목사다.

한국 기독교 교단의 여성 목사 안수 장면(예장 백석총회, 2012. 4. 사진, 기독교연합신문)

이 차별 규정의 여파로 1972년부터 1995년까지 23년 동안 여성 담임목회자가 불과 30명 증가하는 데 그쳤다. 2005년에 제정된 "부부목사가 한 교회에서 사역을 금지"하는 조항과 "100인 이하 교회는 부담임을 둘 수 없다"는 조항은 21세기 시대적 흐름에 역행하는 성차별적 목회 조건을 만들었다. 이에 대한 논쟁의 결과로 2007년에는 "연회에서 기관으로 인정하는 사회선교인 경우에는 부부가 한 교회에서 목회할 수 있다"는 수정안이 통과되었다.

(2) 한국기독교장로회(이하 '기장')

기장은 1957년부터 청원했던 여성 목사 안수제도를 1974년에 허용하고, 1977년에 장로교 최초의 여성 목사를 배출하였다. 목사 안수 규정에 표현된 "사람"을 "여성과 남성"으로 재해석한 것이 여성 안수 헌의

안을 통과하는 데 큰 영향을 주었다.

(3) 대한예수교장로회 통합(이하 '예장')

1933년 제22회 총회 때 함남노회가 청원한 여장로 안수가 부결된 후 60년이 지난 1994년 제79회 총회에서 찬성 701표, 반대 612표, 기권 8표로 여성 안수 헌의안이 가결되었다. 긴 세월의 논쟁과 기다림 뒤에 1996년 가을노회에서 여성 목사 19명이 배출되어 오랜 여성운동의 첫 결실을 보았다.

3) 교회 개혁을 위한 양성평등 리더십

교단별 여성 안수 제도화에 따라 한국 교회에서 여성 목회자들이 배출되고 활동하게 되었다. 이는 교회 여성들이 가부장제 교회전통에 저항하고 부단한 여성운동으로 성취한 결과였다. 1990년대 중반부터 한국 개신교는 교회 성장의 정체와 감소 현상을 보이기 시작했고, 교계의 자성과 교회 개혁에 대한 움직임이 일어났다. 교회 개혁의 과정에서 교회 여성들이 관심을 가진 주제는 교회 양성평등의 실현이다.

양성평등은 성별 사이의 전통적 구분과 경계를 넘어 남성과 여성의 사회문화적 조건과 그 영향에 초점을 두는 젠더 개념으로, 양성의 상호발전과 상호만족을 지향하면서 성차별 문화와 교육을 극복하는 데 주안점을 둔다. 이런 관점에서 보면 교회의 여성 리더십 문제는 여성 목회자와 여성 지도자를 배출하고 사역에 참여하도록 하는 제도 개선의 차원을 넘어서 여성 지도자들의 성차별적 역할과 불평등한 목회 환경에 대한 비판과 대안 모색으로 확장됨을 의미한다.

2000년대부터 활성화된 교단별 양성평등운동의 전개를 살펴보면,

한국기독교교회협의회(NCCK)
양성평등위원회에서 출간한 교재(2007)

2006년 감리교는 교단 총회 교육국 산하에 양성평등위원회를 설치하고[11] 한국기독교교회협의회(이하 NCCK)의 여성위원회는 양성평등위원회로 개편하였다. 2007년 기장은 양성평등위원회[12]를 교단 총회 상임위원회로 신설하였다. 이처럼 교단과 연합기관에 설립된 양성평등 전담기구를 통하여 감리교는『양성평등지수 통계자료집』(2006)을, NCCK는 양성평등 교재『양성평등, 이렇게 재미있고 유익하네요』(2007)를, 기장은『한국기독교장로회 양성평등 실태조사 보고서』(2010)를 각각 출간

11) 감리회에 속한 여덟 개의 여성 단체로 구성된 감리교 여성연대는 2002년 양성평등위원회 기구설립을 제안하였다.

12) 양성평등위원회의 신설은 2006년 한국 기독교장로회 총회의 교회와 사회 위원회를 통해 건의되었고, 기장여성연대의 조직적 연대활동으로 2007년 헌의안이 통과되었다.

함으로써 한국 교회의 양성평등 현실을 파악하는 실증적 자료를 제공하였다. 이와 같은 자료집과 보고서에는 여성 목회자들의 역할과 리더십에 대한 내용이 포함되었는데 그와 관련된 주제는 다음 장에서 다루겠다.

3. 실태조사를 통해 본 여성 목회자의 현실

여성 목회자의 현실을 파악하는 방법은 다양하지만 여기서는 여성 목회자에 대한 교단별 실태조사 결과들을 분석하고자 한다. 실태조사는 설문조사의 응답을 통계자료로 가시화하여 여성 목회자의 현실을 전반적으로 조망하는 데 도움을 준다. 이는 막연한 추측이나 주관적 인상으로 구체적인 파악이 어려웠던 여성 목회자의 현실을 이해하고, 그동안 무관심했거나 회피해 왔던 특정 주제에 주목함으로써 그에 대한 학습 동기와 실천 의지를 촉발한다는 점에서 의미가 있다.

여기서는 앞에서 언급한 세 교단(감리교, 기장, 예장)에서 발간된 실태조사보고서[13]를 주요 연구자료로 선정하였다. 이 보고서와 통계자료는 조사 시기, 표본 크기와 특성, 설문 내용, 응답률, 자료처리 방법 등이 각각 다르기 때문에 한 주제에 대한 결과 비교에 무리가 없지 않으나 공통된 주제에 대한 응답을 상호 보완하는 수준으로 재구성하였다.

---

13) 대한예수교장로회 전국여교역자연합회, 『여교역자 실태조사 보고서』(2002); 기독교대한감리회 교육국 양성평등위원회, 『양성평등지수 통계자료집』(2006); 한국기독교장로회 여교역자협의회, 『한국기독교장로회 여교역자 실태조사 결과보고서』(2010); 한국기독교장로회 양성평등위원회, 『한국기독교장로회 양성평등 실태조사 보고서』(2010).

1) 여성 목회자의 지위와 역할

목회자의 성별 비율은 여성 목회자의 지위를 반영하는 한 부분이다. 남성 지배적인 교회전통에서 여성 목회자의 참여는 기회평등의 의미를 갖는다. 앞에서 살펴보았듯이 여성이 하나님의 형상을 지닌 존재로서 목회자가 되는 기회는 목회에 대한 소명과 책임을 지닌 교회 여성들이 저항과 인내로 '없던/막힌 길'을 함께 만들어낸 결과다. 목회자의 성별 비율은 정책결정 과정에 영향을 끼치는 여성 권한 척도라는 점에서도 중요하다. 그 대표적인 예로 개신교 교단별 여성총대의 비율을 살펴보면 2012년 예장통합의 경우 0.9%, 감리교의 경우 4.96%, 기장의 경우 7.7%에 불과하다. 이런 현실은 세계교회협의회,[14] 아시아교회협의회,[15] 세계개혁교회연맹이 각각 50%, 한국기독교교회협의회가 30%의 여성 참여 비율을 권고하는 것과 큰 격차를 보인다. 적정 수준의 여성 참여 비율은 여성의 목소리와 실질적 영향력을 반영함으로써 여성의 지위를 향상시킨다는 점에서 "적극적 조치(affirmative action)"[16]의 의미가 있고, 이는 법률의 제정과 제도의 변화를 필요로 한다.

그러나 여성 참여의 증가가 언제나 여성의 지위 향상을 반영하는 것은 아니다. 기회의 평등으로 여성이 남성과 함께 목회에 참여한다 하더라도 목회에서 여성이 담당하는 역할과 그 역할에 대한 사회적 평가가 여성의 지위 변동에 영향을 주기 때문이다. 여성의 경제활동 참여율이 높다 해도 대다수 여성 노동자들이 전통적인 여성 직종(가사노동과 유사

---

14) 여성총대 권고 비율은 50%이고 실제 비율은 37.9%이다.

15) 여성총대 권고 비율은 50%이고 실제 비율은 40%이다.

16) '적극적 조치'는 2002년 '여성발전기본법'(1995년 제정)의 개정으로 '잠정적 우대조치'를 발전시킨 개념이다. '적극적 조치'는 성차별을 시정하고 여성의 요구를 반영하도록 하는 결과의 평등을 지향한다. 김경희, 『양성평등과 적극적 조치』(서울: 푸른사상, 2004), 7.

하거나 연장된 업무)에 종사하고 그에 대한 사회적 평가와 대우가 낮게 이루어진다면, 여성 지위는 여성의 경제 참여율의 증가와 비례하는 것으로 보기 어렵다. 그런 점에서 전통적 성 역할의 고정화는 젠더 관점에서 성찰하고 변화해야 할 주요 과제다. 이런 문제의식을 갖고 살펴본 세 교단의 목회자 성별 비율은 다음과 같다.

〈표 1〉 감리교(2006년 통계: 양성평등지수 통계자료집)

<table>
<tr><th>직분</th><th>여성</th><th>남성</th><th>여성 비율</th></tr>
<tr><td>담임 목사</td><td>206</td><td rowspan="5">8,653</td><td rowspan="2">5.3%</td></tr>
<tr><td>부목사</td><td>54</td></tr>
<tr><td>수련 목사</td><td>80</td><td></td></tr>
<tr><td>기관 목사</td><td>34</td><td></td></tr>
<tr><td>선교사 외</td><td>118</td><td></td></tr>
</table>

〈표 1-1〉 감리교(2009년 통계: 전국여교역자회 제공)

<table>
<tr><th>직분</th><th>여성</th><th>남성</th><th>여성 비율</th></tr>
<tr><td>교회 목사</td><td>238</td><td rowspan="2">9,846</td><td rowspan="2">5.8%</td></tr>
<tr><td>기관 목사</td><td>74</td></tr>
<tr><td>담임 전도사</td><td>44</td><td></td><td></td></tr>
<tr><td>수련 전도사</td><td>111</td><td></td><td></td></tr>
<tr><td>선교사</td><td>65</td><td></td><td></td></tr>
</table>

〈표 2〉 기장(2009년 통계: 여교역자협의회 자료)

직분	여성	남성	여성 비율
목사	230	2,415	8.6%
준목	65	43	60%
전도사	257	249	50.8%
목사후보생	161	329	32%

〈표 3〉 예장통합(2006년 통계: 2007년 제92회 총회 보고서)

직분	여성	남성	여성 비율
목사	581	12,273	5%
전도사	1,991	3,271	38%

이상의 통계 결과는 목회자의 성별 불균형과 목회의 남성 지배적 상황을 나타낸다. 이는 1세기가 넘은 한국 개신교의 역사와 교회 여성운동을 활발하게 전개해 온 세 교단의 특성을 감안해 볼 때 매우 실망스러운 것이며, 갈수록 전문직의 여성 비율이 증가하고 있는 사회적 변화와도 대조를 이룬다. 예를 들면 한국 사회의 2008년 여성 취업률은 공무원 45%, 전문/관리직 20%, 검사 14%였고, 국가고시 여성 합격률은 외무고시 68%, 행정고시 48%, 사법고시 35%로 나타나 계속 증가하는 추세를 보였다.

앞의 통계(2)를 살펴보면 목사후보생의 여성 비율(32%)과 목사의 여성 비율(8.6%) 사이에서 나타나는 큰 격차가 주목된다. 목사후보생의 3분의 1이 여성이라는 점은 점차 여성 목회자가 증가하리라는 전망을 갖게 한다. 하지만 목사가 되는 과정의 제반 조건이 여성에게 불리하거나 불평등하다면 목사의 성별 비율은 과거와 크게 달라지지 않을 것이다. 그 한 예로 부부 목회의 경우를 들 수 있다. 아직까지 대다수 한국교회는 부부 목회자 가운데 부인을 목회자로 인정하기보다 남성 목회자의 사모로 수용하려는 경향이 지배적이다. 이는 능력과 조건을 갖춘 '부인 목회자'에게 목회의 소명과 전문성보다 내조의 역할을 요구하고 '남편 목회자'의 대표성과 부양 책임을 당연시하는 성 역할 고정관념을 반영하는 것이다. 이러한 성 역할 고정관념은 여성 목회자가 담당하는 사역분야를 통해서도 드러난다.

〈표 4〉 여성 목회자의 사역분야(기장 2009년 통계, 예장 2006년 통계)

교단	담당 사역
기장 (공동목회자)	심방 50%, 교육 37.5%,
예장	심방 29.4% 설교 19.9%(주로 교회학교, 새벽예배, 찬양예배) 교육 19.3%(주로 교회학교)

담임목사나 담임전도사(단독 목회인 경우)를 제외한 대다수 여성 목회자들의 사역분야는 심방, 상담, 교육에 편중되어 있고, 이 분야는 전통적으로 돌보고 양육하는 여성 역할과 일치하는 것이다. 교회에서 심방, 상담, 교육은 여성이 담당하고 설교(특히 대예배), 치리, 성경공부(주로 성인 대상)는 남성(주로 담임목사)이 맡도록 양분화된 목회 구조는 목회자 개인의 능력과 조건보다 고정화된 성 역할을 반영하고, 이는 교회의 가부장적 위계질서를 유지하는 배경으로 작용한다.

이런 맥락에서 성 역할 고정관념을 극복하려는 생각과 시도는 종종

'기존 질서를 무너뜨리는 반발과 저항'이라는 부정적 평가와 통제를 받는다. 전통적 성 역할의 변화가 시대적 요구인데도 교회 개혁으로 실현되지 못하는 이유는 무엇일까? 그것은 현대사회의 치열한 경쟁으로 생존 위기를 경험하는 사람들에게 정서적 안정과 위안을 제공하는 여성의 돌봄이 갈수록 중요해지고, 이런 역할로 자신의 정체성과 사회적 인정을 확인하는 여성들이 전통적 성 역할을 유지하고 강화하는 것과 무관하지 않다고 사료된다.

성 역할 고정관념을 극복하는 한 대안은 전통적 여성성을 강조하는 여성 지도력을 재해석하는 일이다. 21세기에 필요한 '모성적 돌봄과 살림'의 지도력은 여성뿐 아니라 남성에게도 요청되는 자질과 능력이라는 점에서 전통적 성 역할 개념을 넘어서는 수평적 지도력으로 개발할 수 있을 것이다. 바람직한 지도력이 성별에 관계없이 전문적 능력(지식, 판단력, 추진력 등)과 공감/소통의 자질(섬세함, 배려심, 친밀감 등)의 균형으로 이루어진다면 여성 목회자의 교회 내 역할은 새로운 의미로 해석되고 다양하게 개발되어야 할 것이다.

2) 여성 목회자의 정체성과 목회 만족도

여성 목회자에 대한 실태조사에서 중요한 부분은 여성 목회자의 정체성을 살펴보는 것이다. 여성 목회자의 정체성 형성에 영향을 주는 조건은 다양하지만 여기서는 결혼 경험, 사례비, 은퇴와 노후대책, 목회 만족도를 중심으로 여성 목회자의 정체성 인식을 파악하고자 한다.

역사적으로 전통적 여성 목회자상은 헌신적인 독신이 지배적이었기에 여성 목회자들의 결혼, 경제적 자립, 노후 준비 등은 교회나 당사자들에게 주요 관심거리가 되지 못했다. 하지만 결혼하는 여성 목회자가 증가하고 목회 환경과 목회자의 노후 문제에 대한 복지제도가 도입 · 발전하는 시대적 변화를 염두에 둔다면 여성 목회자의 정체성은 새롭게 평가되어야 한다. 결혼, 사례비, 노후대책과 같은 외적 요인들이 여성 목회자들의 목회 만족도에 끼치는 영향도 정체성을 형성하는 한 요인으로 주목할 필요가 있다.

(1) 여성 목회자의 결혼관계

교단	기혼(부부 목회)	비혼	남편(평신도)과 같은 교회
감리교	(50여 명 중 10명이 같은 교회)		
기장	56%(24%)	44%	66.7%
예장	43.3%	46%	

통계에서 보듯이 기혼 여성 목회자의 비율은 비혼의 경우와 동일한 수준이다. 비혼에는 전통적 의미의 미혼과 이혼이나 사별을 한 독신이 포함된 점을 고려한다면 여성 목회자들의 결혼생활은 증가하는 경향이 뚜렷하다. 결혼한 여성은 새 가정의 가사와 출산 · 양육, 직업과 집안 살림의 과제를 부여받는다. 한국 사회에서 대다수 취업 여성들이 가정과 직장을 병행하는 어려움을 겪는 상황은 기혼 여성 목회자들의 경우도 크게 다르지 않다. 특히 임신의 경험은 여성 목회자들에게 적지 않은 부담이 되고 있는데, 이에 관련하여 생명 존중의 배려와 출산휴가 제도의 마련은 매우 부족한 실정이다.

일반적으로 목회와 가사/양육의 책임을 지닌 여성 목회자들은 배우자의 내조를 받는 남성 목회자들보다 힘겨운 목회를 하고 있다. 교회 공동체는 여성 목회자 배우자의 외조를 기대하기보다 '가정과 사역을 병행하는 부담'이 목회에 끼칠 영향을 염려하는 경향이 많다. 이런 관행은 '여성 목회자가 결혼하지 않아야 목회에 더 충실할 수 있다'는 인식을 암묵적으로 조성하여 기혼 여성 목회자들의 사역 기회를 제한하거나 목회 역량을 약화시키는 영향을 끼친다. 개신교 목회자의 결혼 여부가 목회에 미치는 영향은 여성과 남성에게 두드러진 차이를 보인다.

이처럼 남편의 가사활동과 주부 역할에 대한 사회적 인식이 아직 부족한 현실에서, 기혼 여성 목회자의 '가정과 사역을 병행하는 부담'은 개인적 문제로 취급하기보다 공동체의 사회적 과제로 인식하고 '가정친화적 대안목회'를 구상할 필요가 있다. 사회에서는 '돌봄 노동의 여성화'가 전통적 성 역할과 여성의 희생을 기반으로 한다는 점에서 돌봄 서비스의 사회적 책임과 공공성을 주장하는 추세다. 또한 여성 목회자의 평신도 배우자에 대한 역할과 관계의 정립도 요구된다. 이는 남성 목회자의 사모[17]와는 다른 맥락에서 여성 목회자의 배우자 역할 모델을 형성함으로써 공동체에서 누구도 소외와 배제를 경험하지 않도록 하는 과제이다.[18]

(2) 여성 목회자의 월 사례비

목회 사례비는 교회별로 다르게 책정되는 상황에서 여성 목회자들의 월 사례비는 100만 이하인 수준이 일반적이다. 현재 한국 개신교 교

---

17) 남성 목회자의 사모는 사역의 동반자이지만 목회자로 인정받지 못하고 교회 내 지위와 역할이 모호하다. 어떤 직분도 부여받지 못하고 어떤 집단에도 소속되지 않는다. 관행적으로 사모는 남성 목회자를 돕는 보조 역할로 헌신적 봉사를 요구받는다.

18) 실태조사에 따르면 부인 목회자가 시무하는 교회가 아닌 다른 교회로 출석하는 남편들이 응답자의 19.4%를 차지하였다.

액수	기장(2010년)	액수	예장(2002년)
50만원 미만	15.0%	60만 원 이하	40.6%
50~150만 원	54.6%	100만 원 이하	37.8%
150만 원 이상	29.8%	100만 원 이상	21.6%

회는 교회별, 교단별로 사례비에 대한 통계자료를 공개하고 있지 않기 때문에 목회자 사례비의 성별 차이에 대한 객관적 평가는 매우 어려운 실정이다.[19] 목회자의 사례비는 최저생계비를 보장하는 수준에서 가족 수, 주거지역, 교회 복지수준 등에 따라 세분화하는 것이 바람직하고 이에 대한 정책 마련과 제도 실시가 요구된다.

(3) 여성 목회자의 은퇴와 노후대책

	은퇴	노후대책
기장	은퇴 연령을 65세 이상 89.1%	총회연금재단 50.8% (담임목사직만) 노후보장제도의 만족 13.1%
예장	은퇴 후 계속사역 78% (공부방, 어린이집, 지역사회 프로그램, 해외선교)	하나님께 맡긴다 30.4% 노후적금 21.5% 총회연금재단 16.0%

여성 목회자들의 목회 사례비 문제는 은퇴 후의 미비한 노후대책과

19) 역사적으로 보면 1922년 감리회 여전도사 300명은 자신들의 사례비가 남성 목사 사례비의 20~30%에 불과하다고 항의하고 임금 성차별의 시정을 요구하였다. 감리교는 1932년 목회자 사례비에 대한 통계를 공개한 바 있는데 당시 전도부인의 사례비는 남성 목사 사례비의 8~70%에 해당하였다. 사례비 지급의 지역 격차도 크게 나타났다.

연결된다. 노후보장제도에서 배제되고 개인적으로 노후 준비를 하지 못한 여성 목회자들은 생존 불안과 어려움으로 고통을 겪는다. 고령화가 진행되는 현실에서 노후대책의 문제는 "하나님께 맡"기는 신앙 차원을 넘어 사회복지적 차원에서 대안을 모색해야 하는 과제이다. 이를 위한 구체적인 실태 파악과 제도 개선에 여성들의 연대가 필수다.

(4) 여성 목회자의 목회 만족도

	목회 만족도
기장	전도사직 만족도 58% 목사직 원함 42% 사례비 불만족 42.3%
예장	사역 만족도 90.5 사례비 만족도 26.3%

열악한 재정 환경과 불안한 노후대책에도 불구하고 여성 목회자들의 목회 만족도는 높은 편이고, 은퇴 후에도 목회를 계속하겠다는 열정을 갖고 있는 것으로 나타났다. 이는 여성 목회자의 소명감이 물질적 조건과 외부 환경을 넘어선 특별한 의미와 가치를 추구하는 것으로 사료된다. 하지만 사례비에 대한 여성 목회자들의 불만과 요구는 공론화 과정에서 의제로 다루어야 하고 교회공동체의 합의로 시정되어야 한다.

3) 여성 목회자의 목회 문제와 과제

여성 목회자가 목회 현장에서 경험하는 사역의 어려움은 무엇이고 그에 대한 당사자들의 대응과 바람을 살펴보는 것은 여성 목회의 대안 과제를 성찰하는 데 도움을 준다.

사역의 어려움과 해결 모색

	목회 문제	그 해결 방법
기장	자녀 양육 29.2% 심방과 교육 25.2% 생활고 23.5%	
예장	성차별 16.3% 교인과 관계 13.4% 경제적 어려움 11.7%	기도 64.4%, 상담(동료나 친구) 23.6%
	부당한 일을 경험	기도 26.3% 교역자 회의 21.5, 당회 20.7% 참는다 14.5%

여성 목회자로서 실감하는 문제와 과제

	여성 문제	여교역자회에 대한 바람
감리교	성차별 언어	
기장	여성 목회의 정책 마련과 지원 34.1% 개척교회의 경제적 지원 16.2%	지위 향상을 위한 정책 마련 35.8% 여성 목회 현실에 맞는 교육 34.1%
예장	성차별 37.8% 능력부족 20.1% 가사와 양육 14.7%	재교육 프로그램 개발 14.5% 여성 목회자 연대 13%

여성 목회자들이 당면한 목회 문제는 사역과 관련된 사안들 외에도 양육과 경제적 곤란이 큰 비중을 차지하고 있다. 이는 앞에서 살펴본 대로 여성 목회자의 결혼생활과 사례비 대우가 목회에 끼치는 영향을 시사한다. 여성 목회자를 배려하는 가정친화적 목회환경과 복지제도를 당

사자 개인의 문제를 넘어선 교회의 문제로 다루어야 하는 이유이다. 그럼에도 불구하고 여성 목회자들은 문제에 대한 해결 모색에서 개인적인 기도와 인내의 방식에 많이 의존하고, 교회와 교단 차원의 문제 제기나 대처 방안을 찾는 데에는 매우 소극적이다. 이런 점에서 여목회자 모임의 연대 활동이 중요하며, 이를 통한 대안 모색이 효과적일 것이다. 특히 목회 현장의 성차별은 교단적 연대로 공론화되고 개선되어야 할 과제이다. 관행적으로 무심하게 사용하는 성차별적 언어 행위는 공론화된 문제 제기와 시정 요구가 시급하다. 몇 가지 예를 들어보면 다음과 같다.

"아이는 하나만 낳아라. 심방 갈 때 업고 다닐거냐?"
"남편도 당신 설교를 듣느냐?"
"결혼 못해서 목회하려고 하느냐, 시집이나 가라."
"새벽기도 갔다 오면 남편은 누가 출근시키느냐?"
"얼굴이 예뻐서 남성 신도들이 좋아하겠다."[20]

이상의 언술은 여성 목회자의 임신과 출산, 가사와 양육, 목회자 부부생활과 성 역할, 외모와 섹슈얼리티 등에 대한 성차별적 의식과 태도를 잘 반영하고 있다. 이에 대한 시정과 개혁은 여성 목회자뿐 아니라 남성 목회자를 포함한 재교육과 프로그램의 개발, 여성 지위 향상을 위한 정책 마련 등으로 실시되어야 할 것이다.

20) 진급 심사 과정에서 여성 목회자들이 경험한 성차별적 발언들이다. 기독교대한감리회 교육국 양성평등위원회, 『양성평등지수 통계자료집』, 19.

4. 여성 목회자들을 위한 교회의 과제

실태조사에 나타난 여성 목회자의 지위와 역할, 정체성과 목회 만족도, 여성 목회의 문제를 성찰하면서 이와 관련된 교회의 과제를 제안하고자 한다. 오늘날 여성 목회자들이 당면한 문제 상황은 당사자 개인의 권익 차원을 넘어 정의와 평화를 추구하는 교회의 사명으로 개선되고 극복되어야 할 것이다.

1) 대안적 여성 목회와 생태적 리더십

2012년 현재 한국 개신교 교단별 여성 목사와 여성 총대의 참여비율이 10%에도 미치지 못하고 여성 목회자에 대한 성 역할 고정관념이 지배적인 현실은, 여성 목회자의 지위와 역할에서 성 정의(gender justice)가 실현되지 않는 문제점을 드러낸다. 이는 선교 120년이 지난 한국 교회의 부끄러운 모습이고 개혁의 과제다. 시대적 변화에도 불구하고 성차별적 교리를 옹호하는 근본주의 신학, 그와 결합된 가부장제 문화, 그리고 남성 중심으로 위계구조화된 교권주의는 한국 교회가 여성 목회자의 지도력을 개발하고 인정하는 데 여전히 걸림돌이 되고 있다. 하지만 21세기 세계 교회와 한국 사회가 양성평등의 실현을 위한 의식 변화와 제도 마련을 실천하는 역사적 흐름은 한국 교회의 성차별과 대안적 여성 목회를 성찰하게 만드는 계기를 제공한다. 2010년 개신교 한 교단이 발표한 다음과 같은 선언문은 그 변화의 모습을 보여 준다.

> "우리는 하나님이 자신의 형상대로 남성과 여성을 지으시고 자신의 축복을 남성과 여성에게 주셨음을 기억합니다. 하나님의 형상을 입고 축복받

은 남성과 여성의 관계는 평등하며, 양성의 바른 관계를 통하여 하나님의 형상은 더 온전하게 드러나고 축복도 더 풍성해질 수 있음을 믿습니다. 오랜 성차별의 역사가 하나님이 우리에게 주신 축복의 내용이 아니라 타락의 결과(창 3:16)이기에 가부장제의 삶을 회개하며 그리스도 예수의 은혜로 변화되기를 바랍니다. 자신의 피조성을 인식하고 피조 세계의 일부분으로 생육하고 번성해야 하는 우리는 그리스도 예수 안에서 남성과 여성 사이에 놓인 갈등과 단절의 벽을 넘어서야 한다는 사명을 깨닫습니다. 그리고 오늘도 창조세계를 돌보시고 보살피시는 성령의 역사에 남성과 여성이 동행하면서 상호 섬김과 상호 돌봄으로 새롭게 창조되기를 소망합니다."[21]

선언문에서 교회는 성차별과 가부장제를 하나님이 평등하게 창조하신 남성과 여성의 바른 관계를 제대로 지키지 못한 죄로 인정하고, 예수 그리스도 안에서 양성 사이의 갈등과 단절을 상호 섬김과 상호 돌봄으로 극복하는 것이 교회의 사명이라고 고백한다. 차별과 지배로 이루어지는 양성 관계는 하나님의 정의를 거스르는 것이고 그로 인한 갈등과 단절은 하나님의 평화를 깨뜨리는 것이다. 하나님의 정의와 평화가 없는 곳에서 여성만 아니라 남성도 진정한 평안과 자유를 누리지 못한다. 그래서 그리스도 예수의 은혜로 회개하고 새로워진 교회는 권력의 남용과 지배를 경계하고 자신을 소외시키는 종속은 섬김이 아니고 단절임을 분명히 한다. 성령의 역사 안에서 남성과 여성은 서로 섬기고 서로 돌보

21) 2010년 한국기독교장로회 95회 총회에서 채택한 "한국기독교장로회 양성평등을 위한 선언문"의 일부이다.

는 파트너로 새로워져야 한다.

하나님 나라에 대한 "유토피아적 상상"[22]으로 남성과 여성의 상호 섬김과 상호 돌봄의 공동체를 구상하는 대안적 여성 목회는 남성에게만 권위를 인정하는 사회와 교회에서 '권위에 대한 의문'을 제기한다.[23] 주인이 가족 구성원을 지배하는 위계구조는 군주적인 집(오이코스)을 만들지만 하나님의 경륜(오이코노미아)은 상호의존성을 기반으로 파트너십의 권위를 강조한다. 이 권위는 권위자와 비권위자의 관계를 지배와 피지배의 방식으로 가르기보다 다름의 가치와 다양성을 존중하면서 공동체 구성원이 상호 만족하도록 돕는다. "각 사람은 은사를 받은 대로 하나님의 여러 가지 은혜를 맡은 선한 관리인으로서 서로 봉사하십시오"(벧전 4,10). 여기에서 여성 목회의 리더십은 지배와 통제의 권력이 아니라 역량 강화와 권한 인정을 위한 상호 섬김과 상호 돌봄의 힘이 되어야 한다. 나는 이를 생태적 여성 리더십으로 정의하고자 한다.

앞에서 언급한 희랍어 오이코스(oikos)는 가족이 거주하는 집, 집들이 모여 있는 마을, 사람들이 거주하는 지구, 지구가 속해 있는 우주를 의미한다. 오이코스는 생명의 공간이기에 오이코스를 관리하는 일, 오이코노미아(oikonomia)는 생명을 살리는 살림살이를 뜻한다. 가정의 살림살이, 마을의 살림살이, 지구의 살림살이, 우주의 살림살이가 곧 오이코노미아다.

생명은 살아 움직이며, 경직되거나 폐쇄되어 있지 않다. 또한 생명은

22) Beverly Harrison, *Our Right to Choose: Toward a New Ethic of Abortion* (Boston: Beacon Press, 1983), 99.

23) 이런 행위를 럿셀은 "페미니스트 접촉"이라고 정의하였다. 레티 M. 럿셀, 김정숙 역, 『여성목회와 권위』(서울: 한국기독교연구소, 2007), 9.

다른 생명체와 끊임없이 교통한다. 이 교통으로 만물은 우주라는 집에서 서로 결합되고 서로 의존하고 서로 영향을 주고받는데 이것이 생태학적 연관이다. 여성은 임신과 양육의 몸 경험으로 생태학적 연관을 잘 체험할 수 있다. 여성의 몸과 마음과 감성은 유기적 생명활동에 적합하도록 발달될 수 있다. 이런 여성의 조건은 가부장제 역사에서 그 의미가 왜곡되고 가치를 인정받지 못했다. 하지만 온갖 폭력, 배제, 단절, 차별의 방식으로 생명살림이 고통 받는 이 시대는 여성의 생태학적 연관 능력, 살림살이의 힘과 지혜를 필요로 한다. 이런 점에서 생태적 여성 리더십은 전통적 여성성과 전통적 리더십을 새롭게 재해석한 개념으로 다음과 같은 원리에 바탕을 두고 있다.

(1) 공존과 공유의 원리

다른 것을 수용하고 존중하는 데서 출발하는 생태적 리더십은, 그 수용을 통해 나의 것과 다른 것을 상호 보완하고 대등한 위치에서 상호 영향을 주고받는다. 이와 같은 관계는 경쟁에서 얻는 효율성보다 더 효과적인 작업 구조를 형성할 수 있다. 이는 만물이 서로 의존하고 서로 영향을 주고받는 네트워크를 이루고 있다는 인식에서, 어느 하나를 중심에 놓고 다른 것들을 주변에 배치하는 중앙집중식 권력구조를 배제하고, 네트워크를 이루는 단위들의 동등성과 다양성을 인정하고 존중한다.

(2) 자발성의 힘

생태적 리더십은 자발성을 강화함으로써만 강력해진다. 자발성은 각 사람의 요구와 필요를 존중하고 이를 실현시키는 다양한 동기가 주어질 때 발현되는 것이다. 자신의 요구와 필요를 접어둔 채 전천후적인 봉사와 희생을 강조하는 것은 이미 시대에 뒤떨어진 방식이다. 오히려 다양한 인재들이 네트워크 조직으로 각자의 능력과 동기에 따라 적절한 자리에서 자발적으로 일할 수 있도록 여건을 조성하고 관리하는 일이 생태적 리더십이다.

(3) 감성의 의사소통

생태적 리더십은 사물들의 생태적 연관에 맞는 감정인 친밀감을 중시한다. 가부장제 사회에서 남성들은 감정을 드러내지 않도록 훈련받았기 때문에 감정을 서로 토로하면서 친밀해지기가 어렵지만, 여성들은 감정의 소통을 통해 친밀한 관계와 공감을 형성하기가 수월한 경향이 있다. 그런 점에서 생태적 여성 리더십은 감정을 조절할 수 있는 성숙함이 필요하다. 이는 다른 사람을 나와 다른 존재로 받아들이고, 다른 사람들과 어느 정도의 거리를 두면서 다른 사람들로부터 받는 감정을 피드백할 수 있는 능력이다.

(4) 갈등의 수용과 극복

생태적 지도력은 인간 경험의 모든 단계에서 서로 대립하는 요소들이 갈등을 일으키고 그로 인해 현실이 역동적으로 전개될 수 있다는 것을 전제한다. 그래서 서로 대립하는 요소들을 흑백의 논리에 따라 재단하지 않고, 포용과 생산의 논리로 갈등요소들을 서로 결합하려고 노력한다.

역동적인 조직에서는 자율과 의존, 분리과 밀착, 개방과 폐쇄, 안정과 변화가 서로 모순을 일으키지 않고 함께 조화를 이룰 수 있다. 생태적 리더십은 상호 대립적인 요구들을 자연스럽게 수용하고 효과적으로 다룰 수 있는 능력이며, 개방성과 관용을 중시한다.

(5) 카리스마적 공동체 정신

생태적 리더십은 카리스마적 공동체 안에서 제대로 발휘될 수 있다. 카리스마적 공동체는 각 사람이 받은 은사들이 서로 협력하여 하나의 몸을 이루어 가는 공동체이다. 여기서 중요한 것은 각 사람이 서로 다른 은사를 받았다는 것을 인정하는 일이다. 또한 카리스마적 공동체는 권위와 권력을 구분한다. 권력은 자신의 의지를 타인에게 강제하는 폭력을 필요로 하지만, 권위는 공동체를 이루는 각 사람의 자발적인 동의와 인정에 근거를 둔다. 따라서 카리스마적 공동체에서 생태적 리더십의 권위는 환상이나 은폐, 강제와 폭력에 의존하지 않고 개방과 교통, 인내와 관용으로 이루어진다.

2) 여성 목회자의 복지정책과 역량 강화

(1) 복지정책의 수립과 제도화

최저생계비에도 미치지 못하는 목회 사례비와 방치된 노후대책은 여성 목회자들을 위한 복지정책의 결여를 극명하게 보여 주는 부분이다. 교단별로 최저생활보장제도와 연금제도가 시행되고는 있으나, 이 제도는 교회에서 불안정한 지위와 불평등한 역할에 제한받는 여성 목회자들의 실제 상황을 충분히 고려하지 못함으로써, 그들이 교단 복지정책의 혜택을 제대로 얻지 못하고 배제되는 경우가 많다. 여성 목회자의 다수는 전도사이고 평생을 전도사로 봉사하는 경우도 많은데, 이는 교회가 여성 전도사는 환영하지만 여성 목사는 꺼리는 경향과 관련이 있다. 관행적으로 여성 전도사는 남성 담임목사를 보조하는 역할을 담당하고 일

년마다 시무계약을 의무화하는 불안정한 지위를 갖는다. 이런 조건에서 적은 사례비를 받고 장시간 봉사하는 여성 전도사들에게 최저생활보장제도와 연금제도가 보장되지 않는 게 일반적이다. 전도사직도 풀타임의 전임이 아니고 파트타임의 비전임일 경우는 사례비 외 각종 지원이나 혜택에서 제외된다. 이와 같은 상황은 장기적으로 고령화 시대에 대두되는 노인 빈곤과 연결된다는 점에서 심각성이 크다.

여성 목회자의 사례비 문제에 대한 대안으로 성 인지적 예산의 제도화를 생각해 볼 수 있다. 성 인지적 예산을 세우려면 먼저 성별 영향 분석평가가 이루어져야 하는데, 이는 기관의 정책, 예산, 사업이 성별에 따라 미치는 영향을 분석하고 평가하는 일이다. 교단에서 실시하는 최저생활보장제도와 연금제도가 여성 목회자와 남성 목회자에게 끼친 영향과 실태를 구체적으로 분석 · 평가하는 일이 필수적이다. 이 과정에서 목회 사례비와 노후대책에 대한 성차별이나 성별 불균형을 인식하고 시정할 필요에 민감하게 된다. 성 인지적 관점에서 교회와 교단의 예산을 편성하고 집행하는 일이 그 결실이다. 이를 위해 교회 재정의 공개와 성 주류화 정책이 뒷받침되어야 한다.

여성 목회자에 대한 불평등한 구조와 제도를 개선하는 데는 성 주류화(Gender Mainstreaming) 전략이 효과적이다. 성 주류화는 여성 관련 주제를 별개로 여기지 않고 정책의 기본 흐름에 통합시키는 관점이다. 정책 결정의 과정에서 여성 관련 사항은 별도로 처리되거나 배제되는 경향이 지배적이라는 점에서 성 주류화는 남성 중심적 관점과 정책 결정 관행에 대한 근본적인 인식의 전환과 개혁을 요구하는 시도이다. 앞에서 살펴본 대로 교단 정책 결정에 참여하는 성비의 불균형은 심각한 수준이기에 교단의 대표기구에 여성할당제를 요구하는 일은 계속 진행

중이고 부분적으로는 변화의 모습을 보이고 있다.

예를 들면 기장 양성평등위원회는 2010년 총회에서 "총대가 20명 이상인 노회에서 목사, 장로 각 1인 이상의 여성총대를 파송"하기로 한 헌의안을 통과시킴으로써 종전의 여성총대 참여비율 2.7%를 7.7%로 증가시키는 결과를 얻었다. 그와 병행하여 교단 산하의 교육기관(신학대학원, 총회교육원, 인턴 과정)에서 양성평등 과목을 필수과정으로 실시하도록 결정하였는데, 이는 기장 교단이 양성평등 문제를 성 정의를 실천하는 선교정책의 주요 이슈로 수용한 결과라는 점에서 성 주류화의 한 시도라고 평가된다. 이런 활동은 장기적으로 여성 목회자의 지위 향상과 역할 변화에 기여하고 여성 목회자를 위한 복지정책도 활성화할 수 있을 것이다.

(2) 여성 목회자의 역량 강화를 위한 활동

이상과 같이 성 평등한 정책을 수립하고 제도를 바꾸는 일도 중요하지만, 이런 시도와 활동들이 그 결실을 얻기 위해서는 새로운 변화에 대한 공감과 그 변화에 참여하고자 하는 자발성이 필수다. 변화된 제도를 제대로 활용하기 위한 여성 목회자들의 역량 강화가 요청되는 이유다.

오늘날 여성 목회자들의 역량을 강화하기 위한 중요한 과제들 가운데 하나는 정보통신 활용 능력을 키우는 일이다. 21세기 정보화 시대에 정보통신 활용 능력은 소통과 연대의 길을 만들고 확장하는 데 유용하다. 또한 양성평등교육을 전개하고 여성 권익을 위한 집단 지혜를 형성하는 데 정보통신 활용 능력은 유익한 수단이 된다. 정보통신 활용에 대한 예장 여성 목회자들의 실태조사에서 나타난 다음과 같은 결과들은 정보통신교육과 이를 위한 실질적 지원의 필요성을 시사한다: "인터넷에 관심은 있으나 이용할 줄 모른다"(26.1%), "이메일을 거의 활용하지 않는다"(16.3%), "관심도 없고 이용할 줄 모른다"(6.3%). 응답자의 과반수(48.7%) 여성 목회자들이 변화하는 시대의 소통과 연대 방식에 소극적 태도를 갖고 있다.

일반적으로 주목되는 세대 간 정보 격차의 경우와 마찬가지로 성별 간 정보 격차는 목회의 기회를 획득 혹은 상실하는 조건이 되고, 여성 목회자들의 지위 향상과 역할 변화를 저지 혹은 촉진할 수 있다는 점에서 중요한 의미가 있다. 나아가 교파 간 소통과 국제적 연대를 모색하는 데도 정보 격차를 줄이고 네트워크를 활용하는 것이 권장된다.

소통과 연대의 모색은 성별 교류와 상호 이해에도 필요하다. 남성과 여성을 가부장제의 가해자와 피해자로 양분화하는 도식적 관행은 다른 성에 대한 현실적 판단을 제한하고 양성 사이의 소통과 연대보다 갈등과 불화를 초래하기 쉽다. 양성 간 만남과 접촉의 기회가 증가한다 해도 "상대방에 대해 제대로 아는 것이 적고 잘못 아는 것이 많다"[24]면 다른 성에 대한 터무니없는 편견과 오해는 양성의 상호 존중과 배려를 어렵게 만든다.

지구화 시대의 급변하는 사회문화적 환경에서 전통적 남성상을 극복하지 못하고 전통적 남성 권위의 상실을 경험하는 남성은 새로운 정체성과 사회관계를 형성해야 하며, 이런 남성에 대한 여성의 의식과 태도도 변화하여야 한다. 성 역할이 생물학적 성에 기반을 두면서도 특정한 시대의 사회문화적 기대를 반영한다면, 사회 변동에 따라 성 역할 고정관념도 바뀔 수밖에 없다. 이런 점에서 급변하는 현대 사회에서 양성

24) 한국기독교교회협의회 양성평등위원회, 앞의 책, 52.

간 소통과 연대의 방식을 서로 가르치고 배우는 일이 중요하다. 새로운 성 역할의 모델은 창의적 상상과 실험과 연습으로 양성이 상호 발전과 상호 만족을 얻을 수 있도록 모색되어야 한다. 한국 교회에서 여성 목회자의 문제도 성별 간 소통과 연대를 역동적으로 추구해야 할 과제일 것이다.

여성 목회자의 역량을 강화하는 데 이론과 실천을 통합한 양성평등교육은 도움을 제공한다. 이는 일부 여성운동이 당사자들(여성)의 이해관계만 강조하거나 소수 명망가 위주로 진행된다는 비판과 함께 여성신학이 급진적 이론으로 현실을 도외시하거나 일상과 연계되지 않는다는 자성을 염두에 두고 젠더 이슈를 생활화하려는 한 대안이다. 양성평등교육은 성 인지적 관점으로 성 차이와 성차별 그리고 성(gender)과 관련된 문제를 인지하고 성차별적인 영향에 대한 통찰력을 갖도록 돕는다. 성 인지적 관점으로 삶의 다양한 부분을 관찰하고 성찰할 수 있도록 가르치고 배우는 것이다.

역사적으로 가부장제 사회에서 여성은 남성보다 성차별에 민감하지만 그 감수성을 제대로 표현하는 것이 쉽지 않다. 주위의 시선과 평가를 의식해서 스스로 억제하는 성차별 감수성은 분노와 체념으로 변화하여 내면화되기도 한다. 이런 점에서 양성평등교육은 여성의 자아성찰과 의식화 과정을 강조한다. 이를 통해 여성은 도식화된 성평등을 지양하고 성차별에 둔감한 남성에 대한 이해와 이에 대한 다양한 대응방식을 모색할 수 있다. 여성 자신의 변화가 남성 또는 다른 여성에게 영향을 끼치는 상호성이 양성평등교육의 특성이다.

그녀 이야기

— 대한성공회 여성의 역사와 여성 성직 이야기[1]

박 미 현*

"쯧쯧, 조것이 고추였으면, 고추도 달고 나오지 못한 것이…." 어려서부터 적극적이었던 나에게 돌아가신 할머니가 하시던 말씀이다. 이 이야기를 들을 때마다 나는 내 존재가 부정당하는 아픔과 슬픔을 경험하였다. 그리고 사제가 된 지 11년, 형태는 다르지만 내가 사제라는 것이, 다시 말해 여성이 사제라는 것이 부정당하는 경험을 아직도 하고 있다.

그러나 진짜 문제는 이런 여성으로서의 존재를 부정당하는 경험이 나 혼자만의 일이 아니라는 데 있다. 즉, 대한성공회의 여성들이, 한국 교회의 여성들이, 또한 일본의 여성들이, 아니, 역사가 시작된 이래 모든 여성들이 공통적으로 이것을 경험하고 있는 것이다. 따라서 이 글에서는 대한성공회 역사에서 잊히고 부정당해 온 여성들의 이야기를 기억함으로써 대한성공회 여성들의 역사를 회복하고, 여성들의 당면하고 있

---

* 일본성공회 동경교구 성구주교회 사제.

1) 오랜 기간 학문영역에서 배제되었기에 여성들은 자신들이 습득한 지식과 지혜를 이야기를 통해 다른 여성들에게 전달하였다. 그 의미를 살려 이 글도 하나의 이야기로 전달되기를 희망한다.

는 오늘의 현실을 극복할 수 있는 대안을 모색해 보고자 한다.

1. 첫 번째 그녀: 수녀 선교사와 전도부인

1) 수녀 선교사

1890년 9월 29일 고요한 주교가 제물포에 도착함으로써 대한성공회의 선교가 시작되었다. 그러나 고요한 주교는 '고요한 아침의 나라'로 떠나기에 전, 성베드로수녀회의 원장 사라 후란시스에게 한국의 내외법으로 인해 한국에서의 선교는 수녀들의 도움 없이는 불가능하다는 점을 강조하면서 동역자들로 수녀들의 파송을 요청하였다. 그 결과 1891년에 일차로 노라(Nora) 수녀를 책임자로 하여 로살리(Rosalie) 수녀와 마가렛타(Margaretta) 수녀, 알마(Alma) 수녀가 한국으로 파송되었으며, 로이스(Lois) 수녀는 6개월간 간호교육과 훈련을 받은 뒤 1892년 6월 14일에 제물포항에 도착하였다.[2] 그리고 그보다 앞선 1891년 9월에는 여의사인 쿡(Dr. Mrs, Louisa Rosa Cooke)과 간호원 히스코테(Miss Gerturde Heathcote)가 여성 환자의 진료와 의료선교를 위해 한국에 파송됨으로써 대한성공회 여성 선교의 효시가 되었다.[3]

수녀들은 처음에는 정동병원(성베드로병원)과 약국을 돌보고 한국인 환자들을 방문하는 일을 주로 하였으나, 점점 활동 범위가 확장되어 1894년부터는 낙동병원(성마태병원)[4]까지 관리하게 되었다. 이를 계

2) 김안기, 「한국성공회 기초를 다진 사람들」, 『성공회보』(1983), 12.
3) 박미현, 『대한성공회 여성들의 이야기: 여인아 네가 어디서 와서 어디로 가느냐』(서울: 대한성공회출판부, 1998), 39-40.

기로 정동병원은 마가렛타 수녀를 중심으로 여성들을 위한 산부인과와 소아과 병원으로 전문화되었으며, 낙동의 성마태병원은 로살리 수녀가 운영책임을 맡게 되었다. 의료선교 활동은 이제 환자를 입원시키는 것이 문제가 아니라 퇴원시키는 것이 문제가 될 정도로 한국 사람들에게 큰 호응을 얻었으며, 전도의 좋은 기회를 제공하였다.

이렇게 되기까지에는 의사들의 뛰어난 역량과 간호 수녀들의 헌신이 있었다. 간호 수녀들은 간호사이면서 동시에 수녀로서 일반 간호사와는 다르게 기도를 겸한 간호로 사람들과 신뢰를 쌓아갔을 뿐만 아니라, 입원실마다 『조만민광』[5]을 비치하여 환자들이 성경과 교회의 가르침에 스스로 접근할 수 있도록 하였다.

> "환자들의 침대 위에는 조만민광이 한 권씩 놓여 있습니다. 어떤 환자들은 아주 열심히 큰 소리로 읽었습니다. 큰소리로 노래하는 것처럼 읽어요."[6]

수녀들의 활동은 병원에만 한정되지 않았다. 본래 목적은 선교였기 때문에, 수녀들은 어느 정도 한국말로 의사소통이 가능해지자 환자들의 집을 방문하여 성경을 가르치고 신앙생활을 할 수 있도록 인도하였다. 그뿐만 아니라 일정한 지역을 담당하여 이 마을 저 마을로 옮겨 다니며 전도활동을 전개하였다. 지역 전도를 담당한 수녀들은 방문한 마을에 머물며 가정방문을 하거나 성경 공부반을 만들어 교육을 하였기 때문에

---

4) 지금의 충무로 입구, 구 대연각 호텔 근처이다.

5) 『조만민광』은 조선성공회 최초의 번역 성경이며 트롤로프(Mark Napier Trollope, 한국명 조마가, 조선성공회 3대 주교) 편저로 서울영국성공회(조선성공회)가 발행하였다. 복음서와 사도서신 중 384절을 발췌, 편집하여 주일 예배용과 전도용 소책자로 사용하였다.

6) 이재정, 『성가수녀회 70년사』(서울: 대한성공회수녀회, 1995), 20-21.

매번 몇 십리를 걸어야 했고, 이때마다 마을에 머물 동안 먹을 음식과 생활도구들을 가지고 다니는 어려움이 있었다.

그러나 무엇보다 어려운 문제는 언어였다. 비록 일상적인 의사소통은 가능했지만, 그렇다고 직접 복음을 선포하고 신앙 상담을 할 수 있을 만큼 수녀들이 한국어에 능숙하지는 못했다. 따라서 그들에게 한국말과 풍습을 가르치며 함께 전도여행을 도울 수 있는 여성 전도자가 필요하게 되었으며, 이로 인해 개신교와 마찬가지로 수녀들을 돕는 전도부인이 생겨나게 되었다.[7] 대부분의 전도부인들은 수녀들과 함께 전도여행을 하면서 성경을 배우고 가르치는 일을 할 수 있는 혼자 사는 여성들이었다.

2) 전도부인

성공회 초대 전도부인은 1902년 정동성당에서 활동을 시작한 박유니스이다.[8] 박유니스는 남편 조성규[9]가 아펜젤러와 함께 성경번역일로 목포로 가다 사망한 뒤, 여성 교육에 관심이 컸던 단아덕 주교[10]의 도움으로 두 아들과 함께 성공회 정동성당에 살게 되면서 전도부인으로

---

7) 전도부인은 글자 그대로 전도사업에 종사하는 여성을 가리킨다. 이들은 과부들이 주로 많았기 때문에 전도부인이란 명칭으로 불렸다. 전도부인이 가장 활발하게 활동하던 시기는 1910~40년까지 30년 동안이었다. 유명희, 「잊혀져 가는 이야기」, 『성공회보』(1989. 3).

8) 박유니스는 선교사들에게 서양식으로 조유니스로 기록되어 있다. 이재정, 『대한성공회 백년사』(서울: 대한성공회 출판부, 1990), 87.

9) 조성규는 한학자로서 감리교 선교사인 아펜젤러(Appenzeller)의 어학 선생님 겸 비서로 배재학당을 세우고 가르치는 일을 하였다. 기독교대백과사전편찬위원회, 『기독교 대백과사전 13권』(서울: 기독교문사, 1992), 1229.

10) 단아덕 주교와 아펜젤러는 친구 사이였다.

전도부인 교육(1921)

활동하게 되었다.[11] 선교 초기에는 조직된 기관이나 프로그램이 없이 수녀나 여선교사들이 전도부인 교육을 하였지만, 성공회 회보와 전도대회를 통하여 모집을 하고 정규교육을 실시하면서 인원도 점차 증가하여, 1917년에는 18명의 전도부인이 활동하였다.[12]

전도부인의 교육은 매년 대림절(성탄전 4주일)에 3주 정도 정동 지하 성당에서 진행되었으며, 과목으로는 구약·신약·공도문·교리·도리문답 등이 있었고, 세미나 형식으로 교회의 법규·교회의 자립·결혼과 장례예식 등이 있었다. 교육기간 중에는 정동성당 안의 양덕원[13]에서

---

11) 심상영 씨와의 면담(1994년 10월에 4회의 인터뷰를 했다). 심상영 씨는 박유니스의 작은아들 조용호(디모데) 씨의 부인이다. 조용호는 1934년 어머니의 신앙을 이어 사제가 되었으며 예산, 청주, 서울, 인천과 서울에서 가르치다가 6·25전쟁 때 납북되었다. 김안기, 「한국성공회 순교자들」, 『서울대성당』 제2호(1984. 12), 12.

12) 이재정, 앞의 책, 85-87.

기숙하였으며, 예비 전도부인의 경우에는 일 년에 두 번, 더 긴 교육과정을 이수하였다.14)

"1922년 11월 중순부터 12월 31일까지 애태수녀님 주임 하에 각처에서 모인 부인 10명을 공부시켰음. 이 사람들은 장래에 교회에서 전도부인으로 일하고자 하는 분들이다."15)

교육을 마친 전도부인들은 교회로 돌아가서 신자들을 가르치고, 단독목회를 하거나 목회를 도왔으며, 지역 담당 수녀와 함께 여성들이 교육을 담당하였다. 수녀와 전도부인의 활동의 단면이 다음과 같이 남아 있다.

"어제는 오후 1시에서 5시까지 열심히 공부했어요. 저는 오히려 피로했는데 그들은(신자들은) 전혀 피로하지 않은 것 같았어요. 오늘 아침에도 8시 30분에 시작해서 11시까지 공부했습니다. 그들은 지금 집에 돌아가서 점심을 준비하고 약 2시간 후, 그러니까 1시경에 다시 돌아와서 오후 반나절 공부하게 될 것 같아요. 브라이들(부재열) 신부님께서 다음 주에 오시기를 기대하고 있습니다. 신부님이 오시면 18명이나 20명가량 이 영세 준비자로 선정될 거예요. 그저께는 또 다른 작은 마을에 갔었습니다. 열심히 교리 공부를 한 여인들이 12명이 있습니다. 그들 중 여복은 약 20마일(80

13) 양덕원(瀼德院)은 1914년 6월 27일 여성을 위한 기관으로 정동성당 구내에 설립, 축성되었으며, 과부나 기혼 여성들에게 삶의 기반을 만들어 주는 공동체의 집 같은 성격으로 이사벨 수녀의 관리 아래 운영되었다.

14) 박미현, 앞의 책, 73.

15) 「경성전도구」, 『종고성공회월보』 제14권(1923년 제62호).

리)을 걸어야 합니다. 이것을 생각하면 그들이 얼마나 교리를 배우고 싶어 하는지 알 수 있죠."[16]

"강화읍 교회에 성모 강습소를 설립하고 지난(1922년) 12월 1일부터 개학하였는데 의외로 좋은 성적을 얻어 매일 출석하는 부인이 30여 명에 달하였다."[17]

"보통학교에서 공부하지 못하는 무산녀자 40여 명을 위하여 본교회의 여전도사 송드리사 씨와 유치원 보모 염세실 양 두 분이 무보수로 본 유치원 내에서 주일과 반주일을 제외하고는 하루같이 열심히 교수하시니 감사함."[18]

이처럼 수녀와 전도부인의 헌신과 노력으로 성경 공부회뿐만 아니라 다양한 형태의 여성 교육이 활성화되었으며, 이에 참여한 여성들은 대부분 적극적으로 신앙과 신교육을 받아들였다. 다른 한편으로는 여성 교육을 위한 여학교와 여성들을 위한 다양한 여성 기관들이 생겨났으며, 그중 하나가 1925년 11월 16일 이사벨라 수녀의 지도로 수원에 개원한 여자신학원으로, 첫 해에 17명의 여성이 입교하였다.[19]

대한성공회의 초창기의 부흥은 수녀들의 교육과 전도부인들의 열성과 헌신이 이루어낸 결과였다. 이 시대의 개신교 여전도사가 선각자적

16) 박미현, 앞의 책, 73.
17) 「강화북부」, 『종고성공회월보』 제14권(1923년 제63호).
18) 「온수리교회」, 『조선성공회보』 제23권(1932년 제172호).
19) 『조선성공회보』(1921. 6. 27).

인 여성 지도자였듯이, 성공회 전도부인도 성공회의 여성 지도자로 '집 밖에서 활동하는 여성', '가르치는 여성'이란 새로운 여성상을 제시해 주었다. 그러나 다른 한편 전도부인은 전도와 심방만을 위한 교역자로 양성되었기 때문에, 교회 공동체를 위한 목회자가 되거나 교권에 참여하는 평신도 지도자로 활동 영역이 확대되지는 않았다. 이로 인해 전도부인의 활동은 교회에서도 제한되어 여선교사들과 사제들의 보조적 역할을 수행하는 심방과 전도 담당자로 남겨지게 되었으며, 대한성공회의 교회 구조가 본격적으로 조직화되면서 목회에서 배제되어 갔다. 이런 상황에서, 특히 1940년에는 외국인 선교사들이 국외로 추방되면서 문을 닫는 교회가 점점 늘어나게 되었고, 이에 따라 전도부인의 활동 영역도 제한되었다. 그 후 전도부인 제도는 아무런 대책도 없이 사라졌으며, 결국엔 모두 잊히고 말았다.

2. 그녀의 침묵: 성가수녀회

1940년을 전후하여 일본과 영국의 동맹관계가 깨어지자, 일본은 물론 한국에서도 영국 선교사들에 대한 탄압과 외국인 강제 추방이 심각하게 증대되었다. 그 결과 1940년 성탄절 직후인 12월 31일에 애태(Edith Helena) 수녀, 베릴(Beryl) 수녀, 루실라(Nora Lucilla) 수녀가 한국을 떠났고, 1941년 1월 21일에는 마리아 클라라(Mary Clare) 수녀[20]와 제씨(Jessie Faith) 수녀가 구세실 주교와 더불어 강제로 출국

20) 베드로 수녀회의 수녀들 가운데 마리아 클라라(Mary Clare) 수녀는 1923년에 들어와

당하였다. 그 결과 한국에서 50년간 선교활동과 의료 및 사회봉사를 해오던 성베드로수녀회 소속 수녀들이 모두 떠나게 되었고, 성가수녀회(The Socity of the Holy Cross)21)에는 한국인 수녀 세 명만이 남겨졌다. 이때 성가수녀원에 남겨진 세 명의 수녀는 한국인 최초의 수련 수녀로, 1925년 9월 14일 성가 영광 첨례일에 착복식을 한 이부비 수녀와 1926년 4월 19일에 지원한 김영순(다비다) 수녀, 그리고 1930년 11월 10일에 지원한 이영숙(마리아) 수녀였다. 남겨진 세 명의 수녀는 1940년 12월 30일에 이부비 수녀를 최초의 한국인 신모(神母)로 선임함으로써 한국인만의 새로운 성가수녀회가 출범하게 되었다. 당시의 상황을 세 명의 수녀는 다음과 같이 회고하였다.

"적은 금액이지만 영국 수녀들이 있을 때에는 영국으로부터 원조를 받았으나 귀국한 후부터는 원조가 끊어져 오로지 한국 수녀들의 힘으로만 성가수녀원을 이끌어 가야 하였습니다. 저희들은 수녀원 뜰에 있는 정원을 밭으로 만들고 거름을 주고 채소와 과수들을 심고 닭을 키워 계란과 닭을 팔았습니다. 성당 청소뿐 아니라 주교님, 신부님들의 세탁을 맡고 면병을 전기화덕에 굽고, 포도주, 제의제조, 성당의 등사 일뿐 아니라 신자들의 삯바느질까지 하면서 수도생활을 유지해 나갔습니다. 저희 수녀들의 손에

여전도사 교육과 성가수녀회 초대 신모를 지냈다. 클라라 수녀는 일제의 외국인 박해가 고조되던 1940년 선교사 추방령에 의해 한국을 떠났다가 46년 다시 돌아와 황폐해진 한국성공회와 수녀회를 위하여 일하였다. 그러나 6 · 25 동란 때에 납북되어 중강진에서 피로와 추위, 굶주림에 지쳐 사망하였으며 같이 납북되었던 구세실 주교와 프랑스 칼멘 수녀회 수녀들이 눈 속에서 장사를 지냈다. 이재정, 『성가수녀회 70년사』, 116.

21) 1925년 9월 14일 성가 영광 첨례일에 한국인으로는 처음으로 이부비 수녀가 첫 수련 수녀로 착복식을 하면서 수도회의 원칙과 규칙이 제정 공포되었고 성가수녀회가 공식적으로 탄생하였다.

동상이 생기고 허리가 아프고 손끝에 굳은살이 박여도 힘든 줄도 피곤한 줄도 모르게 열심히 생활하였습니다. 아니 그런 어려움과 고난들을 극복할 수 있는 힘을 주셨다고 믿었습니다. (수녀님들은 이 말씀 중에도 좋은 세상 만나서 이렇게 상을 받고 사니 죽으면 하느님께 무엇으로 상을 받을꼬 하며 웃으신다) … 재정난으로 보육원 문을 닫을 것이라는 소문을 듣고 수녀들은 공장마다 돌아다니면서 비누장사를 하고 보육원 뜰을 밭으로 만들고 직조를 하는 등등 자금이 될 수 있는 것을 위해 동분서주하였습니다. 그 결과 보육원은 문을 닫지 않고 운영할 수 있었습니다."[22]

이러한 어려운 상황임에도 수도 성소를 받은 평남 성천교회 출신인 이봉춘(앵니스)이 1940년 5월 6일에 수녀회에 입회하였고, 봉항리교회 출신인 이예순(에스더)이 1946년 10월 20일에 수련자가 되었다. 두 수녀는 6 · 25전쟁 직후인 1955년 5월 1일에 함께 종신서약을 함으로써 성가수녀회의 재건에 결정적인 역할을 하였다.

성가수녀회는 한국전쟁으로 인해 새로운 어려움에 직면하게 되었다. 서울이 인민군에 의해 함락된 후 이부비 신모가 일차로 내무서에 끌려가 3일 동안 문초를 받았으며, 강제 추방당한 지 6년 만에 다시 한국에 돌아와 성가수녀회를 돕던 마리아 클라라 수녀[23]와 앵니스 수녀, 에스더 수녀가 내무서에 끌려갔다. 그 이틀 뒤 마리아 클라라 수녀는 북으로 강제 이송되는 죽음의 행진 길에 올랐다가, 결국 중강진에서 폐렴으로 사망하였다. 그 후 마리아 클라라 수녀의 십자가와 반지는 구세실 주

22) 성가수녀원에서 1986년 3월 인터뷰.

23) 마리아 클라라 수녀는 영국으로 돌아가는 사람들이 비행기편을 1시간 30분 동안 대기시키며 귀국할 것을 설득하였지만 결국 성가수녀회에 남기로 결정하였다.

교를 통해 영국의 성베드로수녀원에 전달되었다가, 1969년 베릴 수녀에 의해 한국의 성가수녀원에 전달되었다. 다른 수녀들은 심문을 당한 뒤 3일 후에 풀려날 수 있었지만, 인민군의 압력은 계속되었다. 다비다 수녀는 당시를 다음과 같이 회고하고 있다.

"며칠 밤을 지내고 나오니 성가수녀원은 완전히 인민군의 소굴이 되어 있었습니다. 탈복하고 수녀원을 나가라고 하여, 인민군들이 빼앗아 가고 남은 물건 중 몇 개만 골라 보따리를 들고 수녀원 문을 나왔습니다. 어디로 가야 할 것인가. 그러나 어느 누구에게라도 가면 수녀들은 표가 나니 그 사람들을 보호하기 위해서라도 아는 곳으로는 갈 수가 없었습니다. 결국 수녀들은 옛 성모관(지금의 조선일보 자리)으로 가서 죽어도 여기에서 죽겠다고 결심하고 방 하나를 잡아 기거하였습니다. 그렇게 서울이 수복될 때까지 생활하였습니다."[24]

6·25전쟁 후 성가수녀회는 이부비 수녀를 중심으로 선교봉사활동을 하였으며, 특히 1921년에 세워진 수원의 성피득 보육원을 6·25전쟁으로 급증한 고아들을 위한 봉사활동의 중심지로 활용하였다. 수녀회는 그 뒤에도 시대의 필요에 따라, 강화도 온수리에 여성들을 위한 양로원인 성안나의 집과 피정의 집을, 청주에는 여성 장애인들을 위한 보나의 집을 설립하여 운영해 오고 있다. 이처럼 성가수녀회는 대한성공회 선교의 살아 있는 역사이며, 성공회를 지키고 선교 영역을 넓혀 나간 성공회의 대들보라고 할 수 있다.

---

24) 대한성공회출판부, 『선교백년의 증언』(서울: 대한성공회출판부, 1990), 83-84.

3. 그녀의 헌신과 봉사: 성공회 여성 단체

1) 어머니연합회

어머니연합회와 한국 GFS는 대한성공회 여성 조직의 대표라고 할 수 있다. 특히, 어머니연합회는 대한성공회 가운데 가장 많은 회원을 확보하고 있는 조직으로, 1876년 영국 햄프셔 전도구의 관할 사제의 부인인 매리 썸너(Mary Sumner)가 결성한 세계성공회 연합기구이다. 세계어머니연합회는 출범 당시부터 아내로서, 어머니로서 그리고 교인으로서의 사명과 책임을 다하는 것이 참된 교회 여성의 역할임을 강조하고 있으며, 이런 세계어머니연합회의 이상은 대한성공회 어머니연합회에도 많은 영향을 주었다.

대한성공회 어머니연합회는 1925년 9월 25일 성베드로수녀회 소속인 헬렌 콘스탄스 수녀를 중심으로 서울대성당에서 발족하였으며, 동시에 세계성공회 어머니연합회의 회원국이 되었다.[25] 이때 발표된 어머니연합회의 목적은 다음과 같다.

① 결혼의 신성을 보장한다.
② 자녀들을 하나님의 자녀로 양육한다.
③ 기도와 봉사활동으로 신자생활을 충실히 한다.

이와 같은 어머니연합회의 목적은 당시의 한국 여성에게도 적극적으로 수용될 수 있는 것이었기 때문에, 같은 해에 수원과 인천에도 각각

25) 홍아카타(1994년 당시 전국어머니연합회 회장)와의 인터뷰(1994년 12월).

어머니연합회 지회가 조직되었다.

"1925년 12월 30일 어머니협회를 성당 안에서 개최하고 아홉 분을 회원으로 허입하였습니다. 다음에 다과회를 하고 폐회를 하였습니다."[26)]

"1926년 4월 12일에는 경성에서 홍신부와 헬레나 수녀가 본교회에 오셔서 어머니협회를 개최하였는데 본협회에 입회허가를 받은 어머니가 21명이나 되었으며 장차 입회할 준비를 하는 회원도 많았다."[27)]

"1926년 12월 29일에는 수원어머니협회를 개최하였는데 본회 회장이신 헬렌 수녀의 주최와 임요셉 씨의 사회하에 신입회원이 10여 명이 되며 정회원과 합하여 30여 명이 출석하였다. 회를 파한 후 여사무실에서 다과회로 재미있게 지냄."[28)]

계속되는 어머니연합회 지회의 결성으로 1929년 4월 8일에는 제1회 어머니연합회대회를 서울에서 개최하였으며, 1941년에는 6개의 지부와 153명의 회원이 활동하였다. 그러나 중심축으로 활동하던 영국 수녀들이 전쟁으로 인해 강제 추방되면서 어머니연합회는 한국 여성들의 독자적인 활동으로 자리매김되었다. 그 당시의 어머니연합회 활동은 주로 환자 심방, 상조회 활동(수의 만들기), 바자회를 비롯한 여러 가지 봉사활동(성탄절, 부활절, 추수감사절의 음식 준비, 성당 대청소, 성물 빨래) 등

---

26) 『조선성공회보』, 제17권(1926년 제97호), 8-9.
27) 『조선성공회보』, 제17권(1926년 제101호), 10.
28) 『조선성공회보』, 제18권(1927년 제110호), 16.

이었으며, 회비제를 도입하여 어머니연합회 기금을 마련하고 성직 후보생들을 위한 장학금을 지급하기도 하였다.

그 후 1965년 대한성공회가 서울교구와 대전교구로 분할되면서 어머니연합회도 서울교구 어머니연합회와 대전교구 어머니연합회로 분할되었으며, 1974년에는 부산교구 어머니연합회가 창설되었다. 1979년에는 세 교구 어머니연합회를 대표하는 전국어머니연합회가 결성되어 대한성공회의 가장 큰 조직이 되었다. 지금까지도 어머니연합회의 각 교회 어머니 회원들은 각 교회를 지키는 주춧돌로, 매일 기도와 심방과 헌신으로 봉사하는 대한성공회의 기본축이라고 할 수 있다.

2) 대한성공회 GFS(Girls' Friendly Society)

대한성공회의 또 다른 여성 조직으로는 한국 GFS을 들 수 있다. GFS는 세계적인 성공회 여성 단체로 기도, 연구, 봉사, 친목을 통하여 하느님의 자녀로서 상호 간에 친교와 사회에 공헌할 것을 목적으로 한다. 세계 GFS는 지도자격인 시니어와 주니어로 나뉘는데, 이것은 GFS의 탄생과 깊은 관계가 있다고 할 수 있다.

세계 GFS는 영국의 산업혁명 이후 나타난 이농현상과 농촌의 파괴, 열악한 노동 환경, 매춘 등의 사회문제가 야기되었던 1875년, 영국성공회의 엘리자베스 메리 타운센드(Elizabeth Mary Townsend)가 설립하였다. 타운센드는 당시 영국의 10대 근로자의 처우 개선과 여성의 기술교육, 미혼모 문제 등에 구체적으로 참여하는 것을 목적으로 GFS를 조직하였다.[29] 당시 GFS의 지도자격인 시니어들은 시간과 재정적 여유

29) 쉴라 로우버텀, 이효재 역, 『영국여성운동사』(서울: 종로서적, 1982), 참조.

가 있는 부인들을 중심으로 구성되었으며, 시골에서 올라온 가난한 소녀들(주니어)에게 안정적인 거주공간을 마련해 주는 등, 어린 여성 노동자들의 보호자로서 노동환경을 비롯한 처우 개선을 위한 활동을 전개하였다.30) 이 전통이 오늘날까지 이어져 세계 GFS대회는 각 나라의 주니어 대표와 시니어 대표가 참석하고 있다.

이 GFS 활동은 1955년 세계로 확산되었고, 우리나라에서는 1965년 5월 일본 교토에서 열린 제5차 세계 GFS대회에 성가수녀원의 오인숙(카타리나) 수녀와 박정자(마리아)가 옵서버 자격으로 참석한 것이 계기가 되어, 그해 9월에 서울대성당에서 대한성공회 GFS가 발족되었다. 그 후 대한성공회 GFS는 세계 GFS의 회원국으로 가입하여 일본, 호주 등의 회원국과 교류를 확대하는 한편, 국내 GFS 지부 설립과 확산을 위한 기도 모임과 봉사활동, 놀이 지도, 꽃꽂이 교육, 지도자 양성, 바자회, 성물 판매 등의 다양한 활동을 본격화하였다.

그러나 이런 활동의 결과 대한성공회 GFS는 고학력 사회상류층 여성들의 모임이라는 이미지가 자리 잡게 되었고, 그로 인해 일반 개교회로는 별로 확산되지 못하였다. 또한 어머니연합회와 차별화를 이루어내지 못한 결과, 대한성공회 GFS 활동도 단지 여성으로서 헌신과 봉사를 하는 단체라는 이미지로 자리매김되었던 것이다.

이와 같은 어머니연합회와 한국 GFS의 '헌신과 봉사' 이미지는 한국사회의 가부장적 제도와 함께 교회 안에서 여성들의 위상을 한정하는 결과를 가져왔는데, 이는 결국 여성들의 교회 운영과 정책 결정 참여를 금지시켰을 뿐만 아니라 동역자로서의 평등도 누리지 못하게 하였던 것

30) 김후리다, 「전진하는 한국 GFS」, 『G.F.S. 소식지』(1989년 봄호), 2.

이다. 그러나 1985년 성공회 안에 새로운 여성 조직인 '젊은여성모임'이 탄생하게 되면서, 이제 여성들은 예수 그리스도의 진정한 제자직의 의미인 '따름'과 '섬김'의 의미가 단지 순종과 봉사가 아님을 고백하기 시작하였다.

4. 그녀의 수다: '젊은여성모임'과 여성부

1) '젊은여성모임'

'젊은여성모임'의 태동과 발전은 대한성공회 여성 활동의 양대 산맥이었던 어머니연합회와 GFS연합회 이외에 또 하나의 여성 그룹의 가능성을 열어주었다. 이는 보다 진보적인 여성 활동 단체의 출현이며, 새로운 활력으로 선교 2세기를 향하는 성공회 여성사의 새로운 변화이기도 하였다. 이와 같은 의미를 갖는 '젊은여성모임'의 목적은 다음과 같다.

> "젊은여성모임은 나이에 구속받지 않고, 여성으로서 자신의 삶을 주체적으로 사는 여성이, 여성을 억압하는 사회, 교회제도를 변화시키고, 여성 스스로를 구속하는 길들여진 사고에서 벗어나, 자유롭고 완전한 인간화를 추구하며 모든 인간의 평등함을 위해 사신 예수님의 삶을 따를 것을 목적으로 한다."31)

젊음여성모임의 1기 회원인 김미령은 초창기 모임을 다음과 같이 회

---

31) 대한성공회 젊은여성모임회지, 『우물가』(1991), 3.

상한다.

"젊은여성모임의 회원들은 용기와 믿음을 가지고 자신의 부끄러운 모습까지 속속들이 드러내면서, 끈끈한 자매애로 더욱 깊어졌으며, 연건동 교회 전도사관의 낡고 좁은 방에서 모인 매주 모임에서의 우리들의 이야기는 끝이 없었고, 우리의 분노는 넘쳐흘렀으며, 우리는 더 이상 거기에 머물러 화내며 울고 앉아 있을 수만은 없었습니다. 우리는 우리의 문제를 바로 바라보고 싶었고, 스스로 해결해 보고 싶은 마음이 솟구치고 있었습니다. 우리는 갈급한 마음으로 여성학 관련 서적들을 읽으며 우리의 현실에 눈을 뜨고자 했었습니다. 계획된 자료들을 읽고 발제자의 발제를 중심으로 자유토론을 했는데, 우리들 가슴속에 응어리진 억압적 현실에 대한 분노들이 구석구석에서 튀어나와 순서의 진행을 방해했던 적이 한두 번이 아니었습니다. 그럼에도 불구하고 우리는 대학 강좌의 요구보다 더 많은 양의 독서를 하고, 거칠고 서툴지만 진지한 토론을 하며 우리들의 시각을 조율하였습니다. 우리의 삶을 여성의 눈으로 다시 읽으며 미처 알지 못했던 수많은 억압을 찾아내고는 당혹스러워 하기도 하고, 해결점이 보이지 않아 주저앉기도 했습니다. 밤늦게까지 공부하며 새 세상을 꿈꾸었건만 각자의 생활로 돌아가면 변하지 않은 현실이 우리를 기다리고 있었습니다."[32)]

젊은여성모임 회원들은 자신들의 생각을 다른 성공회 여성들에게 전하고, 시간적 · 공간적 제약 없이 좀 더 많은 사람들과 생각을 나누고 연대하기 위해 젊음여성모임 소식지인 『우물가』를 발행하였다.

32) 박미현, 앞의 책, 292-293.

"『우물가』는 전통적으로 동네 여인들의 일터이자 모임터였고, 그들의 생각 나눔터였으며, 온갖 세상 소식이 두루 전해지는 곳이었다. 그래서 젊은여성모임은 영원히 목마르지 않을 삶을 갈구하는 우물가의 여인처럼 우리들의 소식지 우물가를 만들고 나누고자 합니다."[33]

그 외에도 젊은여성모임은 무기류 장난감 추방운동, 성폭력 예방 강연회, 참부부 모임, 여성 성서 교실 등과 같은 다양한 활동을 통해 가부장적 군사문화에서 벗어나 평화와 평등을 지향하면서, 교회 안에서 여성의 역할을 회복하고자 하였다. 또한 오랫동안 익숙해진 마르다식 봉사와 더불어 누구도 차별 없이 하느님의 부르심에 응답할 수 있도록, 교회 안에서 여성의 다양하고 새로운 역할을 찾고자 적극적으로 노력하였다.

하지만 젊은여성모임은 지도 사제가 없다는 이유로 대한성공회의 정식 인준 단체가 될 수는 없었다.[34] 그러나 젊은여성모임이 정식 인준 단체가 못하는 상황은 오히려 그들에게 그동안 이름만 존재하던 서울교구 여성부 활동의 활성화 필요성을 절감하도록 만들었고, 이를 지켜보던 다른 여성 단체들도 여성 연대의 중요성을 인식하게 되는 계기가 되었다. 그 결과 1990년 6월 8일 젊은여성모임의 제안으로 당시 GFS의 회장이며, 서울교구의 여성부장이었던 최양순(루시아)을 중심으로 어머니연합회, GFS, 젊음여성모임이 함께 모인 첫 여성 단체 모임을 갖게 되었다. 이 모임이 실질적인 여성부 활동의 태동이라고 할 수 있다.

---

33) 대한성공회 젊은여성모임 회지, 『우물가』(1991), 3.

34) 젊은여성모임은 여성 사제가 실현될 때까지 지도 사제를 두지 않기로 하였다.

2) 서울교구 여성부

서울교구 여성부는 1970년 서울교구의회에서 교무국 설치가 가결되면서 전도부 부장을 여성으로 위임하는 것에서 출발하여, 1973년에는 부녀부로, 1988년에는 여성부로 변화되었다. 그 사이 여성부장으로는 홍만희, 진안나, 최양순(루시아)이 활동하였다. 그러나 서울교구 여성부는 비록 비상근이지만 부장이 있었음에도 교무국에 책상조차 없었으며, 교무국 회의에도 참석하지 않는 유명무실한 부서였다.

그렇지만 교무국 규정에 따르면 대한성공회 여성 활동의 대부분을 총괄하는 것은 여성부였으며, 따라서 1990년 시작된 여성 단체 모임은 이름뿐인 여성부를 실질적인 활동부서로 활성화할 것을 결의하고, 어머니연합회, 한국 GFS 그리고 젊은여성모임에서 각각 두 명씩을 여성부에 파송하여 여성부 실무직을 구성하고 본격적인 활동을 시작하였다.

무엇보다도 먼저 여성부는 성공회 안에 존재하는 여성의 차별을 분명하게 보여 주는 여성 사제 안수에 대해 적극적으로 검토할 여성성직위원회의 결성을 서울교구에 요구하였다. 이 여성성직위원회의 설치는 이미 1978년도 세계성공회 람베스회의[35]의 권고사항이기도 하였다.

"여 사제직이 신학적으로나 사회적 현상으로 전혀 이의가 없고, 여 사제직

---

35) 세계 각국의 주교들의 회의인 성공회 람베스회의는 성공회의 대표적 입장과 의견을 나타내는 기구로 1867년부터 시작되어 10년에 한 번씩 개최되는 회의이다. 여성 성직에 관한 논의는 1958년 람베스회의에서 거론되기 시작하여, 1968년에는 여성 성직이 수용되었고, 1978년도에는 시행되기 않는 교구에 대한 권고사항으로 제시되었으며, 1988년에는 여성 주교 제도가 통과되었다. 『대한성공회 관구요람』(서울: 대한성공회출판부, 1993), 37.

을 허락하지 않는 교구에서도 이를 고려하여 잠정적으로 시행할 것을 권한다."[36]

결국, 1991년 주교 자문기구로 여성성직위원회가 결성되었으며, 여성 성직 수용안을 교구의회에 제출하기 위한 준비 작업으로 〈대한성공회 교우들의 여성 성직 및 교회 여성의 역할에 대한 설문조사〉를 실시하였다. 그중 여성 성직에 대한 설문 부분은 다음과 같다.

(1) **여성 성직에 대한 찬반 의견**

〈설문〉 교우께서는 여성이 성직자가 되는 것에 대해 어떻게 생각하십니까?

대한성공회에 여성 성직자가 탄생하는 문제는 본 조사연구에서 가장 핵심적인 사항이라 할 수 있다. 이에 대한 찬반조사 결과는 〈표 1〉에서 보는 바와 같이 70.2%에 달하는 교인들이 찬성하고 있는 반면, 반대하는 입장은 10% 정도에 불과한 것으로 나타난다. 여기에서 3번 응답항목(상관없다)은 여성 성직에 대한 반대 입장은 아니지만 비교적 이 문제에 관한 무관심을 반영한다고 볼 때, 그 비중이 거의 20%에 육박하고 있는 것은 별로 바람직한 현상이라고는 할 수 없을 것이다.

---

36) The Report of LAMBETH CONFERENCE (London: S.P.C.K, 1978).

〈표 1〉 여성 성직에 관한 견해(단위: 명, %)

여성 성직 견해	여성 응답자	남성 응답자	합계(%)
1. 매우 찬성	24(16.4%)	19(20.7%)	43(18.1%)
2. 찬성	78(53 4%)	46(50.0%)	124(52.1%)
3. 상관없다	24(16.4%)	20(21.7%)	44(18.5%)
4. 반대	17(11.6%)	6(6.5%)	23(9.7%)
5. 매우 반대	3(2.1%)	1(1.1%)	4(1.7%)
합계	146(100%)	92(100%)	238(100%)

(무응답:12명)

남녀별 견해를 살펴보면, 여성 성직을 찬성하는 비율이 여성 69.8%, 남성 70.7%로 거의 차이가 없는 것으로 나타나고 있다. 다만 '반대'와 '매우 반대'를 합한 비율이 여성 13.7%, 남성 7.6%로 여성 쪽이 오히려 다소 높게 나타나고 있다. 여성 성직에 관한 찬반 견해를 다른 기준으로 살펴보면 다음과 같다.

먼저 응답자들의 교회 내 직책별로 살펴보면 아래에서 보는 바와 같이 성직자들이 평신도들에 비해 좀 더 적극적으로 여성 성직을 찬성하고 있음을 알 수 있다. 즉, 응답항 '매우 찬성'과 '찬성'을 합한 비율을 볼 때, 사제 등의 성직자 그룹만이 평균 찬성률 70.5%보다 높은 78.5%를 나타내고 있다. 각 그룹별 찬성률은 다음과 같다(나머지 비율 중에서 '반대'는 평균 11.4%이고 18.0%가 '상관없다'는 응답이다).

	매우 찬성	찬성	합계
사제, 연구	32.1%	46.4%	78.5%
교회위원회	8.7%	52.2%	60.9%
단체 임원	16.4%	46.3%	62.7%
일반 평교우	16.7%	57.9%	64.6%

다음으로 여성 성직에 관한 찬성률을 연령별로 보았을 때에는 연령이 높을수록 찬성률이 감소하는 보수적인 현상을 보여 주는데, 각 연령집단별 찬성률(평균 70.5%)은 다음과 같다(여기에서도 '반대'는 평균 11.0%이고 18.5%가 '상관없다'는 응답이다).

	매우 찬성	찬성	합계
10~20대	22.7%	57.3%	80.0%
30대	23.9%	53.7%	77.6%
40대	9.3%	51.9%	61.2%
50대 이상	9.5%	45.2%	54.7%

마지막으로 여성 성직에 관한 찬성률을 학력별로 살펴보면, 국·중졸 학력자가 63.9%, 고졸 학력자가 69.2%, 대졸 이상의 학력자가 67.8%의 찬성률을 보이고 있어, 학력 간의 차이는 나타나지 않는 것으로 평가된다.

〈설문〉 여성이 성직자가 되는 것에 반대하신다면 그 이유는 무엇입니까?

한편, 여성 성직을 반대하는 사람의 경우, 그 이유는 〈표 2〉와 같은 분포를 보이고 있다. 반대 의견에는 전체적으로 29명이 응답했기 때문에 근거를 분명히 알기는 어렵지만, 일반적인 사회적 차별이 여성 성직 실현의 큰 장애요인임을 알 수 있다. 한편 성서적 근거로 여성 성직을 반대하는 경우는 전체 29명 중 2명에 불과한 것으로 나타났다.

〈표 2〉 여성 성직에 반대하는 이유(단위: 명)

응 답 문 항	응답자(%)
1. 남성이 본질적으로 우월하므로	3명(10.3%)
2. 전통적으로 그래왔으므로	6명(20.7%)
3. 사회 여건상 여자는 불리하므로	15명(51.7%)
4. 성서적 근거로	2명(6.9%)
5. 기타	3명(10.3%)
합 계	29명(100%)

(2) 여성 성직자의 역할

여성 성직에 대해 찬성하더라도 여성 성직자가 남성 성직자와 동등한 위치에서 일해야 한다고 생각하는지는 별개의 문제라 할 것이다. 이러한 문제와 관련하여 다음과 같은 설문을 하였다.

〈설문〉 여성 성직자는 어떤 일을 해야 한다고 생각하십니까?

〈표 3〉 여성 성직자가 해야 할 일(단위: 명, %)

여성 성직 견해	여성 응답자	남성 응답자	합계(%)
1. 일반목회	71(58.7%)	42(50.0%)	113(55.1%)
2. 특수목회	33(27.3%)	37(44.0%)	70(34.1%)
3. 보조역할	12(9.9%)	4(4.8%)	16(7.8%)
4. 기타	5(4.1%)	1(1.2%)	6(2.9%)
합 계	121(100%)	84(100%)	205(100%)

(무응답: 45명)

조사결과는 〈표 3〉에서 보는 바와 같이 '남성과 동등한 목회'를 주장하는 의견이 55.1%로 가장 높게 나타났지만, 남성과는 다른 '여성 고유의 특수목회'를 담당해야 한다는 의견도 34.1%로 상당한 비중을 차지하고 있다. 반면 '남성 사제의 보조역할'을 주장하는 견해는 7.8%에 불과한 것으로 나타난다. 조사에 따르면, 현직 사제들이 '여성 고유의 특수목회'를 좀 더 선호하는 한편, 평신도들은 비교적 '남성 사제와 동등한 역할'을 선호하는 것으로 나타난다. 연령별로는 연령이 적을수록 남성 사제와 '동등한 역할'을 주장하며, 학력의 경우 저학력일수록 '동등한 역할'을 주장하는 비율이 높고, 고학력일수록 '특수목회'를 주장하는 비율이 높게 나타나고 있다.

(3) 여성 성직자 배출의 시급성

여성 성직에 관한 마지막 질문은, 외국 성공회에 이미 많은 여성 성직자와 여성 주교들이 활동하고 있는 상황에서 대한성공회의 여성 성직자 배출을 서두를 필요가 있겠는가 하는 문제이다.

〈**설문**〉 교우께서는 외국 성공회에 많은 여성 성직자와 주교가 있고, 다른 교단에서도 여성 성직자가 있는데 한국성공회는 한 명도 없는 것에 대하여 어떻게 생각하십니까?

〈표 4〉 여성 성직자 배출의 시급성(단위: 명, %)

	여성 응답자	남성 응답자	합계(%)
1. 빨리 배출	61(43.0%)	52(56.5%)	113(48.3%)
2. 시기상조	52(36.6%)	24(26.1%)	76(32.5%)
3. 무관하다	20(14.1%)	15(16.3%)	35(15.0%)
4. 없어야 한다	9(6.3%)	1(1.1%)	10(4.3%)
합 계	142(100%)	92(100%)	234(100%)

(무응답: 16명)

결과는 '여성 성직자가 빨리 배출되어야 한다'는 견해가 48.3%로 가장 큰 비중을 차지하고 있지만, 2번 항목의 시기상조론도 상당한 비중으로 나타나고 있음을 볼 수 있다. 3번 항목의 방관적 자세도 15% 정도를 차지하고 있음도 지적되어야 할 것이다. 그럼에도 불구하고 응답자의 과반수 정도가 여성 성직자의 시급한 배출을 주장하고 있음이 중시되어야 할 것이다. 〈표 4〉의 응답 중 특이한 점은 남성 응답자들은 '여성 성직자의 시급한 배출'에 대해 좀 더 적극적인 반면, 여성 응답자들이 비교적 유보적인 태도를 갖고 있다는 것이다.

이 설문을 바탕으로 여성성직위원회에서는 다음과 같은 의견을 서울교구에 제출하였으며, 여성 성직 실현을 위한 기도문을 작성하여 각 교회에 배포하였다.

"여성 성직제도에 관련한 설문에서 대한성공회에서도 여성 사제가 배출되어야 한다는 것에 대해서는 이론의 여지가 거의 없지만, 여성 사제가 어떤 역할을 해야 할 것인가와 여성 사제가 얼마나 시급하게 배출되어야 할 것인가에 대해서는 보다 광범위한 의견의 수집과 검토가 필요하리라 생각된다. 그러나 여성 성직에 관한 본조사의 내용을 전체적으로 볼 때 의견 수집과 검토 작업이 여성 성직제도의 도입을 의도적으로 지연시키는 정당한 이유가 되지는 못할 것이라고 생각된다."[37]

초대 관구장 김성수 주교는 이 설문을 바탕으로 1993년 3월 20일 기자회견을 통해 여성 성직에 대한 의견을 표명하였다.

"여성 성직 문제를 전향적으로 검토하고 조속한 시일 내에 여성 사제가 서품될 수 있도록 노력할 것입니다. 이것은 이미 세계성공회는 물론 여성 주교까지도 수용하고 있으며 우리나라 여성들의 사회참여와 교회 안에서의 기여가 괄목할 만큼 성장하고 있기 때문입니다. 이것은 여성의 평등권을 인정한다기보다는 교회의 효율적인 선교를 위하여 모든 부분이 열려지고 참여의 폭이 넓어져 함께 나누어야 한다는 원칙에서 비롯됩니다. 남성만을 성직자로 고집하고 있는 다른 교파들과 혹시 일치에 저해가 될지 모르지만 저는 이것이 궁극적으로는 교회의 일치와 발전에 크게 기여할 것이라고 믿고 있습니다."

그러나 1994년 2월 4~5일에 있었던 제29차 서울교구의회에서「여

37) 서울교구 성직위원회,「성공회 여성의 교회 활동에 관한 설문조사 연구」(1993).

성성직 수용안」은 41:44로 부결되었다.

여성 성직 실현을 위한 기도 1

사랑이 크신 평등의 하느님,
하느님 안에서는
남자도 여자도 차별없이
쓰임받음을 믿습니다.

대한성공회를 사랑하시어
믿음으로 봉사하는 손길을 허락하시고
우리 여성들이
어머니의 넓은 품으로
세상의 아픔을 감쌀 수 있게 하셨습니다.
여성들이
교회와 세상의 어머니가 되게 하신 것은
대한성공회에 내리신 커다란 축복임을 믿습니다.

하느님,
우리에게 더 큰 축복을 허락하시어
여성 성직의 길을 허락하시고
이들이 하느님의 놀라운 능력을 증거하게 하소서.

이제 우리들의 하느님께서 주신 소명을
깨달아 알게 하시고
또한 일그러지고 불평등한 교회의 모습을
올곧게 만들도록 하소서.

새로운 삶을 향한 용기와 결단을 허락하시는
우리 주님 예수 그리스도의 이름으로 기도합니다.
아 멘.

5. 그녀의 자기 발견: 여성의 연대를 통한 자기 인식

1) 여성성서교실

젊은여성모임은 1989년부터 여성들을 위한 성서교실 '여성의 눈으로 본 성서'를 개최하여 성공회 내외의 여성들과 함께 성서를 여성의 눈으로 다시 읽는 작업을 하였다. 이를 기초로 여성부는 1993년부터 여성성서교실을 개설하여 성공회 여성들이 자기의 재발견과 자기 회복을 할 수 있는 기회를 제공하였다. 뿐만 아니라 여성 사제 안수와 여성의 교회 정책 참여활동 등을 통한 교회 여성의 위상 회복, 하느님의 구원사역과 변화하는 역사에 동참하는 교회의 새로운 모습을 창조하기 위해 교회의 숨겨진 여성 일꾼을 발굴하여 선교 역량을 확대하는 기회가 되기도 하였다. 즉, 여성성서교실은 여성 교육과 교회의 변화를 동시에 추구하는 기회와 실천의 장이었다.

여성의 눈으로 읽는 성서 포스터

1993년 2월에 시작된 여성성서교실 1기는 '여성의 눈으로 본 성서'를 운영해 왔던 젊은여성모임이 실무를 담당하였고, 서울교구 어머니연합회와 한국 GFS의 임원들을 중심으로 34명이 참석하였다. 여성성서교실 1기의 강좌는 ① 교회의 역사 이해, ② 교회에서의 여성의 역할, ③ 구약의 중심사상, ④ 예수와 그의 제자들, ⑤ 성공회 신학의 형성, ⑥ 영성과 교회 ⑦ 성서 속에 나타난 여성 지도력 등이었다. 1기 교육을 참석한 회원들은 여성의 역할이 봉사를 수행하는 데만 한정되어 있는 것이 아니고, 주체적이고 능동적으로 일을 찾아내고 만들어 감으로써 복음을 실천할 수 있다는 긍정적 자신감을 갖게 되었다고 하였다.

여성성서교실 2기는 1994년 4월 12일부터 6월 21일까지 열렸는데 ① 교회의 역사를 어떻게 이해할 것인가, ② 성공회 신학의 형성과정, ③ 신약성서 강해 I, II, ④ 환경과 교회 여성, ⑤ 여성신학 I, II, ⑥ 성공회의 법과 현실 등이 강의되었다.

한국 통일희년인 1995년에 열린 여성성서교실 3기는 기존 과정에 민영진 박사의 '희년정신'이 추가 개설되었고, 중급과정으로 최만자 교수의 구약강해와 최영실 교수의 신약강해를 개설하였다. 이어 1996년의 여성성서교실 4기에서는 선교교육원과 함께 자기개발과정(기본과정)과 은사개발과정(중급과정)을 개설하였다.

그러나 이러한 교육의 기회를 통해 수강자들이 성서와 교회에서의 여성 역할의 중요성을 인식할 수 있었는데도, 여성성서교실이 새로운 수강생을 모집하는 데에는 많은 어려움이 따랐다. 그것은 이러한 여성교육에 대한 일부 사제들과 교회의 강력한 반발 때문이었는데, 그들은 여성성서교실의 교육내용이 지식 위주로 영적 생명력이 결여되어 있으며 지나치게 진보적이라고 문제를 제기하였다. 또한 그들은 여성성서교실이 그동안 신학을 몰라도 교회에서 헌신과 봉사를 열심히 해왔던 여성들을 오히려 그러한 신학교육을 통해 교회에 반발하는 세력으로 만들고 있다고 주장하였으며, 그로 인해 여성성서교실의 수강자는 성공회 제도에 반발하는 사람이라는 이미지가 형성되었던 것이다.

그럼에도 불구하고 여성부는 여성성서교실을 계속 진행하였다. 이는 무엇보다 신학을 알고 올바르게 성서를 이해하는 것이 섬김과 돌봄이라는 예수님의 가르침을 진정으로 실천하는 길이라는 인식 때문이었으며, 다른 한편으로는, 여성성서교실이 성공회교단의 교육임에도 불구하고 교단 내 여성신학자의 부재로 인해 교육의 절반 이상이 다른 교단의 강사를 통해 이루어질 수밖에 없었다는 현실적인 문제 때문이었다. 즉 이러한 현실을 통해 여성부 모임들은 교단 내 여성 교육과 여성신학자의 육성이 얼마나 절실히 필요한 것인가를 새삼 절감했던 것이다.

2) 여성정책협의회

여성부는 여성성서교실과 더불어 여성정책협의회를 개최하였는데, 여성의 정책 결정 참여는 여성 사제 안수와 더불어 교회 여성의 위상을 확립하기 위해 시급한 과제였다. 그래서 1991년의 〈성공회 여성의 교회 활동에 관한 설문조사 연구〉에서도 다음과 같은 설문을 하였다.

〈설문〉 교우께서는 교구의회, 상임위원회, 교회위원회 등 교회 정책을 결정하는 곳에 여성이 참여하는 것에 대해 어떻게 생각하십니까?

〈표 5〉 교회 정책 결정에의 여성 참여 문제(단위: 명)

교회 정책에 여성 참여	여성 응답자	남성 응답자	합계(%)
1. 매우 찬성	68(46.6%)	33(35.1%)	101(42.1%)
2. 찬성	64(43.8%)	47(50.0%)	111(46.3%)
3. 보통이다	7(4.8%)	11(11.7%)	18(7.5%)
4. 약간 반대	5(3.4%)	3(3.2%)	8(3.3%)
5. 매우 반대	2(1.4%)	-	2(0.8%)
합 계	146(100%)	94(100%)	240(100%)

위의 결과에서, '매우 찬성'과 '찬성'에 응답한 비율이 전체의 90% 이상을 차지하고 있는 것을 볼 때, 교인 대다수가 여성의 적극적인 참여를 요구하고 있다고 평가할 수 있다. 3번 항목의 '보통이다'의 모호한 태도를 제외하면 이 문제에 관한 반대의견은 4.2%에 불과하다. 이를 바탕으로 하여 여성부는 1993년 10월 22일 제1차 여성정책협의회를 개최하고 '교회론적 입장에서 본 여성의 활동 및 과제', '성공회 여성의 현위치', '성공회 헌장 및 법규 관련 조항에 대한 이해', '복음화 10년과 여성선교정책을 위한 제언' 등에 대해 논의하였으며, 다음과 같은 과제가 제시되었다.

1. 여성의 전통적 시각을 변화시켜 줄 새로운 성서 읽기 작업이 필요하다.
2. 여성의 지도력을 키우기 위한 교육과 자금지원책 등의 제도적 뒷받침이 필요하다.
3. 교회에서 여 교역자의 지위 보장과 처우 향상이 필요하다.
4. 여성 사제를 조속한 시일 내에 탄생시켜 7할이나 되는 여신자들의 숨은

능력을 효율적으로 끌어내고 교육해야 한다.[38]

이를 실현하기 위한 제도적 장치로는, 각 교회 교회위원회에 당연직을 제외한 30% 이상의 여성위원 선출과 교회당 한 명 이상의 여성대표를 선출하여 교구의회에 파견할 것을 규정하는 교회법 조항을 교구의회에 안건으로 제안하기로 결의하였다. 그 후 1994년 10월 25일에 제2차 여성정책협의회를 개최하여 '여성의 영역에 대한 자리매김', '여성 성직의 전망', '여성선교정책을 위한 제언' 등을 발제 논의하였으며, 다음의 세 가지를 제안하였다.

첫째, 여성 교육을 위한 선교센터가 필요하다.
둘째, 여성 사제의 조속한 탄생을 위한 노력이 필요하다.
셋째, 여성의 교회 정책 참여를 위한 제도적 장치가 필요하다.[39]

사실 성공회 헌장법규에 여성위원의 금지조항이 없기 때문에, 당연직을 제외한 30% 이상의 여성위원 선출을 요구하는 제안은 합당한 안건이 아닐 수도 있었다. 그러나 현실적으로 볼 때 교회법으로 30% 이상의 여성위원 선출을 명시하지 않는 한, 전례가 없는 여성위원의 선출을 기대하기는 어려운 일이었다. 이에 따라 여성부 최양순 부장이 여성의 교회 정책 참여에 관한 의안을 1995년 2월 제30차 서울교구의회에 상정하였지만, 투표 결과 근소한 차이(41:44)로 부결되었다. 이것은 제29차 서울교구의회에 여성 성직 수용에 관한 안과 같은 표 차이에 의한 부

38) 1993년 10월 22일, 제1차 여성정책협의회 과제.
39) 1994년 10월 25일, 제2차 여성정책협의회 제안.

결이었다. 그러나 그 다음 해인 1995년 교회위원 선거에서는 몇 교회에서 사제들이 할당제를 제안하였고, 작은 숫자지만 여성위원이 선출되어 여성들의 정책 참여가 시작되었다.

이런 상황에서도 교회를 대표하는 여성 대의원이 한 명도 없는 상태에서 1995년 주교 선출을 맞이하게 되었다. 70%에 달하는 여성 교인이 존재하는데도 주교 선출에 한 표도 행사할 수 없는 것이 현실이었다. 그래서 여성부에서는 '서울교구 주교 선출에 대한 우리의 소망'이라는 선언문을 만들어 주교 선거전에 열린 선교정책협의회에서 낭독하고 배포하였다. 그 내용의 일부는 다음과 같다.

> "새 주교를 선출함에 있어서 단 한 사람의 여성대표도 선거권 및 피선거권을 행사할 수 없는 오늘, 성공회 여성들은 안타까운 마음을 금할 길이 없습니다. 성공회 여성들은 선교 100년이 넘도록 자신들의 목소리를 제대로 내지 못하였습니다. … 끝으로 다음번 주교 선출에는 여성들도 하느님의 형상대로 지음 받은 자녀로서, 그리고 당당한 성공회 교회의 일원으로서 선거권과 피선거권을 가질 수 있도록 열과 성을 다해 노력해 주실 주교님이 선출되기를 열망합니다. 우리는 이 일이 성취될 수 있도록 하느님 앞에 끊임없이 기도할 것이며, 어떠한 노력도 아끼지 않겠습니다. 하느님의 은총 안에 아름다운 열매를 맺는 놀라운 역사가 일어나기를 온 마음과 정성을 다하여 기도합니다."[40)]

이런 노력의 결과 투표권을 가진 대의원은 없지만 주교 선출 선거위

---

40) "서울교구 주교 선출에 대한 우리의 소망"(1995. 8. 15).

원 6명 중 3명(한명숙, 차순옥, 최양순)이 여성위원으로 선출되었다. 비록 선거위원은 새로운 변화를 가져오는 역할은 아니지만 여성들의 의식과 참여를 상징적으로 보여 주는 좋은 예가 되었다고 할 수 있다.

3) 성공회 여성사 편찬과 여성회관 건립

여성성서교실과 여성정책협의회를 통해 여성의 자기 발견의 중요성을 인식하기 시작한 성공회 여성들은, 자신들의 역사를 기억하고 회복하는 대한성공회 여성사를 편찬하기로 결의하였다. 1994년 6월 20일 제1회 여성사편찬위원회에서 최양순 부장은 여성사 편찬의 당위성을 다음과 같은 설명하였다.

> "저희들은 이 방면에 하나같이 경험이 없는 비전문가들이지만, 한국성공회 104년의 선교역사 속에서 여성 교인의 활동이 크게 뒷받침되어 온 것이 사실임에도 우리 교회의 표면적인 표현은 그 숨은 노력의 평가에 대하여 지극히 인색할 뿐 아니라 오히려 외면하고 있는 듯한 인상을 지울 수가 없습니다. 오늘날은 더욱더 여성의 활동이 교회 내외적으로 크게 부각되어 있음에도 불구하고 여성의 위상이 너무도 소홀히 취급되고 있는 교회적 풍토를 개선하고 지난날 여성들의 신앙적 표본을 찾아내어 온당한 평가를 받아야 한다고도 생각합니다. 특히 여성들의 참 신앙적 모습이 발굴되어 신앙적 모범으로 전승되어야 한다고 봅니다."[41]

몇 번의 준비모임을 통해 어머니연합회, GFS, 젊은여성모임, 성가수

41) "대한성공회 여성사 편찬 위원회 취지문"(1994. 6. 20).

녀회에서 추천된 위원들은 다음과 같다.

위원장: 홍만희(아가타)
실행위원: 문용녀(세실리아), 한명숙(율리아나), 이종희(데레사), 차순옥(마르다), 박영희(베로니카), 박명숙(막달레나), 박미현(도미니카), 오인숙(가타리나), 최양순(루시아)
대표집필: 박미현(도미니카) 전도사

그러나 대한성공회 여성사 편찬 작업은 시작하면서부터 어려움에 부딪치게 되었다. 무엇보다도 큰 어려움은 여성들의 활동에 비하여 기록이 지나칠 정도로 단순하게 남아 있거나, 그것조차도 1980년대 이후의 자료들이 대부분인 상황이었다. 그래서 여성사편찬위원들은 성공회 신문과 모닝컴[42]과 같은 방대한 기사에서 여성에 대한 기록을 찾았으며, 각 시대에 활동하였던 분들을 찾아 인터뷰를 해야만 했다. 그렇지만 인터뷰는 너무나 개인적이고 주관적인 이야기에 의존할 수밖에 없다는 문제점이 있었다. 그래서 인터뷰를 기초로, 그 당시의 신문과 쪽지, 메모 등을 참고하면서 관련된 다른 분들과의 인터뷰를 동시에 진행해야만 했다. 그 결과 대한성공회 여성사는 시작한 지 4년이라는 시간이 지난 뒤에야 완성될 수 있었다.

대한성공회 여성사편찬위원장이었던 홍만희는 1998년 출판된 대한성공회 여성사『대한성공회 여성들의 이야기: 여인아 네가 어디서 와서 어디로 가느냐』의 출판 기념회에서 "대한성공회 여성사를 출판하는 것

42) 영국선교사가 남긴 대한성공회 선교 기록.

은 바닷가에서 바늘을 찾는 것과 같았다"고 회상하였으며, 대표집필자인 박미현은 발간사를 통해 여성사 편찬 작업의 어려움을 다음과 같이 이야기하였다.

> "기독교 여성뿐만이 아니라 일반 여성들의 역사 서술에서의 가장 큰 약점은 많은 일을 하고도 그것을 기록으로 제대로 남기지 못하였다는 것입니다. 이것은 훈련과 교육의 부족이기도 하지만 교회와 여성 스스로도 여성이 하는 일에 대하여 아무런 역사적, 신학적 의미를 부여하지 않은 결과라고도 할 수 있습니다. 그러나 이제는 숨겨졌던 자취와 흔적들을 찾아 따라가면서 거기에서 배워야 할 것과 그래서는 안 될 것들을 찾아내야만 합니다. … 과거를 돌이켜본다는 것은 현재 우리의 삶을 통하여 다가오는 미래의 삶을 어떻게 살아갈 것인가를 준비하는 지표입니다. … 이 여성사가 쓰여졌다고 여성들의 이야기가 다 세상에 나온 것은 아니며 이 여성사가 완벽한 것도 아닙니다. 이 여성사는 다만 이제 성공회 여성들이 긴 침묵에서 깨어나 자신들의 언어로 소외되고 배제되어 온, 자신들이 경험한 하나님의 이야기를 말하기 시작하였다는 것을 의미하는 것입니다. 그러므로 이 여성사는 여성들의 이야기가 시작되었다는 출발점입니다."[43]

대한성공회 여성사와 함께 여성부의 사업으로서 여성의 자기 인식과 교육을 위한 장으로 계획되고 추진된 것이 '여성회관 건립'이었다. 여성회관은 그 건립취지문[44]에서 밝히고 있듯이 여성들의 재교육의 장이

---

43) 박미현, 『대한성공회 여성들의 이야기: 여인아 네가 어디서 와서 어디로 가느냐』(서울: 대한성공회출판부, 1998).

44) 대한성공회 여성회관건립위원회, "여성회관 건립 취지문"(1995. 10. 20).

며, 이를 통해 새로운 선교의 비전을 만들어 가는 곳이라고 할 수 있다.

"100년이 넘는 선교 역사와 우리의 문화 속에서 받은 교육과 훈련으로 인해, 스스로 여성임에도 불구하고 여성을 남성보다도 더욱 제한하는 여성들에게 선교적 역할을 할 수 있는 재교육의 장이 필요합니다. 여성들이 만들 수 있는 여러 가지 실제적 프로그램을 통하여 선교의 영역을 넓혀야 합니다. … 여성회관 건립은 선교 2세기에 보다 활발히 펼쳐져 나갈 여성들의 선교활동의 구심체가 될 것입니다. 그러나 이 일은 여성들만의 일이 아니고 대한성공회 전체의 일입니다. 우리 교회의 성장과 발전을 기도하며 시작된 일이니 성공회 교인 전체가 한마음이 되어 진행하여야 할 것입니다. 우리의 기도가 끊이지 않는 집, 누구나 주님의 살아 움직이는 도구로 쓰임 받을 수 있도록 교육 받을 수 있는 집, 우리 실제 삶 속에 주님의 복음이 누룩처럼 번지게 할 선교교육과 실천이 이루어지는 집을 마련함으로 바빌론으로 흩어졌던 이스라엘 민족들이 예루살렘에 모여 성전의 기초를 놓고 목 놓아 울던 그 감격을 우리의 것으로 만들어 봅시다."

이와 같이 여성부를 중심으로 한 여성들의 다양한 활동을 통해 여성성직에 대한 성공회 내의 전반적인 인식에 고조되었으며, 1997년 10월 27일 관구의회에서 당시 여성성직위원회 위원장이셨던 김진만 교수는 주제강연을 통해 "21세기를 바라보는 현 시점에서 여성 인력의 개발은 시급한 과제"임을 강조하였고, 이 과제는 선교결의문에도 채택되었다.

"여성의 지도력 개혁과 성직에의 참여를 위해 이제 우리 대한성공회의 적극적인 검토와 결단이 필요합니다."[45)]

다음해인 1998년 전국의회에서는 "여성 사제직은 시급히 요청되는 시대의 과제이다. 이를 제도화하기 위한 구체적이고 명확한 방안을 마련한다"고 결의하였다. 1999년 성소주일에는 여성 성직 실현을 위한 1천 명 서명운동을 실시하였고, 1,300여 명의 서명을 받았다. 이 서명은 1999년 전국의회의 안건으로 여성 성직 안수를 상정할 수 있는 기본 자료가 되었으며, 이 의회에서 여성 성직 안수가 결의되었다. 그리고 마침내 2001년 민병옥 사제를 시작으로 현재 17명의 여성 사제가 안수를 받았다. 여성 사제 안수의 역사는 다음과 같다.

1979년	민병옥(카타리나) 전도사, 대전교구 충주교회에서 부산교구 전도사 및 어머니연합회 간사 발령
1989년	유명희(테레사) 사목신학연구원졸업. 4월 유명희(테레사) 전도사, 대전교구 성직후보자로 부제성직고시: 첫 번째 여성 응시, 결과 판정보류
1994년	박미현(도미니카) 전도사, 대전교구 성직후보자로 부제성직고시 응시, 첫 번째 여성 합격 판정
1997년	유명희(테레사) 전도사, 부제성직고시 합격인정 통보받음
1998년	이정운(페트라) 전도사, 대전교구 부제서품: 첫 번째 여성 부제 안수
2001년	민병옥(카타리나) 전도사, 부산교구 사제서품: 첫 번째 여성 사제 안수
2002년	박미현(도미니카) 부제, 부산교구 사제서품

45) "1997년 대한성공회 관구의회 선교결의문"(1997. 10).

2003년 심미경(아가타) 부제, 부산교구 사제서품

2004년 5월 김기리(미리암) 부제, 김진현(애다) 부제, 서울교구 사제서품. 6월 유명희(테레사) 부제, 부산교구 사제서품. 11월 이정운(페트라) 부제, 대전교구 사제서품

2005년 민숙희(마가렛) 부제, 윤세나(볼리나) 부제, 서울교구 사제서품

2007년 오인숙(카타리나) 수녀, 서울교구 사제서품

2009년 김선희(에스더) 부제, 이양란(엘리사벳) 수녀 서울교구 사제서품

2010년 함윤숙(클라라) 부제, 서울교구 사제서품

2010년 이쁜이(에스더) 부제, 대전교구 사제서품

2011년 김희영(드보라) 부제, 신은정(카타리나) 부제, 대전교구 사제서품

2012년 주채원(안나) 부제, 서울교구 사제서품

이와 같은 진행과정에서 알 수 있듯이 여성 성직 안수는 여성 성직자들만의 노력으로, 여성들만의 염원으로 이룩된 역사가 아니다. 여성 성직 안수는 대한성공회 대다수의 교인들의 기도와 참여로 만들어진 새로운 역사 창조이며, 새로운 선교의 비전이라고 할 수 있다.

6. 신부(神父)라고 불리는 그녀의 현실과 전망

여성 사제 안수가 실현되고 10년, 모든 것이 다 이루어졌다고 생각

2011 여성 사제 안수 10주년 기념 예배

하는 사람들이 많다. 그러나 여성 사제들은 알고 있다. 이제 출발점에서 한 발자국을 내딛었을 뿐이라고 것을.

남성만이 사제가 될 수 있었던 긴 역사와 전통은 사제의 기본 활동 중의 기본이라고 할 수 있는 예배에서도 '사제는 남성'이라는 것이 전제되어 있다. 남성 옥타브의 예전음악으로부터 시작하여, 예복, 사제들의 평상복이라고 할 수 있는 앵글리칸 셔츠 등등, 모든 것이 사제는 남성이라는 전제로 만들어져 있다. 그뿐만 아니라 일상적으로 불리는 호칭조차도 '박 신부(神父)', '김 신부(神父)' 등과 같이 '사제는 당연히 남성'이라는 것을 전제로 한다. 이런 현실을 극복하려면 다음과 같은 문제를 우선적으로 연구 실천하여야 할 것이다.

첫째, 호칭 문제이다. 성공회의 성직제도는 '삼성직'으로 주교, 사제,

부제로 나뉘어 있다. 그러나 사제의 경우, 유독 고교회 전통을 가지고 있던 선교사들의 영향으로 신부로도 불리고 있으며, 그것이 마치 성공회 전통처럼 인식되어 왔다. 그러나 사제도 성공회 직제전통에 따라 '사제'로 호칭할 것을 제안한다. 그리고 호칭뿐만이 아니라 성직과 성직자의 역할에 대해서도 좀 더 폭넓고 심도 있는 신학적 · 목회적 논의와 연구를 통해 새로운 시대에 부응할 수 있는 성직자상과 역할을 모색해야만 할 것이다. 이런 연구의 한 예로, 이정운 사제는 2011년 대한성공회 여성선교정책 토론회에서 사제의 새로운 지도력으로 "공감적 지도력, 돌봄과 치유의 지도력, 자기 성찰적 지도력(영적 지도력)"을 제안하고 있다. 이와 같은 연구와 논의를 통해 호칭뿐만이 아니라 성직자의 역할도 새롭게 정립될 것을 기대한다.

둘째, 남성 사제 중심의 예전이다. 앞에서도 지적했듯이 '사제는 남성이다'라는 전제하에 만들어진 예전은 예식문을 기본으로 하여 예전음악, 예복, 예식도구 등등이 남성 사제 중심으로 이루어져 있다. 이런 현실을 극복하기 위해서 여성 사제들을 중심으로 하여 사제 중심의 예배가 아니라 공동체가 함께 드리는 예배, 자연 친화적인 예배 등과 같은 다양한 예배의 시도와 함께 예복 디자인도 제안되고 있다. 하지만 이런 예배들은 특별한 경우에 드리는 일회적인 예배로 인식되는 경향이 강하다고 할 수 있다. 그러므로 더욱더 다양한 예전 연구와 실천을 통해 새로운 예전의 가능성을 모색하여야만 할 것이다.

셋째, 교회제도의 문제이다. 여성 안수가 실현된 지 10년. 전체적으로 사제가 부족한 부산교구에서는 여성 사제도 일반 교회 목회를 하고 있지만, 그렇지 않은 서울교구의 경우는 일반 교회 목회보다는 사회선교나 기관 목회에 여성 사제를 파견하는 경향이 많다. 물론 사제의 파견은 교구의 전반적인 운영과 주교의 판단에 따른 것이지만, 유독 여성 사제들에게만 일반 교회 목회 기회가 거의 부여되지 않는 것은 불합리하다고 할 수 있다. 그뿐만 아니라 아직도 대한성공회에서는 여성 사제의 출산과 육아에 대한 공식적인 규정이 존재하지 않기 때문에, 여성 사제들은 출산과 육아 이후 목회 복귀에 어려움을 겪고 있다.

이런 현실을 볼 때, 여성 사제 안수가 실현되었는데도 교회 여성의 위상을 회복하기 위한 길은 아직도 멀다고 할 수 있다. 따라서 이제까지 대한성공회 여성들의 자기 발견과 새로운 인식 전환의 계기가 되었던 여성성서교실과 여성정책협의회, 여성선교대회와 같은 다양한 활동들은 계속되어야 할 것이며, 이런 다양한 활동을 통해 여성 사제와 여성 목회뿐만이 아니라 교회 여성이, 모든 교회가 새롭게 재창조될 것을 기대한다. 그리고 이를 위해 여성들이 바로! 지금! 이야기를 하고 있다.

그녀가 온다.
왜곡당하고
잊혀지고
부정당하던 그녀가 온다.

왜곡당하던 그녀가 와서 이야기한다.
여성도 하느님의 형상대로 창조된 인간임을
잊혀진 그녀가 와서 이야기한다.
여성도 예수 그리스도의 인성을 부여받았음을
부정당하던 그녀가 와서 이야기한다.
여성이야말로 예수의 참된 제자로 부름받았음을

그녀들은 이야기한다.
그녀의 창조와 생명의 기억을
그녀의 구원과 사랑의 역사를
그녀의 나눔과 섬김의 제자됨을

그녀들의 이야기에는 힘이 있어
새로운 역사가 그녀들의 이야기와 함께 창조되고 있다.

젠더 관점에서 본 한국의 무(巫)

— 내림굿과 마을굿을 중심으로

차 옥 숭*

1. 들어가는 말

19세기 이후 유럽 중심의 배타적이고 오도된 역사의식은 제국주의의 확산과 함께 서양문명과 그리스도교 신앙의 우월성을 부각시키면서, 비서양권의 이질적 문화들을 파괴하고 유럽문화에 동화시키는 것이 인류 이성의 보편적 실현이라는 제국주의적 지배 담론을 사람들에게 강요하였다.

그런가 하면 지난 150여 년간의 동아시아 역사공간에서의 동서 문명 대립은, 서양문명의 척도에 의한 동양문명의 일관된 자기부정의 역사였다고 해도 과언이 아니다. 근대화는 전통문화의 부정을 통한 자기 변신의 과정이며, 바로 서구화를 의미한다는 등식이 대부분의 진보적 지식인들에게 의미 있는 역사, 사회발전의 지표로서 통용되었다.[1)]

무(巫)는 이 땅에 뿌리박은 그 오랜 역사만큼이나 한국인의 종교 심

* 전 이화여자대학교 인문과학원 HK 연구교수.

1) 송영배, 『동서 철학의 교섭과 동서양 사유 방식의 차이』(논형, 2005), 212.

성을 잘 간직하고 표현한다. 그러나 그리스도교의 전래와 동시에 조선에 들어온 유럽이나 미국의 선교사들이 비하했던 무(巫)는, 한국의 근대화 과정에서 그 무엇보다 일찍부터 문화적 · 종교적 타파의 대상이 되었다.[2)] 또한 그 결과로써 고유한 전통문화와 종교로서의 무에 대한 연구 역시 불균형적인 시각에서 이루어져 왔다.

흔히들 무(巫)를 여성 종교라고 한다. 다른 종교들과 다르게 사제라 할 수 있는 여성 무당의 수가 박수무당의 수보다 압도적으로 많다거나, 굿장 어느 곳을 가든 여성들이 대부분이기 때문만은 아닐 것이다. 여기에는 암묵적으로 특정한 가부장적 통념이 담겨 있을 것이라고 생각한다. 그것은 여성을 자연에 속박된 존재로 규정하는 개념이다.

그러나 사실 인간이 생물학적 존재인 한, 자연의 제약에 속박되어 있기는 남성이나 여성이나 마찬가지이다. 그러나 가부장적 사회에서 남성은 자연의 속박에 구애받지 않는다고 여겨지는 반면, 유독 여성만은 자연의 굴레에 갇혀 있다고 여겨진다.[3)] 문명을 남성과 자연을 여성과 결부하는 것은 가부장제의 주된 전략으로, 여기서 자연과 여성은 서로의

---

2) 박노자는 오늘날 한국에서 개인의 독립성과 소수자 집단의 인권을 보장하는 탈근대형 다원주의적 시민 사회로 나아가는 데 발생하는 여러 가지 문제점들의 맥을 근대적 사회 의식의 근저가 된 개화기의 국민 담론에 대한 분석을 통해서 짚어 보고 있다. 동 · 서양, 주변부와 중심부 국가들이 배제와 억압의 메커니즘을 통해서 국민의 결속을 강화했던 경로나 형태 등은 시기와 상황에 따라 다양하게 나타난다. 그러나 한반도의 경우 외부적 타자보다 내부의 타자 배척에 중점을 두는 것이 특징이며, 조선의 초기 내셔널리스트들에게 개화 담론에서의 내적 배제의 대상(단결을 방해 하는 타자)은 개화에 방해가 된다고 생각되는 무당, 풍수지리사, 탁발승, 동학군 등이었다고 본다. 이러한 배제와 억압의 메커니즘은 대상은 변하지만 오늘날에도 이어오고 있다고 말한다. 박노자, 「개화기의 국민 담론과 그 속의 타자들」, 이화여대 한국문화연구원, 『근대계몽기 지식 개념의 수용과 그 변용』(소명출판, 2004), 223-256.

3) 시몬느 드 보봐르, 조홍식 역, 『제2의 성』(을유문화사, 1993), 12-13.

은유이자 상호 대체 가능한 것으로 동일화된다. 이 동일화에 따라 여성과 자연은 문명의 주체인 남성에 대한 객체로, 남성-문명에 의해 지배되고 정복되어야 할 대상으로 타자화된다. 그 결과 여성은 자연의 굴레에 속박된 본질적 한계를 지닌 존재가 되고, 여성의 열등성과 남성의 우월성은 확고부동한 사실이 되는 것이다.[4] 여기에 문명화되지 않은 무와 여성이라는 내용이 함축되어 있다. 나는 이 글에서 젠더에 관한 문제의식을 무(巫) 연구의 주요 관점으로 도입함으로써, 무와 여성의 관계를 다음과 같이 조명하고자 한다.

첫째, 내림굿과 무당들의 경험을 살펴보고 오랜 세월 억압과 멸시 속에서 철저하게 타자화되었던 무당들이 지향하는 역할이 무엇인지 고찰해 보고자 한다.

둘째, 마을굿의 의미를 분석하고 남성 위주의 사회에서 통치계급의 금법에 저촉되어 추방되었던 여성의 놀이정신이 무에서 어떻게 발현되고 있는지 살펴보고자 한다.

셋째, 무에서 구연되는 서사 무가의 주를 이루는 여성 신화 텍스트에 숨겨진 가부장적인 이데올로기를 폭로하고 신화 속에서 여성이 어떻게 긍정 또는 부정되는지를 읽어내려고 한다.

끝으로 이러한 분석을 통해 수동적 객체로 억압을 받기도 하면서, 동시에 다른 한편으로는 능동적 주체로 역할을 하기도 한 여성들의 삶을 이해하며, 나아가 여성과 남성을 아우르는 문화 전반의 특성을 이해하고자 한다.

---

4) 차옥숭 · 김선자 · 박규태 · 김윤성, 『동아시아 여신 신화와 여성 정체성』(이화여자대학교 출판부, 2010), 24-25.

2. 굿을 통해서 본 여성 해방성 - 내림굿과 마을굿, 여신 신화를 중심으로

굿은 오랜 세월 동안 우리 민족의 일상적인 삶 속에 용해되어 면면히 이어져 왔다. 사람들은 태어나서 죽을 때까지 삶의 마디마디에서 맺힌 것을 굿을 통해 풀어냄으로써 조화와 평온을 되찾고자 했다. 거기에는 힘없는 사람들의 아픔과 슬픔이, 보이지 않는 것들에 대한 외경심이, 끈질기게 삶을 이어 온 생명력이 담겨 있다. 여기서 한 가지, 아래 분석한 굿들은 필자가 현장에서 직접 보고 채록한 내용과 그 밖의 자료들을 참고하였다. 먼저 내림굿과 무당의 경험을 통해, 내림굿을 받고 살아가는 무당들이 자신의 역할을 무엇이라고 생각하고 주변 사람들과의 관계를 어떻게 풀어 가는지 살펴보도록 하겠다. 그 다음에는 남성 위주의 사회에서 통치계급의 금법에 저촉되어 추방되었던 여성의 놀이정신이 규제의 틈새에서 마을굿을 통해 어떻게 발현되고 있는지 살펴보고, 서사무가에 나오는 여신들의 분석을 통해 가부장적 사회에서 신화 속의 여성성이 여성들의 삶에 어떻게 작동을 하는지 분석해 보겠다.

1) 내림굿을 통해서 살펴본 무당의 역할과 무당의 경험

'내림굿'이란 입무제(入巫祭)이다. 내림굿은 일종의 통과의례로서, 지금까지 살아온 삶의 양태와 전혀 다른 새로운 삶의 양태로 전환되는 분기점에서 드려지는 제의이다. 대부분의 강신무들은 성별이나 신분에 관계없이 신병(神病)이라고 하는 원인모를 병을 앓는다. 여러 가지 방법으로 치료를 시도해 보지만, 그 병은 결국 내림굿을 통해서만 치료가 가능하다. 김열규는 무당들의 성무(成巫) 과정을, 입무자들이 겪어야 했던 생의 상처를 집약적으로 극화하고 있으며 상처받은 아픔이 신행의 소명(召命)이나 빙의(憑依)를 통해 전형화되는 것이라고 주장한다.[5] 평범한 사람이 내림굿을 통해서 무당이라는 사회적 공인이 되고, 특수한 직업인으로서 삶의 질적인 전환이 가능해지는 것이다.

무당은 강신(降神)의 전문가라는 것 외에는 다른 종교의 사제들과 똑같다. 그럼에도 불구하고 그들은 오랜 세월 동안 억압과 천대 속에서 외롭게 지내 왔다. 따라서 우리가 편협하고 왜곡된 선입견을 벗어나 있는 그대로 볼 수 있을 때만이 무당에 대해 균형 잡힌 시각에서의 평가가 가능할 것이다. 그러므로 필자는 이러한 시각에서 내림굿에서 무당의 역할이 무엇인지를 잘 보여 주는 몇 가지 내용과 무당의 경험을 분석하여, 무당의 역할과 무당들이 지향하는 길이 무엇인지를 고찰해 보고자 한다.

(1) 무당의 역할: 사제, 예언자, 치병자(治病者), 화해자(和解者)

내림굿을 통해 입무자에게 신이 내리고 나면, 굿을 해준 무당은 자신이 몰래 숨겨둔 무구(巫具)인 방울과 부채를 입무자가 찾도록 하여 그의 신기(神氣)를 시험한다. 무구는 신과 인간을 연결시켜 주는 매개물이며 무업(巫業)을 하는 데 가장 중요한 성물이다. 입무자가 찾아낸 무구를 신어머니로부터 받음으로써 새로운 무당으로 다시 태어나는 것이다. 따라서 내림굿에서 신어머니는 방울과 부채를 신딸에게 던져 주기 전에 무당의 길이 얼마나 힘들고 외로운 길인가를, 그리고 무당이 지녀야 하

---

5) 김열규, 「한국 여성의 전통적 종교 심성의 원형」, 『한국 여성의 전통상』, 대우학술총서, (민음사, 1985), 118.

는 마음가짐을 무가를 통해서 전해 준다.

> 외기러 가세 불리러 가세 검으나 땅에 희나 백성 / 굽어 보살펴 잘 도와줄 제 / 정한 마음으로 원수가 있거든 / 내리 사랑하고 잘 도와주어라 / … 건너다 지치면 / 힘을 내고 용기를 얻어라 / 모든 시련과 싸워 이기고 극복하여라 / 멀리 보고 힘을 갖고 결심하여라 / 네가 가고 있는 길을 잊지 말고 / 명심하여야 한다 / 높이 보고 가거라 / 깊이 생각하며 가야 하느니라 / … 지치면 넘어간다 / 넘어가면 일어나거라 / … 수없이 넘어지고 수없이 일어나거라 / 넘어지고 넘어지다 보면 / 네가 설 곳이 있느니라 / 이리 오너라 가까이 오너라 / 이만치 오너라 / 잘 받아라 잘 받아야 한다.[6)]

위에 소개한 것은 오랫동안 황해도 지역에서 전해 내려오는 무가다. 이것의 내용은 무당의 길이 얼마나 힘들고 어려운가를 잘 보여 주고 있다. 또한 무당으로서의 삶이 아무리 힘들어도 굳게 서서 옳은 길로, 바른 길로, 선한 길로, 착한 마음으로 모든 역경을 이기고 나아가야 할 뿐만 아니라 모든 백성을 잘 보살펴야 하는 길이 바로 무당의 역할임을 강조하고 있다.

또 하나, 위의 내용에서 주목하고 싶은 것은 "정한 마음으로 원수가 있거든 내리 사랑하고 잘 도와주어라"는 내용이다. 입무 과정을 통해서 무당은 지금까지의 삶이 전혀 새로운 삶으로 전환된다. 새로운 삶을 시작하는 입무자에게 신어머니는 무당이 되기 전에 원수가 된 사람이 있더라도 바른 마음으로 용서하고 사랑하며 도와주어야 한다고 가르치고

---

6) 차옥숭, 『한국인의 종교경험: 巫敎』(서광사, 1997), 29-30.

있다.

신어머니가 신딸의 머리를 올려주면서 내리는 공수의 내용 속에서도 무당의 역할과 기능은 잘 나타난다. 신어머니는 신딸의 머리를 풀어 다시 올려주면서, 청수(淸水)를 소나무 가지로 축여 머리에 뿌리며[7] 다음과 같이 말한다.

> "천상 옥황상제님, 천지신명 다 맑은 물에 내려주시니 마음이 편하고 욕심을 갖지 말지어다. 한없이 맑은 마음을 가지고, 없는 사람을 도와주고 마음의 부정을 풀어내야 한다. 길 모르는 사람 길 가르쳐 주고, 불쌍한 사람 도와주고, 외로운 사람 벗이 되고, 배고픈 사람 배 불려 주고, 병든 사람 고쳐 주고⋯."[8]

위의 내용을 보면, 우선 무당은 욕심을 갖지 않고 없는 사람 불쌍한 사람을 도와주며, 병든 사람을 고쳐 주거나 길 모르는 사람에게는 길을 가르쳐 주는, 또한 외로운 사람에게 벗이 되어 주고 배고픈 사람의 배를 불려 주는 역할을 하는 사람이다. 이러한 내용을 근거로 하면 무당은 일반 종교에서 말하는 사제로서의 역할이나 예언자로서의 역할은 물론이고, 치병자와 화해자로서의 역할까지도 감당하고 있는 것이다.

이상의 글에서 황해도 지역에서 전해 내려오는 무가나 공수 내용을 통해 무당의 역할을 살펴보았다면, 새로 태어날 무당의 앞날의 능력을 점쳐 보는 녹타기를 통해서도 무당의 기능이 무엇인지를 살펴볼 수 있다.

내림굿을 할 때 굿당 왼쪽 구석에 있는 녹타기 상 위에는 뚜껑을 덮

---

7) 부정한 것을 깨끗이 씻고 새롭게 태어나는 것을 상징한다.

8) 차옥숭, 위의 책, 31.

은 주발 일곱 개가 놓여 있는데, 그 주발 속에는 각각 청수 · 쌀 · 잿물 · 돈 · 흰콩 · 여물 · 뜨물이 들어 있다. 맑은 물은 모든 생명의 근원이면서 항시 뒤가 맑다는 뜻이고, 재는 부정을 씻어내며 동서남북에 재 불리듯 이름이 나겠다는 뜻이며, 쌀은 만백성을 먹여 살릴 수 있는 녹으로서 여러 사람을 고치고 잘 보살피는 무당이 된다는 뜻이고, 뜨물은 마음의 부정을 다 씻어 내린다는 뜻이다. 콩과 여물은 가축을 먹여 살릴 수 있는 녹으로서 소가 건강하게 되어 부자가 된다는 의미이다. 새로 태어난 무당이 청수녹을 먼저 타면 신어머니를 비롯한 선배 무당들이 좋아하고, 돈이 담긴 주발을 먼저 열면 욕심이 많다고 해서 별로 좋아하지 않는다. 여기에서도 앞서의 무가나 공수 내용처럼, 신령님들의 힘을 빌려 만백성을 먹여 살리고, 병도 고치며, 마음의 상처도 치유하는 것이 무당의 역할임을 강조하고 있음을 볼 수 있다.

지금까지 내림굿 중 몇 가지 의례를 통해서 무당의 역할과 기능을 살펴보았다. 그러면 다음에는 무당이 직접 내림굿을 받을 때의 경험과 그 이후의 경험사례를 통해서 무당의 마음가짐과 역할을 살펴보도록 하겠다.

(2) 무당들의 경험

사례 1: 김금화9)

"외할머니를 신어머니로 모시고 내림굿을 받았다. 내림굿을 받는 중에 나는 구석에서 울고 있는 어머니를 보았다. 가난하고 불쌍한 우리 식구들….

9) 김금화는 1985년 서해안 배연신굿 및 대동굿으로 중요무형문화재 제82호로 지정되었다.

나는 일찍이 남편을 떠나보내고 외로웠을 어머니와 한 번도 배불리 먹어 보지 못하고 부황난 얼굴로 일을 하던 동생들이 불쌍해서 서럽게 울었다. 제석굿에서 외할머니는 내 손을 꼭 쥐고서 나에게 정성들여 공수를 주었다. … 외할머니는 공수를 채 끝내지 못하고 나에게 기대어 하염없이 눈물을 흘렸다. 나는 그동안 무섭게만 느껴졌던 할머니의 몸이 너무 작고 가볍게 느껴져서 눈물이 쏟아졌다. 사람이 사람을 사랑하고, 맺혔던 마음을 풀어 서로를 감싸 안는다는 것이 따뜻하고 좋은 것이라는 사실을 느끼면서 나를 무당이 되게 해주신, 외할머니의 신딸이 되게 해주신 신령님께 깊이 깊이 감사를 드렸다. 나는 그동안 살아오면서 가슴 속에 묻어 두었던 설움과 한을 다 풀어 헤쳤다. 설움과 배고픔과 아픔과 원망이 뜨거운 눈물을 타고 녹아내렸다. 그동안 나를 내치고 미워하던 외할머니도, 동네 사람들도, 친구들도 모두 한식구가 된 것 같았다. … 나는 족집게처럼 잘 맞추는 무당이라는 소리를 듣는 것에 미련이 없다. 사람이 잘 살도록 돕는 무당이고 싶다. 허황된 믿음을 갖는 것보다 현실에 단단한 뿌리를 내리며 살도록 이끌어 주고 싶다. 무당은 세상의 갈라진 것을 모으고, 찢어진 것을 아물게 하며, 뜯어진 것을 꿰매는 사람이라 믿으며 살고 있다. … 내가 가진 것을 남들과 나눌 때, 예를 들면 무의탁 노인들에게 무공해 음식으로 따뜻한 밥 한끼라도 대접하고 나면 너무나 기뻐서 그렇게 할 수 있도록 도와준 신령님께 아무 허공에나 대고 합장하면서 감사를 드린다. 남과 나눌 때의 기쁨은 천금과도 바꿀 수 없는 기쁨이지.[10)]"

10) 차옥숭, 앞의 책(1997), 33-39 참조.

사례 2: 김경란[11)]

"나는 많이 배우고 못 배우고를 떠나서 존재에 대한 관심이 많아요. 어려서부터 '내가 왜 여기에 왔고, 또 어디로 가는 것인지' 늘 궁금했어요. 일본에 징용으로 끌려간 한국인들이 태평양 전쟁 말기에 천황이 피할 수 있는 터널을 파다가 상당히 많은 희생을 당했다고 해요. '고향에 가고 싶다'는 등, 지금도 그 동굴에 남아 있는 그들의 낙서가 한 맺힌 절규를 대변해 주고 있죠. 내가 그곳에서 진혼굿을 했어요. 동굴에 들어서자 눈물이 흘러내리며 나도 모르는 말이 저절로 튀어나왔어요. 나는 그것이 내 무의식 속에 들어와 있는 그 사람들과 관련된 것들이라고 생각해요. 정말 죽은 사람이 오더라구요. … 나중에 나는 원혼들이 제 입을 통해 자기의 신상명세를 밝힌 것이 사실인지 조사를 해보고 싶었어요. 그런 말들이 내 입을 통해 나오는 순간에 나는 무의식의 상태에 들어갔던가 봐요. 춤을 출 때도 이와 비슷한 경험을 하거든요. 말하자면 무아지경 상태에서 나 자신과 외부 세계가 완전히 하나가 되는 것을 강하게 느끼는데, 굿도 마찬가지예요. 이는 경험적인 것은 다 잊어버리고 마음의 어떤 구분도 없는 순수한 의식에서 가능한 것이 아닌가 싶어요. … 나는 여러 사람들을 만나 그들의 고민을 들어야 하는 경우가 많아요. 나는 선입견 없이 사람을 대하려고 하죠. 그 사람이 어떤 환경에서 태어나 어떤 삶을 살아가든 누구나 다 자기의 인생은 소중하잖아요. 자기를 비우는 것이 쉬운 사람이 있는가 하면 어려운 사람도 있고, 또 무조건 채우려는 사람도 있어요. 옛날에는 전자가 좋아 보였는데, 이제는 양쪽 다 필요하다고 느껴요. 어차피 사람은 더불어 살아가게 마련인데, 한 사람 한 사람 고유하고 소중한 존재라는 것을 깊이 이해하고 살아

---

11) 김경란은 서울대 미대 조소과를 졸업하였으며 신병을 앓고 김금화를 신어머니로 내림굿을 받았다.

갔으면 좋겠어요. 사람들은 내면적 욕구가 불투명하거나 사회 또는 외부의 요구와 자신의 욕구가 맞아떨어지지 않을 때 갈등하면서 나를 찾아오지요. 이럴 때 이야기를 나누다 보면 서로 배울 점이 많아요. 나는 사람들을 순수한 마음으로 대하면서 이러이러한 흐름으로 살아가야 할 것 같다는 충고를 해주죠. 쉽게 말해 주로 사회화된 욕망을 자제할 수 있는 방향으로 이끌어 주려고 해요. 나는 사람에 대한 애정이 많은 편이죠. 웃지 못 할 어처구니없는 사례도 많지만, 그들과 상담을 하는 동안 그들뿐만 아니라 나 자신까지 내면적인 치유가 되는가 봐요. 상담자와 서로 동화되어 울고 웃다 보면 허심탄회하게 이야기를 나누게 돼요. 아무튼 한 사람 한 사람 존중하면서 연민을 가지고 문제를 풀려 노력하다 보면 살아 있다는 사실 그 자체, 삶에 대해 긍정적이 되곤 해요.[12]"

김금화는 내림굿을 받으면서 그동안 맺혔던 서러움을 다 풀어내고 해방감을 느꼈으며, 또한 가족들과는 상관없이 존재하는 것처럼 보였던 이웃들의 의미를 새롭게 깨닫는다. 그런 깨달음을 통해 의식의 지평이 넓혀지고, 단절되어 있던 가족과 이웃 간의 관계가 서로 용서하고 사랑하는 관계로 회복되고 하나가 된다.

두 사람 모두 인간과 생명에 대해 긍정적이며 깊은 애정을 보인다. 그들을 찾아오는 사람들을 선입견 없이 받아들이고 함께 울고 웃고 하면서 그들로 하여금 현실 속에서 긍정적인 삶을 살아갈 수 있도록 돕고 싶어하는 것을 볼 수 있다. 또한 김경란은 상담을 하는 동안 자신을 찾아온 사람들뿐만 아니라 자신 스스로도 치유되는 것을 느끼게 된다.

12) 차옥숭, 앞의 책(1997), 48-63 참조.

2) 굿에서 살펴본 여성의 놀이 정신 - 마을굿을 중심으로

마을공동체의 안녕과 풍요를 기원하는 마을굿은 마을공동체의 맺힘을 풀어내어 조화를 회복하고 협동을 다짐하는 마을의 축제이다. 마을굿은 단조롭고 지루한 일상생활에 활력을 불어넣고 공동체의 성원을 하나로 묶어 주는 역할을 한다. 땀 흘려 일하는 사람들의 축제에는 신과 인간, 인간과 인간이 하나가 되어 어우러지는 흥과 멋과 신명이 있다. 한국인들에게는 밝고 따뜻한 삶에 대한 갈구가 크다. 따라서 그것을 바라는 마음이 간절한 만큼 그들의 좌절과 상처도 컸을 것이며, 삶의 어두운 그늘도 깊었을 것이다. 한국인의 삶의 특징은 한과 신명의 어울림에 있다. 그들의 삶에는 사무치는 한의 아픔과 장쾌한 활력, 구슬픈 애조와 흥겨운 가락이 공존한다. 이러한 삶의 특징은 오랜 시련과 고난의 역사 속에서도 주어진 삶에 충실했기 때문에 생겨난 것이다. 한민족에게 한의 아픔과 신명의 활력이 어울려 있는 것은 삶의 본질에 가까운 것이며,[13] 이러한 어울림이 잘 나타나 있는 것이 바로 굿이다.

필자는 여러 곳을 다니면서 마을굿을 관람했다. 주름살이 쭈글쭈글한 할머니가 굿이 진행되는 마당 한가운데서 덩실덩실 춤을 추던 모습, 가지고 온 음식을 정답게 서로 나누던 동네사람들, 이것저것 가지고 와서 마을 어른들에게 대접하던 젊은이들의 모습(후포에서), 남녀노소가 한데 어우러져 공동체가 신명에 빠진 놀이판, 굿장에 모여든 할머니들의 주름진 얼굴에 번져 가던 해맑은 모습(김포 어촌계 대동풍어제), 굿이 끝나갈 무렵 닻 감는 노래인 서우제소리에 맞추어 참여자 모두가 흥겨

---

13) 이경숙 · 박재순 · 차옥숭, 『한국 생명사상의 뿌리』(이화여자대학교출판부, 2002), 58-61.

운 춤판을 벌리던 장면(제주도 영등굿) 등을 보면서 굿은 닫힌 의례가 아닌 열린 의례라는 것을 알게 됐다. 마을굿은 흥겨운 놀이 속에서 복을 빌어 주고 아픔을 나누며, 같이 울고 웃는 공동체의 삶을 나누는 것이다.14) 굿장은 경건한 제의가 드려지는 장소이고 놀이판이며, 또한 만남의 장소이기도 하다.

> "굿판은 만남을 중재하는 장소다. 신과 인간의 만남, 이웃과의 만남, 가난과 고난으로 점철된 역사와의 만남. … 굿판은 여러 사람이 모여 놀 수 있는 쉼터이자 놀이터이며 일터이다. 민중의 생활 현장이며 나아가서는 민중의 의사를 집결하는 마을의 집회소인 것이다."15)

고대 사회에서는 놀이가 제의 가운데 포함되었다. 모든 굿에서 놀이적인 요소를 빼놓을 수 없다. 놀이는 인류의 보편적 문화현상이다. 우리네 조상들은 하늘에 고사를 드리면서 굿판을 벌였다. 그 '판'에서는 제수상의 음식을 나누는 음복 행위와 가무를 즐기는 놀이판이 벌어진다. 제의가 끝나고 제상의 음식을 나누어 먹는 것은 신성(神性)의 은총을 나누는 것이요, 원초적인 활력과 생명력을 나누어 먹는 행위이다. 이러한 음복 행위는 '신의 먹임'을 의미한다.16) 오늘날에도 굿장에서 제의가 끝나면 복을 받으라는 덕담과 함께 제상의 음식을 구경한 모든 참여자들과 함께 나눈다. 제상의 음식을 나누는 것은 복을 나누는 것이요, 신성의 은총을 나누는 것이다.

---

14) 차옥숭, 앞의 책(1997), 180.
15) 문무병, 「제주도 굿운동의 실천과제」, 민족굿회 편, 『민족과 굿』(학민사, 1987), 192.
16) 이상일, 「놀이 문화 속의 버너큘러 젠더」, 『한국 여성의 전통상』(민음사, 1985), 125.

무에서는 "한은 풀고 복은 나누시게"라는 말이 있다. 개인 굿을 해도 복은 혼자서 독차지하는 것이 아니라 골고루 나누는 것이며, 이러한 굿 속에서 한국인이 가지고 있는 넉넉한 심성을 찾아볼 수 있다. 음복(飮福) 후 가무의 놀이판에서는 신화적 융합의 세계로 되돌아간다. "그곳은 신과 인간이, 하늘과 땅이, 삶과 죽음이, 남성과 여성이 거리도, 모순도 없이 하나의 조화를 이루고 사는 세계이다."[17]

마을굿은 하나의 통과 의례로서 마을공동체의 묵은 것과 낡은 어둠을 떨치고 새로운 빛과 희망으로 나아가려는 공동체의 집단행위를 통해 제의 자체의 해방력을 잃지 않고 있다. 여기에서 해방력은 굿놀이라는 제의를 놀이로 풀고, 노동을 놀이로 풀어내어 제의의 신성성을 속(俗)으로 승화시키고 노동의 중압감을 극소화시키면서 나타난다.[18] 또한 공동체가 신명에 빠짐으로써 자연과 인간, 인간과 인간 간의 일체감이 불러일으키는 영적인 상태에 빠져 원한의 맺힘을 풀고, 닫힌 것을 열게 되는 것이다.

굿은 곧 풀이인바 굿을 통하여 재앙이나 질병 등의 맺힘의 상태가 풀어지고 굿장은 곧 사회적 응어리, 생리적 · 심리적 응어리 등이 발산되는 신명의 현장이며, 바로 신명이 일으키는 신바람은 해원(解怨)의 성취감과 해방감에의 발현이다.[19] 이러한 신명은 굿의 신명을 통하여 얻어지고 공동체적 유대 없이는 불가능하다.[20] 필자는 신과의 인격적 교제를 통해 풍요롭고 평화로운 해방된 삶을 창조하려는 고대 한민족의 종

---

17) 유동식, 『한국 무교의 역사와 구조』(연세대학교출판부, 1992), 352.

18) 주강현, 「마을공동체와 마을굿 · 두레굿 연구」, 민족굿회 편, 『민족과 굿』(학민사, 1987), 69, 98.

19) 김열규, 『한국인의 신명』(도서출판 주류, 1982), 7-50.

20) 주강현, 앞의 책(1987), 61.

교 제의의 궁극적 목적이 마을굿을 통해 잘 드러나고 있다고 생각한다. 필자는 굿의 바탕을 이루는 구조와 원리는 조화에 있다고 여긴다. 하늘과 땅과 인간〔天·地·人〕사이에 깨어진 조화를 회복하는 것에 굿의 목적이 있다.

여기에서 필자는 특별히 놀이문화가 고갈된 여성과 굿을 연결해 살펴보고자 한다. 개인굿은 물론이고 남성들이 주도하는 마을굿에서도 굿장을 메우고 있는 다수는 여성이다. 여성에게 굿장은 갈등과 긴장, 한과 고통의 응어리를 풀어내어 참된 화해와 근원적인 해방을 경험하게 하는 장소이다. 또한 남성 위주의 억압된 사회 속에서 여성의 놀이정신을 굿에서 찾아볼 수 있다.

이상일은 놀이문화의 활성적인 움직임은 생명력이며, 살아 있음을 증명하는 유연한 움직임을 증명하는 놀이, 그 놀이를 주도한 것은 여성적인 힘이었음을 상기시킨다.[21] 우주 창생 신화는 창조의 신화이고 창조는 잉태와 출산의 생명력에 대한 서사시이며, 풍요제의가 그것을 증명한다. 풍요는 다산(多産)과 관계되고 생명을 잉태한 모체와 관련된다. 대모신(大母神)과 지모신(地母神)의 신화는 그가 어떻게 우주의 핵심이 되었는가를 증언한다. 따라서 남성 신을 위한 제의와 놀이의 공양이라 하더라도 그 원형의 자리에는 지모신의 에로스의 풍요와 다산의 염원이 깃들어 있다. 또한 그 제의를 계승하고 그 놀이를 전승, 효과적으로 운영한 굿의 주역은 무당들이었다. 따라서 놀이문화에는 원래 여성다움의 성격이 강하게 나타난다.[22] 한편 유동식 교수는 한국 문화를 이룬 곡신문화(穀神文化)는 죽음과 재생을 상징하는 생산신인 여신과 관련되며,

---

21) 이상일, 앞의 책(1985), 126.
22) 이상일, 위의 책, 127.

곡신신앙은 곧 생명력에 대한 신앙이라고 밝히고 있다. 생명력에 대한 신앙은 좀 더 풍부한 삶을 촉구하는 신앙으로, 풍요한 생산과 수명을 기원하는 것으로 나타난다고 여긴다.[23)]

상고시대를 거쳐 삼국시대 고려조에 이르기까지 비교적 융통성이 있던 남녀관계의 사회적 통념은 그만큼 놀이문화의 보편적 확산과 놀이 일반에 대한 여성 참여와 기여를 가능하게 했을 것이다. 그러나 조선조 중엽 이후 실제로 놀이문화를 언급할 때 한국 여성의 기여는 극히 제한되어 있고 여성의 놀이세계는 거의 폐쇄되어 있었다. 내외법(內外法), 남녀격리법 등의 금법(禁法)에 의해서 여성들에 대한 규제가 강화되고 놀이로 통하는 길이 좁아졌던 것이다. 그러나 이러한 금법에 따른 놀이문화의 폐쇄는 양반 여성들만 막을 수 있었지 일반 서민층에까지는 미치지 못했으며, 양반 여성들 또한 완전히 규제할 수는 없었다. 그 놀이의 길로 들어서고 싶어하는 본능은 다양한 방식으로 음성적으로 표현되었던 것이다.[24)]

조선조 양반 여성들의 금지조항을 살펴보면 핵심은 외출과 노출에 대한 규제였으며 자유롭게 돌아다니거나 사람들을 만나는 것, 모여서 노는 것에 대한 금지였다. 규방 여성들은 형제들이 볼 때에는 문지방을 넘지 않고 이유 없이 중문 밖을 벗어나지 않아야 했으며 행동범위는 규방에 제한되었다.[25)] 그러나 이러한 규제의 틈새에서 여성들은 문지방을 넘어 뜰을 넘어 중문을 넘어 나들이를 하고 놀이공간을 확보했다. 또

23) 유동식, 앞의 책(1992), 349.
24) 이상일, 앞의 책(1982), 127-128.
25) 정지영, 「규방 여성의 외출과 놀이: 규제와 위반, 그 틈새」, 국제문화제단 편, 『한국의 규방문화』(도서출판 박이정, 2005), 130, 132.

한 여성 문화 속의 억압된 놀이정신은 남성 우위의 통치체제 아래 끈질기게 목숨을 이어 왔다.

양반가 여성들이 공식적인 승인하에 단체로 야외에 나가 즐길 수 있는 경우는 화전놀이이다. 화전놀이는 청명한 봄 꽃지짐〔花煎〕을 해먹으며 꽃구경도 하고 정담을 나누며 가사도 지어 부르며 즐기는 모임이다.[26] 그 밖에도 간혹 여성들은 산과 계곡을 찾아 갖가지 놀이를 하고 춤추고 노래하며 어울렸다. 이에 대한 규제를 강화해 줄 것을 요청하는 기록들을 곳곳에서 찾아볼 수 있다.[27] 또한 유교가 통치이념이었던 조선조에서 불사와 굿은 규제 대상이었다. 대사헌 신개(申槩) 등이 상소한 내용을 보면 "부녀자들이 매 봄과 가을이 되면 술과 음식을 장만하여 산에 가서 제사하며 풍악을 치고 즐기며 밤을 지내고 돌아오면서 노상에서 떠들며 자랑하고 광대와 무당과 더불어 놀이를 행하니 이에 부녀자의 실덕이 큼을 지적하고 명산과 신사에 부녀자들의 내왕을 금하고 어기는 자는 처벌할 것을 간하고 있다"(『세종실록』 13년 6월 25일).[28]

그러나 이 같은 규제에도 여성들은 불교의 사찰을 왕래하고 명산을

26) 김경미, 「규방공간의 형성과 여성문화」, 국제문화재단 편, 위의 책, 29. 여성들의 화전놀이 장면을 잘 보여 주는 화전가는 안동 권씨녀(1718-1789)가 지은 〈반조화전가(反嘲花煎歌)〉가 있다. 여성들의 화전놀이를 문제 삼은 안동 권씨녀의 6촌 되는 남성 홍원당이 지은 〈조화전가(嘲花煎歌)〉에 대응해서 지은 것으로 여성들 자신의 문화의 정당성과 자부심을 드러내 보여 준다는 점에서 주목된다. 조혜란, 「조선시대 규방의 일상문화」, 국제문화재단 편, 위의 책, 59.

27) "사족의 부녀가 친지를 전송한다며 산간의 계곡에서 놀이를 하고, 취한 뒤에 부축을 받으며 돌아오는 등 그 방탕함이 심하니…"(『성종실록』 3년 1월 22일), "요즘 사족 부녀자들이 친척을 맞이하고 전송하느라 풍악을 울리며 즐겁게 술 마시고 마음대로 노니는데… 엄하게 금단하시기 바랍니다"(『연산군일기』 9년 4월 1일). 정지영, 앞의 책(2005), 143-144.

28) 정지영, 앞의 책, 149-150.

찾아 굿을 행하였다. 불사와 굿은 금하고자 하나 금할 수 없는 여성들의 종교 행사이며 산과 계곡을 오가며 즐길 수 있는 여성들의 축제였다.29) 하지만 공적인 행사에서 여성 중심의 놀이문화는 쇠퇴하고 세시행사(歲時行事)와 마을공동체의 축제에서 풍요제의의 믿음과 주체인 여성이 밀려남으로써 축제와 놀이가 빈약한 민족이 되어 버렸다.30)

놀이문화의 고갈은 한과 고통에 대한 순화를 망각하게 한다. 놀이 억제에 따른 불가시적인 영향은 난장판의 억센 활력과 생명력을 마멸시키고 그만큼 결과적으로 건강한 문화의 원천에서 멀어지면서 불건전한 사회현상으로 나타난다.31) 생산과 노동에 직접 관여하지 않는 놀이는 전체주의적 사회일수록 통치계급의 금법에 저촉되어 추방되었다.32) 놀이란 제의의 엄숙함과 진지함 그리고 신성함 속에서 그것을 폭발시키는 인간적인 본능과 싱싱한 건강을 그 본성으로 가지고 있다.33) 놀이는 모든 개체들의 자발성이며 원형적 생명성이기도 하다.34) 이러한 놀이 정

29) 이상일, 앞의 책, 150.

30) 이상일, 위의 책, 137.

31) 이상일, 위의 책, 132, 136.

32) 이러한 현상은 중국의 경우에도 그대로 적용이 된다. 마르셀 그라네는『중국의 고대 축제와 가요』에서 중국 고대의 남녀 젊은이들의 봄, 가을의 축제에서 볼 수 있었던 성스러운 활력과 기능은 봉건사회에서 제후에게 집중되었으며, 무질서와 혼란을 낳는 중심에 여성을 위치해 놓음으로써 남녀 젊은이들의 축제를 통속적인 관습으로 격하시켰을 뿐만 아니라, 이러한 이유로 여성을 모든 공공생활에서 멀어지게 하고 규방에 칩거시켰으며 여성이 축제에서 자연스럽게 밀려나게 되었음을 잘 서술하고 있다. 마르셀 그라네, 신하령 · 김태완 옮김,『중국의 고대 축제와 가요』(살림, 2005), 286.

33) 이상일, 앞의 책, 1982, 142.

34) 하이데거는 그의 책 *Der Satz vom Grund*에서 헤라클레토스의 단편 52를 인용하면서 "어린아이의 왕국에서 놀고 있는 아이가 존재이고 곧 우주다. 아이가 노는 것은 이유가 없다. 아이는 놀고 있다는 바로 그 이유 때문에 놀고 있다. 최상이면서 가장 심오한, 우리에게 운명으로서 존재와 이유(Sein und Grund)를 던져 주는 놀이를 노는 어린 아이가 있을 뿐이다." 여기에서 하이데거는 놀이는 모든 개체들의 자발성이며 원형적 생명성임

신은 지금도 굿에서 면면히 이어 오고 있다.

굿에서 중요한 거리가 끝나고 나면 극화된 놀이가 끼어든다. 거기엔 여러 가지 해학과 웃음이 있다. 지금까지 다른 거리에서 보여 주던 진지함과 달리 신을 모시는 춤이나 청배가(請拜歌) 없이 곧장 놀이가 시작된다. 별신굿이나 영등굿 외에도 배연신굿의 영산할먐, 하라뱜 거리, 황해도 대동굿과 진적굿에서 볼 수 있는 말명도산의 방아놀이굿을 들 수 있다. 그 밖에도 굿에는 많은 연극적인 놀이가 끼어든다. 재담도 하고 덕담도 나누면서 웃고 즐긴다. 필자가 본 별신굿에서는 굿의 거리와 거리 사이에 노인들을 위한 공연무대가 펼쳐지고 그때마다 주민들은 자리에서 일어나 덩실덩실 춤을 추었다.

다음에 주목할 만한 것으로서 필자는 무감(舞感)에 대한 것을 소개하고자 한다. 무감은 신의 덕을 얻는다고 해서 평소에는 무당만이 입을 수 있는 신복을 입고 제가집 식구들이 춤을 추는 것이다. 악기에 맞추어 흥겹게 춤을 추어 신을 즐겁게 해드려 신덕을 입을 뿐만 아니라, 한데 어울려 춤을 추면서 맺힌 한과 두려움과 고통을 다 풀어버리고 인간과 인간, 인간과 신 사이의 깨어진 조화를 회복하고 풍요와 안녕을 기원하는 것이다. 별신굿이나 영등굿에서는 볼 수 없었으나 김포에서 있었던 풍어제에서는 너도나도 신복을 입고 무감을 서서 춤을 추었다. 나중에는 신옷을 입은 사람이건 아니건 모두 나와 남녀노소가 하나 되어 덩실덩실 춤을 추었다. 마을굿뿐만 아니라 개인굿에서도 무감을 서서 춤을 추는 모습을 볼 수 있다.

을 밝히고 있다. Martin Heidegger, *Der Satz vom Grund* (Germany: Neske in Tuebingen, 1971), 188.

개인굿인 천신굿이나 진적굿에서 보면 대감거리가 끝나고 난 뒤에 제가집 식구들이 신복을 입고 장단에 맞추어 번갈아 춤을 추는 무감이 진행된다. 요즘엔 제가집 식구들뿐만 아니라 거기에 참석한, 즉 그 굿판에 초대된 제가집 친척들, 이웃 아낙네들 그리고 같은 무당에게 다니는 가까운 단골들이 참여한다. 처음에는 부끄러워하거나 다른 이유로 춤을 추지 않으려고 하지만 다른 사람들과 무당들이 자꾸 권한다. "몸이 아프다는데 한번 추어 보지 그래", "가슴 답답한 일도 많은데 한번 추어 보지 그래" 하고 주위 사람들이 거든다. 한 명, 두 명, 추고 난 뒤에는 스스럼없이 참여한다. 처음에는 장단에 맞추어 서서히 춤을 추다가 흥겨워지면서 차츰차츰 장단이 빨라지고 거기에 따라 춤도 빨라지고, 나중에는 엑스타시에 오르기도 하고 결국 지쳐서 물러나게 된다. 옛날부터 "며느리 무관 쓰고 춤추는 꼴 보기 싫어서 굿 못 하겠다"라는 말이 있다. 무감은 전통사회의 가부장적 사회체제의 보편적 놀이문화에서 제외된 여성들의 좁아진 놀이문화의 한 양태라고 볼 수 있다. 여성들은 굿거리에도 속하지 않는 막간을 이용해 뛰놀 수 있는 공간을 확보하고 일상적인 생활 속에서 맺힌 한과 고통을 풀어내는 분출구를 찾아내어, 놀이가 갖고 있는 흥과 멋을 통해서 일의 중압을 견디면서 살아갈 수 있었을 것이다.

지금까지 마을굿의 의미와 공동체의 축제에서 밀려난 여성 문화 속의 억압된 놀이정신이, 빈약하지만 다양한 굿을 통해서 어떻게 이어져 왔는가를 살펴보았다.

3) 무가에 나타나는 여신들

신화는 인간의 원초적 무의식적 심성을 가늠해 볼 수 있는 중요한 자료이다. 신화는 합리적이거나 이성적 언어로 이야기하지 않으며, 상징적인 언어들로 구성된다. 또한 신화의 내용에는 한 집단의 꿈과 희망, 불안과 절망 등이 녹아 있다.

한국의 신화는 문헌신화와 구비신화로 나눌 수 있다. 문헌신화는 개국 시조의 이야기가 주를 이루는 반면, 구비신화는 무에서 구연되는 서사 무가가 주를 이룬다. 구전되어 온 서사 무가에는 우리 민족의 원초적 심성이 잘 담겨 있다. 더욱이 구비신화는 일반 대중의 마음에 살아서 활동하는 신화이기도 하다. 특히 구비신화에는 여성신화가 많이 전승되어 오고 있다. 필자는 이러한 신화 속에 나타난 여신들의 분석을 통해서 오랜 가부장적인 문화 속에서 여성성이 어떻게 긍정 또는 부정되는지를 읽어내고자 한다.

그러나 여기에서 주의해야 할 점이 있다. 구비 전승된 여성신화 속에는 여성의 경험에서 나오는, 가부장적 권위에 도전하는 비판과 항거정신이 나타나기도 하는데, 때로는 이러한 신화적 요소들이 억압구조를 합리화해 주는 장치로 추가되고 윤색되어 은밀히 나타나기도 한다는 것을 잊어서는 안 된다. 따라서 신화를 읽는 데 중요한 것은 여성의 눈으로 텍스트에 숨겨진 가부장적인 이데올로기를 폭로하고, 여성의 긍정적인 면과 부정적인 면이 동시에 담겨 있는 신화 속에서 여성이 어떻게 긍정되는지를 읽어내는 것이다.

무가에 등장하는 여신들 중에는 마고할멈, 선문대할망, 자청비, 가믄장아기, 원천강 등 창조적이고 주체적이고 독립적인 여신들이 있다. 그러나 대부분의 여신들, 당금애기(생산 신), 바리공주(죽은 이를 천도하는 신), 칠성신(蛇神: 부의 신), 영등할미(바람의 신), 조왕할미(불의 신)[35]

35) 차옥숭 · 김선자 · 박규태 · 김윤성, 앞의 책(2010), 45-76 참고.

양주 진오귀굿에서 바리데기를 구연하는 장면(사진, 국립민속박물관 제공)

등등은 가부장적인 지배질서에서 희생된 여인들이다. 몇몇 여신들의 구체적인 신화 내용을 살펴보면 다음과 같다.

(1) 바리공주

전국적으로 전해 내려오는 오래된 대표적인 신화로 바리공주 신화를 들 수 있다. 바리공주 신화는 죽은 이를 좋은 곳으로 천도하는 넋굿에서 읊어진다. 넋굿에서 바리공주는 바로 죽은 자를 좋은 곳으로 천도하는 여신이다. 일곱째 딸로 태어나 버려진 바리공주는 결국 모든 어려움을 극복하고 부모를 살려내는 역할을 수행한다. 바리공주 신화는 삶과 죽음과 재생이라는 원형적 패턴을 바로 보여 주는 신화이다.

무에서 바리공주는 죽음의 장애를 극복하도록 하는 원초적 힘을 가진 만인을 위한 저승 인도자이다. 이야기에서 주목할 것은 바리공주가 겪는 시련들이나 수행하는 역할이 대개 여성의 일상적 삶과 결부된 것들이라는 점이다. 그것은 외부에서 부과된 요구이기도 하지만, 바리공주는 그 요구를 자신의 의지에 따른 적극적 실천으로 승화해낸다. 이러한 바리공주의 모습은 여성 자신의 삶을 적극적으로 끌어안음으로써 자아를 완성하고 타자를 살리는 주체적 용기를 보여 준다고 할 수 있다.

(2) 당금애기

당금애기 신화의 내용은 남녀 간의 만남과 결합, 그로 인한 잉태와 출산, 이에 따른 박해와 이를 극복하는 과정의 이야기이다. 외부 출입이 금지되어 있고 부모님과 오빠들의 보호 속에서 온실의 화초처럼 자란 당금애기는 부모님과 오빠들이 외출한 사이에 집에 찾아 들어온 남자 때문에 불가항력적으로 아이를 갖게 되고, 그것을 알게 된 부모에게 버림을 받게 된다. 당금애기는 천길 굴속에 갇힌 상태에서 혼자서 외롭게 아들 삼형제를 낳아 양육하게 된다. 여기서 무엇보다 강조된 것은 새로운 생명을 탄생시키고 양육하기까지 여주인공이 겪는 고난이다. 당금애기의 시련은 여성이라는 몸을 가졌기에 잉태하고 출산하며 양육하는 과정에서 나타난다. 어려움을 극복하고 아들들을 키워낸 당금애기는 생명을 잉태하고 탄생시키는 삼신할머니가 된다.

그러나 여기에서 주목할 것은 어머니-여신에 관한 신화들과 더불어 모성을 지나치게 과장하고 미화하며 신비화할 경우, 여성에게는 모성만이 유일하게 가능하고 가치 있는 역할로 남겨지고 여성은 결국 모성의 굴레에 갇히고 만다. 그러나 다른 한편으로는 강요된 모성이 아니라 창조의 원천이자 자녀에 대한 사랑과 책임을 감당하는 어머니로서 가부장적 제도를 능가하는 주체적인 모성을 표상하기도 한다. 이러한 여신들과 더불어 여성들은 모성을 자신의 고유한 힘으로 긍정하고, 주체적인 여성 정체성을 구성해 가는 토대를 확보하게 되는 것이다.

(3) 조왕할머니

여인들이 일상생활에서 가까이 모셨던 신은 조왕할머니이다. 불의 신인 조왕할머니에 대한 신화의 내용은 첩에 의해 죽임을 당한 여인의 이야기이다. 물에 빠져 죽은 어머니를 살려낸 아들들은 어머니가 춘하추동 사시사철을 물속에서만 살았으니 몸이 얼마나 추웠겠는가 하는 안타까움에 어머니를 따뜻한 부뚜막의 조왕할망으로 좌정하게 한다. 전통사회의 일상 공간 중에서 부엌은 여성 전용의 공간이다. 불의 신이면서 재물신이기도 한 조왕신은 주부들의 신이다. 주부들은 매일 새벽마다 정화수를 떠 놓고 가정의 수호신인 조왕신에게 집안의 크고 작은 일을 고하고 집안의 안녕을 기원했다.

(4) 영등할머니

바람의 신인 영등할머니 신화는 제주도뿐 아니라 영남 일대에도 비교적 넓게 분포되어 있다. 영등할머니의 신화 내용은 이렇다.

옛날, 영동 고을에 나이 많은 할머니가 살고 있었다. 그녀에게는 아들이 하나 있었으나 변방에 수자리를 살러 갔기 때문에 젊은 며느리와 딸을 데리고 살았다. 어느 날 집 앞을 지나가던 고을 원님이 딸과 며느리를 보게 되고, 그녀들의 아름다움에 반한 원님은 그녀들을 데려다가 강제로 범하게 된다. 결국 며느리와 딸은 대들보에 목을 매어 죽었다. 이튿날 아침 이들의 죽음을 본 할머니는 그 자리에서 한 마디 말도 못 하고 죽고 말았다. 그 뒤로 갑자기 큰 바람이 일기 시작하여 온 고을을 휩쓸었다. 원님을 비롯한 모든 마을 사람이 두려움에 떨고 있을 때 무당이 나타나 마을을 휩쓸고 있는 바람의 원인을 찾는 과정에서 그들의 억울함이 낱낱이 밝혀진다. 결국 영등할머니는 바람의 신으로 좌정한다. 영등할머니가 이 세상에 내려올 때에는 며느리나 딸을 데리고 내려온다고 한다. 바람의 신인 영등할머니는 육지에서는 농작물을, 바다에서는 전복, 소라, 미역 등 해산물의 씨앗을 뿌려 주는 여신이다. 영등할머니는 해녀들의 안전과 선박의 안전을 지켜 주는 여신으로 해녀들의 사랑을 받는다.

지금까지 살펴본 여신들은 딸이라는 이유로 버려지고 무책임한 남성 또는 권력에 의해 성적인 수탈을 당해 온 여인들이 신이 된 사례이다. 여기에는 가부장제를 비롯한 여러 가지 억압에 대한 사회 고발적인 면이 깃들어 있음을 볼 수 있다. 무엇보다 여신들이 고난을 극복하고 원한을 풀어내는 것으로 끝나지 않고 그것을 승화시켜 새로운 창조의 역사로 끌고 나가는 것에 주목할 필요가 있다. 여신들이 고난을 극복해 가는 과정은 시련을 겪고 있는 여성들에게 긍정적인 삶을 살 수 있도록 용기를 주었을 것이다.

여기에서 하나 지적하고 싶은 것이 있다. 굿에서는 많은 신들의 내력을 그곳에 모인 모든 사람에게 들려준다. 여신들의 원한은 그곳에 모여든 여인들의, 아니 이 땅의 여인들의 아픔이요 한이었다. 딸이어서 버림받고, 권력에 의해서 짓밟혀 죽어 가고, 남성들의 단순한 호기심에 희생되고 버림받은 여인들의 한 맺힌 죽음은, 여인들에 의해 새로운 여신으로 탄생되고 숭앙됨으로써 어렵고 힘든 현실을 꿋꿋이 살아가는 데 필요한 여인들의 정신적 버팀목이 되어 왔다는 것이다.

한국의 여신들은 그들이 받은 상처와 아픔을 상대에게 되돌려 주는 것이 아니라, 그 아픔을 승화시켜 그들과 똑같은 아픔을 당할지도 모르는 뭇 여성들을 보호하고 지켜 주는 여신이 된다는 점을 주목하고 싶다.[36] 이러한 신화의 내용 분석을 통해서 필자는 여성들이 지향했던 어진 품성, 강인한 생명력, 평화와 생명에 대한 깊은 사랑, 더불어 사는 지혜의 숨결을 느낄 수 있다고 생각한다.

지금까지 긍정적인 면에서 한국 여성신화를 분석하고자 했다. 그러나 다른 면에서 휴이트의 지적처럼 여성적 신성성이라는 개념들은 그 창조물을 여성에게 도로 덧씌우기 위해 의도된 것일 수도 있고, 여성들의 열악한 현실을 은폐하고 여성들이 더 잘 참아내게 함으로써 그런 억압의 조건들을 유지하는 데 기여할 수도 있다는 것을 잊지 않아야 한다는 것이다.[37]

한국 여신들의 특징에는 은총, 생산, 양육, 희생, 순종, 인내 등의 요소들이 부각되어 있다. 여신들에게 공통적으로 나타나는 희생과 헌신은 사회에서 요구하는 여성의 정형화된 모습의 반영일 수도 있다. 이러한 여신들의 특징은 여성들의 일반적인 헌신과 인내만을 강조하는 가부장적 억압 조건들을 강화시키고, 여성들의 예속적 삶을 미화하는 부정적 측면이 있을 수 있다는 것을 지적하고 싶다.

---

36) 굿에서 모셔지는 남신들의 경우에도 산신이나 부락 수호신이나 당신(堂神)을 보면 국가 권력으로부터 억울하게 희생된 사람들이 신으로 좌정을 한다. 예컨대 이방원에게 죽은 정몽주, 남이 장군, 최영 장군, 임경업 장군, 이순신 장군, 영월 백성들에 의해 태백산의 산신령으로 모셔진 단종 등이다. 힘없는 백성들이, 권력에 의해 희생된 이들의 죽음의 무고함을, 도저히 용납할 수 없는 집권 세력의 횡포를 말없이 고발하고 저항하는, 그리하여 잊지 않고 전승해 가는 삶의 지혜의 한 단면을 보여 주는 것인지도 모른다.

37) Marsha Aileen Hewit, "Do Women Really Need a 'God/ess' to Save Them?: An Inquiry into Notions of Divine Feminine," *Method and Theory in the Study of Religion*, Vol.10, No.2 (1998), 155-156.

3. 맺는 말

지금까지 마을공동체의 맺힘을 풀어내어 조화를 회복하고 공동체의 안녕과 풍요를 기원하며 협동을 다짐하는 마을의 축제인 마을굿, 일종의 통과 의례로써 지금까지 살아온 삶의 양태와 전혀 다른 새로운 삶의 양태로 전환되는 분기점에서 드려지는 입무제(入巫祭)인 내림굿, 굿에서 모셔지는 여신들의 분석을 통해 젠더의 관점에서 한국의 무를 살펴보았다.

무(巫)는 오랫동안 멸시와 천대 속에서 왜곡되어 왔다. 또한 흔히 무를 여성의 종교라고 하는 것에는 문명화되지 않은 무와 여성이라는 내용이 함축되어 있다고 앞서 말한 바 있다. 즉 거기에는 무와 여성에 대한 비하가 은연중에 내포되어 있는 것이다. 그러나 굿의 바탕을 이루는 구조와 원리는 조화에 있다. 조화는 여성성의 중요한 덕목이기도 하다. 하늘과 땅과 인간 사이에 깨어진 조화를 회복하는 것에 굿의 목적이 있다.

이러한 원리는 앞에서 살펴본 것 이외의 굿들에서도 잘 드러난다. 사람들이 흔히 기복적이라고 비난하는 재수굿도 조화를 바탕으로 하고 있다. 모든 굿의 기본이 되는 재수굿에서는 단순한 기복이 아닌, 인간 삶의 마디마디에서 부조화로 인하여 발생하는 얽힌 문제들을 신령과 인간, 인간과 인간 사이의 조화로운 관계 회복을 통해서 문제 해결을 가능하게 한다. 또한 복은 혼자만 받는 것이 아니라 나누는 것이다. 모든 제의가 끝나면 복을 받으라는 덕담과 함께 제상의 음식을 구경하는 모든 참여자와 함께 나눈다. 제상의 음식을 나누는 것은 복을 나누는 것이요, 신성의 은총을 나누는 것이다. 무에서는 "한은 풀고 복은 나누시게"라는 말이 있다. 개인굿을 해도 복은 혼자서 독차지하는 것이 아니라 골고루 나누는 것이다. 복을 독차지할 경우에 인간과 인간 사이의 조화가 깨어지는 것이다.

우환굿에서도 병의 원인을 찾는 과정에서 인간들의 잘잘못이 드러나는 사회고발적인 기능뿐만 아니라 은폐된 역사적 진실을 폭로하고 전승해 가는 기능을 살펴볼 수 있다. 또한 굿을 통해 은폐된 역사적 진실을 밝힘으로써 죽은 자의 무고함을 비호(庇護)하고 그들의 원한을 풀어내어[38] 저승의 좋은 곳으로 천도함으로써 죽은 자만이 아니라 산 자까지도 함께 치유한다. 즉 굿은 죽은 자와 산 자, 산 자와 산 자의 깨어진 조화를 회복하는 역할을 담당하는 것이다.

넋굿은 가족들로 하여금 망자에 대한 애착과 슬픔을 거두어내고 현실로 돌아와 건강한 생활을 할 수 있도록 돕는다. 가족들은 이 의례를 통해서 망자가 이승에서의 모든 한을 깨끗이 씻어버리고, 가족들에 대한 미련과 집착에서 벗어나 저승의 좋은 곳으로 천도된다고 생각한다. 또한 넋굿의 제차 하나하나를 통하여 가족들은 망자의 죽음을 확인하고 재(再)체험하는 과정을 통해서 현실로 받아들이고 싶지 않던 그 죽음을 현실로 받아들이게 되는 것이다. 이러한 죽음의 재체험 과정은 죽은 자와 산 자 사이에 남아 있는 남모르는 무의식적 감정, 죄의식과 갈등 등을 의식의 표층에 노출시켜 그 의미를 파악하고 해석하게 해 스스로의 치

38) 김성례는 제주도의 특정한 지방 역사에 비추어 제주도의 무속이 하나의 역사적 담론으로서 존재하는 양식을 그의 박사학위 논문에서 밝히고 있다. 1948년 4월 3일의 제주도에서 일어난 비극적 사건은 그 사건에 대한 기억마저 억압당하고 있던 오랜 세월 동안 간접적인 방법, 즉 굿에서 무당의 입을 통해 원혼의 죽음과 관련된 폭력과 공포의 역사를 폭로하고 담지해 가는 기능을 했으며 여기에서 제주도 무(巫)는 억누르는 정치체계에 대항하는 또 다른 저항의 힘을 잠재하고 있다고 생각한다. Seong Nae Kim, "Chronicle of Violence, Ritual of Mourning: Cheju Shamanism in Korea," Ph.D. dissertation (University of Michigan, 1989).

유를 가능하게 한다. 따라서 넋굿은 죽은 자를 위한 굿인 동시에 산 자를 위한 굿이다. 이처럼 굿의 구조와 원리는 깨어진 조화의 회복에 있다.

지금까지 살펴본 무에서 여성은 단지 가부장제가 틀지어 놓은 정체성과 역할에만 안주하지 않고 그 틈새에서 주체적인 정체성을 형성하기도 한다는 것을 보여 준다. 그리고 내림굿과 무당들의 경험을 통해서 보여 준 무당이 지향하는 길은 기성 종교들의 사제 역할과 크게 다를 바가 없다. 필자가 만난 여성 무당들은 한결같이 "사람이 잘 살도록 돕는 무당"이 되고 싶어한다. 그들은 신병을 앓아서인지 다른 사람들의 고통과 아픔을 잘 이해할 뿐만 아니라 다른 사람의 고통을 자기 몸에 그대로 실어내지 않으면 굿이 제대로 되지 않는다는 무당도 있다.[39)]

또한 마을굿의 놀이문화를 통해서는 가부장제의 억압과 종속을 비껴가는 많은 여성들의 일탈과 저항도 동시에 존재한다는 것도 보여 준다. 그리고 굿에서 베풀어지는 억압된 놀이문화 속에서도 여성들은 일의 중압감과 맺힌 한들을 풀어내고, 굿장은 해방 공간 역할을 한다는 것도 알 수 있었다. 또한 신화는 단지 지배 계급이나 중심 계층의 이데올로기만 담고 있는 것이 아니라, 피지배 계급이나 주변 계층의 저항과 일탈의 흔적과 욕망을 담고 있기도 하며, 가부장적 목소리 외에 여성에게 힘을 실어 주는 목소리도 함께 담고 있다.

이처럼 무는 오랜 세월 동안 가부장적인 사회 속에서 여성들과 함께해 왔다. 여성들은 삶이 너무 고달파서 강인하고 억척스러운, 독립적이고 자립적인 선문대할망, 금백조할망, 자청비 같은 창조적인 슈퍼 우먼

39) 정순덕은 어려서 신병을 앓고 12세부터 무업을 하였다. 민중문화패에서 활동하면서 이한열, 박종철을 위한 진혼굿을 하였다.

을 만들어내기도 하고, 외지에서 흘러 들어와 외롭게 죽은 여인, 가부장적인 지배질서에 희생된 여인 등을 여신으로 좌정시키기도 하면서 그 한 맺힌 아픔들을 보듬고 삶을 살아갔으리라 생각한다. 때로는 본향당신을 위한 마을굿은 출가한 딸들까지 다 모이는 축제였을 것이다. 그곳에서 신과 인간, 인간과 인간의 소통을 통해 마을의 안녕과 평화를 기원하고 마을 여성 전체의 화합과 상생을 다지며, 서로의 아픔을 다독이고 서로의 고통을 공유하며 풀어 나갔으리라 생각한다. 그래 그랬을 것이다. 그러나 다른 한편으로는 신화에서 보여 주는 강인하고 독립적인 이러한 여신들의 모습이 은연중에 여성들에게 강인하고 근면하고 억척스러운 삶을 살아내야 하는, 살아낼 수 있다는 억압적인 이데올로기로 작용할 수 있다는 것을 간과할 수 없다.

여기에서 한 가지 지적할 것은 무에서 긍정적인 면과 부정적인 면을 동시에 읽어내는 것이 중요하다는 점이다. 그러나 무는 오랫동안 왜곡되어서 평가되어 왔다. 그러한 이유에서 필자는 부정적인 면보다는 무에서 여성이 어떻게 긍정되는지를 읽어내려고 노력했음을 밝힌다. 마지막으로 김금화 무당의 말을 인용하면서 이 글을 맺고자 한다.

"나는 족집게처럼 잘 맞추는 무당이라는 소리를 듣는 것에 미련이 없다. 사람이 잘 살도록 돕는 무당이고 싶다. 허황된 믿음을 갖는 것보다 현실에 단단한 뿌리를 내리며 살도록 이끌어 주고 싶다. 무당은 세상의 갈라진 것을 모으고, 찢어진 것을 아물게 하며, 뜯어진 것을 꿰매는 사람이라 믿으며 살고 있다."

생명의 여신, 어머니들

—김용님 화백의 그림 이야기

김용님

1989년 '통일전' 이후 '광주항쟁기념전', '여성과 현실전', '민중미술 15년전' 등에 참여. 1990년부터 환경, 여성과 생명 등을 주제로 작업하면서 11회의 개인전을 열었다. 그리고 일본, 독일, 미국, 캐나다 등지에서 정신대를 알리는 전시를 하기도 했다. 지금은 강화도에 〈생명나무 아래, 여신의 집〉을 열어 여성과 생명의 이미지들 속에서 명상하는 모임을 계획하고 있다.

울엄마 이름은 걱정이래요

울엄마 이름은 걱정이래요
여름이면 물 걱정, 겨울이면 연탄 걱정, 일년 내내 쌀 걱정
낮이면 살 걱정, 밤이면 애들 걱정, 밤낮으로 걱정 걱정
울엄마 이름은 걱정이구요, 울아빠 이름은 주정이래요
내 이름은 눈물과 한숨이지요

— 작자 미상

정신대

딸들이여 잣나무숲처럼 씩씩한 기상이여

너로 인해 한반도가 울었고
너로 인해 한반도가 죽었고
그리고 너로 인해 한반도가 부활했다 하리

— 고정희 시

녹색을 심는 여인

뿌연 하늘에 발을 빠트리고
한 몸짓이 자라나고 있다

바느질하던 손가락이,
아이에게 젖을 물리던 가슴이,
수천 년 묵은 마음들이
지구의 구석구석에서
서둘러 혁명으로 일어서고 있다

'91

밥 짓는 여자들

여자들이 받쳐 든 밥그릇을 보아
여자들이 틔워 올린 새싹들을 보아
해묵은 축축한 그리움들이 푸르름으로 돋아나는
저 장한 모습을 보아

한 사발의 밥알로, 한 줌의 흙으로, 한 더미의 풀포기로 살아
사천만을, 한반도를, 지구를 먹이는 여자들

우리는 여자들을 먹는다.
밥 짓는 여자, 빨래하는 여자, 바느질하는 여자, 장사하는 여자, 공사판의 여자, 농사짓는 여자, 공장의 여자, 술집의 여자……
우리는 숱한 여자들을 먹고 산다.
밥그릇 안에 담겨진
여자의 살, 여자의 땀, 여자의 눈물, 여자의 꿈……

우후죽순 온 대지에 젓꼭지들 돋아나
생명의 향내 자욱한 세상

아 이 허기진 계절에
밥으로 살아오는
여자들
여자들

여자들

여자들 속에서 닦여 온
이쁜 마음들이
동서남북 온 천지에
나부끼는 걸 보아

여자들이 길러 온
나무들이
하늘 가득히
뿌리 내리는 걸 보아

여자들이 보듬어 온
푸른 불씨들이
온누리
훨훨 타오르는 걸 보아

아아 우리 가슴마다 밀물져 오는
저 생명의 파도를 보아

여자들의 노을

하늘과 바다가 노을빛으로 환해 오면
여자들 속 깊이 정박해 있던
조각배들마다 일렁거리고
오래된 꿈의 추억으로
여자들은 노을 젖은 바닷가를 서성거립니다.

평생을 지펴 온
여자들의 꿈의 불씨들은
저녁마다 불 질러져
온 천지를 환히 물들입니다.

날마다 태양은
여자들 속으로 지고
내일, 태양은
여자들 속에서
다시 피어날 것입니다.

세상의 밥, 어머니

2부

현대 한국 종교의

젠더 문제

한국의 비구니 교단에 대한 여성주의적 고찰[1)]

조 은 수*

어찌 불법(佛法)에 비구 비구니가 있으며,
세간과 출세간이 있겠는가.
어찌하여 북(北)이 있고, 남(南)이 있으며,
어찌 너와 내가 있을 수 있으리오.

1. 들어가는 말

위에 소개하는 게송은 비구니 본공(本空, 1907~1965) 스님이 1935년에 지은 것이다. 이 게송에서 남과 북이란, 『육조단경』에 나타나는 일화 중에서 5조 홍인대사가 자신을 찾아온 혜능에게 "남쪽에서 온 오랑캐가 무슨 불법을 구하려 하는가" 하고 떠보자 혜능이 "불성에 남북이 있습니까"라고 답한 구절을 은유한 것이라 생각된다.

대승불교의 근간을 이루는 불이(不二)사상에서는 염정, 미추, 또는 깨달음의 세계와 미혹의 세계 사이의 근본적인 차이를 부정하면서, 이

* 서울대 철학과 교수.

1) 이 글은『불교평론』제42호(2010년 3월호)에 실린 내용을 필자가 대폭 수정한 것이다.

러한 이원론적이며 차별적인 생각을 떠날 것을 가르친다. 따라서 대승불교의 이념을 기반으로 하여 성립한 선종에서는 차별적 견해를 떠나 평등한 관점을 지니는 것을 그 수행의 기본 입장으로 천명한다. 남과 북의 구별이 없듯이, 여성과 남성의 차별, 나아가 너와 너의 차별도 깨달음의 세계에서는 존재하지 않는다는 것이다.

하지만 이념과 그것의 실제적인 적용과는 큰 차이가 있다는 것은 역사 속에서 항상 볼 수 있는 일이다. 위에서 소개한 게송에서 본공 스님은, 자신에 대해 세상이 부여하는 편견과 한계 그리고 스스로를 가두는 여성으로서의 자의식에 대결하여 그에 맞서겠다고 선언한다. 속제의 세계를 뛰어넘어 진제의 세계를 추구하고자 하는 수행자의 결의를 보여주는 것이다. 짧은 게송이지만 한국 비구니의 투철한 수행력과 생명력을 느끼게 한다.

불교 초전 시부터 한국 비구니의 존재는 괄목할 만하다. 1700년의 오랜 역사와 함께 한국의 비구니는 그 역사성 하나만으로도 세계 종교사에서 우뚝 서는 존재이다. 비구니 교단은 한국에 불교가 전래되어 비구 교단이 형성되었을 때와 동시대에 성립되었을 것이라고 보는 것이 정설이다. 또한 백제의 비구니가 일본으로 건너가 일본 비구니 교단 성립에 결정적인 역할을 하였다는 것은 잘 알려져 있는 사실이다. 현재 세계의 불교 국가 중에서 구족계를 받는 정식 비구니 전통이 살아 있는 곳은 한국을 비롯한 동아시아의 대승불교 국가 몇몇 나라뿐이다. 게다가 그 오랜 역사까지 감안한다면, 한국의 비구니 전통의 지위는 대단하다고 하겠다.

그러나 한국의 비구니가 독립적 승단의 전통을 유지하고 또 그러한 전통이 오래되었다 해서 현재 그들의 '사회적 위상'이 그에 걸맞다고 할 수는 없다. 불교계 내에서 비구니의 지위에는 아직도 많은 불평등의 요소가 있다. 불교가 현대 사회에 적극적으로 대응해 새로운 모습으로 변화해야 한다는 요구와 기대에 비해 불교계 내의 양성평등 의식은 지극히 낮은 수준이며 아직도 답보 상태에 있다. 이는 근대 이후 한국 여성의 경제적·사회적 지위가 급격히 향상되었지만 사회적 활동의 참여 정도는 아직도 낮은 것과 유사하다. 즉 이것은 비구니 승단 자체의 문제라기보다는 한국 사회 또는 한국 불교계의 문제라고 할 수 있겠다.

이 글에서 필자는 한국 비구니 교단의 역사적 의의와 그 연구대상으로서의 가치를 주장하기 위해, 서구 사회에서의 불교 여성 연구의 현황, 다른 불교 전통에서의 여성의 지위 등을 비교해 가면서 고찰할 것이다. 특히 한국 사회 또는 불교계에서 비구니 승단이 가지는 의의를 살펴보기 위해 그들의 역사와 현재 위상에 대해 알아보면서, 최근 40년간 비구니들이 괄목할 만한 성장을 한 원인도 아울러 분석해 보겠다. 마지막으로 비구니 교단의 역사와 현황을 고려할 때 취할 수 있는 연구방법론에 대해 검토하고, 여성주의 시각에서 본 한국의 비구니 교단의 의의에 대해 살펴볼 것이다.

2. 역사 속에서의 한국 불교 여성

한국에 비구니 교단이 성립한 것은 4세기경에 불교 전래와 더불어 비구 교단이 성립했을 때와 거의 동시대라고 보는 것이 타당하다. 그러나 기록으로 나타나는 것은 고구려를 통해 신라에 불교가 전해졌을 때

후원자가 되어 출가하였다는 모례의 여동생 사씨(史氏)가 최초의 여승이다. 한편 백제의 경우는 577년 여승을 포함한 일군의 승려들이 일본에 파견되어 왔다는 기록이 『일본사기』에 나타나고, 655년에는 법명(法明)이라는 백제 비구니가 쓰시마 섬으로 건너가 어떤 대신에게 유마경을 독송하여 병을 고쳐 주었다고 기록되어 있다. 이는 일본에 불교가 전파되는 데 비구니가 큰 역할을 하였음을 알려 준다. 특히 몇몇 일본 여성들은 직접 백제로 건너와 비구니계를 받고 돌아갔다는 기록도 있다.[2)]

한국 고대사 속에 나타나는 여성에 대한 자료는 극미하지만, 중세에 쓰인 『삼국유사』의 경우는 그 내용에 비구니나 재가 여성 들이 무수히 등장하며, 수행과 깨달음의 이적(異蹟)을 직접·간접적으로 나타내 보이고 있다. 이들은 설화의 형식을 띠고 있어 그 모두를 액면 그대로 역사적 사실로 받아들이기는 어렵지만, 고대 여성의 불교 신행의 행태와 그 참여 정도를 짐작할 수 있게 해준다. 불교가 국교로 숭상되고 있던 삼국시대와 고려시대를 통해, 많은 비구니와 불교 여성 들이 존재하였고, 그들의 신행 활동은 사회적·종교적 외호 속에서 칭송되었음을 알 수 있다.

그러나 불교는 조선조에 들어오면서 여러 점에서 도전을 받게 되었다. 유교적 이념이 사회의 근간으로 정립되면서, 여성은 특히 유교적 여성관에 의해 이중의 고통을 받았다고 할 수 있다. "부녀가 중과 같이 절에 올라가면 실절(失節)한 것으로 논죄한다"는 등의 다양한 사회적·법률적 기제에 의해 여성들의 사찰 출입과 신앙 행위에의 참가는 통제되거나 금기시되었다. 『조선왕조실록』에는 불교와 관련된 여성에 관한 기

2) 누카리야 카이텐(忽滑谷快天), 『朝鮮禪教史』(東京: 春秋社, 1930), 30; Eun-Su Cho, "Reinventing Female Identity: A Brief History of Korean Buddhist Nuns," *Seoul Journal of Korean Studies*, Vol.23, No.1 (June 2009), 32-33 참조.

록이 빈번히 나타나며 그 내용은 대부분 부정적인 것들로, 남녀가 섞이는 것을 금지하고 부녀의 사찰 출입을 금한 나라의 원칙을 어겨 문초를 받은 사례나, 출가하려는 여성이나 비구니들을 비난하고 사원 혁파를 주장하는 대신들의 제청, 그리고 정업원 등의 궁궐 내 불당에서의 불교 행사를 비판하는 상소들이 그 대부분을 차지한다. 유교적 가족질서와 규범에서 일탈한 자로서 비구니는 유학자들의 시각으로는 매우 위험한 존재였다고 할 수 있다.[3] 실록에 나오는 상소에서는, "국조(國朝) 이래로 승니의 도성 출입을 금단한 것은 음란하고 간특함을 징계하여 민속을 바로잡으려는 것입니다. … 그런데 이제 부녀로서 지아비를 배반하고 주인을 배반한 자와 일찍 과부가 되어 실행(失行)한 무리가 앞을 다투어 밀려들어 모이는 장소가 되었는데, 거기서 이들은 간음을 행하며 간사한 짓을 하는 등 현혹시켜 어지럽히는 정상이 한두 가지가 아닙니다"[4]라고 하여 배반, 실행, 간음, 간사 등의 어휘로 비구니를 연관시키고 있다. 여성에 대한 혐오가 이단 종교인 불교를 믿는 여성으로서의 비구니에게서 그 절정에 달해 있음을 알 수 있다.

그러나 실록에 나타나는 불교 여성에 대한 부정적 기록들은 당시 사회의 불교관뿐만 아니라 조선사회의 여성관을 알려 주는 증거이며, 조선조 내내 이런 사건 기록이 끊이지 않는다는 것 자체가 불교 수행의 전통이 계속 존재하였다는 것을 강력히 반증하는 것이기도 하다.

불교는 생활의 한 부분이자 정신적인 안식처로서 여성들과 늘 함께

3) Ji-Young Jung, "Buddhist Nuns and Alternative Space in Confucian Choson Society," in Eun-su Cho ed., *Korean Buddhist Nuns and Lay Women: Enduring History and Enduring Vitality* (NY: SUNY Press, 2011), 147-164 참조.

4) 『숙종실록』(숙종 30년 10월 28일). 정지영의 앞의 논문 재인용.

하였다. 유생들 스스로가 불평하듯이 이들 여성들은 “금령을 무서워하지 않고 마음대로 행동하여 꺼림이 없었고”[5] 그들의 불교 신앙은 지속되었으며, 특히 왕실 여인들 사이에서 지속적으로 신행되고 있었다. 조선 중기까지 왕실의 궁인들은 스스로 불상을 모시고 남은 생애를 불교에 귀의하여 비구니가 되기도 하였으니, 궁궐에는 자연히 불당이 이루어졌다. 어떤 점에서는 국왕들도 암묵적으로 이러한 신행 활동에 참여하고 있었던 경우도 나타난다.

신도 층이 여성에 주로 한정되고 또 사대부 집안 부인과 왕실 여성들 중에 많은 후원자들이 있었지만, 그 후원자들의 남편 성향이 어떠한가, 또 남편과 관련된 정치 상황이 어떠한가에 따라 비구니 절의 운명이 좌우되었다. 어느 유명한 유학자의 부인은 남편이 죽자 출가를 해서 비구니가 되었는데, 유생들이 들고 일어난 탓에 그 절의 문을 닫아버렸다는 등등의 이야기가 대표적인 것이다. 연산군은 자기 아버지의 후궁들이 비구니가 되었다는 이유로 아예 그 절의 모든 비구니를 노비로 만들어 버리기도 하였다.

그러나 국가의 통치이념으로서의 유학과 개인적 신앙으로서의 불교는 서로를 배제하는 점도 있지만 보족하는 면도 있었다. 여염집 부녀자들이 돌아가신 부모나 가족친지들의 극락왕생을 발원하기 위해 지장보살도나 시왕도 등의 불화 제작이나 불상 조성, 또는 관련 경전의 유포를 위해 시주한 기록들이 남아 있는데, 이것은 효(孝)라는 유교적 도덕 이념과 불교적 신앙이 결합한 형태라고 할 수 있다. 이는 조선시대의 사회 분위기에서 종교 간의 갈등을 피하기 위해 나타난 새로운 신앙 형태라

---

5) 『세종실록』(세종 29년 4월 27일). 정지영 앞의 논문 재인용.

생각된다. 또한 사적 공간에서의 불교 신앙은 여성에게만 국한된 것이 아니었으며, 은퇴한 남성들이 승려들과 교류하거나 사찰을 순례하고 참배한 기록들도 많이 찾아볼 수 있다. 한 예로 금강산의 유점사는 그 당시 식자들의 대안적인 종교적 귀의처였다고 할 수 있다. 사대부 집 아들인 율곡이 어머니가 돌아가신 뒤 잠시나마 유점사로 출가했다는 것도 그 한 사례이다.

다산 정약용이 강진에서 귀양살이를 하던 중 들은 이야기를 서사시로 옮겨 썼다는 "도강고가부사"(道康瞽家婦詞)를 보면, 술주정뱅이 아버지의 강압과 중매쟁이에게 속아 늙고 포악한 남성에게 시집갔던 강진 지방의 어떤 여자 아이가, 남편의 매질과 구박을 견디지 못하고 절로 도망쳐 여승이 되었다가 남편의 고발로 관가에 끌려가는 이야기가 들어 있다. 이를 통해 우리는 조선 후기인 18세기 당시의 사찰들이 여성에게 일종의 은신처 역할을 했음을 알 수 있다.

경제적 · 사회적 핍박과 끊임없는 유학자들의 사상적 공격 속에서도 불교 수행의 근거지인 사찰들은 계속 지탱되고 있었다. 하지만 조선 중기 이후 국가 이데올로기로서의 유교가 더욱 경직되자 불교에 대한 박해는 한층 심해졌으며, 사찰의 경제적 기반이 몰락하면서 불교 신행은 급격히 쇠퇴하게 된다.

3. 근대 이후 한국의 비구니

조선시대 500여 년 간의 불교 암흑기를 지내고 나서도 한국의 비구니들은 그 존재를 유지하고 있었다. 조선시대 말기 비구니들의 생활상

선경 스님(1903~1994)과 그의 제자들(출처: 마르틴 배철러, 『출가 10년, 나를 낮추다』, 웅진뜰)

에 대해서는 그동안 거의 알려져 있지 않았으나, 최근 19세기 말 비구니들의 행적이 여러 직·간접적 자료를 통해 계속 드러나고 있다. 아마 당시의 불교계가 전반적으로 그랬듯이 승가의 형태, 제도, 수행법, 이념 등에서 그전의 승가와는 다르게 많은 변화가 있었을 것으로 짐작된다. 하지만 이후 나타난 여러 기록들을 볼 때 한국 비구니들은 그 수행의 전통을 면면히 이어가고 있었음을 알 수 있다.

마르틴 배철러가 쓴 책의 주인공인 선경 스님(1903~1994)의 일생을 잠깐 살펴보자.[6] 그분은 1903년 가난한 농부의 집에서 출생하여, 9세 때 어머니가 돌아가시고 형제 많은 집안에 가난에 찌든 인생이 힘겨워 목숨을 끊을까 생각도 하였는데, 하늘에서 너와 부처님의 인연이 남다르다는 말이 들려 여승이 되라는 말로 알아듣고 출가를 결심하였다고

6) Martine Batchelor, *Women in Korean Zen* (Syracuse University Press, 2006); 조은수 옮김, 『출가 10년 나를 낮추다』(웅진뜰, 2011), 141-168.

한다. 18세 되던 해 1921년에 마곡사 근처 영운암을 찾아갔으나 키가 작고 못났다고 받아주지 않겠다는 것을 어떤 스님이 나와 보시고 작지만 괜찮아 보인다고 받아주셨다. 선경 스님은 명덕 스님을 은사로 하여 사미니계를 받았는데, 명덕 스님은 당시 마곡사를 비롯한 인근 사찰을 후원하던 큰 집안 출신으로 한학에 능한 분이었다. 명덕 스님은 상당한 수준의 전통교육을 받은 규수로 불문에 출가하신 분으로 보인다. 그런데 명덕 스님이 철마다 윤필암 등의 여러 선방으로 수행 정진하러 다니신 탓에 선경 스님은 그와 함께 지낼 시간이 거의 없었고, 그 대신 그분의 은사스님인 노스님을 시봉하여야 했다는 것을 보아 명덕 스님의 수행 열정은 대단하셨던 것 같다. 또한 그 집안이 마곡사를 비롯한 다른 절을 후원하였다는 점으로 미루어, 당시에도 지방 유지들은 전통적 습속대로 사찰과 스님들을 후원하였던 것을 알 수 있다. 그 후 선경 스님은 수행에 정진하여 여러 선지식을 찾아서 각종 선방을 다니면서 참선수행에 몰두하였다. 1900년대 중반에 이름을 날리던 여성 선사인 만성 스님에게 지도를 받기도 하고, 또한 만공 스님의 가르침을 받기도 했다. 이십대의 두 비구니 스님인 선경 스님과 본공 스님이 오대산 상원사에 계시던 당시의 선지식 한암 스님을 만나 가르침을 받겠다고 눈이 뒤덮인 오대산을 넘어 걸어가던 회상은 아주 감동적이다.

비구니 승가의 건전성과 활력을 잴 수 있는 근거의 하나로 수행과 교육기관과 제도가 제대로 갖추어져 있는가 여부를 들 수 있다. 특히 참선 수행하는 스님들을 위한 선원과 교학 공부를 할 수 있는 강원의 존재 여부가 그 시금석이 된다. 근대 최초의 비구니 선원으로는 법희 스님(1887~1975)이 세운 견성암 비구니 총림을 든다. 법희 스님은 만공 스님에게 전법게를 받고 1916년 수덕사 견성암에 비구니 선방을 세워 후

근대 비구니 교단 부활의 아버지라고 불리는 만공 스님(1871~1946)과 비구니 제자들(1942년 수덕사 견성암에서)

학을 배출함으로써 단절되었던 비구니 법통을 다시 이어 근대 비구니 선맥을 중흥하였다. 또한 문경 대승사 윤필암에도 비구니 선방이 있었다는 것이 앞서 인용한 선경 스님의 회고록에도 나온다. 그리고 1930년대 후반 선경 스님은 본공 스님과 함께 당시 최고 선승의 한분인 한암 스님이 계신 월정사를 찾아갔다가 그 인근의 지장암에서 수행하였다고 적고 있다. 지장암은 오대산 월정사 소속으로 그곳의 기린선원은 북방 최초의 비구니 선원이라 한다. 후에 석남사를 중창한 인홍 스님도 이곳 지장암에서 출가하였다. 그리고 부산의 여성 조사 만성 스님은 부산 범어사 대성암에 비구니 선방을 개설하였다.

비구니 선원 외에 비구니가 되기 위한 교학적 훈련 기관으로서의 강원에 대한 자료도 최근 밝혀지고 있다. 근대기 최초의 비구니 강원으로 기록에 남은 것으로는 일제 강점기 말기에 설립된 남장사 관음강원이 있다. 초대 비구니회 회장을 지낸 광우 스님에 따르면,[7)] 남장사는 원래 비구 도량이었는데 광우 스님의 속가 부친 혜봉 스님이 조실로 주석하면서 비구니 강원을 개설했다. 강사는 비구니 수옥 스님이 맡았다. 20여 명의 비구니가 입방했으며, 교과목이나 일하고 공부하는 방식 등도 지금의 전통 강원과 거의 다르지 않았다고 한다. 1941년에 설립되어 3년 만인 1944년에 제1기 졸업생을 배출하였는데, 졸업한 스님들은 광우 스님을 비롯하여 세 명이었다고 한다. 강원은 첫 졸업생을 낸 뒤에 문을 닫았는데 일제 말기 정신대 징집을 피해 비구니 스님들이 흩어졌기 때문이라고 한다. 한편 삼선승가대학 강사인 수경 스님이 2007년 정리한 비구니승가대학 역사에 따르면 남장사 강원 이전에도 국일암, 옥련암에 비구니 전문 강원이 있었다고도 한다.

이후 해방과 6·25 동란이라는 사회적 시련을 겪으면서 비구니계에는 큰 변화가 일어난다.[8)] 초토화된 산천에서 비구니들은 폐허가 된 가람들을 복구하는 일을 시작하였다. 의정부에 소재한 석림사는 전쟁 이후 소실되어 폐사한 것을 상인(相仁) 비구니 스님이 복원하였다고 한다. 당시 스님은 석림사에 들렀다가 절의 퇴락상을 보고 중창할 서원을 세웠으며, 이후 수년간 단월(檀月: 시주자)을 찾아다니면서 시주를 얻어 현

7) 최정희, 『부처님 법답게 살아라 - 광우스님과의 대담』(조계종출판사, 2008).

8) 조계종출판부에서 1990년대 출판하였으나 지금은 절판되고 대신 확장 증보되어 붓다피아(Buddhapia) 사이트에서 서비스 되고 있는 "What is Korean Buddhism"에 따르면, 근대 이후 비구니 수가 증가한 한 가지 원인으로 6·25 동란 이후 여자 고아들을 비구니 사찰에서 수용한 것과, 전쟁 이후의 베이비붐을 들고 있다("The increase in women seeking ordination was possibly initially due to the mass of female orphans from the Korean War in 1950 and the baby boom after the war." From http://www.buddhapia.com/eng/extensive/4-a4a5.html).

재의 가람을 이룩하였다고 한다. 동화사 양진암도 한국전쟁 이후 성련 스님이 그곳에 자리 잡아 비구니 선원을 일구었다. 석남사의 정수선원은 한국전쟁 때 전소된 것을 인홍 스님이 복구하였다. 이후 석남사는 대표적 비구니 사찰로 성장하여 주요 수행기관으로 자리 잡게 된다. 또한 내원사의 경우도 전쟁 때 완전히 소실된 것을 1955년 수옥 스님이 재건하여 오늘에 이른 것이다.

이상과 같은 사실들은 각 사찰의 중창기, 스님들의 회고록, 인터뷰 등을 통해 그동안 새롭게 밝혀진 것들이다. 이 자료들을 통해 한국전쟁 이후 비구니 스님들이 수행의 전통을 이어가고 폐허가 된 가람들을 복구하기 위해 얼마나 많은 난관을 극복하였는지를 알 수 있다. 또한 이는 불교사 연구에 있어 자료의 중요성을 일깨워 준다고 하겠다.

1953년 한국전쟁이 끝난 뒤 한국 불교계는 1954년 이승만 대통령의 정화유시를 계기로 60년대 말까지 소위 정화운동에 휩싸였는데, 이 기간 동안 비구니들은 불교계에서 자신의 힘을 결집하는 계기를 마련하게 된다. 일제 강점기에 많은 비구승들이 대처승으로 전환하였기 때문에, 해방 후 불교 교단 내에는 결혼하지 않은 비구승의 숫자가 그리 많지 않았다. 이에 비해 비구니 승려들은 모두 독신의 전통을 지키고 있었으므로 숫자에서 오히려 비구보다 우위를 차지하였다.

그러나 어떤 사진 자료를 보면 비구니임이 분명한 수백 명의 승려가 깃발을 들고 가두시위를 하지만, 정작 그들이 들고 있는 깃발에는 "寺刹(사찰)은 比丘僧(비구승)의 修道場(수도장)이다"라고 되어 있다. 이로 미루어 볼 때, 실제로 정화의 기치는 비구니승이 들었지만 결과는 "비구승"이 대표로 내세워지는 과정을 엿볼 수 있다. 다른 한편에서는 이 상황을, 승려들이 스크럼을 짜고 경찰들과 대치할 때 물리적 충돌을 피하기 위해 앞줄에 비구니 스님들을 배치한 것이라고 주장하기도 한다.

이렇게 거리에서 그리고 법정에서 10여 년 동안의 치열한 공방을 거친 뒤, 대부분의 사찰들은 비구승에게 소속되는 것으로 판결이 나게 되었다. 심지어는 정화가 끝난 후 25개 본사 중 하나를 비구니 승가에게 넘겨달라는 청원조차도 결국 비구들에 의해 묵살당하였다고 한다. 당시 비구니들이 동화사에 1년 동안 살았으나 이런 결정이 나는 바람에 운문사로 옮겨가게 되었다. 이는 여성들이 앞장서서 투쟁하여도 전승의 결과는 남성들에게 돌아간 역사 속의 수많은 사례 중의 하나로 기록될 것이다.

4. 1970년대 이후 비구니계의 성장

1970년 이후 한국의 비구니 승가는 그 규모와 활동 면에서 뚜렷한 성장을 이루었다. 2012년 현재 조계종 출가승의 숫자는 15,000명 정도이며, 비구와 비구니는 거의 같은 수를 차지하고 있다. 또한 이렇게 양적인 면뿐만 아니라 질적인 면에서의 성장도 뚜렷하다.

현재 한국의 비구니 교단은 승단으로서의 형식과 규범을 갖추고 있으며, 세밀한 출가와 수계의 절차가 정립되어 있다. 강원과 선방에서 조직적 교육과 훈련을 받으며, 이러한 조직적 수행과 훈련과정을 통해 사자상승하는 법맥의 전통을 이어가는 것이다. 또한 사원공동체 생활을 함으로써 수행자로서의 정체성과 자신이 속한 교단의 전통 그리고 역사성에 대한 의식을 공유하게 된다. 그리고 강원과 선방을 통한 일정 기간의 훈련을 마친 뒤에는 포교, 교육, 사찰 운영 등의 여러 영역에서 자신의 대사회적 역할을 실천하고 있다.

그러면 이처럼 지난 1970년 이후부터 한국의 비구니 교단이 괄목한 만한 성장을 이루게 된 동력은 과연 무엇일까? 이것은 필자의 전문 영역도 아니고 역사학자와 사회학자들이 같이 공동으로 연구해야 할 과제라 생각하지만, 여기서는 나름대로 생각해 본 것을 아래와 같이 여섯 가지로 정리해 보았다. 1970년대 이후 한국 비구니계의 괄목할 만한 성장의 요인을 분석해내는 것은 비구니의 역사뿐만 아니라 한국의 근대 여성사를 이해하는 데에도 중요한 정보를 제공할 것이라 생각한다.

첫째, 집단적인 응집력이다. 정화운동 이후 현대에 이르기까지 수차례에 걸친 승가 개혁 과정에서 비구니들이 보여 준 응집력은 한국 승가에서 비구니들의 역량을 과시하는 좋은 계기가 되었다. 비구니들은 상대적으로 좁은 환경에서 큰 집단을 형성하고 살아왔다. 비구니 강원이나 선원은 언제나 시설에 비해 정원이 넘치는 형편이었고, 일반적인 생활 시설도 모자라고 열악했다. 그들은 상대적으로 엄격한 규율하에서 생활하였는데, 그것은 엄격한 계율 탓도 있지만 열악한 집단 환경 속에서 정착된 삶의 방식이라고도 할 수 있다. 집단적 생활은 개인적인 성장과 특기를 진작하는 데에는 부적절한 환경이지만, 다른 한편으로는 공동의 목표를 담지하고 공동의 사회활동에 참여케 하는 환경을 조성했다고 할 수 있다.

둘째, 경제적인 환경이 달라졌다는 점이다. 1970년대 이후의 경제발전에 따라 한국 승가의 경제력도 빠른 속도로 개선되어 왔다. 비구니들이 거주하는 사찰도 이러한 시대적 변화에 따라 상당한 경제력을 확보할 수 있었으며, 특히 비구니들은 특유의 근검한 생활태도로 이러한 경제적인 기회를 비구 사찰에 비해 효율적으로 활용하였다. 경제적인 능력의 확보는 내적으로는 비구니들에게 수행인으로서 그리고 포교자로서의 자신에 대한 자신감을 가져왔고, 외적으로는 수행과 대사회적 활동의 깊이와 폭을 넓히게 되어 외적 신뢰의 기반을 확대하는 계기가 되었다.

셋째, 최근 한국 불교의 수행의 이상에 대한 이념이 상당히 바뀌었다는 것을 들 수 있다. 전통 사회에서 근대에 이르기까지 한국 승가는 일로향상(一路向上)의 최상승(最上乘) 선(禪) 수행만을 지향하는 일종의 수행제일주의가 지배하고 있었다. 선 수행을 기준으로 이판(理判)과 사판(事判)을 엄격하게 구분하는 전통이 조선시대에 자리를 잡으면서, 사판은 이판을 위해 존재하는 보조적이며 불가피한 필요악 정도로 간주하는 최상승 수행제일주의가 승가 내외를 지배하였다. 1980년대까지도 수행에 전념하는 선승들의 목소리는 승가 내외에 절대적인 영향력을 발휘하고 있었다고 할 수 있다. 그러다가 종단 행정의 중요성을 인식한 수행승들이 전통적으로 사판에 속하던 영역에 적극 참여하기 시작한 것은 80년대 후반에 이르러서였다. 즉 현대 한국 사회가 전통사회와 결별하면서 사원이란 인적 자원과 물적 자원이 존재하는 곳이고, 이런 자원을 잘 경영하는 것이 중요하다는 것이 점차 인식되면서부터이다. 이후 이판과 사판의 구분이 점차 모호해졌고, 때에 따라서는 사판의 중요성이 이판을 능가하는 환경이 만들어졌다. 이후 최상승 수선주의(修禪主義)에 대한 절대적인 권위가 흐려지기 시작하면서, 화두선 이외의 다양한 수행법에 대한 관심이 승가 내외에 고조되기 시작하였다. 간화선 이외에는 이단으로까지 배척되어 왔던 염불이나 기도, 두타, 이타 등의 수행법들이 주목을 받게 된 것이다. 단도직입적이며 거칠고 과격한 고승들의 행적을 최상승 수행자의 진면목으로 칭송하던 이전의 문화에서, 비구니 스님들의 단정하고 정결하며 계율을 엄격히 지키는 태도, 그들의 두타행이나 염불, 기도 정진 그리고 사회의 소외층을 위해 자신을 희생하는 이타행의 실천 등에 대해서도 새로운 평가가 나오게 되었다. 또한 비구들이 주도하던 승단이 오랫동안 보여 온 부패상과 권력 다툼에 대비되어 비구니들의 수행이 상대적으로 강하게 부각되기도 하였다.

넷째로, 한국 사회의 변화에 따라 승가에 대한 기대에도 변화가 있었다는 것을 들 수 있다. 종교집단의 이타행, 대사회적 역할과 같은 문제들은 근대 한국 승가의 수행제일주의하에서는 거의 무시되어 오던 것들이었다. 산속에 있는 전통 사찰들은 외부 사회의 변화에 크게 의존하지 않아도 될 만큼의 경제적 기반을 어느 정도 확보하고 있었고, 이들 전통사찰이 최상승 수행제일주의의 근대 승가를 형성하는 밑바탕이 되었다. 그러나 사회가 다변화하고 거대화하면서 승가의 규모도 대규모 조직체로 확장되기 시작함에 따라, 승가의 대사회적인 역할도 증가하기 시작했다. 전통 사찰의 규모를 넘어서는 새로운 현대식 사찰들이 등장하고 안으로는 전법과 대중 교화의 중요성의 문제, 밖으로는 종교의 대사회적인 역할 등의 문제가 새로이 제기되기 시작하였다.

다섯째로, 근대 한국 사회에서 여성의 역할과 지위가 급격히 제고됨에 따라 이런 변화가 비구니의 위상에 큰 영향을 준 것은 말할 나위도 없다. 사회가 변화하는 데 따라 종교가 적어도 발맞춤은 할 수 있어야 한다는 목소리가 높아졌다. 전통 종교로서 불교가 지니는 문화적 보수성과 봉건성에 대한 비판의 목소리도 나타나면서 이러한 시각을 바꾸어 보려고 모색하게 되었다. 2003년 최초로 조계종의 행정보직에 비구니가 임명된 것을 그 대표적인 예로 들 수 있다. 총무원 문화부장으로 비구니 탁연 스님이 임명되었다는 소식이 처음 발표되었을 때, 교계뿐만이 아니라 일반 뉴스 매체에서도 일제히 이 사실을 보도하고 환영하는 논평을 실었다. 이를 보면 불교 내부의 보수성에 대한 외부의 시선과 그들의 기대가 어떤 것인지를 알려 준다 하겠다.

여섯째로, 전통적으로 대가족 사회를 지향하던 한국 사회가 핵가족 사회로 변화하면서 가족 중심주의 이념과 가치관이 전통적 효도의 개념을 대체하였고, 각 가정 내에서 육아와 교육에 대한 관심은 갈수록 높아지고 있다. 이런 추세에 가정과 개인 간의 심리적이고 감정적인 갈등에 대해 좀 더 잘 공감하고 그러한 문제의 미세함을 읽을 줄 아는 여성 성직자들이 신도들과 제자들과의 의사소통에 훨씬 성공적이고 설득력을 갖게 되는 것은 당연하다.

이상에 열거한 것 외에도 여러 가지 이유가 있을 것이다. 하지만 분명한 것은 교단 내외에서의 이념과 물질적 환경의 변화에 따라 근·현대 비구니 승단에 변화가 나타났으며, 그런 변화는 계속 나타나고 있고 이러한 비구니계의 변화는 앞으로 한국 불교계의 성격에도 영향을 끼칠 것이라는 사실이다.

5. 연구사 – 역사 속의 비구니를 찾아서

한국 불교사에 대한 근대적 연구는 이능화의 『조선불교통사』 등과 같은 연구서가 1918년 출간되면서부터 시작하였다고 할 수 있으나, 한국의 비구니에 대한 연구를 시작한 것은 아주 최근의 일이다. 특히 1998

년에 출판된 하춘생의 『깨달음의 꽃 1』과 『깨달음의 꽃 2』는 일반인들에게 근·현대 비구니의 삶과 수행에 대해 관심을 불러일으킨 단초를 제공하였다.

하지만 서구 학계에서는 이미 1970년대에 불교 여성에 대한 연구가 본격적으로 나타났다. 인도와 태국, 티베트 등지의 여성 불교와 그 역사에 대한 연구가 이루어지고, 90년대부터는 동아시아 불교, 즉 중국과 대만 불교에 대한 관심과 함께 그곳 불교 여성에 대한 저술과 논문이 무수히 나왔다. 또한 조동종을 비롯한 일본의 니승들에 대한 연구서들도 발표되기 시작하였다. 이러한 외국 학계의 움직임은 국내에도 상당히 영향을 주었다. 중앙승가대학 비구니연구소의 태동과 함께 2001년경부터 국내에서도 비구니 자료를 수집하고 역사를 편찬하는 본격적인 작업이 시작되었으며, 한국의 비구니 연구에 관심을 갖는 국내외의 학자들의 활동이 나타났다. 2004년 국내에서 한국의 비구니를 주제로 한 국제학회가 최초로 열렸으며, 지난 10년간 비구니에 대한 많은 연구서와 논문들이 출간되었다.

그런데 이러한 연구를 수행해 나가는 데 가장 문제가 되는 점으로 자료의 부재를 꼽을 수 있다. 특히 근대 이전으로 시기가 올라가면 역사에 나오는 몇 줄의 자료에 의지해야 한다. 고전 사료도 없을 뿐더러 최근세사의 경우에도 과거의 큰 비구니 스님들의 행적에 대한 자료를 찾기란 쉽지 않다. 다행히 뉴욕과 시카고 등에 지부를 두고 있는 선련사 회주 삼우 스님은 지난 10년간 비구니 근·현세사를 쓰기 위한 자료를 수집하고 있으며, 그동안 많은 비구니 노스님들과 인터뷰를 하였다. 이 자료들은 곧 출간될 것으로 기대한다.

한국의 비구니와 불교 여성에 대해 연구할 때 큰 제약점은, 중국이나 일본 등의 경우와는 달리 한국의 불교 여성이 직접 자신의 신앙에 대해 쓴 글이 없다는 것이다. 『한국불교전서』 13권 전체를 통틀어도 여성 자신의 저술은 하나도 없다. 비구인 승려들은 자신들의 저술 속에서 어머니에 대해서는 썼을지언정 비구니에 대한 글은 쓰지 않았다. 신심 깊은 여성이나 비구니 들을 논하는 경우에는 중국의 여성을 예를 들었지 한국 여성들에 대해서는 언급하지 않았다.[9] 전통 한국 사회에서 여성이 대부분 그러하였듯이 비구니 스님들도 자신을 드러내지 않고 은둔하는 생활 태도를 삶의 방식으로 받아들이게 된 것 같다. 앞에서 비구니들의 집단적 응집력을 거론했는데, 자신의 전통을 보존하겠다는 일념은 강하지만 외부에 자신을 노출하거나 개인적 개성과 능력을 드러내기를 꺼려하는 습관이 바로 그러한 문화를 보여 준다.

필자가 본 바로는 조선시대에 성립된 것으로 여겨지는 불교 가사들 중에서 어떤 오도송들은 여성들이 작가이거나 아니면 여성들이 대신해서 쓴 것이라 생각한다. 그러나 저자 이름이 나타나지 않는 한 이것을 증명할 길이 없다. 앞에서 말한 선경 스님의 기록은 외국인 승려가 인터뷰를 통해서 얻은 기록을 해외에서 출판하였기 때문에 남아 있게 된 것이다. 다행히 그동안 여성 큰 스님들의 문집이 그 제자들에 의해 출판되는 일이 간간히 있어, 화원사 선원장을 지낸 월주 지명 스님의 『달빛은 우주를 비추네』라는 문집이 1996년에 출판되어 지난 날 불교 여성 역사의 편린을 살펴볼 수 있게 하였다.

---

9) John Jorgensen, "Marginalized and Silenced: Buddhist Nuns of the Choson Period," in Eun-su Cho ed., *Korean Buddhist Nuns and Laywomen: Hidden Histories, Enduring Vitality* (Albany: SUNY Press, 2011).

6. 해외의 불교 여성 연구 현황과 제기된 문제들

앞에서 지난 10년간 한국의 비구니에 대한 학문적 관심이 등장한 과정을 설명하면서, 그러한 관심이 나타난 배경의 하나가 서구 학계에서 일어난 여성에 대한 연구라고 고찰하였다. 그럼 해외에서 불교 여성 연구는 어떤 방향으로 이루어지고 있으며, 그러한 관심의 중심을 이루는 주제는 무엇일까.

서구 학계에서 최초로 나온 비구니 또는 불교 여성에 대한 연구서는 아마도 호너(Horner)가 1930년에 쓴 팔리 불교 속의 여성들에 대한 책 *Women Under Primitive Buddhism*일 것이다.[10] 이 책은 지금도 계속 출판되는 고전으로서, 불전에 나타나는 재가 여성들을, 어머니 · 딸 · 아내 · 지혜 · 직업여성의 다섯 항목으로 나누어 소개하고, 이어 비구니에 대해서는 주로 율장(Vinaya)과 테리가타(Therigatha)를 중심으로 해설하였다. 테리가타란 여자 장로 비구니들의 종교적 게송 73편의 모음집으로, 게송들에서 여성 출가 수행자들의 영웅적인 수행과 깨달음을 얻고자 하는 노력을 생생히 찾아볼 수 있다. 그런데 이러한 연구서가 나올 수 있는 것은 이미 1909년에 리스 데이비스 부인(Mrs. C.A.F. Rhys Davids)이 팔리어를 영어로 번역하여 *Therigatha: Psalms of the Sisters*라는 제목으로 Pali Text Society(PTS)에서 출판하였기에 가능했을 것이다. 호너는 자신의 서문에서 데이비스 부인이 제안을 해서 그 책을 쓰게 되었다고 밝히고 있다. 이 두 선구적인 여성 불교학자들이 PTS 설립에 참

10) Isaline Blew Horner, *Women Under Primitive Buddhism; Laywomen and Almswomen* (New York: E. P. Dutton and Company, 1930).

여하고, 많은 양의 팔리어 불전을 번역하면서 특히 불전 속 여성의 목소리를 부각하기 위해 일종의 사명을 가지고 노력하였다는 것은 다시 한번 새겨볼 만한 일이다. 이후 인도 초기의 여성 승단과 여성 수행자에 대한 문헌과 기록들을 여러 학자들이 연구하여 초기 불교의 여성 승단의 성격과 그들의 위상에 대한 번역서와 연구서를 많이 발표하였다. 한편 인도뿐만 아니라 스리랑카나 태국 등의 상좌부(테라바다) 불교 전통에서는 비구니 승가가 있었으나, 인도의 경우는 6세기 이후, 스리랑카 등은 11세기 이후부터 멸실하였다고 한다. 이에 대해 역사적·종교학적으로 천착하면서 비구니 승가의 복원을 주장하는 연구 성과들도 많이 나왔다.

동아시아의 전통에 대해서 미리암 레버링 등에 의한 중국 선종사 속에서 등장했던 여성 조사들에 대한 연구가 있다. 송대의 선사 대혜 종고의 비구니 제자인 묘도(妙道) 선사와 묘총(妙總) 선사에 대한 연구에서 대혜 종고는 간화선법에 대해 그의 비구니 제자들의 수행 과정과 결과를 보고 확신을 얻게 되었다고 주장한다.[11] 이런 중국 불교와 일본 불교에서의 비구니에 대한 연구는 한국의 비구니 연구에 큰 도움을 준다. 예를 들어 중국 송대의 엘리트 비구니들의 삶과 그들의 활동에 대한 기록을 보면, 당시 고려시대 불교의 신행 형태에 대한 지침도 얻을 수 있다.

고대의 불교 여성에 대한 연구서뿐만 아니라, 현대의 불교 여성 지도자들의 자서전이나 전기도 일반 교양서로서 최근 다수 출판되었다.[12]

---

11) Miriam Levering, "Miao-tao and her Teacher Ta-hui," in *Buddhism in the Sung Dynasty*, edited by Peter N. Gregory and Daniel A. Getz, Jr., Kuroda Institute Studies in East Asian Buddhism 13 (Honolulu: University of Hawaii Press, 1999), 188-219.

12) 영국인으로 티베트 불교 전통에 출가한 텐진 파모 스님이 쓴『나는 여성의 몸으로 붓다

중국과 대만, 일본 등지의 여성 불교에 대한 전문 학술연구서들도 많이 나타났다.13) 대만의 비구니 승단에 관한 연구는 대만 역사가 50년에 불과한 만큼 근·현대사와 관련한 사회학적 연구의 성격을 띤다. 대만은 불교가 종교 인구의 다수를 차지하고, 특히 비구니들이 왕성한 활동을 하는 것으로도 유명하다. 승려의 90퍼센트 이상이 비구니로, 그들은 교단 내에서뿐만 아니라 사회적으로도 왕성하게 활동하여 그 능력에 대해 높이 평가를 받고 있다. 이러한 대만 비구니계의 급격한 성장에 대해 세계의 학자들도 크게 관심을 보이고 있으며, 최근에는 대만 청화대학의 줄리아 황 교수에 의해 대만 자제공덕회(慈濟功德會) 설립자 비구니 증엄(證嚴) 대사에 대한 연구서가 나와 학계에서 주목을 받고 있다.14)

그런데 서구 불교학계에서 여성에 대한 연구는 기독교 신학의 여성신학에서 이론적 틀과 시각, 방법론 등 많은 영향을 받았다. 여성신학은 20세기 후반 서구 신학계의 남성으로서 신 이미지와 가부장적인 신관

가 되리라』 등을 그 대표적인 것으로 들 수 있다.

13) Karma Lekshe Tsomo가 편집한 일련의 책들, *Buddhist Women Across Cultures: Realizations* (Albany: State University of New York Press, 1999); *Innovative Buddhist Women Swimming Against the Stream* (Richmond: Curzon, 2000); *Buddhist Women and Social Justice: Ideals, Challenges, and Achievements* (Albany: SUNY Press, 2004); *Bridging Worlds: Buddhist Women's Voices across Generations* (Taipei: Yuan Chuan Press, 2004), 외에 Wei-Yi Cheng, *Buddhist Nuns in Taiwan and Sri Lanka: A Critique of the Feminist Perspective*, Routledge Critical Studies in Buddhism (Abingdon, NY: Routledge, 2007); Paula Kane Robinson Arai, *Women Living Zen: Japanese Soto Buddhist Nuns* (New York: Oxford University Press, 1999); Barbara Ruch, *Engendering Faith Women and Buddhism in Premodern Japan*, Michigan Monograph Series in Japanese Studies, no. 43 (Ann Arbor: Center for Japanese Studies, University of Michigan, 2002) 등이 대표적이다.

14) Julia Huang, *Charisma and Compassion: Cheng Yen and the Buddhist Tzu Chi Movement* (Harvard University Press, 2009).

에 반대하여 등장한 새로운 신학 이론으로, 여성신학의 등장과 함께 종교학 내에 '여성'이라는 연구주제가 새로운 동력을 얻었다고 할 수 있다. 여성신학에서는 가부장적인 신의 이미지와 권위적인 교회의 위계질서를 비판하면서, 소위 세계 종교라고 불리는 고등 종교들이 그동안 얼마나 남성 중심적인 이데올로기를 고착시키고 진전시키는 데 기여해 왔는가를 밝히고 있다. 또한 지구 구석구석에서 일어나는 현대 사회의 대립과 모순을 교정하기 위한 대안적 사고를 찾기 위해 여성의 영성에 대한 연구를 전개시켜 왔다. 여성의 영성의 본질과 그 사회적 실현이 무엇인지에 대한 질문을 던지면서, 드러나지 않은 여성 수행의 역사를 재발굴하고 조명하기 위해 이름 없이 신앙의 전통을 이어온 그들의 관점에서 그들을 중심으로 한 기독교 역사를 다시 써야 한다고 역설한다.

이 같은 여성신학의 관점과 비견될 수 있는 불교 내의 시도로 1993년에 출간된 리타 그로스(Rita Gross)의 책 *Buddhism After Patriarchy*(가부장제 이후의 불교)를 들 수 있다.[15] 이 책은 불교와 페미니즘과의 연결을 본격 시도한 최초의 연구서로 이 분야의 고전이 되었다. 그는 이 연구를 통해 서구의 페미니즘 연구 성과를 수렴하여 불교에 적용할 뿐만 아니라, 역으로 불교의 교리와 수행관에서 페미니즘에 시사를 줄 수 있는 이론을 추출해내려는 야심적인 작업을 시도하였다.

그는 기성종교에 대해 페미니즘의 입장에서 다음과 같이 비판하였다. 소위 고등 종교에서는 남성 중심의 교단과 남성적 가치의 사상이 주류를 이루고 있다. 따라서 중요한 종교적 의례나 교단 조직에서 여성은

15) Rita M. Gross, *Buddhism After Patriarchy: A Feminist History, Analysis, and Reconstruction of Buddhism* (Albany: State University of New York, 1993).

배제되고 주변화되고 사소화된다. 설교와 의례는 남성이 주관하고 여성은 청취자이고 들러리일 뿐이다. 종교의 주요 인물들, 즉 마스터들은 거의 남성이며 여성은 고려대상이 아니었다. 설사 소수의 탁월한 여성이 있었다 하더라도 그들은 자신을 드러내려는 노력을 하지 않았으며, 따라서 역사 속에 파묻혀 존재조차도 알려지지 않은 경우가 허다했다. 그럼에도 불구하고 종교 행위에 참여하는 사람의 70~80% 이상이 여성이었다. 그리고 여성은 종교 교단과 남성 성직자를 후원하는 경제적 자원의 주요 공급원이었다. 또한 여성은 남성 성직자들에 의해 부정적인 존재로 취급되고, 교리도 이를 뒷받침하여 여성을 악의 존재로 취급한다. 이런 가부장적 구도, 즉 남성이 설정해 놓은 진리 인식과 수련 방식을 전제로 삼는 종교 조직과 문화 속에서는 여성 마스터들이 나올 수 없었으며 실제로 탁월한 선각자가 있다 해도 그들의 논리는 남성에게 이해되기 힘들거나 기득권을 가진 남성들이 인정치 않았다는 것이다.

여기서 문득 드는 물음이 있다. 무슨 이유로 여성은 남성 지도자에게서 배우고자 하는가? 여성 성직자의 교단 내 지위에 대한 최근 연구에 따르면 세계적으로 여성이 남성과 분리되어 교육, 신행, 포교의 공간을 가지는 종교 단체일수록 여성 교단의 발전 정도가 높다고 한다. 여성과 남성이 공존하는 교단의 경우 여성은 남성 스승에게 훈련받고 보호받으며 어떤 경우 스승을 통해 자신의 지위를 확고하게도 한다. 그러나 한편 이러한 남성 스승의 보호가 오히려 제약으로 작용하는 점도 있다는 것을 역사 속에서 찾아볼 수 있다.

근세 한국 여성 조사 중에 그 수행력에서 손꼽히며, 일제 강점기 견성암 비구니 수행 도량을 시작하는 등 근대 비구니 승가 성립의 제1세대 지도자로서 괄목할 만한 노력을 보인 묘리 법희 스님의 경우를 보자. 그의 스승 만공 스님은 법희 스님에게 전법게를 주면서, 요즘 시절이 뒤숭숭하니 대중 앞에 나가서 법문하지 말라고 했다고 한다. 이에 법희 스님은 선사로서 많은 제자들을 키웠지만, 그 스승의 말을 그대로 따라 평생 법상 위에 올라가 설법을 하지 않았다 한다. 이와 대조를 이루는 것은 동시대의 만성 스님의 경우이다. 그분은 선사로도 유명하지만, 당시 부산 일대에서 법문 잘하시는 것으로도 정평이 나 있었다 한다. 그분은 당대의 선객들과 법거량을 하곤 했는데, 당시 유명한 선승인 춘성 스님과 만나 "이 다리가 내 다리요, 당신 다리요" 했다는 담대한 일화는 선방 수좌들 사이에 회자되는 유명한 이야기이다.

이 두 가지 대조적인 삶의 방식을 비교해 볼 때, 종교 교단에서 남성 선도자와 여성 제자 간의 역학 관계는 여성을 해방하는 역할을 하면서도 동시에 제어하는 기능도 내포한다는 결론을 잠정적으로 내려도 좋을 것이다. 비구니의 삶과 그들의 위상에 대한 연구는 비구 승단이나 비구 큰 스님들과의 관련성에 대해 고찰하지 않고는 이루어질 수 없다. 한국의 전통 비구니 교단은 비구 큰 스님들의 영향력과 외호 아래서 성장하고 존립하였기 때문에 그들의 독립성이라는 측면에서 비구니의 위상을 재려 한다면 어떤 의미 있는 결론을 끌어내는 것 자체가 어려울지도 모른다.

이와 관련하여 최근 필자는 베트남 비구니들의 자기 전통에 대한 확고한 의식을 확인해 볼 기회가 있었다. 2009년 베트남 호지민 시에서 열린 세계여성불자대회에 참가하면서 그곳의 비구니 사찰들을 두루 여행할 기회가 있었다. 베트남은 역사적으로 남방 상좌부 계통과 대승불교, 특히 선불교를 모두 받아들여서 사찰에 따라 신행되는 불교의 형태에 큰 차이가 있다. 전통적으로 비구니 교단이 존재했다고 하나 근대 이후 유명무실해졌으며, 여성불자대회를 계기로 비구니 교단의 부활을 공식적으로 발표하였으나 수계 전통이 확립되는 데에는 좀 더 시간이 걸릴 것으로 보였다.

그런데 그곳의 여승 사찰의 많은 곳에서 대웅전과 별도로 붓다 당시 비구니 교단이 창시될 때 그 교단을 이끈 붓다의 이모이자 계모인 최초의 여성 출가자 마하프라자파티를 주불로 모시는 독립된 불당들을 볼 수 있었다. 그 불당에는 마하프라자파티 이외에도 그 사찰의 역대 (여성) 큰 스님들의 사진이 모셔져 있었다. 여성 조사의 영정이 모셔지고 보존되는 불당이 따로 존재한다는 사실—본인은 이것을 '여성조사전'(女性祖師殿)이라고 이름붙이고 싶다—그 자체가 세계 어느 곳에서도 유례를 찾아볼 수 없는 것이다. 현대에 들어 베트남에도 사미나 사미니들을 위한 승가대학이 설립되어 젊은 남녀 스님들이 여성과 남성으로 이루어진 교수진에게서 현대식 교육을 받고 있지만, 개별 사찰에 설치된 전통 강원이나 선원에서는 여승은 모두 여승이 지도하는 것을 볼 수 있었다.

7. 팔경계와 제도적 문제

이상에서 살펴본 여러 가지 점을 고려해 볼 때 불교는 여성주의적 시각에서 어느 정도에 위치할까. 역사적 · 문헌적 자료에 근거해 본다면 불교의 여성관에 대해 다음과 같은 평가를 내릴 수 있겠다.

우선 교리적으로 볼 때 불교는 카스트 제도를 부정하면서 등장한 종교로, 종교적 완성은 계급이나 성별과 관계없다는 것을 분명히 말하고 있다. 앞에서 이미 말한 것처럼 대승불교에서는 불이사상을 제시하면서, 남녀, 미추 등의 관념에 스스로 사로잡히는 것이 바로 번뇌와 고통의 원인이라고 가르친다. 따라서 이념적으로는 깨달음의 완성에서 남녀의 차이를 부정한다. 하지만 한편으로 다양한 불교 경전 속에서는 여성을 불결하고 유혹하는 존재로 폄하하는 내용들이 나타나고 대표적으로 법화경에서는 여성은 남성으로 성을 바꾸어야 성불한다는 소위 변성성불설까지 있다.

구성원의 측면에서 본다면 불교는 남성 성직자와 함께 여성 성직자의 교단이 나란히 존재하는 거의 유일한 종교이다. 가톨릭에서는 신부만 사제의 역할을 할 수 있고 개신교파의 대다수는 현재까지도 여성 목사의 안수를 불허하는 것에 반해, 붓다는 재세 시에 이미 여성 승단을 인정하였고, 교단은 여성과 남성 출가 성직자, 여성과 남성 신자의 사부(四部) 대중(大衆)으로 이루어진다고 성문화하였다.

이런저런 이유로 서양의 많은 여성들이 불교 수용에 적극적이었다. 예를 들어 1960년대 미국 여성들은 기독교의 가부장적 성격에 반발하면서, 당시 전파되기 시작한 불교를 양성평등적인 종교로 이해하고 받아들였다. 실제로 불교가 미국에 널리 퍼지게 된 데에 이들 페미니스트들의 기여가 컸다는 것은 지난 50년간의 미국 불교 전파사를 보면 알 수 있다.

그러나 불교가 근본적으로 차별적 관념을 부정하고 평등한 관점을 가졌다든가, 또는 창시자 당시부터 이미 여성 출가자 교단이 성립되었다는 사실로 불교를 성 평등적 종교라고 일괄적으로 주장할 때 부닥치는 문제가 있다. 가장 큰 난점은 바로 부처님이 비구니 출가를 허락하면서 조건으로 지킬 것을 요구했다는 팔경계(八敬戒: 또는 8중계라고도 함)

법의 존재이다. 붓다는 그의 계모이자 이모인 마하프라자파티가 500명의 여인을 데리고 와서 출가하여 수행할 수 있도록 허락할 것을 요청하자, 처음에는 거절했다가 아난다의 간청에 의해 마지못해 비구니들을 받아들이면서 그들에게 팔경계를 주었다. 팔경계란 100살 먹은 비구니가 갓 출가한 비구를 만난다 하더라도 비구에게 절을 해야 한다는 것을 비롯하여, 비구니가 자신을 낮추고 비구의 보호와 지도를 받아야 한다는 여덟 가지 계율이다.

이에 대한 학자들의 해석은 대략 두 가지로 요약할 수 있다. 첫째는 그것은 부처님 자신의 생각을 반영하는 것이 아니고 그의 보수적인 제자들이 후대에 만든 것이라는 해석, 둘째는 진짜로 부처님이 말했을 수도 있고 혹은 제자들이 만든 것일 수 있지만, 이는 당시 출가를 원하는 여성들의 가족들의 반발과 사회적 반감을 감안하여 설한 방편적 발언이라는 해석이 그것이다.

불교에서 계율이란 고대 사회에 제정되어 율장에 씌어져 내려오는 것으로 시대가 바뀐다고 하여 수정하거나 선택적으로 지킬 수 있는 것이 아니다. 그러나 실제로 이것을 지키는가에 대해서는 각 불교 전통에 따라 불문율로 사정이 다르다. 대만의 젊은 비구니 스님들에게 질문을 했을 때 그들은 자신들은 팔경계를 따르지 않는다고 큰 소리로 말하는 것을 보았다. 한국의 비구니들에게 같은 질문을 하였더니 대부분의 비구니 스님들은 비구와 비구니가 만났을 때 서로 맞절을 하고 한다고 대답하였다. 팔경계의 존재는 알고 있지만 그리 중요치 않은 문제라고 생각하고 자신은 무시하는 편이라는 대답이 많았지만, 특별히 그에 대해 강한 주장을 펴기를 꺼려했다. 어떤 경우는 비구니가 절을 하는데 받기만 하는 비구를 비난하는 경우도 있었다. 하여간 몇 년 전 중앙종회에서 비구니들의 참정권16)에 관해 논란이 벌어졌을 때 당장 팔경계를 들어 비구니들을 공박하는 원로 비구 스님도 있었다.

더구나 실제로 비구니 교단이 존재하는 곳은 동아시아의 몇 나라뿐, 인도를 비롯한 동남아시아 지역의 테라바다 불교와 티베트 불교의 경우는 비구니 승가가 존재치 않는다. 특히 태국이나 버마, 스리랑카 등의 테라바다 전통의 남방 불교 국가에서는 비구니 전통이 한동안 존재했으나 중세 때 사라진 이후 지금까지 복구되지 않고 있다. 스리랑카의 경우 11세기경에 이미 비구니 승단은 소멸하였다고 한다. 그 후 수계를 줄 수 있는 비구니가 없기 때문에 적법한 비구니가 나올 수 없다는 악순환의 역사를 이유로 들고 있다. 태국의 경우 '매치'라는 출가 여성들이 있으나 그들의 사회적 지위는 무척 낮다. 그들은 출가하여 공동생활을 하며 어떤 경우는 상당한 수행을 하기도 하지만 수계를 받지 않았기 때문에 비구니라 할 수 없다. 최근 지식인 중에 스스로 매치가 되어 매치에 대한 사회적 편견에 항의하는 사람도 있고 또는 대만이나 한국 등 비구니 교단이 있는 곳으로 가서 비구니계를 받기도 한다. 태국의 담마난다(Dhammananda 속명은 Chatsumarn Kabilsingh) 비구니는 교수 출신으로 그의 어머니 뒤를 이어 비구니 승가 재건운동을 하고 있으며 출판, 강연 등의 활발한 활동을 통해 이 문제에 대한 국제적 관심을 환기하고 있다. 또한 1996년 용감한 스리랑카 여성 열 명이 인도 사르나트에 와서 인도의 마하보리 소사이어티 소속 한국 스님들에게서 비구니계를 받고 돌아가 스스로 비구니 교단을 세운 일도 있다. 샤캬디타 세계여성불

16) 참종권이라고 한다. 총무원장을 비롯한 종단의 주요 의석에 대한 투표권, 나아가 비구니가 총무원장이 될 수 있는가 하는 등의 문제와도 관련된다.

자연합의 전 회장인 렉세 카르마 쏘모 스님은 티베트 불교 전통에서 오랫동안 훈련을 받았으나 티베트 불교에서는 비구니 수계를 하지 않기 때문에 한국과 대만에서 비구니계를 받았다.

지금도 남방 불교 각국에서는 비구니 승단 재건을 둘러싸고 많은 진통이 일고 있다. 최근 2009년 10월 22일 호주의 퍼스(Perth)에 있는 보디냐나(Bodhinyana) 절의 주지인 아잔 브람 스님(서양 사람으로 태국 아잔차 스님 문하로 출가한 사람)이 네 명의 여성에게 비구니계를 준 것이 큰 파문을 일으켜 국제적으로 큰 논란거리가 되기도 했다. 아잔 브람 스님이 속한 태국의 본사인 왓 파퐁에서 당장 그를 소환해 심문하고 앞으로 이런 일을 다시는 하지 않겠다고 서약하라고 요구했지만 그는 이를 거절하였고 그 후 파문당했다. 이후 뉴스 인터뷰에서 밝혀진 바에 따르면 아잔 브람 스님이 이중수계(二重授戒)[17]의 규칙을 지켰는지에 대한 태국의 큰 스님들의 심문 결과, 세계 각 곳에서 10명의 비구니가 비행기로 와서 수계를 여법하게 치렀으며 호주의 승가와도 사전에 의논하였음이 밝혀졌다.

세계 불교계는 이것을 둘러싸고 남방 불교 여성의 수계와 비구니 교단의 부활이라는 이슈를 놓고 뜨거운 논란에 휩싸였다. 인터넷 블로그상에서 왓 파퐁의 결정을 찬성하는 스님들과 반발하는 서구 여성들 간에 치열한 설전이 벌어졌는데, 찬반론의 논지는 대략 다음과 같았다.

전통이란 지키기 위해서 있는 것이고 함부로 바꾸면 안 되는 것이라는 '전통불가침주의' 논변, 수행이나 깨달음이란 초월적인 것이므로 현상적으로 여자냐 남자냐 또는 비구의 옷을 입었는가 비구니의 옷을 입

17) 비구 10명과 비구니 10명의 이부 대중에게서 계를 받는다는 뜻이다.

었는가 하는 외면적인 것은 중요치 않다며, 왜 그렇게 여자들은 비구니가 되고 싶어하느냐는 식으로 문제를 돌려버리는 '본질주의' 내지 '회피론', 부처님이 여성도 아라한과를 얻을 수 있다고 했지만 여성이 출가하는 것에 대해서는 실상 주저했던 것처럼, 실질적으로 비구니가 되지 않고도 수행하는 태국의 매지 중에도 아라한과를 얻고 잘 수행하는 사람이 있지 않느냐는 '내실론', 그리고 전통이란 하루아침에 바뀔 수 없고 비구니 전통이 소멸해버리는데 1천 년 이상의 세월이 걸렸듯이 이것을 다시 복원하는 데에 그만큼 신중히 차근히 접근해야 한다는 '중도실용론' 등이다. 특히 비구니가 아니어도 아라한과를 이룬 사람들도 많다는 어느 태국 스님의 답변에 대해서 많은 논객들이 분노하여 그럼 남성들도 비구로 출가하지 않고 집에서 수행하면 될 것 아니냐는 말로 받아쳤다.

그런데 이러한 논변들이 다양한 스펙트럼을 띠고 나타나지만 이미 불교사의 역사와 문헌 속에서 여성의 수행과 여성의 성불과 여성의 수계에 대해 나타났던 보수주의 주장의 논리 근거로서 여러 번 사용되었던 동일한 논리라는 점에 주목하지 않을 수 없다. 고대 불교 문헌에서 여성 수계를 반대하는 데 쓰였던 그 논리를 현재 21세기의 불교도들도 반복하여 사용하고 있는 것이다.

이 사건을 놓고 어떤 서양의 종교학자는 이 문제가 내셔널리즘, 트랜스내셔널리즘, 젠더 등의 여러 문제를 담고 있다고 해석하면서 앞으로 태국과 호주의 불교계를 넘어서 세계 불교계에 생생한 토론거리를 불러일으킬 것이 주목된다고 자못 흥분된 목소리를 인터넷 월드에 보냈다. 앞으로의 추이가 주목되지만 승단의 수계 원칙과 의식 절차란 2600년 불교 역사를 통해 가장 비밀스럽고도 폐쇄적으로 내려온 전통이라 일반인들이 항의한다고 해서 당장 변화가 일어날지는 알 수 없다. 하지만 이번 일을 잠재운다 하더라도 또 제2, 제3의 아잔 브람이 나올 가능성은 배제할 수 없을 것이다.

8. 비구니는 페미니스트여야 하는가

흔히 "비구니는 본질적으로 페미니스트"여야 한다거나 적어도 페미니스트와 출발점이나 지향점이 유사할 것이라고 막연하게 전제하는 경우가 있다. 여기에 대해 미국 콜롬비아 대학에서 중국 불교를 가르치는 유춘팡 교수가 했던 의미심장한 말을 곱씹어 본다. 그는 대만 향광 비구니 승가의 오인 스님을 소개하면서 다음과 같이 말했다.

> "오인 대사는 자신이 페미니스트라고 생각하지 않는다. 대만의 여성 대부분이 오해하듯이 오인 대사도 페미니즘을 남성에 대해 공격적인 것으로 생각하거나 아니면 최근의 경향인 성적인 자유라든지, 동성애의 권리 등과 같은 것으로 여겼다. 하지만 그분이 어려서부터 여성에 대한 사회의 고식적인 태도에 반감을 가졌던 것은 의심의 여지가 없다."[18)]

적어도 자신이 여성이라는 문제를 해결하기 위해 출가하는 비구니는 보지 못했다. 비구들이 남성들의 문제를 해결하기 위해 출가하지 않

---

18) 춘팡 유(Chün-fang Yü), 「불법을 대중에게로: 대만의 불교 교양 교육에 관한 연구」(Bringing the Dharma to the People: The Adult Education Classes on Buddhism in Taiwan), in a Conference Proceedings, 『동아시아의 불교 전통에서 본 한국 비구니의 삶과 수행』(한마음선원, 2004), 307.

는 것과 똑같은 이치이다. 비구니들이 승려로 출발하는 지점은 비구들과 동일하다. 출가를 선택하는 당시에는 자신의 처지나 성별과 관계없이 자신이 지향하는 최고의 이상만을 바라보기 때문이다.

한국의 선불교 전통에서 보자면 그들의 불교적인 이상은 깨달음이다. 깨달음에는 성별의 차이가 있을 수 없다. 여자라고 해서 이상이 바뀔 수도 없고 비구니이기 때문에 수행 방법이 달라지지도 않는다. 현실을 도피하기 위한 수단으로 출가를 선택하는 경우도 있을 것이고 출가 후에도 그러한 이상에 상관없이 속된 생활을 지속하는 사람들도 있을 수는 있겠다. 그러나 출가 당시에는 여성과 남성이라는 이분법의 사회를 뛰어넘고자 하는 것을 꿈꿨을 터이다. 하지만 출가 이후의 비구니들이 겪어야 하는 승가 안팎의 조건들이 여성의 조건과 관련이 있으며 페미니즘의 관심 주제와 깊이 연관되어 있다는 것은 의심의 여지가 없다. 즉 여자라고 해서 모두 페미니스트가 되는 것은 아니지만, 비구니로 살아가면서 불평등한 현실적 조건하에서 여성이 안고 있는 문제를 깊이 인식하게 되고 나아가 그러한 문제들을 해결하는 데 중요한 역할을 맡아온 것은 틀림없다.

베아타 그랜트 교수는 그의 논문에서 17세기 어느 시점 중국에서 비구니 선사들이 폭발적으로 등장하는 데 대해 당시 어느 유명한 (남성) 불교 학자가 쓴 다음과 같은 비판의 글을 소개한다.

> "이러한 말법의 시대에, 선문(禪門)은 그 길을 잃고 말았다. 요사스러운 비구니들과 그 마군의 권속들이 법상에 올라 대중들에게 설법을 하고, 그 어록들을 유포한다. 이는 모두 난잡하게 인가를 해준 사악한 중들과 눈먼 선사들의 잘못이다. 화장을 한 여인네들이 서로 불자(拂子)를 잡겠다고

다투고, 불가촉의 여비(女婢)들이 종사(宗師)의 지위에 올랐다."

이 동일한 기록을 21세기의 학자 그랜트는 새로운 독법을 써서 아래와 같이 읽어낸다.

"(그 비구니들은) 불자(拂子)를 들고 설법을 하기 위해 법상에 오르고, 제자들에게 수계와 인가를 해주고, 수선(修禪)을 위한 결제(結制)를 지도하고, 더 큰 깨달음을 위해 스승을 찾아 만행을 하고, 또한 무엇보다도 중요한, 후세의 교화를 위해 어록(語錄)을 남겼다. 따라서 이러한 시대 환경을 통해 여성이 선사로서의 역할을 담당할 수 있는 기회가 주어진 것이 분명하다. 이러한 활동을 통해 그들은 전통적인 남자 선사들의 역할을 완벽하게 담당하게 되었다. 그들은 대장부(大丈夫)가 된 것이다."[19]

베아타 그랜트가 이 글에서 집중하고 있는 비구니 계총행철(繼總行徹)은 남편을 잃고 사회에서 소외되었다가 불교에 관심을 갖게 되어 비정상적인 수행의 과정을 거쳐 깨달은 비구니로서의 지위를 획득하였다. 그가 제도권 내의 수행 체제 속에서 소외당하고 실망한 상태에서 용맹정진을 통해 스스로 깨달음의 경지를 체험했을 때, 그는 아직 정상적인 출가조차 제대로 하지 못한 상황이었다.

우리가 찾아본 한국의 과거 비구니들 중 많은 이들은 이중 삼중의

19) 베아타 그랜트(Beata Grant), 「중국의 원, 명, 청 시대의 여성 임제선사들에 대하여」(Women Linji Chan Masters of Yuan, Ming and Qing China), in a Conference Proceedings, 『동아시아의 불교 전통에서 본 한국 비구니의 삶과 수행』(한마음선원, 2004), 243-244.

소외를 극복하고 독자적인 세계를 형성하여 '영웅적인 여성'의 삶을 살았다. 그러나 그들은 자신을 '영웅적인 여성'으로 의식하고 있지 않았다. 그들은 스스로가 여성임을 부정하지 않으면서도 그것에 개의치 않고 '새로운 인간'의 가능성을 열어 놓고자 했다. 그들은 기존의 남성 중심의 수행 시스템에 도전했고, 그것과 상관없이 수행의 결과를 입증해 보였으며, 승속을 넘어 보편적인 수행의 결과를 얻었던 것이다.

9. 맺는 말

이상에서 한국 비구니 전통의 의의에 대한 몇 가지 문제를 다른 나라의 전통이나 국외의 연구 등과 비교하면서 살펴보았다. 비구니 승단의 역사와 조직, 수행 전통을 이해하고 또한 그들 개개인의 삶을 이해한다는 것은 곧 한국의 과거 수행 전통 및 역사를 정립하는 문제와 연결되어 있다. 여기서 연구 대상으로서 비구니를 우리가 어떻게 보는가 하는 것과 비구니들이 그 자신의 전통을 어떻게 보는가는 반드시 일치하지 않을 수 있다. 이런 괴리는 어느 한 문화 전통을 연구할 때 바깥에서 보는 연구자의 시선과 그 전통 속에 사는 사람이 자신의 삶을 인식할 때 흔히 나타나는 일이다. 서구 학문의 영향하에서 등장한 비구니에 '대한' 연구와, 동아시아의 불교 전통 속에서 실제로 수행하고 있는 비구니가 보는 자신의 문제와 자신의 전통은 그 문제에 접근하는 기본 전제, 방법론 그리고 그 내용에서 여러 면에서 다를 수밖에 없다. 하지만 이러한 연구가 결국은 한국 불교사 이해에 새로운 빛을 가져오고 나아가 현재와 미래에 나올 수행인들에게 자신의 존재와 역사에 대해 자부심을 가져올 것임은 분명하다.

많은 미래학자들이 전망한다. 21세기의 현대 사회는 분리와 지배의 논리 그리고 힘의 패권주의를 전제로 하는 남성적 방식보다는 체험과 구체적 삶의 참여를 중시하는 여성적 방식이 더욱 효과를 발휘하는 시대가 될 것이라고. 분쟁과 갈등이 첨예하게 대립하는 사회의 문제를 극복하려면 힘의 논리가 아닌 조화와 보살핌의 윤리가 대안이 될 수 있다. 미래의 종교는 여성과 남성을 이분법적으로 나누기보다는 여성과 남성 그리고 이 세상의 모든 존재가 서로 어울려 조화롭게 살아가는 사회의 비전을 제시할 수 있어야 한다. 이 점에서, 고대 사회에서 그러했듯이 불교가 근본적으로 가진 양성평등과 민주성의 정신은 계속 유지되고 더욱 확장되어야 할 것이다.

최근 한국 기독교의 아버지 담론에 대한 비판적 성찰

— '착한' 가부장주의를 중심으로[1)]

이 숙 진*

1. 아버지 살해의 시대 이후 풍경

우리의 굴곡진 근 · 현대사는 식민지와 군부독재라는 '속악한 아버지'만 등장시켰을 뿐, 사회적 · 정치적 차원에서 본받을 만한 '좋은 아버지'는 출연시키지 못했다. 나쁜 아버지의 현존과 좋은 아버지의 부재가 한국 근 · 현대사의 무대를 특징짓고 있는 것이다. 그러나 1987년 6월, 기성질서와 가치에 도전하면서 등장한 민주화운동은 기존의 아버지상을 뒤흔드는 혁명적 전환점이 되었다. 프랑스혁명에서 '자식들이 힘을 합쳐 아버지를 죽이고 먹은 제의적 사건'[2)]을 떠올린 린 헌트(Lynn Hunt)의 상상력이 적용될 수 있는 계기를 제공한 것이다. 즉 기존 질서에 대한 부정과 저항은 자신의 토대인 아버지에 대한 살해 행위이기도 하기 때문이다.

---

* 성공회대학교 연구교수.

1) 이 글은 『종교문화비평』 22호(2012년 9월호), 209-237에 실린 글이다.

2) 린 헌트, 조한욱 옮김, 『프랑스 혁명의 가족로망스』(새물결, 2000).

하지만 이렇게 민주화 이후 광범위하게 확산되던 '아버지 살해'는 IMF를 기점으로 새로운 국면을 맞았다. 막강한 자원을 소유한 기존 권력, 국가의 통제권 밖에 있는 거대한 자본 세력 그리고 무한경쟁으로 내몰린 주체들의 다양한 욕망이 상호 충돌하면서 민주화 이후 시대의 위기를 초래한 것이다. 이는 새로운 권위를 갖고 등장한 민주화 진영이 국가 권력을 비롯한 기존 권위의 해체에 몰두하면서, 미처 제대로 된 사회안전망을 구축하지 못한 우리 사회가 전 지구적 자본주의의 파고에 휩쓸리면서 사회적 위기가 심화되었기 때문이다. 심각한 경제위기와 각종 병리 현상은 권위주의 시대의 경제성장과 국가의 보호에 대한 향수를 자극하였고, 이는 과거의 질서를 복원하고자 하는 욕망으로 연결되었다. 마치 거세 불안(castration anxiety)에 사로잡힌 아들이 아버지의 가치와 규범을 다시 이어받듯이, 불안과 위기를 견디지 못하고 살해된 아버지를 다시 호출한 것이다.

프로이트의 가족로망스는 아이와 아버지 사이에서 벌어졌던 심리적 불화와 화해에 관한 가족서사이다. 가족로망스를 꿈꾸는 아이에게 아버지는 제거 대상이 아닌 갈망 대상이 된다.[3] 가족이라는 은유를 교회, 사회, 국가에 확대 적용해 보면, 오늘날 유령처럼 떠돌고 있는 박정희 서사나 보수주의에 대한 향수가 자리 잡고 있는 심리적 맥락이 이해될 법도 하다. 카리스마에 대한 열망은 자율적 주체라는 근대의 신체 프로젝트가 미완의 상태임을 반증한다. 그런데 다시 호출된 아버지는 과거와 동일한 방식으로 권위를 내세우는 아버지가 아니다. 아버지 살해의 시대를 거친 부성은 더 이상 모든 권력을 수렴하던 카리스마적 독재자

3) 나병철, 『가족로망스와 성장소설』(문예출판사, 2004), 26-36.

로 돌아갈 수 없다. 그럼에도 불구하고 아버지 살해 이후 시대의 국가와 교회 그리고 사회는 '신화화된 아버지'를 구심점으로 성장한 이전 시대와 구조적 유사성을 지니고 있다.

이 글은 권위주의 체제의 붕괴와 함께 해체된 '신화화된 아버지'가 어떠한 형식으로 재건되고 있는지에 대한 물음에서 출발한다. 요컨대 아버지 살해 이후 시대에 다시 호출된 아버지 표상과 담론은 무엇이며, 권위주의 시대의 아버지 담론과 어떠한 구조적 유사성이 있는지를 밝히는 작업이 이 글의 목적이다. 이를 위해 한국 기독교[4]를 중심으로 진행되고 있는 '육친의 아버지' 재교육 프로그램을 주된 분석 대상으로 한다. 육친의 아버지는 '사회적 아버지'의 축소판이다. 당대의 문제를 수렴하고 있는 육친의 아버지는 한국 교회의 이데올로기적 특성과 교인들의 정체성을 조망하는 데 유용한 렌즈이다. 게다가 가족의 가치를 내세우면서 신보수주의 이데올로그 역할을 하는 교회의 가정 사역 프로그램은 풍부한 아버지 표상과 담론을 생산하는 장치이다. 특히 아버지 재교육 프로그램의 아이콘이 된 '두란노 아버지학교'(이하 아버지학교)는 아버지 살해 이후 시대의 아버지 위기 담론을 유통시키면서 권위 회복을 꾀하는 대표적 공간이다. 따라서 이 글에서는 아버지학교에서 생산하는 아버지 표상과 담론을 추적하는 방식으로 아버지 권위의 복원 기획에 담긴 정치적 의미와 주체의 성격을 규명할 것이다.

4) 이 글에서 기독교는 개신교를 지칭하며, 교회는 개신교 교회를 의미한다.

2. 시대의 유령: 아버지 위기 담론

프로이트의 말을 빌리자면, 아버지의 권위를 억압으로 인식하고 그 억압에서 벗어나 자기 자신도 권위를 만들고 싶은 무의식 차원의 욕망이 '오이디푸스 콤플렉스'이다. 이러한 콤플렉스에 기초하여 가부장적 문화는 지금까지 이어져 오고 있다. 아버지는 신화와 의례, 문학과 심리학에 이르기까지 우리에게 원초적인 위력을 지닌 존재이다. 고향이나 뿌리로 인식되는 아버지는 든든한 보호망이면서도 가장 친숙한 지배자이다. 거의 모든 사회에서 발견되는 '신화화된 아버지'의 표상은 권위주의적 특성이 강한 공동체일수록 통합과 통제의 구심점으로 기능한다. 교회 공간도 예외는 아니다. 아버지의 권위를 기반으로 형성된 가부장적 가족제도는 교회가 오랫동안 '하느님의 질서' 혹은 '창조의 질서'로 이해해 온 가족 모델이다. 그런데 그 하느님 창조의 질서가 붕괴되고 있다는 위기 담론이 확산되고 있다. "아버지의 권위가 실추되었다", "남자들에 대한 대우가 예전 같지 않다"는 한탄은 "요새 아이들이 버릇없다"는 말만큼이나 오랫동안 모든 사회에서 되풀이되어 왔다. 남성우월의식을 품고 있는 이 탄식은 가부장주의가 종식되지 않는 한 잦아들지 않을 것 같다.

주지하다시피 1997년 말 경제위기 이후 IMF 체제에서 행해진 전면적 구조조정은 대량 실업으로 이어졌다. 그 결과로 그동안 가족 부양의 책임을 맡았던 가부장들은 명예퇴직이나 비정규직화로 그 위치가 불안해졌고, 그 과정에서 전업주부로 살아왔던 여성들이 자연스럽게 가장의 역할을 하는 경우가 많아졌다. 이로 인해 일터는 남성, 가정은 여성이라는 산업화 시대의 전형적 가족 모델이 흔들리게 되었고, 이러한 현상에 대한 반동으로 언론, 기업의 이벤트, 드라마 등에서는 아버지에 대한 유례없는 관심을 보였다.

매스컴을 통해 유포된 아버지의 이미지는 실직의 강풍에 속수무책의 희생자인 동시에 가정에서조차 도구화되고 소외된 존재이다. 40~50대의 스트레스 사망률 세계 1위, 자살률 1위, 이혼율 급증 등의 구체적 통계와 '오륙도', '사오정', '삼팔선' 등의 자조적 표현은 파국이 임박한 듯한 분위기를 자아내었다.[5] 아버지 위기 담론의 한편에는 '산업 전사'로 충성한 아버지의 노고를 망각한 세태에 대한 분개와 비애가, 다른 한편에는 아버지의 연륜이 무용지물이 되어버린 정보화 사회에서 여전히 권위의 상실을 용납할 수 없다는 남성우월주의가 스며 있다.

이러한 분위기에 힘입어 교회가 추진하는 가정회복운동이 폭발적 반응을 얻고 있다. 사실 그동안 교회의 가정 사역 프로그램에서는 아내만을 교육 대상으로 삼았다. 충실히 신앙생활을 하는 남자라 할지라도 부부 세미나 혹은 가정 사역 세미나에 불참하는 것이 당연시되는 분위기였다. 가정사는 오롯이 어머니/아내의 몫이라는 뿌리 깊은 공/사 이분법적 젠더 담론이 한국 교회에 팽배해 있었기 때문이다. 그러나 경제위기와 탈산업화 과정에서 여성 취업이 증가하면서 신화화된 아버지의 위상이 흔들리게 되자, "가정의 문제는 바로 아버지의 문제"라는 인식이 출현하였다. 게다가 실추된 아버지의 권위 회복과 이상적인 아버지상 모색에 관심을 기울이면서 아버지의 문제는 가정 사역의 핵심 의제가 된 것이다.

---

5) IMF 관리체제 이후 산업사회의 특징이었던 안정된 가족공동체와 평생직장의 개념이 급속히 해체되면서 이태백(20대 태반이 백수), 삼팔선(38세면 명예퇴직 선택 결정), 사오정(45세면 정년퇴직), 오륙도(56세면 월급 도둑) 등과 같은 자조적 표현들이 등장하였다.

두란노 아버지학교(온누리교회/두란노서원, 1995년 개설)를 필두로 영락 아버지학교(영락교회, 2004년 개설), 아바러브스쿨(사랑의교회, 2007년 개설), 파더스드림(순복음교회, 2008년 개설) 등 각 교회들은 교파를 초월하여 아버지 재교육 프로그램을 개설하였다. 특히 아버지학교는 1995년 10월 개설 당시에는 미국의 아버지학교라고 할 수 있는 프라미스 키퍼스(Promise Keepers)운동[6]에 착안하여 온누리교회의 평신도를 중심으로 성령운동의 차원에서 진행하였으나, 1997년 8기부터는 한국 현실에 맞게 수정된 프로그램을 제공하여 급속한 성장을 이루었다. 수정된 내용의 핵심은 그동안 잘못된 권위를 행사해 온 아버지들의 재교육을 통해 그들의 권위를 올바르게 세워 문제 해결을 도모하는 데 있었다. 이 프로그램은 2000년 5월 공중파 방송에 소개된 후, 때마침 전국민적 운동으로 번진 '아버지 기살리기' 신드롬에 편승하여 비기독교인(일반인) 지원자가 급증하였다.[7] 이처럼 기독교 공간에서 생산된 아버지 담론은 교회를 넘어 전 사회적으로 확산되면서 하나의 대안적 사회운동으로까지 부상하였으며, 지금은 전국적/전 지구적 네트워크를 따라 끝없이 확장되고 있다.[8] 요컨대 대사회적으로 큰 호응을 얻고 있는

6) '약속의 이행자'(Promise Keepers)라고 불리는 이 집단은 1991년 아일랜드계 가톨릭 교인이며 콜로라도 대학교의 미식축구 코치인 빌 맥카트니(Bill McCartney)가 창립하였으며, 제리 폴웰, 빌리 그레이엄 등 복음주의 진영의 지도자들이 이 단체의 회원으로 활동하였다. 한국에서는 '믿는 아버지들의 모임'이란 명칭으로 활동을 하고 있는데 여기에서는 남성들이 가정에서 영적 지도자의 위치에 서서 올바른 역할을 하고 가정에 좀 더 충실하도록 이끈다.

7) 교회의 아버지 재교육 프로그램은 '추적60분'(2000년 5월 방영)에서 처음 소개된 이래 아침마당 등 공중파와 각 언론매체를 통해 보도되었다. 2010년 현재, 국내 81개 지역에서 총 2,286회가 열려 163,496명이 아버지학교를 수료하였다.

8) 두란노 아버지학교는 2000년 포틀랜드, 시애틀, 샌프란시스코를 시작으로 해외로 진출하였다. 2010년 현재 42개국 148개 도시에서 830회가 개최되었으며 35,250명이 수료

교회의 아버지 재교육 프로그램은 새로운 아버지 담론을 생산 유통하는 대표적인 공간이 되었다.

이처럼 가정 회복 프로그램이 '아버지'에 집중하는 이유는 온갖 사회 문제가 '가정'에서 비롯된다는 보수주의 시각 때문이다.

"우리는 정치, 경제, 사회, 문화, 교육, 심지어는 교회까지도 흔들리는 아픔을 겪고 있습니다. … 문제의 근원은 바로 가정의 붕괴에 있습니다. … 미국 사회를 보면 근래에 학교 폭력이 심각해져 총기를 난사하고, 많은 학생들이 희생되는 비극을 보고 있습니다. … 미국의 학교장들이 모여 대책 회의를 한 결과 그 원인을 '가정의 아버지 부재', '잘못된 아버지의 부정적

하였다. 국내와 해외에서 소비된 현황을 도표로 그려 보면 다음과 같다.

• 일반사역 현황
2010년 약 135,336명 수료

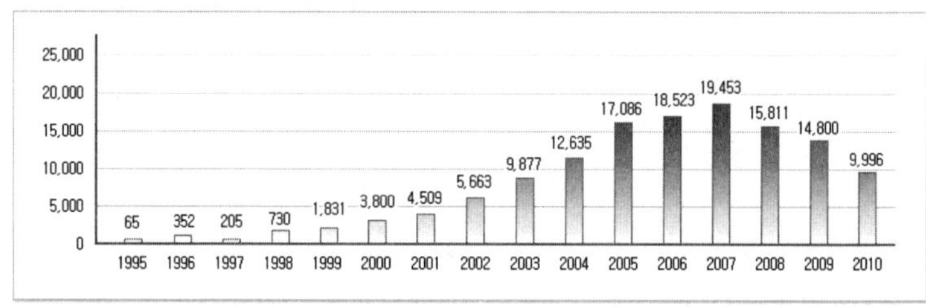

• 해외사역 현황
2010년 총 830회 약 35,250명 수료

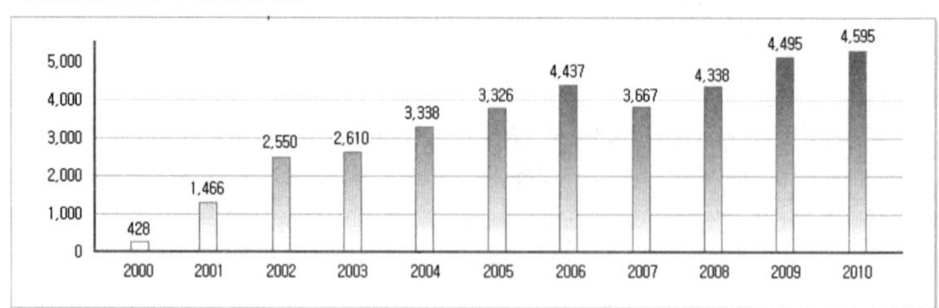

영향력'으로 분석하고, '아버지를 가정으로 되돌려 보내야 한다', '아버지의 부정적 영향력을 바로 잡아야 한다'는 운동을 일으키고 있는 것입니다. 우리나라의 사회 현실은 어지럽기만 합니다. 혼돈과 공허 속에서 갈등으로 치닫고 있습니다. … 그래서 사회는 더욱 어려워졌습니다. 이제는 아버지가 일어서야 할 때입니다. 이러한 시대적 요청에 부응, 일어난 운동이 바로 아버지학교 운동입니다. … 주 무대는 가정입니다. 가정을 제대로 세워야 사회가 회복되고 나라가 강해진다는 철학입니다."[9)]

마치 세계 경제의 침체기에 정치권력을 장악한 영국과 미국의 신보수주의자들이 급증하는 사회 문제의 근본 원인을 가족의 부양 기능 및 도덕적 통합력의 약화에서 찾았듯이, 한국 교회의 가정 사역 프로그램에서도 동일한 진단을 내린다. 아버지학교 참가자들이 강좌 때마다 복창하는 "주님, 제가 아버지입니다", "아버지가 살아야 가정이 산다" 등의 구호는 가정, 학교와 교회, 나아가 사회와 나라가 '아버지'에 기초하고 있다는 믿음에 기반하고 있다.

이는 신보수주의 가족 이념을 전 세계적으로 확산시키고 있는 기독교 단체 '포커스 온 더 패밀리'(Focus on the Family)의 창설자 제임스 답슨(James Dobson)이 했던 "한 나라의 생존 여부는 가정에서 남성, 즉 아버지의 지도력에 달려 있다"는 주장과 맞닿아 있다.[10)] 그뿐만 아니라

9) 김성묵, 「아버학교의 정체성, 그리고 비전」, 두란노 아버지학교운동본부 편, 『아버지학교 10주년사』(아버지학교, 2005), 100.

10) 제임스 답슨은 제리 폴웰(Jerry Falwell)의 사망 이후 미국 복음주의의 가장 영향력 있는 인물로 부상하였으며, 2008년 미국 대선 당시 "오바마 의원이 자신의 세계관에 끼워 맞추기 위해 의도적으로 성경을 왜곡하고 있다"고 비난하면서 노골적으로 부시 후보를 지지하기도 하였다.

〈타임〉지에 실린 미국 기독교 남성 단체 '프라미스 키퍼스'

가족적 가치를 중시하여 동성애 반대운동을 가장 활발하게 전개하고 있는 기독교 남성 단체 프러미스 키퍼스를 연상시킨다.[11] 그 때문에 우리는 가족적 가치를 내세우며 전 지구적 네트워크 안에서 전파되고 있는 '미국제 복음주의' 신앙운동과 한국 교회의 아버지 재교육 프로그램의 친연성을 발견할 수 있다.

사실 IMF 이후 급속히 진행된 가족의 변동과 해체 현상은 가정문제가 근본적인 원인이라기보다는 민주화 열풍과 전 지구적 자본주의의 확산에 더 깊이 연동되어 있다. 요컨대 경제 영역의 시장화로 시작하였으나 문화 영역 등에서 글로벌 스탠다드로 부상한 전 지구적 자본주의야말로 가족문화의 전형성을 깨트

---

11) 무상급식 정책을 두고 서울시에서 제안한 주민투표에 두란노 아버지학교와 연관된 교회에서 보낸 문자에는 미국제 가정 회복 프로그램을 연상시키는 내용이 들어 있다. 그 내용의 일부는 다음과 같다.
"(온누리교회에서 온 문자 전달합니다) 급합니다! 서울시 곽노현 교육감의 〈학생인권조례안〉 통과되면 - 1) 미션스쿨에서 채플(예배)과 종교교육이 대체과목에 의해 무력화되고 외부 종교 행사 못함; 미션스쿨 설립 목적 무너지고 2) 동성애 옹호: 초중고생 동성애자 급증하고… 교회가 깨어 기도하고 일어나지 않으면 이 나라가 무너집니다. 하느님을 대적하는 곽노현 교육감의 〈무상급식 전면 시행〉을 이번 8/24 주민투표에서 막지 못하면 이 나라와 청소년들 영혼 망치는 〈학생인권조례안〉도 막을 수 없습니다. 8/24 꼭 투표해서 곽노현 교육감 물리칩시다. 이 메시지를 20명에게 꼭 전달해 주세요 그러면 승리합니다." "황당 교회 문자메시지 - 무상급식하면 동성애자 확산한다", 《한겨레신문》(2011. 8. 23).

린 주범이다. 경제적 세계화와 문화적 세계화의 결합은 친밀성 영역에도 영향을 끼쳐 새로운 가족 형태를 양산하였기 때문이다. 일례로 새로이 등장한 '기러기 가족'은 세계화의 확산과정에서 자녀의 성공을 위한 교육장소가 선진국으로 바뀌면서 등장한 부산물이다.[12] 새로운 가족이 만들어내는 규범과 문화는 기존의 가족 문화와 충돌하면서, 부모의 자녀 양육자로서의 역할 상실, 부부관계의 불안정화, 둥지로서의 가정의 역할 감소 등의 특징을 보인다. 그뿐만 아니라 핵가족 모델의 지지기반인 중산층의 약화와 더불어 독신 가구의 증가, 높은 이혼율, 저출산율은 전 지구적 자본주의 시대의 가족 변동을 알려 주는 징후들이다.

중산층을 기반으로 하는 핵가족 모델의 붕괴와 다양한 가족 형태의 부상을 '위기'로 볼 것인지, 아니면 가족에 대한 '새로운 정의'가 필요한 것인지 대하여 활발한 논의가 진행되고 있다. 그런데 교회는 핵가족의 해체 현상을 '위기'로 파악한다. 핵가족 모델의 전형성이 깨어지자 교회는 가족적 가치의 복원을 주요한 정치적 의제로 삼고 가족적 가치를 내세워 가정 회복/복원 담론을 생산하는 주요 장치가 되고 있다.

3. '착한 가부장의 복원' 기획과 아버지 표상

교회 공간이 생산한 아버지 표상은 다양한 층위를 드러낸다. 한 가족의 아버지 즉 '육친의 아버지'만이 아니라 '교회의 아버지'(목회자/교회질서), '국가의 아버지'(통치자) 그리고 '우주의 아버지'(창조주)와 같은 '유

12) 조은, 「신자유주의 세계화와 가족 정치의 지형」, 『한국여성학』 24집(2008), 5-37.

사 아버지들'이 그것이다. 이러한 다양한 층위의 아버지는 서로 얽혀 있다. 그리고 교회가 생산하는 이러한 아버지 표상들은 교인의 주체화 장치로 기능한다. 아버지 표상과 담론을 소비하는 가운데 교인들의 신앙적 · 정치적 주체가 형성되는 것은 물론이고 그 과정에서 젠더의 위계화가 내면화되기 때문이다. 그러하기에 아버지 표상과 담론에 대한 분석은 최근 한국 개신교의 성격 및 주체화의 특성을 파악하는 데 유용하다.

권위주의 시대의 아버지 표상과 서사는 '지엄하고 강한' 아버지로 요약되는 전형성을 가지고 있었다. 그런데 이러한 아버지의 표상이 변화하고 있다. 표상의 변화는 군사정부(권위주의) 산업자본주의 사회로부터 민주정부(탈권위주의) 소비자본주의 사회로의 변동과 맞물려 있다. 강한 카리스마 지도력을 구심점으로 한 산업화 시대의 총동원 체제에서는 '산업 전사'와 '반공 투사'가 이상적인 남성 주체였으나, 민주화와 함께 진행된 소비자본주의 체제로의 전환기에는 다양한 욕망을 지닌 시민적 주체가 부상하였다. 특히 다품종 소량 생산의 소비자본주의 체제는 남성 주체 생산에도 영향을 끼쳐 '메트로섹슈얼(metrosexual)', '위버섹슈얼(ubersexual)', '크로스 섹슈얼(cross sexual)', '꽃미남', '차도남' 그리고 '짐승남' 등 다양한 취향을 지닌 남성들을 호명하고 있다. 산업 전사나 반공 투사와 같은 강한 남성 주체들이 더 이상 의미를 상실한 시대로 접어들었음을 짐작할 수 있다.13)

매스컴에서 유통되는 남성성 역시 같은 맥락에 서 있다. 최근의 드라마나 영화 속에 재현되는 아버지 서사는 결코 단일하지 않다. 가정의 안

13) 이숙진, 「교회남성은 어떻게 만들어져 왔는가」, 『기독교사상』 6월호(대한기독교서회, 2012), 57-63.

정을 깨트리는 폭력적 아버지나 사고뭉치의 '못난 아버지'에서부터 가족을 위해 희생 봉사하는 아버지나 가정의 분란에 중심을 잡아 주는 심지 굳은 '잘난 아버지'에 이르기까지 복잡하고 다층적이다.

이렇듯 매스컴과 소비시장에서는 아버지/남성의 전형성이 깨지고 그 전통적 역할이 교란되고 있지만, 교회가 생산하는 아버지 서사와 표상은 비교적 일관된 모습을 유지하고 있다. 이는 '다정하지만 침범할 수 없는 권위의 소유자'로 요약 가능한데, 아래에서 좀 더 구체적으로 살펴보자.

1) 부드럽고 자상한 아버지 자질

아버지들이 지금 위기에 처한 원인은 그들의 억압적 태도 때문이라는 것이 아버지 재교육 프로그램의 진단이다. 그리하여 아버지 살해 이후 시대의 기독교 공간에서 강조되는 아버지의 자질은 '부드러움과 자상함'이다. 이에 따라 아버지학교에서는 자녀 양육과 가사노동에의 참여뿐만 아니라 가족원에 대한 사랑을 적극적으로 표현하도록 유도함으로써 다정하고 부드러운 아버지를 주조한다. 또한 기존의 억압적 이미지를 개선하기 위해 참가자 전원에게 매번 과제를 부여하기도 하는데, 예를 들면 '아내/자녀와 데이트하기', '가족을 사랑하는 이유 20가지 쓰기', '아내/자녀와 허그하기', 그리고 매일 '사랑합니다'라는 말을 10회 이상 외치게 하는 등의 실천적 과제[14]는 가족에 대한 사랑을 반복적으로 실천하도록 유도함으로써 자상함의 행위 코드를 몸에 각인시키는 효과를 낳는다. 그뿐만 아니라 하느님이 주신 신성한 의무라는 교리와 모

14) 두란노 아버지학교운동본부 편, 『아버지학교 10주년사』(아버지학교, 2005), 43.

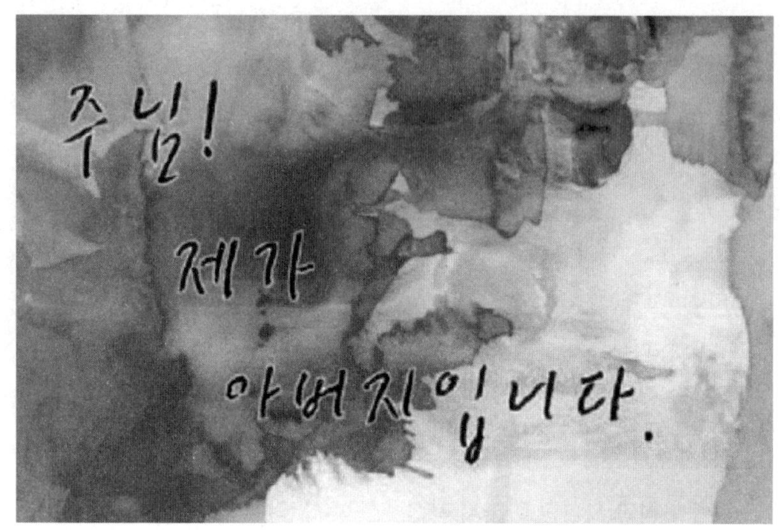

두란노 아버지학교의 표어

성 본능이란 생물학적 가설로 여성에게만 지워졌던 육아의 책임을 아버지들이 일정 정도 분담하도록 한다. 한 참가자가 아버지로서의 사명서를 쓴 것을 보자.

> "퇴근할 때는 항상 웃어 주고, 아내의 말에 귀 기울여 들어줄 줄 알며, 아내를 칭찬하고, 이부자리 정리, 설거지, 청소라도 도와주고, 짜증내지 않을 것이며 성적인 순결을 지키고, 말로써 상처를 주지 않겠다. 자녀와 항상 놀아 줄 줄 알고, 칭찬하고 격려함으로 타이르고 무슨 일을 시키든지 앞서 내가 본이 되도록 하여 딸에게 항상 지표가 되고, 자부심이 되는 아버지로 거듭나겠다."15)

15) 아버지학교의 한 참가자가 쓴 인생사명서이다.

위의 다짐에서 우리는 그동안 여성의 고유한 역할과 자질로 여겨 왔던 것들이, 이제는 '착한 아버지'가 되기 위해 필수적으로 지녀야 할 자질과 역할이 되고 있음을 알 수 있다.

최근 한국 교회에서는 '육친의 아버지'만이 변화의 대상이 된 것은 아니다. 신앙공동체의 지도자 즉 '교회의 아버지'도 변화의 대상이 되고 있다. 과거 권위주의적 신앙공동체에서는 카리스마 리더십에 의해서 교회의 중요한 사안들이 일방적으로 결정되는 경향이 있었다. 이러한 구조에서는 외적 성장이 카리스마 리더십의 능력의 지표로 인식되곤 했다. 이럴 경우 교회의 자원은 교인들에 대한 돌봄의 목회보다 조직의 존립과 외형적 성장 자체를 위해 사용될 가능성이 높다. 그뿐만 아니라 이러한 권위주의적 교회 운영 방식은 교인들의 가정생활의 모델이 되어 권위주의적 가족관계 형성에 절대적 영향을 끼쳤다.

그런데 민주화 열풍은 교회의 전통적 지도력에도 중요한 도전이 되었다. 교회, 교단, 교회 연합체를 막론하고 크고 작은 분쟁과 갈등이 끊이지 않고 있는 오늘날 기독교 공동체의 상황은 아버지 살해의 시대적 징후들로 볼 수 있다. 각종 분쟁으로 인해 위계적 권위에 기초한 교회 권력은 심각한 위기에 봉착한 것이다. 이러한 분위기 탓에 권위의 표상인 카리스마 리더십의 영향력도 예전 같지 않다. 비단 분위기만의 문제는 아니다. 아버지라는 권위에 도전하면서 신앙적 주체의 성격이 변화되었다. 교회의 아버지인 카리스마 리더십에 순종적이었던 '영적 전사'들은 민주화의 세례를 받은 뒤 자율적 주체의식을 가진 '시민적 성도'들로 재탄생하였다.[16] 이들은 권위주의 체제를 유지해 오던 불투명한 교

16) 이숙진, 앞의 글, 60.

회 재정을 비롯한 비민주적 관행이나 목회지 세습을 통해 권력과 권위를 가족들에게 계승시키려는 카리스마 리더십의 결단에 더 이상 순종적이지 않다. 이렇게 아버지 살해의 위험에 처한 상황에서 교회는 예배를 비롯한 다양한 교회 프로그램들을 새로이 개편하게 된다. 각종 프로그램은 시민적 성도의 요구를 수용하는 방향으로 고안되었고, 강압적이고 일방향적인 교회 문화는 훨씬 완곡하고 부드러운 형태로 변하고 있다. '교회의 아버지'인 목회자의 이상형 역시 카리스마 리더십에서 '자상한 목회자'로 전환하고 있다.

아버지학교가 유포하고 있는 '부드러운 부성'은 '우주의 아버지'인 하느님에 대한 표상에도 스며 있다. 권위주의 시대의 성부 하느님이 무슨 일이든 할 수 있는 전능성과 심판하는 강제성을 지닌 전제군주의 모습이었다면, 아버지학교에서 신앙하는 하느님은 병들고 소외된 자에게 사랑과 헌신으로 대했던 예수 그리스도이다.

> "누가복음에 나오는 돌아온 탕자, 그는 결국 인생의 막다른 골목에서 그를 그토록 사랑했던 아버지의 모습을 기억해내고, '내가 하늘과 아버지께 죄를 얻었사오니' 하는 고백을 합니다. 사랑하는 아버지에 대한 기억은 깨어진 하느님과의 관계에도 선한 영향력을 미치고, 그는 다시 자신의 '삶의 원천'인 아버지 품으로 돌아가 새로운 삶을 시작하게 됩니다."17)

이러한 무조건적으로 용서하는 아버지(prodigal father)와 돌아온 탕자(prodigal son)의 메타포는 교회의 아버지 재교육 프로그램이 이상

17) 아버지학교 3주차의 교육 주제인 "아버지의 사명"에 대한 강연 내용.

적으로 제시하는 하느님과 아버지의 모습이다. 아버지의 역할은 사랑을 베푸는 봉사자로서 하느님의 본을 받아 가정을 다스려야 하며, 자녀들을 사랑하여 스스로를 존중하도록 도와줘야 하는 데 있다는 주장[18]에서 우리는 변화된 하느님의 표상을 감지할 수 있다.

2) 가정의 제사장, 챔피언, 교회 지도자 표상

어떻게 가족이 유지되는가? 중심을 잡아 주는 아버지가 있기 때문이라는 것이 아버지 권위 복원 기획의 답변이다. 아버지 살해 이후 시대의 기독교 공간에서 재현되는 또 하나의 강력한 아버지 표상은 "가정의 머리됨, 가정의 제사장, 교회의 지도자"이다. 부부관계를 파트너십으로 인식하면서도 위계질서를 포기하지 않는다. 구성원 간의 서열적 수직관계를 형성하는 위계의 정점에는 가부장으로서의 아버지가 있다.

아버지학교에서는 특히 아버지의 "가정의 머리됨"을 강조한다. 머리됨의 은유는 절대 권력의 위치를 의미한다. 가족구성원들은 머리됨의 권위 아래서 수직적 위계를 따를 것이 암묵적으로 전제되어 있다. 남자로서 최고의 자리는 하느님의 대리자인 아버지가 되는 것이라는 아버지학교의 주장은, "아내는 가정의 머리인 남편을 세워 주고 신뢰하며…"라는 '두란노 어머니학교'의 교육 내용과 일맥상통한다.[19] 하느님의 대리자로서의 아버지나 아버지의 머리됨의 비유는 기독교의 전통적 가르침 및 권위주의 시대의 아버지 모델과 동일하다.

---

18) 이의수, 「성경적인 남성상에 대한 이해」, 『남성학과 남성운동』(동문사, 2000), 404-405.

19) 두란노 어머니학교 비전 "두란노 어머니학교는 이 땅의 모든 여성들이 이렇게 되기를 바랍니다", http://www.mother.or.kr

오랫동안 가족은 가정의 머리(heads of households)로서의 남성의 지배를 영속화하고 여성과 아이들의 종속을 기반으로 하여 유지되어 왔다. 아버지 살해 이후 시대 교회의 아버지 재교육 프로그램 역시 가부장적 문화 배경에서 나온 "아내된 이 여러분, 남편에게 하기를 주님께 순종하듯 하십시오. 그리스도께서 몸의 구주이십니다. 교회가 그리스도께 순종하듯이, 아내들도 모든 일에 남편에게 순종해야 합니다"(에베소서 5,23-24)라는 바울의 가르침에 기반하고 있다. 그리하여 가정에서 여자가 머리 구실을 하면 비정상적 가정이 되고 더 나아가 '괴물'이 된다고 경고하고 있다.[20] 머리됨이라는 오래된 아버지 상징은 신적 질서에 따라 구현되었다는 신성화된 가부장적 가족 모델 속에서 여전히 위력을 발휘하고 있는 셈이다.

일제 강점기에는 나약한 식민지인으로, 전쟁 직후에는 무기력한 실직자로, 산업화 시대에는 지친 노동자로 살았지만, 우리의 아버지들은 항상 가족의 머리이자 상징적 구심점이었다. 존재 그 자체로 권위를 보장받을 수 있었던 것이다. 그러나 아버지 살해의 시대를 거치면서 '고개숙인 아버지' 표상이 등장하자, 교회는 아버지의 위상 변화를 가정 위기의 주범으로 지목한다. 그러면서 '아버지의 바로서기'를 위기 극복의 출발점으로 내세운다. 총 5주차로 진행되는 아버지학교의 핵심 강연 중 2주차의 교육 주제인 '아버지의 남성'에서는 남성다움의 4가지 요소 곧 왕, 전사, 스승, 친구의 역할을 갖추었을 때 아버지의 바로서기가 가능하다고 말한다. '왕'으로서의 아버지란 통치자 곧 다스리는 역할을 의미한다. 백성들의 필요를 공급하고 잘 이끄는 왕처럼, 가정의 왕인 아버지

20) 옥한흠, 『예수믿는 가정 무엇이 다른가』(국제제자훈련원, 1991), 98-100.

는 가족구성원들을 인도하고 동기 부여를 해주는 권위 있는 사람이다. 그리고 적들을 맞아 목숨 걸고 싸우는 '전사'와 같이 아버지는 가정을 지켜야 하는 책임을 져야만 한다. 그런데 밖으로는 가정을 지키기 위하여 전사처럼 강해야 하지만 안으로는 따뜻한 부드러운 전사여야 한다. '스승'은 삶을 통해 모범을 보이고 양육하는 아버지의 역할을, '친구'는 삶을 나누며 함께 걸어가는 사람을 표상한다.[21] 이러한 은유들은 아버지의 머리됨을 지극히 당연한 것으로 수용하도록 유도한다.

또한 아버지는 가정의 제사장이자 영적 가장이며, 교회의 지도자라는 표상을 지닌다. 제사장은 중보자요, 화해자, 사역자, 사명자이다.[22] 제사장의 중요한 역할은 가정을 훼손하는 유혹으로부터 가정을 지키고 대대손손에게 하느님의 축복의 통로가 되는 것이다.[23] 인류의 큰 대제사장을 예수로, 가정의 제사장을 아버지로[24] 나란히 둠으로써 아버지의 위상은 신적 차원으로까지 격상된다. 만일 우리가 하느님을 아버지라 호칭한다면 하느님을 남성으로 만드는 것이고, "만일 하느님이 남성이라면 남성이 곧 하느님"이라는 메리 데일리(Mary Daly)의 경고를 기억할 필요가 있다. 마찬가지로 하느님의 은유가 아버지로 고정되고, 하느님과 인간의 관계가 아버지와 아들의 관계로 비유되면, 이는 가부장적 아버지 담론의 기초가 된다.

아버지의 머리됨과 가정의 제사장, 교회의 지도자의 표상은 나아가

21) 박진기, 『두란노 아버지학교 2008 학술대회 기념논문집』(두란노 아버지학교운동본부, 2008), 85-86.
22) 옥한흠, 앞의 책, 39.
23) 박진기, 앞의 글, 87.
24) 문병하, 『두란노 아버지학교 2010 학술대회 기념논문집』(두란노 아버지학교운동본부, 2010), 37.

가족성원들이 아버지 권위에 순종함으로써 가정의 질서 곧 영적 질서를 회복할 수 있다는 주장으로 이어진다. 부모의 권위에 도전하는 일을 행할 때는 단호하게 아버지의 권위를 경험시켜야 한다. … 아이에게 가장 중요한 것은 순종에 대한 훈련이다. 그것은 권위에 대한 순종이다. 아버지의 권위에 순종할 수 있어야 하느님께도 순종할 수 있다.[25)]

이러한 주장에서 우리는 종교개혁가 루터가 주장한 가족관의 흔적을 발견할 수 있다. 루터는 이상적 가족을 사랑, 염려, 친절과 정서적 공간이자 세속적 권위의 원형으로서 아버지의 권위(parental authority)가 자연스레 작동하는 곳으로 보았다. '자발적 사랑'과 '엄격한 아버지의 권위'가 결합된 가족은 아이들이 '권위에 대한 복종'을 배우는 최초의 자리이자 올바른 자리라는 것이다. 가정에서 부모의 권위에 복종하는 것을 배우지 못한 사람은 올바른 사회생활을 할 수 없다는 루터의 가족관은 아버지 살해 이후 시대 교회의 아버지 이해에서도 그대로 발견된다. 부드럽고 다정한 아빠 밑에서 자란 아이들이 사랑은 받지만 권위를 경험하지 못한다면 상습적으로 나쁜 행위를 하게 되고 자기중심적이 되어 반사회적 인물이 될 수 있다[26)]는 진단이 그것이다. 그리고 "말씀에 순종하기만 하면 가정에서 빚어지는 갖가지 비극들이 치유되는 것을 자주 보았다. 하느님의 가정은 병들어 썩어 가는 현대 가정의 방부제 역할을 할 수 있을 것이다"[27)]라는 설교는 가부장적 질서를 가정뿐만 아니라 교회의 운영 원리로까지 확장시키고 있는 셈이다.

---

25) 김성묵, 『좋은 아빠 되기 프로젝트』(두란노서원, 2008), 196-197.
26) 김성묵, 앞의 책, 185.
27) 옥한흠, 앞의 책, 327.

4. 착한 가부장 기획의 한계

교회가 마련한 이러한 아버지 재교육 프로그램은 아버지들이 가정에서 권위를 회복하고 행사하는 데에 효과적으로 기능하고 있다. 아버지학교 수료자들을 대상으로 조사한 내용에 따르면, 부부와 자녀관계에 도움이 되었다고 응답한 숫자는 조사대상자 전체의 60%, 가족 간의 대화 회복에 도움을 받은 경우는 74.2%로 나타났다.[28] 아버지학교를 통해 영적인 자존감을 회복하게 됨에 따라 아버지로서 정체감을 갖고 아버지의 역할을 능동적으로 수행하고 있으며, 가정생활 만족도 등에 탁월한 효과가 있다는 것이다. 그뿐만 아니라 전통적인 가부장적 가족관계와 현대의 가족관계 사이에서 자신의 역할과 지위에 대해 갈등하던 아버지들이 프로그램 참석 후에 가족관계의 결속력이 생성되었다고 한다.[29] 이러한 연구를 비추어 볼 때 아버지학교는 아버지의 권위 회복을 통한 행복한 가정의 회복이라는 목표를 달성하고 있는 것 같다.

그러나 이러한 긍정적인 반응에도 불구하고 간과할 수 없는 것은 교회가 제공하는 가족 판타지가 가족을 정서적 · 물질적 요구를 충족해 주는 유일하고도 특별한 곳으로 부각시키고 있다는 점이다. 이러한 가족 판타지는 남성의 가장으로서 권위와 여성의 주부, 아내, 어머니로서 역할을 고정시킬 위험이 있다. 사실 아버지학교는 다소 완화된 형태의 성별 분업을 전제하고 있다. 아버지학교와 쌍을 이루는 어머니학교의 일

28) 박차실, 「아버지학교 프로그램이 중년 남성의 아버지 역할 증진과 자존감에 미치는 영향 연구」, 서울신학대 석사논문(1999). 이 연구는 아버지학교 프로그램을 집단상담 프로그램의 하나로 보고, 아버지학교를 수료한 380명을 대상으로 하고 있다.

29) 노연실, 「가정해체 예방을 위한 두란노 아버지학교 프로그램의 효과에 관한 연구」, 경기대학교 정치전문대학원 석사논문(2001).

정이 이를 증명한다. 아버지학교가 매주 토요일 오후 4시 고정된 시간에 세미나를 진행하는 반면, 어머니학교는 매일 오전 10시부터 3시 30분까지 진행하는 것이 일반적이다.[30] 이러한 고정된 일정은 남성은 일터, 여성은 가정이라는 근대적 핵가족의 도식을 반영한 것이다. 마찬가지로 부모의 사명에 대한 인식에도 성차별적 요소가 농후하다. 아버지의 4대 사명은 자녀의 정신적 · 물질적 · 영적 원천, 자녀의 지표, 자녀의 자부심, 자녀의 미래를 보장하는 아버지이다. 반면 어머니의 사명에 대한 세미나는 돕는 배필로서의 역할과 사명을 정립하는 데 목적을 둔다. 남성의 가장으로서의 권위와 여성의 돕는 배필의 역할이 고정되면 이는 남편-아내뿐만 아니라 부모-자녀 관계를 형성하는 근간이 되고 나아가 신-인간 사이의 관계에도 영향을 미칠 수밖에 없다.

성별 분업은 성별 권력관계의 표현이다. 교회는 남성의 권위에 대한 여성의 순종을 역할의 차이 혹은 기능의 차이로 해석하고 있다. 남녀의 역할 차이 중 하나가 순종하는 역할이라면 이는 존재론적 차이로 보아야 한다. 여성이라는 존재 때문에 그 역할이 결정되기 때문이다. 만약 인간이 신의 형상대로 창조된 존재(Imago Dei)라는 경전의 가르침을 받아들인다면, 즉 존재론적으로 여성과 남성이 동등하다는 것을 신앙한다면, 이러한 역할 구분은 허구가 된다. 성 역할 구분에 작동하는 비가시적 권력은 부부간의 비대칭적 권력관계의 성격을 은폐하기도 하고, 성별 분업이 마치 가족 모두를 위한 합리적 선택이라는 허위의식을 조장

30) http://www.mother.or.kr, http://www.father.or.kr 홈페이지 참조. 직장인과 평일에 시간을 내기 어려운 어머니들을 위해 토요일반과 저녁반도 진행할 수 있다고 한다.

하기도 한다. 성별 분업이 심하게 교란되고 있는 사회적 환경의 변화에도 불구하고 아버지에게 더 많은 권력이 주어지는 가부장권이 고수되어야 가정이 바로 선다는 한국 기독교의 발상은 가족 내 부정의한 상황을 초래할 수밖에 없다. 그런 의미에서 아버지 근본주의로 향하는 가부장제 이데올로기는 불온하고도 퇴행적인 이념이다.

그런데 아이러니하게도 각종 아버지 복원 기획에 가장 열렬히 호응하는 층은 가정의 여성들이다. 가족 변동에 대해 아내들이 더 위기감을 느끼고 교회로 찾아오는 경우가 많다는 목회자의 지적이나,[31] 아버지학교 참가자들의 대부분이 아내와 딸의 적극적인 권유로 신청하게 되었다는 고백은 이를 증명한다. 그렇다면 이렇게 아버지의 머리됨을 주장하면서 가부장적 위계를 수호하고 남성의 권위를 복원하고자 하는 기획에 여성들이 적극적으로 지지를 보내는 까닭은 무엇일까? 그 원인의 하나는 가정에 대한 여성들의 높은 의존도에서 찾을 수 있다.

오랫동안 여성들은 노동의 성별 분업으로 인해 가사노동과 아이 양육의 책임을 할당받아 성가신 일상사에서 남성들을 해방시킴과 동시에 자신들이 그 일에 속박되어 왔다. 사색하고 글을 쓸 수 있는 여가시간은 물론이고 사회 변동에 민감하게 대처할 능력을 함양할 시간적 · 심리적 여유가 없었다. 그러면서도 생존 자원이 부족한 자신과 자식들의 살 방도를 위해 기댈 언덕을 찾아 최대한의 보호를 얻어내는 방법을 알아내야만 했던 존재였다. 이때 가부장을 중심으로 하는 가족은 험한 세상으로부터 든든한 보호막이 되곤 했다. 문제는 가장의 수입만으로 가계가 유지될 수 없는 경제구조의 변화로 인해 기혼 여성의 취업이 불가피해

31) 옥한흠, 앞의 책, 32.

진 오늘날에도 가족 내 성 역할 구분 의식은 크게 달라지지 않고 있다는 점이다. 취업 여성들은 직장일과 가사일을 병행하는 이중노동의 과중한 부담으로 인해 가족의 정서적 요구를 감당하기 어려운 것이 현실이다. 그런데도 아버지 재교육 프로그램은 아버지들에게 가사일과 감정노동의 주 담당자인 여성을 도와주는 역할 정도만을 제안하고 있다. 한결 '착해졌지만' 이는 여전히 가족 내의 성별 분업 이데올로기가 영향력을 발휘하고 있음을 단적으로 드러내고 있다. 게다가 노동시장의 강도 높은 재편을 가져온 신자유주의의 거센 파고로 인해 직장 여성의 입지는 더욱 좁아졌다. IMF 이후 두드러진 고용 불안과 극심한 취업난은 비단 여성만이 당면한 과제는 아니지만, 노동시장 안팎에서 작동하는 성차별적 장치로 인하여 여성은 이중의 고통을 겪고 있다. 여성 노동자의 비정규직화 급증 현상은 노동시장의 젠더화를 보여 주는 대표적 사례이다.[32] 노동시장에 온존하고 있는 구조적인 성적 불평등은 단시일 내에 극복될 수 없기에, 부실한 사회적 안전망을 대신해 온 가족에 대한 여성들의 의존도는 쉽게 나아질 것 같지 않다. 요컨대 성 역할 구분의 오랜 사회화로 인해 여성성으로 굳어져 온 수동성과 안정을 추구하는 심리적 특성, 나아가 경제활동에서 남성보다 훨씬 더 큰 제약 때문에 여성들은 기존 가족 형태의 변동에 깊은 공포를 느낄 수 있다. 더욱이 교인의 경우는 가장

---

32) 이숙진, 「신자유주의시대 한국기독교의 자기계발 담론: 여성교인의 주체화양식을 중심으로」, 『종교연구』 60집(한국종교학회, 2010), 131-132.
통계청의 경제활동인구조사를 보면 취업자 중 여성 비율은 1996년의 38.6%에서 2008년에는 42.4%로 증가하고 있으나 노동시장에서 여성들의 양극화가 점차 강화되고 있는 추세이다. 전문 관리직의 경우는 11.7%(1996년)에서 19.8%(2008년)로 8% 정도 증가했으나 비정규직의 비율은 18.5%(여성 전문 관리직)와 66.3%(여성 미숙련 노동자군)으로 압도적 증가 추세에 있다.

을 중심으로 한 핵가족 모델을 신적 질서로 믿어 왔기에 이 질서에 대한 도전은 절대자에 대한 불신앙으로 여겨지고 죄의식과 불안감을 가중시킬 수 있다.

여성사학자 거다 러너(Gerda Lerner)와 주디스 베네트는 가부장제의 뿌리 깊은 지속과 유지에는 여성들의 협력과 지지가 큰 몫을 담당했다고 주장했다.[33] 여성은 가부장제의 '수동적 희생자'가 아니라 가부장제와 협력하기도 하고, 그 토대를 침식하기도 하고, 때로는 그 속에서 목숨을 부지했던 '능동적 행위자'였다는 것이다. 아버지 살해 이후 시대의 가부장적 권위 복원 기획에 대한 여성들의 열렬한 호응과 적극적 지지는 삶이 위협받는 복합적인 상황에서 나온 생존전략일 수 있다. 가장을 중심으로 한 가족관계가 유지되면서도 억압적이었던 가장의 태도가 완화된다면 이는 여성들에게는 최선의 선택으로 여겨지기 때문이다.

거시적으로 보면 '다정하지만 침범할 수 없는 권위의 아버지' 만들기 기획은 온정주의적 가부장주의의 그물망에 갇혀 있다. 기존의 젠더 역할 구분에서 한층 유연해진 아버지를 만날 수 있지만 그 한계가 뚜렷하기 때문이다. 아버지 권위 회복 기획의 결정적 한계는 우리 사회가 빠른 속도로 맞벌이형 가족으로 이동하는 현실에 민감하지 않다는 점이다. 이 기획에서는 이중 삼중의 노동 중압감에 시달리는 직장인 아내가 여전히 가사와 육아노동에 대한 전담자이고, '가정의 머리'인 남편은 기껏 가정일의 보조자 역할에서 국한되어 있기 때문이다. 퇴근할 때 항상 웃

33) Judith Bennett, *Feminism and History* (1989), 262-263; 거다 러너, 김인성 옮김, 『역사 속의 페미니스트』(평민사, 1998), 293-325.

어 주고 아내를 칭찬하고, 이부자리 정리, 설거지, 청소라도 도와주고 자녀와 항상 놀아 줄 줄 아는 온유한 '머리'의 역할만을 강조하는 한, 신보수주의가 우려하는 가정의 위기 상황은 해결될 수 없을 것이다.

앞서 살펴보았던 아버지학교는 머리됨, 제사장, 지도자, 챔피언 등의 메타포로 권위 있는 아버지를 호출함으로써 신보수주의가 지향하는 가족적 질서의 복원을 실현하는 장치로 기능하고 있다. 요컨대 오늘날 한국 교회는 불확실한 위험 사회를 사는 불안한 존재들에게 가장 안전한 피난처가 되어 줄 곳은 바로 '머리되는' 아버지를 구심점으로 하는 '건강하고 정상적인' 가족과 신앙공동체뿐이라는 판타지를 생산하고 유통시키는 핵심 공간이다. 그러나 이러한 가족 판타지는 종종 가부장적 가족과는 다른 형태의 가족을 배제하는 폭력적인 기능을 수행하기도 한다. 주지하다시피 우리 시대의 가족은 인종과 국가, 종교, 혈연, 성별의 경계를 넘나들면서 해체되고 재구성되고 있으며, 이전에는 상상하지 못했던 가족 형태가 등장하고 있다. 사회 변동과 더불어 진행되는 가족 지형의 변화는 신가부장주의 이데올로기로 포장된 가정 사역 프로그램으로도 막을 수 없다. 앞으로는 좀 더 빠른 속도로 전형적 가족 형태를 벗어난 다양한 가족 형태가 늘어날 것이다.

이러한 가족의 다양성을 수용하기 위해 우선해서 해결해야 할 과제는 '정상 가족'과 '비정상 가족'이라는 이분법의 해체이다. 아버지학교가 유포하는 이상적인 신앙 가족이 되려면 남녀 부부와 한 명 이상의 자녀 그리고 갖가지 위험과 재난을 스스로 극복할 만한 능력이 전제되어야 한다.

이처럼 아버지(어머니)학교, 부모교육, 결혼예비학교, 부부학교 등과 같은 가정 사역 프로그램이 지배하는 한국 교회의 풍토 속에서 생애

독신자와 만혼자, 이혼자들은 신앙적 소속감을 느끼기 어렵다. 나아가 이러한 가족 모델은 한 부모, 무자녀, 소년소녀 가장, 이주민, 동성 가족은 물론이고 빈민이나 실업 가족의 아이들에게도 비정상 혹은 건강하지 못하다는 굴레를 뒤집어씌우기 십상이다.

5. 온정주의적 가부장주의를 넘어서

이상에서 권위주의 체제의 붕괴와 함께 해체된 신화화된 아버지는 아버지 위기 담론의 확산과 더불어 성장한 교회의 아버지 재교육 프로그램을 통해 한층 부드럽고 '착한' 아버지의 모습으로 재건되고 있음을 살펴보았다. 아버지 살해의 시대 이후 등장한 한국 교회의 아버지 복원 기획에는 예전의 권위를 회복할 수 있다면, 엄하고 무심했던 태도에 대해 회개하고 새로운 모습으로 거듭나겠다는 욕망이 내장되어 있다. 바꾸어 말하자면 아버지 재교육 프로그램은 '돌봄' '양육' '섬김' '다정함' 등 흔히 여성성으로 인식되어 온 자질들을 함양하도록 남성들을 교육하지만 실상은 성별 이분법적 젠더 질서에 근거한 온정주의적 가부장주의의 한계를 지니고 있다. 요컨대 '나쁜 가부장'이냐 '착한 가부장'이냐 하는 정도의 차이만 있을 뿐 머리됨의 표상이 말해 주듯 그 구심점과 영향력을 되찾고자 하는 남성지배적 문법은 그대로 관철되고 있다. 바로 이러한 점은 권위주의 시대의 아버지 담론과 구조적으로 유사하다.

이러한 온정주의적 가부장주의는 아버지의 권위 회복을 통해 각종 사회문제의 원인으로 지목된 가정의 위기를 해결할 수 있다는 담론을 생산하고 있지만, 실제로는 국가정책이나 자본주의 체제의 구조적 모순을 은폐하는 효과를 낳고 있다. 왜냐하면 높은 이혼율과 저하된 출산율 등 가족 위기의 징후들은 '쉴 곳은 포근한 가정밖에 없다'는 가족 판타지를 통해서는 극복될 수 없을 뿐더러, 경제 단위로서의 가족이 남성으로 대표되는 한, 남성에 대한 여성의 의존은 지속될 수밖에 없기 때문이다. 더구나 아버지의 태도 변화를 촉구하는 가족 회복 기획은 자본주의의 변동 과정에 발생하는 가부장적 가족의 위기를 아버지와 그 가족구성원에게 해결의 책임을 전가하는 오류를 범하고 있다. 이는 마치 신실한 신앙인은 세상일보다는 영적 문제에만 집중해야 한다는 논리를 통해 신앙의 탈정치화를 야기했던 권위주의 시대 개신교 보수주의의 담론 전략과 유사한 모습을 보여 줄 뿐이다.

온정주의적 가부장주의를 넘어서기 위해서는 인식과 태도의 측면도 중요하지만 제도적 차원의 대안 모색이 무엇보다도 중요하다. 성차별적 노동 분업과 여성에게 불리한 노동시장의 조건은 가족 내 불평등을 완화하는 하나의 방법이다. 만약 생산과 재생산 노동에 남녀의 동등한 참여를 보장하는 정책과 제도를 수립할 수 있다면 성별 분업이 초래한 불평등의 조건은 극복될 수 있을 것이다. 또 역할 분업이 생물학적 운명이라는 이데올로기를 청산하기 위해서는 출산과 양육의 분리를 하나의 대안으로 내세울 수 있다. 출산은 여성이 하지만 양육은 부모 모두, 나아가 사회 공동의 책임이 된다면 성별 불평등은 해소될 것이기 때문이다. 전국적/전 지구적 네트워크를 가지고 있는 아버지학교의 막강한 영향력과 파급력으로 이러한 제도적 대안을 기획하고 실천한다면 개인적이고 감상적 차원에 머무는 한계를 넘어설 수 있다.

점차 확산되고 있는 핵가족 해체 현상은 부계 혈연 중심의 가족제도가 더 이상 강고한 척도로 작동하지 않고 있으며, 가부장적 이념에 근거한 가족이 보편적이지도 않음을 보여 주고 있다. 개인의 생존과 인간의 재생산을 담당하는 가족은 사회적 · 역사적 맥락에 따라 다양한 형태로 변화되어 왔으며 앞으로도 그럴 것이다. 우리는 이 시대의 바람직한 가족 모델을 신보수주의적 아버지학교가 생산하는 가족이 아닌 예수가 제시한 '하느님의 가족'에서 발견할 수 있다. 예수의 거침없는 반가족적 발언[34]을 미루어 볼 때 그가 꿈꾸는 세상은 가족 중심주의와는 상당한 거리가 있다. "부모 형제는 자기의 혈연 가족이 아니라 하느님의 뜻을 행하는 사람들"이라고 하면서, 혈연 가족보다는 그의 신앙과 실천의 공동체를 더 가치 있게 여겼다.[35] 가족 자체를 부정했다기보다는 자기 가족만 아는 이기적 삶을 넘어서기를 기대했던 것이다. 따라서 예수의 탈가족 중심주의에 기대어 오늘날 가족 위기의 극복 방안을 모색한다면 완화된 공사 이분법보다는 오히려 공사 영역의 탈성별화가 하나의 새로운 해결 방향이 될 수 있다.

기독교의 중추적 신앙은 성별, 인종, 세속적 지위나 경제력과 상관없이 모든 사람은 내적으로 자유롭고 영적으로 평등하다는 논리에 근거하고 있다. 따라서 예수의 삶이 말해 주듯이 가족의 구심점을 향한 욕망 대신에 젠더 질서를 넘나들면서 실질적 평등을 지향하는 배려하고 돌볼 줄 아는 아버지, 내 가족 내 교회만이 아니라 사회 문제에도 적극 관여하는 정의롭고 따뜻한 아버지야말로 아버지 살해 이후 시대에 새롭게 상상해야 할 아버지일 것이다.

---

34) "평화가 아니라 아들이 제 아버지를, 딸이 제 어머니를, 며느리가 제 시어머니를 거슬러서 갈라서게 하러 왔다." 마태복음 10,34-9; 누가복음 12,49-53.

35) 마태복음 12,46-50; 19:29-30; 마가복음 3,31-35; 10,28-31; 누가복음 8,19-21; 11,27-8.

한국 사회 종부(宗婦)의 유가 젠더 도덕성과 종부 정신

—근·현대 영남지역의 종부를 중심으로[1)]

강 혜 경*

1. 한국 사회 유교 전통과 종부(宗婦)

이 글은 유교 전통적 지식을 습득 체화한 근현대 한국 종부(宗婦)들의 사례를 중심으로 분석한 유교 여성의 도덕성에 대한 탐구의 일환이라 할 수 있다. 유가 체계가 가부장적 남성 중심적 틀을 견지한다고 할지라도 그 이념하에서 행해진 유가 도덕적 실천은 남성들에게만 국한된 것이 아니라는 점에서 유가 여성들의 도덕적 실천들과 그 사유를 분석해 보고자 하는 것이다.

한국 사회에서는 종가(宗家)가 받는 특별한 사회적 존경이 있다. 그것은 아마도 유교 전통의 덕목들을 실현하는 집단에 대한 경의의 표시일 것이다. 그럼에도 불구하고 종가 전통은 부계 혈통 계승이 현대의 민주적, 성 평등의 차원에서 혈연적 연고주의, 집단이기주의 그리고 젠더

---

* 숙명여자대학교 아시아여성연구소 책임연구원.

1) 이 글은『사회와 역사』통권 제78집(한국사회사학회, 2008년 여름)에 실린 논문을 수정·보완한 것이다.

불평등의 표징으로서 넘어야 할 장벽이기도 하다. 이렇듯 현대 한국 사회에서 유교문화는 전통이 갖는 문화적 지속성과 현대적 변화라는 두 가지 모순을 가진 아이러니한 실재(reality)라고 할 수 있다. 한국 사회에서 종가는 '현재 속에 존재하는 과거'—과거를 고스란히 현재에 품고 있는—라 할 수 있으며, 종부는 과거와 현재의 삶을 동시에 살고 있는 유교적 여성이다.

유교적 삶이 여성들에게는 억압적이고 고달픈 삶이며 삶을 통틀어 전적인 희생과 양보를 요구한다는 사실은 한국 여성들 사이에 이미 일반화된 상식이며, 그러하기에 종부로 산다는 것은 삶의 힘든 결정이 아닐 수 없다. 유교적 행위 방식 및 내용이 적어도 남성이 아닌 여성들에게는 평등하지 못한 짐이라는 관념에도 불구하고 한국 여성들은 왜 종부라는 전통적 여성의 삶의 방식을—한국 여성 대다수가 그러하진 않을지라도—수용하는 것인가? 유교문화가 전통사회의 박제화된 유물이기보다 우리의 실천적 삶 속에 녹아 있는 무의식적 의식이라고 할 때, 여성들이 그러한 관념들을 배척하지 않고 삶의 조건으로 포용하고 있다는 사실은 무엇을 말하는가? 이는 지금까지 정당하게 의미를 부여받지 못했지만 유교의 여성적 가치들이 젠더적 차원에서 사회적으로 가치 있음을 의미하는 것은 아닌가? 그 가치의 실체는 부계적 권력구조에서 형식상 소외되고 배제된 모계적 계보의 보이지 않는 힘들이며, 한국 여성들의 잠재된 도덕적 힘은 아닐까?

이러한 문제의식은 근·현대 종부를 통해 유교적 여성의 도덕성에 대한 탐구로 이어지게 된다. 지금까지 유교 이념이 가진 도덕성은 절대적으로 남성의 도덕성을 몰젠더적으로 주제화하여 왔다. 유교문화에서 남성의 도덕성은 군자를 이상으로 하는 선비정신으로 요약된다.

그렇다면 한국 여성들은 유교문화의 공동 수행자(agency)이면서도 도덕적 주체가 아니었던 것일까? 종부는 종법적 역할 수행의 주체지만 유교체계하에서는 아무런 권위도 갖지 못한 채 다만 가문 유지를 위한 도구적 존재일 뿐이었던 걸까? 이 지점에서 종법주의가 부여한 남성 중심의 권력은 종부 연구를 통해 등가적 권력으로 설명될 필요가 있다. 그러한 설명이 가능하기 위해서는 종법이 남성에게 제도화된 권력을 부여한 이면에 종부의 능동적인 역할 행위에 수반된 도덕적 삶에 대한 적절한 의미 부여와 여성의 유가적 실천 양식에 대한 새로운 해석 작업이 수반될 필요가 있다.

이 글에서 필자는 첫째, 유교를 인간 행위와 동떨어진 추상적 원리로 생각하는 대신, 유교문화를 한국 여성의 실천에 녹아 있는 배경 이해(background understanding)로 받아들여 궁극적으로는 한국 여성의 유교 도덕성의 가치를 현대적 의미 창출의 근거로 재해석해 보고자 한다. 둘째, 그와 더불어 유교문화가 현대 한국 사회의 다인종·다문화적 삶의 지향성에 부정적 요인을 제공하는 측면이 존재하는데도, 역설적으로 유교 전통이 한국인의 의식을 잠식한 부분들에 대한 좀 더 면밀한 분석 또한 동시에 이루어질 필요가 있음을 강조하고자 한다. 이 글은 종부들을 만나보고 그들의 삶의 현장을 조사해 얻어낸 경험적 자료를 근거하여 쓴 하나의 문화기술지(an ethnography)의 일부분이다.

2. 종법적 지위로서의 종부

1) 종부의 연원

17세기에 이르러 여성의 종법적 지위가 주목받는 것은 이 시기가 우리나라에서 종법이 정착된 시기라는 점과 관련이 있다. 물론 종법은 원래 남계 중심(男系中心)으로 형성된 친족조직의 원리였으므로 여성의 종법적 지위가 대등하게 독자적 위상을 보장받기는 어려운 것이었다. 그러나 종법의 운영상 그 핵심은 제사상속(祭祀相續)과 가계상속(家系相續)이고, 기왕에 존재하던 총부(冢婦)의 주제권이나 입후권 및 딸 봉사나 외손봉사의 관행 등은 여성의 종법적 지위를 가늠케 하는 주요한 단서들로서, 여전히 권리가 행사되고 있었다.

총부는 오늘날 종부라 불리는 종가의 맏며느리를 상징하는 유교 여성의 모체라 할 수 있으며, 종손의 부인인 종부를 말한다. 종부는 조선시대에 큰집의 맏며느리를 일컫는 총부와 관련이 있다. 총부라는 용어가 언제부터 쓰였는지 그 연원을 자세히 알 수는 없다. 그러나 조선 명종조에 사헌부가 "우리나라의 풍속(風俗)은 장자(長子)의 아내를 총부(冢婦)로 삼아 온 지 이미 오래되었습니다"[2]라든가, "장자(長子)가 아들이 없이 아내와 함께 죽었을 경우에는 차자(次子)의 아내가 역시 장자의 아내를 대신해서 총부가 되어 선조(先祖)의 제사를 받드는 것입니다"[3]라고 했다는 기록을 통해 보면 총부는 조선사회 성립 이전에 풍속으로 존재해 오던 고려사회의 유제이며, 총부는 조선사회에 성립된 것이 아니라 총부의 권리와 지위가 이미 국속(國俗)으로 유지되어 오다가 조선조

---

2) 『明宗實錄』 17권, 명종 9년 10월 21일 條).

3) 『中宗實錄』 15권, 중종 12년 12월 22일 條.

에 들어오면서 종법주의 질서 확립의 과정에서, 총부의 지위와 권한을 둘러싼 논쟁으로 부상되었다고 여겨진다.[4] 즉 총부는 종법질서 수립 과정에서 고려의 유제와 조선의 종법질서를 갈등적 요소로 등장한 여성의 지위(women's position)였다. 총부는 조선사회 여성의 가족 및 사회적 지위를 가늠하는 지표로서—재산상속을 포함한 입후권을 둘러싸고—조선사회 초기부터 논의되었다. 그러므로 조선사회의 종법주의 정착 과정 중에 자리매김된(positioned) 총부의 지위는 조선사회의 유교화 과정의 사회적 논쟁 속에서 맥락적으로 형성된 유교적 여성의 위치를 반영한다.

2) 조선사회의 총부

『예기』에 나타나 있는 (중국의) 총부의 역할은 제사를 받들고 빈객(賓客)을 접대하는 일이다. 시어머니가 살아 계실 경우에는 모든 일을 의논해서 시행해야 하는 제약이 있지만, 대개 가사를 대표적으로 책임지는 역할을 가진다.

특히 총부는 여타의 며느리들(개부介婦)에 대해서 독점적 지휘권을 가지며, 다른 며느리들은 어떤 사안이 생겼을 때 시어머니에게 직접 묻는 것이 아니라 총부에게 묻도록 되어 있다. 또한 다른 며느리들은 총부와 대적할 수 없었다. 즉 개부들은 총부와 나란히 걸어서도 안 되고, 윗사람으로부터 명령을 똑같이 받아서도 안 될 뿐 아니라 총부와 나란히 앉아서도 안 된다고 하였다. 총부의 위치는 다른 며느리들에 비하여 높은 것이었으며 보장되는 것이었다. 또한 적부(嫡婦)에 대해서는 여타의

4) 한기범, 「17세기 여성의 宗法的 地位」, 『충남사학』 제9집(1997).

며느리와 달리 상복도 한 등급 높았다. 그러나 며느리의 신분은 시어머니에 대해서는 항상 제약을 받아야 했으므로 사적인 재산 소유나 축적을 할 수는 없었고 따라서 물건을 남에게 주는 행위 등도 금지되었다. 재산권의 자유로운 행사는 불가능했던 것이다.

즉, 『예기』나 『의례』에 나타나 있는 총부 개념은 집안 내의 맏며느리로서 가사를 통솔하고 책임지는 존재라고 할 수 있으며, 그 지위는 종법에 따라 보장받는 것이었다. 그러나 『예기』나 『의례』에 나타나 있는 총부의 개념은 종자(宗子)의 부인으로서, 맏며느리로서 강력한 권한을 갖는 것이 사실이지만 그것은 종자의 아내로서의 권한에 한정된 것이었다. 그리고 총부가 여러 다른 며느리들에 비해 차별적인 지위를 갖는다는 것도 역시 배타적으로 제사를 주관할 수 있는 권리를 갖는다는 것을 의미하지는 않는다. 단지 집안 내의 일을 총괄하는 데 있어서 다른 여러 며느리들을 총부로서 지휘할 수 있다는 것을 뜻할 뿐이다.[5]

그러나 조선사회에서 총부는 양반 가문에 혼입한 장남의 부인을 일컫는 명칭이면서, 또한 양반 가문의 적장자의 처인 맏며느리에게 부여된 여성적 지위이다. 조선시대 총부는 남편이 죽은 뒤 그를 대신하여 제사를 지낼 수 있는 권리가 있었으므로 봉사권(奉祀權) 혹은 제주권자(祭主權者)로서 실질적 권리를 행사하였던 존재였다.[6] 이에 반해 중국 총부의 권한은 제사를 담당하는 종자의 부인으로서 제사를 준비하는 역할을 하지만 제사의 주관이나 제사의 상속에 관여하는 경우는 거의 없었다.

---

5) 이순구, 「朝鮮中期 冢婦權과 立後의 强化」, 『한국고문서연구』, 9 · 10집(1996), 256, 257.

6) 한기범(1997); 이순구(1996); 김성숙, 「李朝初期의 祭祀相續法理와 冢婦法」, 『숭전대학교 논문집』 제15집(1985).

즉 중국의 총부가 장자의 처로서 단순히 종사를 받드는 역할을 했던 것에 비해 조선의 총부는 남편이 종자로서 제사를 받들다가 죽은 경우에 그를 이어서 제사를 주관하는 것은 물론이고, 남편이 제사를 이어받지 못한 상태에서 먼저 죽었을 경우라도 후에 제사를 이어 받아 봉사하는 경우가 있었고, 독자성 또한 확보되어 있음을 알려 준다. 즉 조선사회의 총부는 남편이 죽었을 뿐만 아니라 아들이 없더라도 조상의 제사를 주관할 수 있는 총부주사(冢婦主祀)가 널리 행해지고 있었으며 유래가 오래된 것임을 밝히고 있다.

조선사회의 총부 개념은 두 가지의 의미를 지녔다고 할 수 있다. 하나는 부모가 모두 돌아가신 후 장자가 제사를 지내다가 죽은 경우 그의 처, 또 하나는 부모가 돌아가시기 전 장자가 먼저 죽고 그 후 그 부모가 모두 돌아가신 뒤 먼저 죽은 장자의 처가 제사를 받들고자 하는 경우이다. 당시 중국의 『예기』나 『의례』에 준하여 제사를 받들지 않던 장자의 처는 총부로 인정할 수 없다는 의견과, 고래로 이어져 온 총부 의미를 존중하여 총부로 인정할 수 있다는 의견이 공존하는 가운데, 조선의 총부는 맏며느리로서 제사를 받드는 정도가 아니라, 남편이 자식 없이 사망한 후에 자신이 그 역할을 대신하여 제사를 받들거나〔主祭權〕 혹은 양자를 들이는 데 가장 큰 영향력을 발휘할 수 있는 위치에 놓여 있었다〔入後權〕. 말하자면 조선사회에서는 남편이 자식 없이 죽고 난 후 그 처를 총부라고 했던 것이 더 일반적인 총부의 개념이었다고 할 수 있다. 이러한 총부권은 중국에서는 가능하지 않았던 것으로 조선에서는 제사와 관련한 관습법상의 중요한 특성이었으며, 총부의 주제권과 입후권은 조선 총부의 사회적 지위를 가늠할 수 있는 중요한 단초라 할 수 있다.[7]

3. 종부를 통해 본 양반문화

1) '양반'(兩班)과 양반문화

(1) 현대 사회의 종가와 양반의 관계

조선조 사회 지배 엘리트의 명칭으로서의 양반은 영유(領有) 신분(estate)이 아니라, 하나의 열려져 있는 신분 집단(status group)이었다. 양반의 지위[8]는 일단 획득되면 그 지위 획득자의 부계 후손들의 계속되는 세대를 통해서 양도되었다. 양반의 신분은 용어의 원칙상 성취 대(vs.) 귀속이라는 이중적 구조를 가지고 있어서, 기본적으로 주요한 원칙으로서 성취가 작용하고 부가적 원칙으로서 귀속이 작용하는 열려진 신분이었다. 양반은 일차적으로 생산수단의 소유 여부에 따라서 정의되는 계급이 아니라 신분 집단이다. 따라서 잔반(殘班)은 심지어 그가

7) 이순구, 앞의 글(1996), 262.

8) 조혜인에 따르면, 조선의 양반 엘리트의 통치는 (서구의) 봉건적인 영유 신분보다 더 발전된 형태가 될 수 있는 가능성이 있었다. 즉 어떤 사회라 하더라도 심각한 지정학적인 또는 종교적인 장애가 없다면, 정체의 중앙 집중화 경향(추세)을 띠며, 하나의 정교화된 정체 그리고 지식인을 막료로 두는 것은 봉건적 배열로부터 보편적 결과로 나타난다. 조선사회는 이러한 측면에서 서구에 비해 조건상 유리한 측면이 있었다. 각 사회마다 정체의 구체적인 유형도 변하고 지식인 집단들의 구체적인 성격들도 변화하며, 관리들이 충원되는 방식 또한 각 문화마다 다를 수 있으나, 어쨌든 기술과 지식이 훈련과 교육을 통해 획득되는 한, 일반적인 경향은 귀속이 점점 더 지배적 계층을 위한 자격 요건 획득 원칙으로서의 성취에 의해 약화된다고 볼 수 있다. 기존에 제시된 조선 왕조 초기 양반 엘리트와 '상민(常民, general people)' 사이에는 서구적 의미의 '상민'과 '천민(賤民, based people)' 사이에 있었던 것과 같은 세습적 장애물이 존재하지 않았다는 주장에 근거하여, 그는 이 점이 애초에 양반이 귀속적 지위가 아닌 열린 지위이며 이로부터 세습화가 가능했던 독특한 신분 집단이었음을 말해 주는 것이라 보았다. 조혜인, "*Yangban* as an Upwardly Open Elite Status Group: Historical-Structural Tracking in Comparative Perspective," *The Review of Korean Studies*, vol.1 (1998) 참조.

더 이상 아무런 토지를 가지고 있지 않더라도 양반으로서의 사회적 위신을 보유할 수 있었다. 신분 집단은 일차적으로 사회적 위신을 보유할 수 있었다. 신분 집단은 일차적으로 사회적 위신에 의해서 정의되며, 양반과 귀족 이 양자는 이러한 측면에서 신분 집단이라 할 수 있다.

양반의 직업적 원형은 관료로서 조선시대 양반이 관료의 위치에 이르는 근본적인 통로는 과거제도였다. 관료의 등용문인 과거를 보려면 장기간의 집중적 면학(勉學)이 필요하다. 따라서 이러한 수학기간을 뒷받침할 수 있는 경제적 배경이 무엇보다도 필수적이다. 농업을 기반으로 한 사회에서 양반은 근본적으로 지주층이라 할 수 있으며, 잠재관료층에서 과거에 합격한 후 실제 현직(顯職)을 받을 수 있는 인원은 아주 극소수밖에 되지 않는다. 초기 양반의 개념이 적용되는 범위는 얼마 되지 않으나 18세기 중엽 이래 호적대장(戶籍臺帳)에 나타난 양반 수는 급격히 상승하였다. 이는 조선 중기 이후 가부장제가 확립됨에 따라 문중 의식이 강화되고 이에 따라 양반 가문이라는 의식도 확산되어 양반의 적용 범위가 늘어난 것으로 볼 수 있다.[9)]

양반이란 사회적 지위는 문중(門中) 단위로 획득되며, 당내(堂內)와 같은 좁은 범위의 집안 차원으로 구분되지는 않는다. 조옥라(1981)에 따르면, 지방마다 약간의 차이가 있지만 안동지역은 어느 곳보다 조직화된 출입이 양반들 사이에 빈번한 곳으로, 이곳에서는 원시조가 양반이냐는 것보다 중시조가 얼마나 학식이 높았는가, 관직을 가졌는가에 따라 소위 양반의 '격(格)'이 정해진다. 그러한 중시조의 직계손을 중심으로 집단 거주하는 동족 부락이 양반이라는 사회적 지위를 견지하는

9) 조옥라, 「現代農民社會의 兩班」, 『眞檀學報』 제52호(1981).

데 중추적 역할을 한다. 자손들은 유학(儒學)에 따라 제사나 서원향사(書院鄕祀)를 엄격히 지킴으로써 유학자였던 조상과의 일체감을 도모한다. 각 문중의 조상들이 사제지간이었던 경우에는 그들의 자손들도 긴밀한 관계를 유지한다. 특히 유림의 행사인 향사의 모임을 통해 그러한 관계가 재인식되며, 서로 혼인을 맺는 경우도 많아 서로의 결속과 견제를 한다. 그렇게 뚜렷하게 내세울 만한 중시조나 그 종가를 갖추지 못한 상민들과 양반의 사회적 구별은 엄격했고, 현재에도 상당히 서로 거리를 두고 지내는 것이다.10) 이러한 경향은 현 시점에서도 크게 다르지 않아 보인다. 따라서 한국의 종가문화는 '양반' 혹은 양반문화와 떼려야 뗄 수 없는 관계인 것이다.

(2) 양반 의식의 지속

조선사회의 성리학이 사회의 토대로 자리 잡는 과정에서 학문적 성취와 관료체제로의 진입에 유리한 문사 출신들은 성리학의 이론적 지향에 따른 학통을 전개시켰다. 사화(士禍)와 같은 여러 정치적 소용돌이를 겪으면서 사림을 형성하였고, 향촌에 정착한 사림들이 지역사회를 지배하면서 양반문화가 형성되었다고 할 수 있다.

조옥라에 따르면, 지방에 따라 양반이라는 명칭 속에 내포되어 있는 의미는 상당히 다양하게 나타나지만, 한 마을에 장기간 거주하고 있는

---

10) 조옥라에 따르면, 안동지역의 양반계층이 보여 주는 특수성을 완화하기 위해 보충자료로 분석한 전라북도 정읍의 경우 그 양상이 좀 달리 나타난다. 그곳의 양반은 조상이 벼슬을 한 사람이며 유학자라는 원칙에서 안동과 별 차이가 없으나 다른 양반 문중들과의 상호교류는 그리 빈번치 않다. 전북 정읍지역에서는 출입(出入)을 한다는 것이 사회적 중요성을 띠지 않으며, 문학(文學)의 사회적 기능도 두드러지지 않다. 상세한 내용은 조옥라, 앞의 글, 79-95 참조.

경우 누가 양반이며 누가 양반이 아니라는 것은 분명히 인식되고 있다. 안동지역의 경우 주변 시장권(市場權) 내지 같은 군내(郡內) 어느 집이 양반이며, 어느 집은 아니라고 손쉽게 분류되기도 한다. 특히 양반들의 사회적 활동은 그들이 갖는 혈연 집단성과 유림 집단으로서의 기능이 중복되어 나타나는데, 안동을 중심으로 한 여러 서원향사에 참석하거나 각종 유림행사에의 참여 기회를 통해 양반 집안 간의 혼인들이 이들 출입인들 사이의 교섭으로 이루어지는 수가 많다. 현재 타 지역에 비해 이 지역에 보수적 양반 전통이 많이 남아 있는 것은 이와 같은 집단적 양반만의 행사가 어느 지역보다도 조직적으로 지켜지고 있기 때문이다(조옥라, 1981). 현재도 이러한 조직적인 집단적 양반 활동이 지속되어서, 이 지역 양반 후손들의 의식 근저에는 유학에 대한 우월감과 문중의식이 지배하고 있다고 할 수 있다.

2) 양반 여성으로서의 종부

(1) 혼반(婚班)에 의한 혼인: 연줄혼, 중복혼

종부는 일반 여성과는 다르게 종법적 지위에서 획득되는 지위이다. 종부에게는 문중의 제사를 책임지고 수행하며, 문중과 종택에 찾아오는 손님을 맞아 접대하는 역할이 주어진다. 종법적 관례를 내면화하여 실천하는 종가에서 특히 종부들의 역할은 대외적이지 않지만, 각 문중 간의 '출입(出入)'이라는 장치를 통해 가문의 위상과 격을 드러내게 된다는 점에서 종부의 역할은 의미 있고, 또 때에 따라서는 큰 역할 중의 하나라 할 수 있다.

혼반(婚班)은 양반가문 간에 이루어지는 혼인을 일컫는다. 혼반이 중요한 이유는 어느 가문과 혼인을 하는가에 따라 가문의 지체가 판단되어졌기 때문이다. 같은 양반층일지라도 반격(班格)이라는 등급 차가 있었던 까닭에 배우자의 인격과 당파(黨派), 학맥(學脈)은 혼인을 결정하는 중요한 요소로 작용하였다. 종가인들과 비종가 사람들 간에는 혼인 관계에서 차이가 있다. 그것은 몇몇 두드러진 씨족집단 혹은 가문끼리 혼반의 규칙이 존재하기 때문이다. 지방의 유명 종가들은 조상들의 학문적 전통에 따라 어떤 혼반의 원칙을 고수하고 있었는데, 이는 중복혼의 관계망이 누대에 걸쳐 이루어지고 있는 데에서 확인할 수 있었다.

특별히 종가인들의 경우, 혼반은 가문 간의 격을 맞추고, 혼인에 있어 '길혼(吉婚)'인가 혹은 '흉혼(凶婚)'인가를 따져 혼인관계에서 어쩐지 '재미'가 괜찮은 문중과 연속적으로 인척관계를 맺게 된다. 이러한 이유로 길혼의 경험이 있는 문중들 간에 통혼관계가 반복해서 이루어지는 일들이 생겨나면서 혼반은 연줄혼을 낳았다. 조강희의 연구에 따르면,

1970년 길사 고유제 장소인 대청으로 가는 종부(진성 이씨 노송정 종가)

영남의 반가는 몇 세대에 걸친 중복혼이 두드러지며 이를 통해 이 지역의 학맥이 혼반으로 강하게 결속되어 있음을 밝히고 있다.11) 필자가 만난 대다수 종부들이 친가와 시가 간에 친족들이 서로 '오고 간' 혼인을 통해 연결망이 형성되어 있음을 알 수 있었는데, 이는 당대에 문중 간에 교환관계가 이루어지고 있음을 보여 준다. 주로 친가의 '고모'나 '사촌'이 같은 문중으로 시집을 오고 그들에 의해서 중매가 주선되기도 한다. L종가 종부는 친정이 '만석살림'을 하는 부유한 가문이었으나 종가는 아니었다. 혼인 말이 날 당시 L문중으로 시집을 간 '종고모'로부터 '○○당 종가가 못 산다', '○○처녀가 쌀 한 말을 먹고 시집가기 어렵다'고 하는 말을 들었지만, 조부의 권고와 시집이 '종가'라는 이유로 혼인해 왔다고 하였다.

(2) 명망가의 여성: 종녀(宗女)

현대 사회의 대부분 종부들이 반가의 여성이라는 점은 이 글의 사례에서도 확인된다. 종가 전통에서는 반가의 전통이 제례를 통해 지속됨으로 제례의례를 생활화하고 몸에 익힌 여성들이 주로 선호된다. 이는 가문의 격을 반가의 여성 혼입으로 유지한다는 점과 더 나아가 종가적 배경을 가진 종녀를 선호하는 중요한 이유이기도 하다.

이 글에서 종녀는 사례 10명 중 50%에 해당한다. 종가의 직계 여성으로 태어난 이들은 대다수 엄격한 혼반의 규칙을 따르는 게 보통이다. 특히 맏종녀는 대부분 종가로 혼인을 하였는데, 이는 본 사례의 경우에서도 확인된다. 재령 이씨 E종가, 재령 이씨 K종가, 광산 김씨 U종가,

---

11) 조강희, 「嶺南地方 兩班家門의 혼인에 관한 硏究」, 영남대학교 박사학위 논문(1996).

진성 이씨 N종가 종부 등 4명이 만종녀로서 종부가 된 경우이다.

H종가 종부의 경우, Y종가의 셋째 딸이었지만 종녀라는 사실이 이 문중 여성들뿐 아니라 종가인 모두의 자부심이 되고 있었다. Y종가와 H종가는 조선시대 이래 영남의 퇴계 학풍의 학연과 혼반으로 강하게 결속되어 있는 가문들이다. 두 가문 간에는 누대에 걸쳐 혼반이 형성되어 있었고, 중복혼의 성격이 두드러지는 특성을 보였다. 이 지방에서 가장 격이 높다고 하는 Y가문의 직계 자손인 종녀를 종부로 맞아들였다는 사실은 H종가의 격을 한층 격상시키는 효과를 내기에 충분하였다. 양반의 사회적 지위가 문중 단위로 획득된다는 점에서 '퇴계 선생'의 자손이라는 점은 확실한 가문적 배경을 상징적으로 드러내 주는 것이 된다. 한 가문의 성격을 규정하는 것은 직계 조상이 어떤 인물인가에 맞춰져 있기 때문이다.

K종가의 종부 역시, 봉화 해저마을의 의성 김씨 P종가의 종녀로 불천위 조상을 둔 집안 출신이다. 남편(종손)의 숙모가 해저 출신으로 이 문중으로 시집을 왔고, 종손의 숙모가 중간에서 중매를 하였다고 한다. 특히 종부의 친정아버지가 학문적으로 "K선생은 매우 좋아해서" 혼인이 결정되었다고 한다. 당시 K종가는 경제적으로 피폐하고 정치적으로도 매우 고단한 종가였지만, 아버지의 권고가 컸다고 한다. 대부분의 종녀가 종부로 시집을 가는 것은 가격(家格)에 걸맞은 혼사였고, '이름 있는 선조의 집안'으로 출가시키는 것은 종가의 혼인에서 가장 중요하게 고려하는 점이었다.

H종가 종손은 "연애란 걸 할 생각도 없었지만 앞으로 다른 종갓집보다 더 관리를 하고 보존하려면 종부가 잘 들어와야 한다"고 생각했다고 한다. 특히 배우자 될 사람이 "전국에서도 우러러보는 큰 집이고, 거기

서 태어나고 커오면서 모든 종가 의례에 참여하고 경험했던 사람"이라는 점이 혼인 결정에 가장 큰 이유였다고 한다. 결국 두 가문 간의 혼인관계는 "후손의 번창"을 위해 대를 이어야 한다는 조건보다 명망가의 여성을 배우자로 맞음으로써 양반가문의 관습과 규범을 그대로 계승하고, 가문의 위상을 높일 수 있다는 점을 우선 고려하여 이루어진 것으로 이해된다.

종가가 조선시대 붕당 정치체제하에서 일련의 사화(士禍)들과 관계 있었다는 점에서 볼 때, 사림들의 향촌 정착은 성리학적 학맥을 형성하여 동일 학맥 간 혼반을 통해 거점화할 수 있었다. 조선시대의 종가를 중심으로 한 동성촌의 형성은 실제 향촌 사회에서는 세밀한 혼반의 규칙들을 낳게 되었던 것이다. 오늘의 입장에서 여전히 지속되고 있는 종가 집단의 혼반 규칙은 과거 조상들이 그랬던 것처럼, 현대 사회에서는 당시의 권력과 위세를 유지하고자 하는 현대 한국의 혈연 이데올로기에 입각한 씨족주의적 관념이 만들어낸 욕망을 반영한 것으로 이해된다. 혼반은 혼인관계를 통해 문중의 범주에 들어갈 수 있다는 점과 양반의 후예로서의 조건을 만족시키는 사회적 인정의 최대 관건이 되며, 이들에게 매우 중요한 관계망 형성의 조건인 것이다. 특히 종녀의 혼입은 가문의 위상을 격상시키는 상징적 효과를 갖는 것이다.

조선조의 가부장제는 오늘날 종가의 생활에까지도 영향을 미치고 있다. 조선조의 가부장제를 유학의 음양사상과 실제 정치제도를 통해서 분석할 때, 조선조의 가부장제는 두 가지 원칙, 즉 체제의 질서유지를 위한 위계성(반상관계)과 남녀의 유별성에 입각한 역할의 분담과 보완이라는 원칙에 따라서 구축되었다고 할 수 있다.[12] 이 원칙으로 조선사회는 이전 사회와 달리 주자학과 문중 조직 그리고 신분제에 의한 부계

친족집단을 형성하고 지속함으로써 공고한 가부장적 토대를 마련하였다.[13)]

현대 사회의 종가 집단은 반상제도에 기반한 신분제적 질서가 타파되고 근대적 생활 세계 안으로 편입되었는데도, 내면으로는 종법주의적 틀을 그대로 유지하고 있다. 특히 불천위 제사 의례의 계승은 현대 사회에서 여전히 문중을 조직화하고 친족구성원들을 문중 일원으로 흡인하는 중요한 기제로 작동하고 있으며, 제례 의례에서 종부의 역할은 노동력 확보의 리더십과 종가와 마을사람들의 유기적 관계를 도모하는 가장 구체적 행위자라 할 수 있다.

4. 양반 여성으로서 종부의 유교 도덕적 실천의 특성

1) 여성주의 윤리(feminist ethic)와 유교 여성의 관계윤리

(1) 여성주의 윤리의 도덕성(morality)

도덕성은 한 사회에서 수용할 만한 행동을 담은 코드와 관련 있다. 도덕성의 본성에 대해 말할 때, 그것은 대부분 사회의 본성에 관한 이해와 관계가 있다. 유교 윤리와 여성주의 윤리의 탐구에서, 유교 사회와 돌봄 관점의 여성주의 윤리학에서 이해하는 사회가 '비계약적 사회'(non-contractual society)라는 점에 주목할 필요가 있다.[14)]

12) 이순형, 『한국의 명문종가』(서울대학교출판부, 2000).

13) 조옥라, 앞의 글(1981).

14) 유교 윤리를 개진함에 있어서 유교 사회에서는 개인의 권리 위에 도덕성을 정초하지 않는다. 공자에게 개인의 권리 개념은 도덕성 안에서 사유되지 않는데, 즉 유교의 도덕성은 아들, 형제, 아버지, 더 나아가 통치자와 통치자의 지배하에 있는 신민들로서 그들

한국 사회에서 종가를 중심으로 한 유가적 전통이 현대 사회에서 수용되고 있는 것은 한국인들의 의식 속에 유가적 도덕성이 의미 있게 구현되어 왔기 때문이다. 이는 조선시대 양반의 의미가 역사적 경험 속에서 유가의 주지주의 흐름을 반영한 것과 무관하지 않다. 그런데 유가이념의 담지자로서 종부의 도덕성에 대한 탐구는 유가적 도덕성과 여성주의 도덕성이 동시에 고려되어야 한다.

여성의 도덕성에 관한 논의는 서구 여성주의 윤리학(feminist ethics)의 중요한 이론적 기반이다. 길리건(Gilligan)이 여성의 도덕적 발달이 남성의 그것과는 상이한 경로를 나타낸다는 주장을 한 이후,[15] 여성주의 이론과 방법들에서 다양한 논의들이 전개되어 왔다.[16] 이러한 새로운 모색의 쟁점 중 하나는 여성들이 갖는 사유방식에 대해 긍정적 해석을 부여하려는 이론적 경향을 지적할 수 있다. 길리건 이후 여성주의 윤리를 주장하는 일군의 여성주의자들에 의해 여성성(femininity)은 새롭게 그 이론적 · 실천적 함의가 강조되기 시작했으며, 그것은 여성들에게 여성주의 미덕 혹은 가치가 있다는 것에 동의하고 이에 근거한 여

이 사회에서 어떻게 적절한 역할을 담당하는가의 문제이다. 유교 사회의 비계약적 사회의 속성은 인간관계들을 인(仁)으로 인도함에서 찾을 수 있다. 공자는 인(仁)을 멀리 있는 것이 아니라, 우리 주변에서 발견할 수 있는 것이라고 말한다. 공자의 인, 다시 말해 유교의 인은 상대방을 사랑하고 배려하는 것이며, 이것이 도덕성의 기초를 형성한다고 할 수 있다.

15) Gilligan, Carole, *In A Different Voice: Psychological Theory and Women's Development* (Cambridge: Harvard University Press, 1991).

16) Tong, Rosemarie, *Feminine and Feminist Ethics* (Wadsworth Publishing Company Belmont, California A Division of Wadsworth, Inc., 1993); Jaggar, Alison(eds), *Feminist Politics and Human Nature* (Totowa, N, J.: Rowman and Allanheld, 1983); Held, Virginia, *Feminist Morality: Transforming, Society and Politics* (1993); Card, Claudia, *Feminist Ethics* (University Press of Kansas, 1991) 등.

성주의 윤리를 좀 더 진전시키는 것이었다. 이들 학문적 경향에서 나타나는 하나의 조류는 양육에 대한 기꺼움, 돌봄에 대한 친화성 혹은 관계지향과 같은 '전통적 여성주의 미덕'에 긍정적 가치를 부여하려는 시도이다. 이에 대한 많은 논쟁에도 불구하고 여성의 돌보는 자로서의 전통적 여성 역할에 정초한 윤리학 가치에 대한 논쟁이 시작되면서, 기존의 여성의 도덕성을 부인하는 일련의 철학적 도덕 이론들은 여성주의자들에 의해 근본적으로 문제가 제기되기 시작하였다.

(2) 유교 여성의 관계윤리

전통사회에서 여성에게 요구되는 유교적 미덕은 포괄적 의미에서의 부덕(婦德)이라 할 수 있다. 사실 부덕은 유교 가부장체제 유지를 위해 유교 사회의 여성을 규정한 이데올로기였다.[17] 여성의 순종과 인내, 희생의 존재방식을 덕목으로 미화하여 여성의 희생적 삶을 은폐한 것이다. 특히 부덕은 여성의 훈육과 교육에 있어 '실천적' 성격을 띠는 것으로 여성의 4가지 덕, 즉 부덕(婦德), 부언(婦言), 부용(婦容), 부공(婦功)을 포함하는 것이다. 이른바 여성에게 요구되는 유교의 원리는 일상생

17) 부덕(婦德)이란, 말 그대로 부인에게 요구된 덕목으로서 개념적으로 제시된 것은 유교 경전인『禮記』가 그 시작이다. 부덕의 정의를 보면, 여자는 남자의 가르침대로 그 의리를 습득하는 것을 말한다. 여기에 여성의 주체성을 배제한 삼종의 도를 포함하고 있다. 또한 여성에게 사람을 섬기는 도리로서, 즉 한 번 혼례를 올렸으면 남편이 죽더라도 개가 할 수 없다는 것을 신의(信義)로 하고 있다. 신자(臣子)에 대한 군부(君父)의 권한을 정치적으로 강화하고 있는 가부장제적 권위주의의 논리가 여성에 대한 남성의 권한 강화의 작업으로 적용된 것이 부덕이라고 할 수 있을 것이다. 조선사회가 송·명의 신유교를 받아들이면서 특히 여성에게 강조한 부덕과 관련된 여성의 도덕성은 이러한 연장선에서 이해할 수 있다.『내훈』을 위시한 조선시대 여성교육서들에서 여성의 말과 용모, 노동력, 심리적 차원에 이르기까지 세세히 규정된 부덕은 궁극적으로는 조선사회의 유교 가부장체제 유지를 위한 남성의 여성 지배 방식이었다고 할 수 있다.

활의 실천 속에서 검증되어야 했다.

그런데 지금까지 유교 여성의 경험에 대해 도덕적 성격을 부여하는 논의는 거의 없었다. 이 점은 유가 여성인 종부들이 수행했던 역할과 그 의미들이 유교의 관계윤리 속에서 설명되어야 할 이유가 되는 것이다. 드 베리(William Theodore De Bary)는 인격적인 개인은 공동체 안에서의 도덕적 개인이라고 지적하는데, 유교에서 상정한 개인은 바로 공동체 안에서의 도덕적 개인이다. 이러한 도덕적 개인은 또 다른 개인들과의 관계를 통해 존재의 의미를 키워 나간다.[18]

유교에서 남녀 구분은 다른 어떤 구분보다 인간관계에서 가장 기본적인 것으로 전제된다. 그러나 유교가 가진 관계성의 원리를 설명하고자 할 때는 유교 윤리의 원리적 측면에 그 연구 범위를 제한하여 설명할 필요가 있다.[19] 즉 유교의 원리적 측면에서 유교 관계주의는 외재적 차별을 유지시키는 한편, 내재적 화해를 도모하는 '조화주의'를 전제하기 때문이다. 따라서 현대적 시점에서 유교의 관계윤리를 비판적으로 이해하기 위해서는 원리적 차원을 강조하기보다는 '관계성'에 주목하여 유교 윤리에 내재한 새로운 관계적 윤리를 모색할 필요가 있다는 것이다. 유교의 관계적 원리에 따른 여성 억압의 상황이 분명히 존재할지라도 그 가부장적 억압의 상황은 다른 (서구) 문화권과 크게 다르지 않을 것이다.

유가의 내외규범에 의한 공간의 분리는 여성들이 친족과 가족의 울타리 안에서 생활하게 됨으로써 친족이 중심인 '안'에서의 생활에서 친족 간에 조화로운 '관계질서'를 유지하는 것이 무엇보다 중요했다는 것

18) 시어도어 드 배리, 표정훈 역, 『중국의 '자유' 전통』(이산, 1998).
19) 이숙인, 「유교의 관계윤리에 대한 여성주의적 해석」, 『한국여성학』 제15권, 1호(1999).

을 의미한다. 유가적 질서의 사회에서 여성이 정치적 영역에 들어가는 것은 절대적으로 금지되었지만 경제적 영역에서는 활동이 크게 장려되었다.[20] 유교 여성의 존재가치가 노동의 면에서 강조되었다는 점에서 안채에서 권위를 가진 종부들은 그 가정경제의 주도권 행사와 더불어 위치성에 따른 관계적 실천은 종부로 하여금 다양한 활동을 가능하게 했다. 이는 여성들의 활동이 남성들보다 더욱 진취적이며 성취적 기질을 살려 왔을 가능성을 유추할 수 있게 한다.

2) 유가의 도덕성과 종부

현대의 종가는 유교적 세계관을 전통의 차원에서 계승한 집단이다. 유가전통은 종가의 전근대 시대 경험 속에 고스란히 반영되어 있다. 우리에게 식민지 경험과 분단 경험은 피해 갈 수 없는 역사적 경험으로서, 종가인들의 삶의 궤적 안에서도 유교적 지향의 관념이 변모하는 것을 발견하게 한다.

필자가 참여조사 과정에서 영남의 종가를 방문했을 때, 종가의 식민지 경험과 전쟁을 겪으며 어떠한 일들이 있었던가를 종손 및 인근의 지손들에게 종종 듣곤 했다. 종가의 유교 도덕성 실천에 비추어 봤을 때, 이 시기 종손들은 민족주의 성향과 사회주의 성향을 지닌 지식인 엘리트들이 대부분이었다. 남보다 근대 세계에 일찍이 눈을 뜨고 일본 유학이나 서울(당시 경성)로 유학하여 대학 교육을 마친 이들도 있었다. 이들 엘리트 종손들은 항일 민족독립운동으로 옥살이를 하거나 중국으로 망명하기도 하였고, 젊은 나이에 반공 이념의 그물에 걸려 총살을 당하기

---

20) 조혜정, 『한국의 여성과 남성』(문학과지성사, 1988), 82.

퇴계 종가 시제, 안채에서 제사 준비를 하는 모습

도 하는 등 격변의 삶을 살았던 존재들이었다. 그러나 대부분은 종가를 유지하고 존속시켜야 하는 문중 차원의 운명적 책임으로 종가 보전을 위한 문중 활동 반경 안에서 가문 중심 생활을 하였다. 그런데 종가의 중요한 행위주체로서 종부는 종손과 함께 근대 시기 역사를 경험하면서 유교 주지주의적 속성들을 간직하고 있었다.

조선사회는 상하에 의한 차등주의—신분과 성별—와 친소에 의한 차별주의가 사회를 조직하는 두 개의 이념축이 맞물려 작동되는 사회였다. 이것에 의해 성립하는 사회체계의 유지를 위해 행동규범 체계가 필요했으며, 그것이 바로 유교의 예(禮)라 할 수 있다. 예는 결국 '관계'의 기술이며, 이때 관계는 '위상'과 '격차'를 적극적 · 현실적으로 인정한 바탕 위에 성립한 것이라 할 수 있다.[21] 종부는 유가의 원리를 현실화한 '예'를 체화한 젠더로서 종손과 함께 유가전통을 잇는 행위자이며, 종부들 개인의 역사적 · 사회적 경험 안에 유가 도덕성이 함축되어 있다고 할 수 있다.

(1) 현대의 양반: 종가에 기반을 둔 도덕적 실천

현대 종가는 양반문화의 토대이다. 양반이란 낱말은 광범위하게는 조선시대의 지배계층을 뜻하지만, 그 지배층은 영국의 기사(騎士)나, 중국의 사대부(士大夫), 일본의 무사(武士: 사무라이)와는 그 의미가 사뭇 다르다.

지역 문중 사회에서 현대 사회의 양반 관념은 구체적인 의미로 적용되고 있었다. H문중의 한 지손은 K마을—H종가가 위치한 곳—에서 태어나 자라다가 6~7세 무렵부터 외지인 인근 도시로 나와 살았다. 그러나 지금도 어디서 누군가에게 자기를 소개하거나 소속을 드러내야 할 경우가 생기면 "나는 K마을 사람이다, 나는 K마을 사람이라는 거를 잊지 않는다"라고 말하고, 조상에 대한 강한 긍지를 지니고 있었다.

유교에서는 개인을 생물학적 · 역사적인 연속체 안에서 파악한다. 그리고 도(道)의 유기적인 과정 속에서 삶을 영위하는 존재로 생각한다. 근대 서구 사상이 이성적이고 절대적 '개인'을 전제한 것과는 달리, 유교에서의 개인은 인격주의를 내포한다. 유교는 개인을 인류라는 거대한 유기체의 일원으로 여기며, 사회를 개인과 분리하지 않고 타자와의 역동적인 관계 속에서 삶을 영위하는 존재로 보고 있다. 자신이 K마을 출신이라는 사실은 "나쁜 짓 해서도 안 되고, 거기를 또한 잊어서도 안 된

21) 한도현, 「유가 예학의 사회이론과 공동체주의적 전망」; 김동노, 「유교의 예와 미시적 권력관계: 『소학』과 『주자가례』를 중심으로」, 한도현 외, 『유교의 예와 현대적 해석』 (청계, 2004).

다"고 하는 분명한 자기 정체성을 갖게 한다. 이러한 정체성의 자부심은 자기 스스로 K마을 출신으로서 도리에 합당하게 살고 도덕적 실천을 행하고 있기 때문에, 더더욱 "우리는 촌수 10촌 내 남 도둑질하는 사람 하나도 없다"고까지 자부하게 된다. K마을 출신의 이 지손의 긍지는 경제적 부에 있지 않으며 오히려 청렴결백한 선비 혹은 양반 의식에 있다. "청렴하고 나쁜 짓 안 하겠다는 마음, 돈을 모아야 한다는 마음을 갖지 않는 것"은 그가 K마을 출신 양반의 후예라는 자존심과 정체성의 핵심이다. 더 나아가 이제 그런 마음은 양반 전통이 강한 이 지역에서 양반 개념이 새로운 의미로 재해석되고 있다. 즉 양반이란 "마음이 착하면 누구든지 양반이다"라고 정의 내리고 스스로 그것을 내면화한다. "천하의 상마을, 상놈이라도 마음만 착하면 그 사람은 양반이며, 학문을 하고, 도덕을 지키는 사람이 양반이다"고 말한다. 여기서 학문은 유교적 가르침을 의미한다. 즉 현대의 양반은 유교적 지식에 입각하여 도덕적 실천을 하는 사람을 일컬으며, "나쁜 짓을 하지 않는 사람은 누구나 다 양반"으로까지 의미가 확장된다. 더 나아가 그러한 착한 행실은 비록 양반의 후예가 아니더라도 양반이 될 가능성을 내포한 것으로 봄으로써 현대 사회에서 양반의 개념이 지속·확대되고 있음을 알 수 있다. 이렇게 볼 때 반촌이 두루 형성되어 있는 사회에서 현대의 양반이란 말은 "점잖고 착한 사람"을 이르는 데 쓰이고 있음을 알 수 있다. 그런데 이 마을의 지명이 갖는 의미는 K마을에 있는 'K종택', 즉 종가를 말하는 것이다. 곧 K씨의 존재적 뿌리는 'K종가'에 기반을 두고 있는 것이다.

(2) 종부의 관계윤리: 친족 집단(타자)의 평가와 젠더화된 실천윤리

유교적 친족구조에서 볼 때, 혼입한 여성인 종부는 친족관계의 위치성에서 다양한 역할을 수행하게 된다. 실제로 종부들은 증조부대인 3, 4대가 함께 사는 대가족 공동체에서 가족구성원들의 원만한 생활을 위해서 가족 질서 차원에서 자신의 자녀들을 우선적으로 '엄하게' 길러야 했다. 친족이 한 집안에서 살게 됨으로써 친족 질서 및 항렬을 고려하여 가족 질서를 조화롭게 꾸려나가기 위해서는 '관계 중심적' 사고에서 역할 수행이 이루어져야 했다. 또한 종가를 찾아오는 손님들을 접대하며, 불천위 제사를 비롯한 종가의 여러 제사들을 수행해내야 했으므로 복잡한 역할 수행상 경험하게 되는 다양한 갈등들을 스스로 '참아내야 하는' 일들이 종부에게는 많을 수밖에 없었다. 종부들에게 주어진 지식이란 내면화된 유교의 관계윤리를 위계화된 친족구성원들 사이에서 조화롭게 풀어 가는 실천적 행위로 구현되는 것이었다. 나를 내세우기보다 남을 배려하고 '말'이 아닌 '참음'과 '행동'이 종부의 실천적 관계규범이었다.

학봉 종가 비위불천위 제사 끝난 뒤 제수 나누는 모습

이는 유교의 관계윤리의 적용이 젠더적 차원에서 여성에게는 '부덕'의 실천으로 요구되었다고 할 수 있다. 여성의 부덕은 친족관계 유지에서 가시적 권력으로 인식되지 않았으며, 오히려 여성의 부덕 없음에 대한 평가는 현실 수준에서 친족구성원들의 비난이나 유교적 품격의 평판의 요인으로 작용하였기에 여성들의 유교 관계윤리의 실천은 오롯이 여성 자신의 행위 실천 여부에 따라 평가될 수밖에 없는 예민한 것이었다. 그러나 종부들은 이미 시집가기 전 부모 혹은 조부모로부터 '순종'과 '인내'의 덕을 시집살이에서 가장 지켜내야 할 항목으로 훈육 받았다. 즉 종부는 자신이 행할 것이 무엇이며 자신의 직분을 수행함으로써 이루어지는 덕이 무엇인가를 일상적 삶에서 만나는 일들에서 체득함으로써 실천하게 되는 것이다. 그것은 곧 내가 속해 있는 사회(유교체계)가 나에게 기대하는 바가 곧 자신의 의지가 되도록 정서적 · 인지적 자아를 스스로 확립해 가는 과정에 다름 아니었다.

역사적으로도 가부장적 현실은 단순한 문제가 아니지만, 공적 영역이 확대되고 복합사회로 갈수록 여성의 자율성이 억압되는 반면 남성의 지배가 철저해졌다는 점에서 볼 때, 한국의 가부장제가 안고 있는 구체적인 모순은 "공식적 권위로 이어지지 못하는 여성의 권력 행사"에 있을 수도 있다(조혜정, 1988).

(3) 유교 주지주의적 정신의 담지자로서 종부

K씨의 사례에서 나타난 바와 같이, 필자의 조사대상 지역군의 하나인 안동에서는 '양반'이 가진 의미가 여전히 중요한 상징으로 자리하고 있다. 전통시대의 '진정한 양반'은 "공부를 많이 해서 과거에 급제를 해도 벼슬을 탐내지 않는 것"이었으나, 현재의 양반 개념은 전통시대의 연

장에서 일제 식민지라는 역사적 경험 속에 '애국운동' 혹은 '독립운동'과 관련지어 재구성되고 있음을 알 수 있었다. 즉, 진정한 양반이란 "나라가 위태로울 때 목숨을 바쳐야 양반이며, 나라가 위태로운데 놀고 편케 지내는 것은 양반의 정신을 잇지 않은 것"이다.

양반의 전통을 계승한 표징은 "나쁜 짓을 하지 않는 착한 사람"이다. 그의 언설에 나타나고 있는 양반의 계보가 조선시대 임진왜란 당시 침략자들과 맞서 나라가 위태로울 때 기꺼이 목숨을 바친 의병운동을 했던 사람에게, 가깝게는 1945년 해방을 전후로 한 좌우 대립에서 대부분의 좌익운동 및 사회주의 활동을 했던 사람들에게까지 이어진다는 점이 이채롭다. 여기서 '나쁜 짓'이란 의롭지 않은 행위, 신념, 혹은 절개를 저버리는 것을 의미한다. 식민지 시절 및 해방 정국의 독립운동가와 사회주의 활동을 한 사람들 중 유가의 지식인들이 많았고, 이 지식인들은 '문객'들이었다.

이처럼 한국 근·현대사를 잇는 일련의 식민지 해방운동과 해방 정국에서 좌익운동의 주체들이 오늘날의 양반 계보를 잇는 표징으로 설명되는 것은 현재적 양반 개념이 지식을 갖춘 지식인들에 의해 근·현대에도 지속적으로 이어져 오고 있음을 함축하는 것으로 이해할 수 있다. 이로 미루어 볼 때 현대의 변화된 양반 개념 속에 유가의 주지주의적 경향이 담지되어 있는 것을 발견할 수 있다. 이것은 유교의 지식이 부분적으로 현대에까지 유용한 자원으로 수용되고 있는 것으로 이해된다.

이 지역의 양반 의식은 유달리 종가가 많이 분포되어 있다는 점과 종가와 문중을 통해 유가적 실천자들에 의해 양반 정신이 계승되어 온 것에 근거한 것이다. 특히 양반 정신의 계승에는 안동지역 종가의 후예들(종손 혹은 종부와 함께)이 큰 몫을 담당했다. 종가의 종손들 중에는 근대적 교육을 받은 지식인들이 많았고, 이들 중 일부 종손들은 좀 더 직접적인 방식으로 일본 제국주의에 맞서 종부 및 온 일가와 함께 민족의 해방을 위한 항일운동에 직접 가담하여 중국으로 망명길을 택한 경우도 흔했다.

안동지역의 한 문중 마을은—풍산 오미동 P문중의 경우—일제 식민지 시절 마을 청년 70여 명이 독립운동 및 항일운동에 가담하여 옥고를 치렀고, 그중에는 사회주의 활동을 하여 월북한 이들도 상당수에 이른다고 한다. 당시 마을을 떠난 지식인 문중 자제들이 돌아오지 않아 이제 마을이 박물관처럼 변해버렸다는 이야기를, 필자는 P마을의 촌로(村老)를 통해 직접 들을 수 있었다. 문중 후손들과 당시 젊은 종손들은 일본 식민관료들과 타협하지 않고 비밀리에 독립군에 군자금 등을 지원하거나 혹은 직접 항일 독립운동 및 사회주의운동에 가담하는 등 민족주의 혹은 사회주의 지식인들이 대부분이었으며, 독립 의식의 고취를 위해 학교를 설립하여 민족 교육에 힘쓰는 등 내적인 독립운동에도 적극적이었던 실천자들이었다. 따라서 종부 자신들과 종가 구성원들의 삶 가운데 어려웠던 시기를 살펴보면, 대체로 식민지 시대부터 해방 후 6·25전쟁까지라는 공통점이 있는 것을 알 수 있다.

경북 영해지역 M종가의 종부는 시조부모 두 분이 "사당 뒤에 불천위 신위를 묻어 놓고" 만주로 독립운동을 떠났다고 한다. 시집왔을 때는 만주에서 부모와 함께 있던 시부모 내외가 종가에 와 있었으며, 시부모는 일본 식민지 시절 만주에서 독립운동을 하던 중 "서로서로 독립운동하던 사람들끼리 이어져" 혼인한 사이였다고 한다. 이처럼 종가의 종손 내외가 일제 식민지 항일운동을 위해 종가를 떠난 사례는 그 외에도 많았다.

종부들을 만나러 다니던 중 고성 이씨 석주 이상룡 종가를 알게 되었는데, 이 종가 역시 해방 전 종손이 만주로 떠난 뒤 양자로 종가를 계승하고 있었다. 이 종가의 석주 선생의 손부며느리였던 고 '허은' 종부는 16세에 만주에서 독립운동을 하던 종가의 며느리가 되었다. 시조부, 시부모와 함께 온 일가가 만주로 가서 오랫동안 만주에서 항일운동을 하였던 종부는 항일투쟁의 역사를 고스란히 간직하고 있었다. 종부는 시조부가 돌아가시자 유해를 모시고 시어머니와 함께 해방 전에 귀국하였다.

그런데 이 종가 종부가 만주에서 행한 일들은 남성들과는 그 역할이 좀 달랐다. 직접 총을 들고 싸움터로 나가는 대신, 독립군의 살림을 살고 의식주를 주로 담당했다. 여기서 독립운동을 하던 종부는 유가의 남녀 역할 구분이 적용되어 사적 영역의 역할을 수행하였음을 알 수 있다. 그러나 식민지 시기에 종부들의 독립운동의 내용이 '의병활동'과 '무관학교' 학생들의 식생활과 의식주를 담당하거나, '부인회' 활동을 맡는 등 성별 분리 역할을 수행했다는 점은 유교적 남녀 역할 분업이 반영된 것이다. 당시 만주에서 독립운동을 하던 종부를 포함한 여성들은 "여자들이 장에 가서 나락 팔고, 쌀 팔고 해서 돈 좀 손에 쥐면 무슨 단체, 무슨 모임에서 가두모금을 하여" 독립군 자금을 마련하기도 하는 등 실질적으로는 독립운동의 내용에서 매우 의미 있는 역할들이었다고 할 수 있다. 이 종부가 남긴 종가의 삶의 내용들이 구술 자서전으로 출판되어, 종가의 종부들이 일본 식민지 시절 독립운동에 함께 참여한 사실을 알 수 있었다.22)

유교에서 절개(節槪) 혹은 절의(節義) 개념은 유가적 도덕성을 구현

22) 종부로서 독립운동에 참여한 의미 있는 사례로서 이에 대한 상세한 내용은 허은(구술), 변창애(기록), 『아직도 내 귀엔 서간도 바람소리가』(정우사, 1995) 참조.

하는 데에 가장 중요한 개념 중의 하나이다. 절개—여성에게서 이 개념은 보통 정절의 개념으로 사용된다—개념은 충성(loyalty)의 의미에서 시작되었다. 한편에서 보면 조선시대에 한층 강화된 가부장제는 정조(貞操, chastity)로 표현될 수 있는 절개의 개념으로 집약될 수 있다. 특히 불사이군(不事二君)과 불사이부(不事二夫)는 동일한 의미로 사용되며, 그것은 세계의 다양한 종교전통에서 발견할 수 있는 결혼한 사람들 간의 신실한 관계를 위한 일종의 약속과 같은 것으로서, 옳은 일을 위해서 죽음을 불사할 정도로 헌신하는 도덕적 신념을 의미한다.[23] 예를 들어 유가의 행위에서 절개와 의리(義理)라는 유교적 덕목은 여성만이 아닌 남성에게도 똑같이 요구되는 보편적 덕목으로 간주된다. 여성이 한 남편을 위해 지조와 순결을 지키지 않을 경우 실절(失節)로 간주되듯, 인간관계 및 사회적 관계에서 의리를 지키지 않는 남성들도 실절자로 취급되는 것이다.

유교의 도덕성이 '절의(혹은 절개)' 정신을 실제 삶 가운데 구현하는 것이라고 한다면, 식민지 시절 조국 해방을 위해 독립운동에 함께 투신한 종부들 역시 절의의 신념을 담지한 유가 도덕의 실천자라 할 수 있을 것이다. 따라서 종가의 식민지 시기 경험을 통해 종부가 양반 전통을 계승한 여성으로서 종손과 더불어 유교의 보편적 의미의 주지주의적 관념을 담지한 행위자였음을 이해할 수 있다.

---

23) 조혜인, *Secularization of Neo-Confucianism and Industrialization of Korea,* University of Pennsylvania, Ph.D., Dissertation (1989).

3) 유가적(儒家的) 삶 속에서 형성된 '종부 정신'

유가의 남성들과 유교 여성인 종부의 유가적 실천은 어떠한 차이가 있는가? 종부에게는 종가의 가장 높은 여성의 지위에 걸맞은 도덕적 요구가 있다. 종부에게는 온 문중의 지손들을 품어 안을 수 있는 도덕적 자질로서 '착한 품성'이 요구된다. 이것은 이 지역 양반의 내용을 규정짓는 양반으로서의 도덕성의 의미와 관련이 있다. 유교적 품성을 인간관계 및 사회생활의 실천 원리로 삼을 때, 영남지역—특히 안동지방의 경우—에서 '착하다'는 말은 곧 '점잖고 마음이 착한 사람'을 의미한다.[24] 이는 유가의 남성과 여성 모두에게 적용되는 도덕성의 실질적 의미로 쓰이고 있다. 유가의 도덕성이 군자를 이상으로 하는 남성의 규범 원리로 강조되지만, 유가적 삶의 공동 수행자인 종부들 역시 유가적 도덕성을 갖추어야 한다는 점에서 그 의미의 적용은 동일하다고 할 수 있으며, 유가에서는 젠더 역할에 따라 그 도덕성의 성격이 달리 규정되는 것이다.

종부들에게 요구되는 '착한 품성'으로서의 도덕성은 인내하고 안으로 성찰하는 내면의 덕을 중요한 내용으로 한다. 종부에게 요구되는 이 내면의 덕을 부덕(婦德)이라고 할 때, 종부의 부덕은 종가 밖의 활동을 요구받는 종손의 삶에 비해 내면적 성찰의 목소리를 통해 종부 스스로 행위를 절제하고 통제하는—결코 희생이 아닌—자아의 자율적 실천행위에서 따라 만들어진 여성적 도덕성이라 할 수 있다.

인간 행위에서 도덕적인 것이 무엇인가를 판단하는 방식은 원리적인 접근이 아니라, 오히려 실제로 구체적인 행위자들이 도덕적인 것으로 느끼는 것이 무엇인가를 통해 도덕성을 이해하는 것이다. 유가 여성

24) 김구현, 『安東의 香氣』(안동문화원, 2005).

들의 실천 경험은 보편적 유가 도덕성에 준하여 젠더적 차원의 여성 도덕성을 유가의 관계윤리 안에서 개발시켜 왔다고 할 수 있다. 관계에 근거한 도덕성은 일차적으로 책임(responsibility)이 도덕적 개념이 된다. 통(Rosemarie Tong)은 여기에 유교적 윤리(Confucian ethic)를 생각해 볼 수 있다고 피력하고 있다.[25)]

(1) 종부 위치(position)와 '착한' 품성

종가인들의 시선에서 종부가 종손에 비해 종가에서의 위상이 별로 높지 않아 보이는 것은 사실인 듯하다. 종부의 역할이 일차적으로 봉제사·접빈객에 주어져 있고, 이는 바깥일보다는 종가 내의 역할—일반 사가(私家)에 비해 제사가 많은 점과 종가를 찾는 손님들을 맞이하여 그들의 필요를 채워 주는 일 등—에 무게중심이 실리기 때문이다.

---

25) 통(Tong)은 위트벡이 관계에 근거한 도덕성을 명시적으로 유교적 윤리(Confucian ethic)와 연관시키지는 않아 보이지만, 유교 윤리 체계가 부부관계, 부자관계, 형제관계, 붕우관계 그리고 군신관계라는 오륜(五倫)의 상호적 관계를 토대로 한다는 점에서 위트벡이 제안한 '관계에 근거한 도덕성'을 유추해 볼 수 있다고 한다. 통은 유교 윤리에서 인간(man)을 남편이나 부모, 형제, 친구, 혹은 통치자로서보다는 단지 하나의 개별적 자아로서 인간 관계상의 관계 맺기에 익숙한 존재로 이해하고 있다. 그 관계에 따라 자아를 형성하게 된다고 봄으로써, 유교 윤리 안에 자아의 관계 맺는 능숙함을 내재한 것으로 보고 있는 듯하다. 그러나 유교 윤리가 가진 연령이나 신분 및 남녀 관계상의 상하 위계적 관계에 대해서는 언급이 없다. 통이 위트벡의 관계적 자아 개념을 유교체계하의 인간의 관계적 자아로 그려보고자 했던 것은 현대와 미래의 자아의 모색을 위한 하나의 대안을 유교 윤리의 관계성에서 찾을 수 있는 잠재성을 말하는 것으로 여겨진다. Tong, Rosemarie, 앞의 책, 52. 한편, 이숙인은 "공자가 정치의 핵심 요체를 君臣, 父子, 兄弟, 朋友라는 네 가지 관계윤리의 정립으로 본 것이나 맹자가 가장 중요한 관계를 五倫으로 모델화한 것은 모두 어떻게 타인과 적극적인 관계를 맺을 수 있을까에 대해서, 유교가 근원적으로 관심을 가지고 있는 부분"이라고 말한다. 이숙인(1999), 앞의 글, 44 참조.

"착해야 종손이 되고 종부가 되지, 착하지요. 아주 착해요. 우리보다 나이가 적지만은 나는 종부를 볼 때 내 우이다(위다), 그렇게 생각이 돼요. 모든 게 그렇게 점잖고 착해요. 원래도 착한데다 종부를 하이께네 더 착해요. 원래 착하지만은 종부로 안 들어왔으면 또 다르지, 암만해도, … 종부로 들어왔으이 더 착하지. 근데 내 생각에는 그래요. 남의 맏이 되면, 암만 잘해도, 잘했다 소리 들어도 온 문중이 떠들지는 안한다고. 글치만 종부가 되면, 조금만 잘하면, 지가 희생을 하고 조금만 남한테 잘하고 베풀면, 다 어데 종부 잘한다, 어데 종부 좋다, 마구 떠든다고(떠받든다). 아무나 종부 못 한다고. 아주 좋은 집에서 와야 된다고, 아주 좋은 가문에서 와야 되고, 우리 종부도 퇴계 선생의, 퇴계 종가의 둘째 따님이고, 자긍심이 있어요. 종부가 아무나 되니껴. 그런데도 가면 아유, 오시냐고, 서로 손잡고 웃고, 같이 놀고, 우리는 촌수가 멀어도 그래요."

— H종가 지손 여성, 2006년

또한 종부의 역할이 종손의 그것에 비해 상대적으로 낮게 평가되는 것에는 종부 자신의 행동규범과도 관련이 깊다. 종부에게는 자신을 낮추고 행위 전면에 자신의 주장을 드러내지 않는 미덕이 요구되기 때문이다. 즉 종부는 어떠한 사안—특히 문중회의의 경우—에 자신의 주장을 외면적으로 드러내지 않는다. 종부는 자신의 위치가 '모범을 보여야 하는 자리'에 있기에 자신의 말과 행동을 삼가는 것이다. 종부는 일반 사가(私家)의 '맏이' 혹은 '맏며느리'와는 다른 위치에 있는 것이 분명하다. 무엇보다도 먼저 종부는 '착한 사람'이어야 한다. 더욱이 종부이기 때문에 '착해야' 하며, 종부가 되면 그 지위로 인해 더욱 '착해져야' 하는 존재이다. 종부의 착함이란, 종부 스스로 '희생할 줄 알며' '베풂'에서 오는 도덕적 실천과 사유에서 비롯되는 것이다.

그런데 문중의 대표 며느리인 종부는 그 지위상 여느 맏며느리보다 '위'에 있으며 맏며느리보다 '높임을 받는' 존재이다. 종부는 아무나 될 수 있는 지위가 아니다. '아주 좋은 집', 즉 '아주 좋은 가문' 출신이어야 하며, 그렇기 때문에 그러한 종부를 문중의 며느리로 둔 종친 며느리들은 더할 나위없는 자부심을 느끼게 되는 것이다. 종부는 일을 잘하는 데 그 의미가 있기보다는 '지손들한테 잘하고 베푸는' 미덕이 요구된다. 그러기 위해서는 그에 따른 더 큰 역할을 해야 한다. 그것은 '자신보다 남을 위해 희생하는 것'이며, 이는 문중 전체를 잘 꾸려 나가기 위한 리더십의 자원이 된다. 즉 종부에게는 '남을 위해 자신은 좀 괴롭고 힘이 들 수 있지만' 그걸 감수할 수 있는 '희생적 리더십'이 요구되는 것이다. 이때 희생의 의미를 어떻게 이해할 수 있을까?

인간이 행동하는 목적에는 여러 가지가 있을 수 있다. 전적으로 자율성이 배제된 행위란 있을 수 없을 것이다. 종부들에게 요구되는 문중과 더 큰 공동체에 대한 자기희생은 분명 종법이 종부에게 부여한 '종부 지위' 때문일 것이다. 그러나 그것은 스스로를 억압하거나 감당할 수 없는 희생을 요구하는 것이기보다는, 보다 큰 선을 위한 요청으로 종부 스스로 수용 가능한 것으로 이해된다. 희생만큼 분명 종부에게 돌아오는 혜택 또한 있을 것이기 때문이다. 이러한 종부의 '희생'과 '베풂의 미덕'의 도덕적 실천은 종부 스스로 자신의 지위상의 역할을 바람직하게 수행함으로써 획득되는 권위와 리더십을 창출해낸다. 결국 이러한 도덕성이 종부로 하여금 리더십을 갖게 하는 원동력이 되는 것이다.

(2) 부덕(婦德)의 실천: 희생, 베풂의 도덕적 실천

일례로 H종가 종부는, 종녀로서 어린 시절 종부였던 어머니는 유교의 관계윤리에 기반하여 '철저하게 자신보다는 타인의 입장'에서 필요와 요구를 채워 주었던 삶을 살았다고 말하였다. 유교체계와 관련하여 전통적 여성을 이해할 때 이를 보통 여성들의 '희생적' 삶으로 간주하여 왔다. 그러나 종부들이 수행했던 희생적 삶은 온전히 자율성을 배제한 행위가 아니었다. 유가적 삶의 구조 안에서 자신이 처했던 반가 여성, 특히 종가의 종부라는 맥락 위에서 자신에게 요구되었던 역할들의 수행은 관계적 차원에서 고려하고 심사숙고한 도덕적 결정에 따른 행위들이었다.

진성 이씨 T종가 종부였던 H종부의 어머니의 경우, 선비정신으로 일관한 종가의 살림살이는 가난해서 가난한 게 아니라, 봉제사(奉祭祀)와 접빈객(接賓客)의 삶의 연속으로 인해 경제적으로 풍요롭지 않은 살림을 꾸려 가야 했기 때문이다. 철마다 달마다 있는 제사도 제사지만 찾아오는 손님을 모시는 일은 종부의 일상생활 대부분을 차지하였다. '배가 고프면 종가를 온다'는 사람들의 욕구를 종부는 외면하지 않는다. 하루에도 몇 번씩 밥을 하지만 언제나 종가엔 밥이 없었다. 그것은 '밥이 없어서가 아니라, 밥이 남아 있질 않기 때문'이었다.

H종부의 어머니인 T종가 종부는 접대한 사람들을 일일이 기억하지 못했다고 한다. 없는 밥이라도 '밥솥을 싹싹 닦아서 뭉쳐서라도' 손님들을 대접하는 종부의 마음은 배고픔의 욕구를 채운 사람들이 언젠가 자신에게 유상의 보상을 해줄 것이라고는 애초에 기대를 갖지 않기 때문이다. 베풂을 받은 사람들은 '그 은혜를 잊어버리지 않고' 종부에게 감사한 마음을 전하곤 하지만, T종가 종부는 베풂 받은 사람들을 일일이 기

억하지 못하였다고 한다. 늘 대하는 것이 사람들이고 또 '여러 사람을 대하다 보니' 생긴 일이다.

종부의 행위에 나타난 유가의 실천은 종부 역할에 철저한 봉제사·접빈객의 수행 역할에 근거한 것이지만, 그것은 유교 여성의 부덕의 실천이라 할 수 있다. 종부의 시선은 '남'에게 고정되어 있다. 종가를 찾아오는 '남'(타인)은 나와 분리되어 아무 상관없는 존재가 아닌 것이다. 설령 그들이 종친이든 걸인이든 그것은 중요하지 않다. 종가로 와서 종부인 자신에게 도움을 구하는 그들은 '약자들'인 것이다. 종부의 베풂 행위는 종부라는 종가의 가장 큰 여성 어른으로서 타인들을 자신과 분리하지 않고 관계적으로 대하는 데서 비롯된 것이다. 따라서 종부의 선한 행위는 관계에 근거한 도덕성의 실천이라 할 수 있다. 이러한 측면에서 볼 때 종부의 규범인 인내와 부덕의 실천은 '억압적'이거나 자신을 배제한 '희생'적인 것이라고만 말할 수는 없을 것이다. 종부는 혼입된 여성이라는 사회적 약자로서 갖는 삶의 전략을 유교적 '예'라는 형식을 빌려 인간관계의 마찰을 최소화하는 전략적 방식으로서 유교적 '예'의 기제에 충실히 따른 것이라 할 수 있다. 이러한 방식은 종부로서 권위를 행사하기보다는 관계윤리의 측면에서 다른 사람의 처지를 배려하는 형태로 나타난다. 그리고 종부로서의 책임감, 배려 그리고 그러한 권위의 행사는 유교 시스템하의 친족과 가족공동체 안에서 가능한 것이었다고 할 수 있다.

종부들은 내면의 목소리(유교 여성의 도덕성)에 순종함으로써 자신의 베푸는 삶을 통해 주변을 행복하게 하는 삶을 구현하고 그 가운데서 행복과 자부심을 느껴 왔다. 이는 마치 어머니와 자녀 간의 관계처럼 타인들을 대함(접빈객의 정신)은 종부들이 유교체계에서 주어진 의존성인 희생적 삶이 보다 큰 선(goodness)을 낳게 된다는 점을 누구보다 잘 인식한 결과였다고 할 수 있다. 그러므로 유교 여성의 부덕이 포괄하는 '순종'의 함의는 유교의 사회적 · 규범적 법이라는, 좀 더 큰 법에 대한 관계의 결과일 따름이다. 그렇다고 해서 종부들의 자기희생이 자기고행과 동일한 것으로 생각되지는 않는다.

그러나 유교사상 안에서 종부의 가정생활과 그 안에서의 경제활동은 물리적인 유교 가부장제적 질서에 온존함으로써 체계 자체에 대한 종속을 가져왔다는 것을 부인할 수는 없다. 그럼에도 불구하고 중요한 것은 종부는 이 조화를 유교 여성의 삶에 오롯이 순종함으로써 이루어 왔고, 종부의 도덕적 세계 속에 이 모든 것이 함께 얽혀 있다는 사실이다.

길리건에 따르면 여성은 보살핌의 행위를 도덕성의 영역에서 중요한 요인으로 생각한다. 이상적인 보살핌 행위는 인간관계를 맺는 행위이며 다른 사람이 무엇을 필요로 하는지를 느껴서 그에 응답하는 것이다.[26] 종부들이 특히 가족관계에서 관계의 윤리에 철저히 수행적이었다는 사실은 유가적 실천에서 인간 개별적인 자아의 정체성이 사회적 · 역사적 · 물리적 환경과 분리될 수 없으며, 종부와 함께 얽혀 있는 다양한 타자들과의 근원적인 상호관계성을 고려한 것이었다고 할 수 있다. 마치 자녀를 양육하고 보살피며 책임지듯 종부들은 가족관계에서 자신이 처한 위치에 따라 다양한 역할들뿐만 아니라 더 나아가 접빈객의 역할 수행에서 관계윤리를 확대 · 실천하였던 것이다.

26) 캐롤 길리건, 허란주 역, 『다른 목소리로』(서울: 동녘, 2000).

5. 종부 정신의 계승과 변화하는 사회

문중 조직은 종손과 더불어 반드시 종부를 존재적으로 필요로 한다. 유교적 가부장적 질서 관념의 '전통' 계승 차원에서 비록 종부가 종가를 떠난다 하더라도 그 자리는 얼마든지 다른 여성으로 대체할 수도 있다. 그러나 비어 있는 종부 자리를 다시 채우는 작업은 그리 쉬운 일이 아니어서, 대부분의 상처(喪妻)한 종손들은 다시 장가들기가 어렵거나 종부 없이 종손 홀로 종가를 지켜 나가는 것이 흔한 일이 되고 있다. 종가의 중요한 요소인 종부 존재의 부재는 현대 사회의 조건상 의례적 면에서 옛 전통 그대로 의례를 수행해내는 것을 어렵게 하는 가장 큰 요인이다. 이는 종가의 남성 중심적 종법주의 질서가 여성을 종가 계승에서 여전히 도구적 존재로 가정한다는 점에서 내재적으로 구조적 불안정성을 내포하고 있다고 할 수 있다.

그런데 근 · 현대를 거쳐 오면서 당대 종부들은 종손 없는 종가살이에서 남편들의 부재로 인해 '의지할 곳'이 없었다. M종부의 경우 결혼한 지 10여 년 만에 종택에 보존하던 조상의 유물들을 '도둑' 맞으면서, 병중에 있던 남편이 그 일로 인해 병이 악화되어 상부(喪夫)하였다. 그 당시 젊은 종부에게는 "종가의 삶을 버리고 다른 삶을 찾으라"는 친구들의 유혹도 있었다고 한다. 그러나 일찍이 남편을 여의고 종손 없는 종가 살림을 꾸려 오면서 종부는 "호화호식한다는 생각 없이" "이 집만 세워 가면서 살겠노라" 스스로 마음먹었다고 말하였다.

U종가 종부 역시 남편이 월북을 하여 과부 아닌 과부로 칠십 평생을 살아왔다. 17세에 시집와 남편과의 사이에 아들 하나를 낳았지만, 홍역으로 자식을 잃었다. 남편이 월북한 후 시부모를 모시고 '봉제사 접빈객'

의 종부로서의 삶을 온전히 살아왔다. 슬하에 자식이 없는 종부로서는 의지할 데가 더더욱 없었지만, 때로는 객지에 나가 있는 시동생들 뒷바라지를 하기도 하고, 일흔을 넘긴 나이에도 최근까지 노환 중이던 시아버지 병수발을 손수 하는 등, 종부로서 시부모 봉양과 봉제사의 의무를 "운명으로 알고" 살아왔다. 노환으로 자신의 몸을 가누기조차 힘든 고령에도 혼자 종가를 지키며 큰 제사인 불천위 제사만큼은 아랫대에 물려주지 않고 아직도 종부로서 제사 봉사를 하고 있다.

평생을 종가에서 벗어나고픈 유혹에 시달려 왔던 근·현대 종부들. 이들 종부들은 자신들이 자식 없이, 혹은 남편 없는 종택을 지키며 살아올 수 있었던 것은 모두가 종부의 책임정신 때문이었다고 말하였다. 종부의 책임의식이 종부의 정신인 것이다! 이들이 종가를 벗어나고픈 유혹을 이길 수 있었던 것은 종부로서의 삶을 특별한 '운명'을 지닌 것으로 내면화하고 있었기 때문이다. 종부들에게 봉제사·접빈객의 역할과 책임을 완수하는 것은 무엇보다도 삶의 목적이었기 때문이다. 종부로서의 삶을 완성하겠다고 하는 이러한 의지의 표출은 종부라는 유교 여성의 '특별한 지위'와 어린 시절 학습 받은 종부의 역할 교육의 내면화에 근거한 것이지만, 결국 종손 없는 종가를 유지시킨 실질적인 힘은 종부들이 가진 종부로서의 삶의 지조(절개: chastity)였다. 그러나 이러한 현대 사회 종가 집단의 가부장적 성향 유지를 정치이념으로서 유교철학의 원리를 내재화한 조선사회의 가부장제와 등치시킬 수는 없다. 현대 사회 종가의 부계주의 전통은 '전통의 계승' 차원에서 이루어지는 '관습화된' 것으로 이해되기 때문이다.

그런데 종부들은 어떤 여성인가? 이들은 전통적 유교세계에 갇혀 전근대적 젠더 종속적 삶을 살고 있는 그러한 여성들일까? 이러한 의문을 품고 종부들을 만나고 대화를 나누면서 필자는 현대의 종부들의 내면세계를 접하게 되었고 그들의 내면세계의 외적 표현으로서의 유가적 여성의 품격을 느낄 수 있었다. 비록 연구자로 만났지만 그들 종부들의 내밀하고 알려지지 않은 역사와 다양한 이야기들을 들을 수 있는 영광도 얻었다.

인간의 삶과 생각이 사회를 바꾼다. 종부들의 생각과 행동이 겹겹이 종가의 역사 속에 싸여 오늘의 종가를 만들어 왔고, 종가의 문화와 정신을 계승해 왔다. 근·현대 여성의 자유롭고 개인화된 사유와는 사뭇 다를 것이라는 편견으로 이들을 만나고 대화를 나누었지만, 그중 젊은 종부들은 상당히 진취적이었고 자유분방한 사고를 보여 주기도 했다. 필자는 여기서 우리 사회 종부의 현존(現存)을 통해서 한국 여성에 대한 새로운 이해가 필요하고 재해석되어야 한다는 것을 절실히 느꼈으며, 자세히 알지 못하면서, 다시 말해 이들의 살아온 경험과 이들의 이야기를 직접 들어 보지 않고 전통과 여성의 관계를 현대의 젠더 관점에서 재단하여 평가하는 학자적 태도를 겸허히 반성하게 되었다.

여성의 삶은 가부장제 사회 역사 속에서, 특히 한국의 가부장적 가족이념의 절대적 우위 속에서 종속된 삶을 살아온 것이 사실이지만 이보다는 좀 더 '두꺼운 묘사'가 필요하다. 한국 종부들이 거부하지 않고 지켜 온 종부의 전통은 현대적 시각에서 거부되고 부정적 평가를 만들어 냈지만, 종부들의 입장에서 종부들은 누가 뭐라고 하든 종부의 전통적 여성의 삶을 고집스럽게 지켜 온 한국 여성들이다.

약화되고 있는 현대 사회의 종가 전통의 정신적 계승을 종부의 유교 도덕성의 가치에서 찾을 수 있다는 생각을 해본다. 그것은 바로 부덕의 실천에서 형성되어 종부의 유교적 도덕성(morality)의 발현으로 나타난 종부 정신의 계승일 것이다. 이는 물론 젠더적 가치임에 틀림없다. 그렇다 하더라도 개개인의 개별적 자아의 확산이 마치 사회적 자아의 본질인 것처럼 사유되고 있는 현대 사회의 계약적 사회관을 지양하고 새로운 사회가 요구되는 현 시점에서 여성주의적 가치가 부상하고 있다는 점은 눈여겨볼 필요가 있다. 우리가 유교의 관계윤리 맥락에서 종부의 정신세계를 통해 알아본 종부 정신은 다름 아닌 관계적이며 돌봄적 사유의 덕이었다.

오늘날 신자유주의적 계약사회는 시장적 인간화로 점철되는 비인간적 사회를 가속화하고 있으며 더 이상 치유 불가능한 상태에 이르렀다. 이러한 시점에서 여성주의적 관계윤리는 새로운 사회 질서를 만드는 기획에 시사하는 바가 크다. 아이러니하게도 적어도 종부의 정신성은 이미 수백 년 동안 한국 여성들의 사유와 실천 속에 내면화되어 잠재되어 있던 가치로서 그리 놀랄 일도 아니다. 종부의 도덕적 실천을 통해 구현되어 온 종부들의 정신세계는 돌봄의 사유에 다름 아니었으며, 최초의 우리 사회 복지에 기여한 복지 제공자였다고 감히 말하고 싶다. 나아가 종부 정신은 현재 우리 사회에 유용하게 적용할 자원으로 재인식되어야 하며, 이러한 한국 전통의 여성적 사유가 앞으로 여성주의적 시각에 제한되지 않는 사회적 가치로 인식의 전환이 이루어질 수도 있다고 생각하는 것이다.

종부의 유교적 도덕성과 종부 정신은 유교 친족 공동체 사회 조건하에서 돌봄의 가치를 창출해낸 정신적 자양분을 가지고 있었다. 그러나 이 점을 현대 사회에 유용한 자원으로 수용하기 위해서는 여성의 도덕성의 차원에서 돌봄을 바라보아야 하는 시각을 넘어서야 하며, 트론토(Tronto)가 지적했듯이, 여성의 도덕성(morality)에 대한 논의에 머물지 않고 사회적 · 정치적 차원에서 돌봄의 정치(politics of caring)로 패러다임을 전환(paradigm shift)해야 한다.[27)]

27) Tronto, C. Joan, *Moral Boundaries: A Political Argument For an Ethic of Care* (New York; London: Routledge, 1994).

한국 여성 종교지도자들의 '카리스마' 연구[1)]

우 혜 란*

1. 들어가는 말

한국 사회에서 여성이 종교지도자로 자신의 입지를 구축하기에는 여전히 많은 제약이 존재한다. 우선 제도적인 차원에서, (교회) 헌법, 법령 등에 여성에게 불리한 여러 독소조항들이 명문화되어 있어, 여성들이 성직자로—가톨릭교회에서와 같이 원천적으로 봉쇄되어 있지 않다면—자신의 권위를 온전히 행사하는 것이 결코 순탄치 않음을 말해 준다.

이러한 제도적 제약은 한국의 전통종교가 여전히 가부장적 질서를 옹호하고 있음을 시사한다. 사회적 인식의 차원에서도 종교지도자가 여성인 경우, 이에 대한 해당 종교공동체 신도들의 인식은 결코 긍정적이지 않으며 대중적 담론 또한 호의적이라고 할 수 없다. 특히 여성이 전통

* 가톨릭대학교 종교학과 강사.

1) 이 논문은 2009년도 정부재원(교육과학기술부 인문사회연구역량강화사업비)으로 한국학술진흥재단의 지원을 받아 연구되었다(KRF-2009-327-A00248). 이 글은 위의 연구 프로젝트를 통해 발표된 기존 연구 결과들을 정리한 것이다.

종교 밖에서 독립적인 종교공동체를 구축하고 강한 카리스마를 행사할 경우, 그들은 흔히 제도 종교로부터 '일탈적'이라거나 '이단'이라는 비난을 받으며, 이들 중 일부는 심지어 대중매체 등을 통해 '범죄' 사건과 연루되기까지 하여 그 종교적 진실성이 전적으로 부정되기도 한다.

한국 학계 또한 개별 여성 종교지도자에 초점을 맞춘 객관적이고 체계적인 연구조사는 매우 부족하며, 더욱이 전통종교에 속하지 않는 비주류권 여성 종교지도자들의 경우 관련 연구는 부재하다. 이러한 학계의 상황을 한국 사회에서 강한 종교적 리더십을 행사하고 있는 여성의 수가 상대적으로 적기 때문이라고 가볍게 설명할 수도 있을 것이다. 그러나 사실은 한국의 가부장적 종교전통 속에서 지도자로서 여성의 종교적 능력이나 잠재성이 오랫동안 과소평가됨으로써 학계 또한 이들 여성에게 정당한 학문적 관심을 부여하지 않았다고 여기는 것이 좀 더 정확할 것이다. 그 결과, 여성 종교지도자들을 대상으로 이들의 종교적 성장 과정이나 구체적인 종교 체험, 이들이 행사하는 권위의 성격이나 원천을 분석한 선행 연구는 매우 드물다.

따라서 이 글에서는 주류적 그리고 비주류적(non-mainstream) 종교 영역에서 활동하고 있는 여성 종교지도자들의 구체적인 사례를 중심으로 이들이 어떤 과정을 통해 지도자로서 자신의 카리스마적 권위를 구축하고, 자신의 종교적 권위를 안정화 혹은 제도화하는 데 성공하였는가를 살펴보고자 한다. 이러한 작업은 기존의 '카리스마' 논의에 대한 필자의 비판적 시각에서 출발한다. 즉 기존의 '카리스마' 논의는 여성을 배제함으로써 여성들의 종교적 경험을 반영하지 못할 뿐 아니라, '카리스마'와 관련된 제 현상들의 다양한 층위를 간과하고 있기 때문이다.

2. '카리스마' 연구와 여성의 부재

이 장에서는 '카리스마'가 하나의 사회학적 용어로서 내포하고 있는 함의와, '카리스마' 연구와 관련하여 그동안 어떠한 주요 쟁점들이 등장하고 또 주요 관심사가 어떻게 변하여 왔는가를 간략하게 정리하고, 이어서 '카리스마' 연구가 젠더의 시각에서 새롭게 접근되어야 함을 역설하고자 한다.

1) 베버와 '카리스마' 개념

'카리스마'라는 용어가 20세기에 들어 새롭게 빛을 보기 시작한 것은, 독일의 사회학자 베버(Marx Weber)가 이 용어를 지배/권위의 정당성을 제공하는 하나의 사회학적 개념으로 '재창조'(reinvent)하면서부터이다.[2] 베버는 이 용어를 초기 기독교에서 차용하였으나, 바울은 이 용어를 당시의 작은 닫힌 기독교 공동체와 관련하여 사용하였고 이를 공동체 구성원들에게 내려지는 일종의 공동체의 축복(blessing)으로 개념화했다. 그러나 베버는 개별 지도자의 특수한 자질 내지 특성을 표현하는 데 이 용어를 사용하였고, 카리스마와 관련된 현상이—흔히 종교 영역에서 가장 뚜렷이 나타나나—하나의 보편 현상이라고 진술함으로써 이 용어의 개념을 세속 영역으로 확장하였다.[3]

베버는 '카리스마'가 "한 인물의 비일상적이라고 여겨지는 특수한 자질을 말하며, 이로 인해 해당 인물은 초자연적 · 초인간적 아니면 적어도 예외적인 힘 혹은 자질을 갖춘 것으로 취급되어 신이 보낸 인물이나 혹

2) John Potts, *A History of Charisma* (London: Palgrave MacMillan, 2009), 110.
3) 위의 책, 110, 119.

은 모범적으로 평가됨으로써, (해당 인물은) 지도자로 취급된다"[4]라고 정의 내린다. 이와 더불어 베버는 '카리스마'를 결코 습득될 수 없고 단지 일깨워지거나(awakened) 시험되는(tested) 것으로 설명함으로써, '카리스마적 지배'의 본래 기반은 내재적(innate), 개인적(personal) 카리스마라고 강조한다.[5]

베버는 '지배'(die Herrschaft)[6]를 "특정한 혹은 모든 명령에 해당 집단 구성원이 복종할 가능성"으로 정의내리고 있으며, 그가 말하는 '정당한 지배/권위'(die legitime Herrschaft)는 정당성이 승인된 지배/권위를 의미하며, 여기서 그의 학문적 관심은 도대체 왜 그리고 어떤 전제하에 지배가 정당화되는가에 있다. 베버는 '정당한 지배'를 세 종류로 유형화(ideal type)하였다.

1. **'전통적 지배'**(die traditionale Herrschaft): 소위 '오래전부터' 내려오는 질서 내지 전통의 신성함에 대한 기존의 믿음. 그리고 이러한 전통하에 지배를 행사하는 이들의 정당성에 기초함.
2. **'법적/합리적 지배'**(die rationale/legale Herrschat): 비인격적인 규

4) Marx Weber, *Wirtschaft und Gesellschaft* (Tübingen: Mohr, 1922), 140. 인용문은 필자의 번역임.

5) Potts, 앞의 책, 121. 이런 의미에서 베버는 '카리스마'의 두 양태를 제시하고 있는데, 즉 카리스마가 생태적 · 자연적으로 한 인간에게 부여된 것과 특별한 방법을 통해 카리스마가 인위적으로 만들어진 것이 그것이다. 그러나 후자의 경우에도 해당 인물이 그 전에 이미 카리스마의 '싹'을 가지고 있었어야 함을 부언하고 있다.

6) 독일어 'Herrschaft'에 대한 올바른 영어 번역에 대하여 많은 논의가 있어 왔던 것이 사실이다. 이 단어는 주로 'domination'이나 'authority'로 번역되는데 전자가 좀 더 원어의 뜻에 가깝다고 할 수 있으나 ('Herrschaft'란 용어가 매우 강한 어감을 가지며 전체주의 체제를 연상시킴으로써) 좀 더 순화되고 확대된 의미에서 후자가 선호되기도 한다.

범적 질서체계의 합법성에 대한 믿음. 그리고 이러한 질서 아래 명령을 행하는 이들의 권리에 기초함.

3. **'카리스마적 지배'**(die charismatische Herrschaft): 영웅성 혹은 독특한 기질/인격을 가진 특정 개인 그리고 이 개인에 의해서 계시되거나 명하여진 규범 양식의 특별하고 예외적인 신성함에 대한 (추종자의) 헌신에 기초함.[7]

무엇보다 베버는 '카리스마적 지배'를 다른 두 지배 양태와 구분 짓고 있는데, 즉 그는 '카리스마적 지배'에서 (비일상적 자질을 갖춘) 특정 개인의 절대적 역할, 그리고 이 인물에 대한 (추종자의) 개인적 믿음을 강조함으로써 비인격적 질서에 의존하는 다른 두 지배 양태와의 차이를 도출한다.[8] 또한 카리스마적 지도자는 (특히 정치적 · 경제적) 위기상황에 반응하여 등장하며 기존 질서를 변혁 · 전복하는 잠재력을 갖고 있다고 말함으로써 체제 유지적인 다른 두 지배 형태와 구분하고 있으며, 무엇보다 '카리스마적 지배'의 경우 그 비이성적 성격으로 인하여 '법적 · 합리적 지배'와 대별시키고 있다.[9] 물론 베버가 제시한 세 지배 양태는 이념형(ideal type)으로 역사에서 그 순수한 형태를 발견하기는 어려우며 오히려 서로 혼재되어 나타나는 경우가 많다. 유사한 맥락에서 베버는 카리스마적 지배의 불안정한 성격으로 인하여 이 지배 양태는 일상화

7) 김성건, 「막스베버의 카리스마와 정당성에 관한 개념적 재구성의 시도」, 『연세사회학』 4호(1980), 12 참조.

8) 물론 전통적 권위가 특정 개인이나 지도자에게 머물 수 있지만, 이러한 권위를 전제로 하는 사회구조에서 복종이 해당 인물이 아닌 (전통에 의해서) 해당 인물이 점하고 있는 '위치' 때문이라는 것을 간과할 수 없다(Potts, 앞의 책, 118).

9) Potts, 앞의 책, 118, 122 참조.

(Veralltäglichung) 과정을 거치면서, 다른 두 지배/권위 양태—(합)법적 · 전통적 권위—로 '변질'될 가능성이 높다고 기술하고 있다. 다시 말해 카리스마적 권위는 그 성질상, (합)법적 · 전통적 권위와 결합하면서 안정화 혹은 제도화되려는 성향을 내재하고 있다는 것이다.

2) '카리스마' 이론에 대한 수정

베버의 카리스마적 지배/권위에 대한 이론은 그의 저술『경제와 사회』(*Wirtschaft und Gesellschaft*, 1922)가 1940년대 말 영어로 번역되면서 서구에 널리 알려지고, 이 이론은 60년대 말까지 무엇보다 정치인들(예, 케네디)에 대한 연구에 적용되었다.[10] 70년대까지 베버의 '카리스마' 개념은 사회학, 정치학, 심리학 등에 수용되는 동시에 이에 대한 비판과 수정이 행해졌다.

그 비판은 우선 이 개념이 내포하고 있는 논리적 모호성에서 기인한다. 즉 베버는 카리스마를 한 개인에게 내재한 비범한 능력/자질로 정의하여 이를 고정적인 어떤 것으로 파악하는 한편, 카리스마적 지배는 추종자들이 특정 개인의 카리스마를 초자연적 · 초인간적이라고 인식/인정하고 해당 인물에 헌신할 때만 기능을 발휘한다고 진술함으로써 추종자들의 인식과 반응이 유동적일 수 있음을 시사하기 때문이다. 이에 반해 여러 사회학자들은 카리스마가 사회적으로 구성된다는 것을 강조하며 이 현상을 가능케 하는 여러 조건들—특정한 사회적 (위기)상황, 이러한 상황 속에서 추종자들의 특정한 욕구, 지도자와 추종자 사이의 특

10) Potts는 이로 인해 카리스마의 의미도 약간 변하게 되었다고 하는데, 즉 카리스마가 (유명 정치인들이 보여 주는) 강한 개인적인 매력이나 어필을 함축하게 되었다는 것이다 (Potts, 앞의 책, 127).

별한 상호관계 등—이 고려되어야 한다고 지적한다.[11] 이로써 연구의 초점이 (다분히 엘리트적 시각을 내포하는) 카리스마적 인물로부터 추종자(의 역할)로 이동하게 되었다.[12] 이와 함께 사회학, 심리학, 종교학에서 카리스마에 대한 논의는 지도자와 추종자의 관계에 주목하게 되는데, 예를 들어 월리스(Roy Wallis)는 카리스마는 특정 개인이 소유하고 있는 자질이 아니라 특정한 상황적 조건하에서 지도자와 추종자 사이의 상호작용 과정을 통해 구축되기에 카리스마는 사회관계의 특정 구조 속에서 등장한다고 주장한다.[13]

최근에는 카리스마를 설명하는 데에 지도자와 추종자들 간의 밀접한 상호작용을 강조하되 사회적 구성론 같은 거시적 접근과는 달리, 보다 미시적 시각에서 사회(심리)학과 경영학 분야에서 카리스마적 지도자의 행위를 연극적 관점(theatrical perspective)에서 분석하는 연구 결과들이 나오고 있다. 이 연구들은 카리스마적 지도자가 자신의 추종자들과 특정한 상호작용과 교환의 패턴을 통해 추종자들로부터 카리스

11) Charles, Camic, "Charisma: Its Varieties, Preconditions, and Consequences," *Sociological Inquiry* 50:1 (1980), 5ff.

12) 예를 들어 월슨(Bryan Wilson)은 카리스마는 대중들의 '요구'(demand)이며 따라서 카리스마는 하나의 집합적 표상이라고 주장하고, 오크스(Lens Oakes)나 린드홈(Charles Lindholm) 또한 카리스마적 그룹에서 의례를 통한 개인들의 긍정적인 집합 경험을 강조한다. 이러한 움직임은 베버의 카리스마 이론을 뒤르케임(Emile Durkheim)의 시각으로 교정하려는 시도로 평가되기도 한다. Lorne L. Dawson, "Psychopathologies and the Attribution of Charisma: A Critical Introduction to the Psychology of Charisma and the Explanation of Violence in New Religious Movements," *Nova Religio: The Journal of Alternative Emergent Religions* 10:2 (2006), 14, 26 각주 46; Potts, 앞의 책, 132 참조.

13) Roy Wallis, "The Social Construction of Charisma," *Social Compass* 29:1 (1982), 26, 38.

마적 권위를 부여받고 이를 유지하고 있음을 강조한다. 이러한 시각에 따르면 카리스마는 지도자에 의해서 연기되는 일종의 연극적 역할이며, 이 역할은 지도자가 추종자들과 함께 구성한다는 점에서, 카리스마는 '연출적'(dramaturgical)이라는 것이다.14) 이러한 시각은 카리스마적 지도자를 일종의 '조작'의 전문가로 기술하고 그 과정 또한 매우 기계적으로 파악하고 있다는 비판을 받을 수 있으나, 카리스마적 권위는 지도자와 추종자 간의 일종의 '팀워크'인 것을 분명히 하고 있다. 여기서 언급할 것은 카리스마적 지도자에 대한 이러한 연극적 접근은 사실상 엄격한 의미의 카리스마적 지도자에 국한되지 않고 효과적인 리더십에 대한 일반론적 성격을 강하게 띠고 있다는 것이다.

종교적 영역에서 카리스마적 인물에 대한 근래의 연구는 아이러니하게도 커다란 사회적 물의를 일으킨 일련의 신종교들—Peoples Temple, the Branch Davidians, the Order of the Solar Temple, Heaven's Gate 등—의 출현과 밀접한 관계가 있다. 특히 이와 관련하여 여러 심리학자들의 연구 결과가 주목을 끄는데, 이들의 공통점은 카리스마적 종교지도자, 그들의 추종자, 더 나아가 이들 지도자와 추종자의 관계를 정신 병리학적으로 매우 부정적으로 진단하고 있다는 것이다.15) 이에 반해 더슨(Lorne L. Dawson)은 신종교 집단의 모든 카리스

---

14) http://cbae.nmsu.edu/~dboje/teaching/338/charisma.htm. 특히 가드너(William L. Gardner)와 에볼리오(Bruce J. Avolio)는 '인상관리'(impression management)의 중요성을 역설하며 이를 4과정으로—framing, scripting, staging, and performing—기술한다(William L. Gardner and Bruce J. Avolio, "The Charismatic Relationship: A Dramaturgical Perspective," *The Academy of Management Review* 23: 1 (1998), 41-47; Dawson, 앞의 글, 19f.).

15) Dawson, 앞의 글, 11-16. 모든 심리학자들이 신종교의 카리스마적 종교지도자를 부정적으로 평가하는 것은 아니다. 예를 들어, 오크스(Lens Oakes)는 카리스마적 종교지

마적 지도자가 폭력을 야기하는 것은 아니며, 이러한 결과가 나타나기까지는 다양한 외부적 · 내부적 요인들이 작용하고, 무엇보다 카리스마적 권위는 사회적 · 심리적 압박에 노출되어 있기에 이러한 압박감에 대한 내부의 '잘못된 처리'(mismanagement)가 폭력적 행위를 야기한다고 주장한다.[16] 그렇지만 신종교와 관련된 근래의 일련의 부정적인 사건들로 인해 종교적 카리스마에 대한 부정적이거나 적어도 회의적인 시각이 학계에 여전히 존재하고 있는 것이 사실이다.

3) '카리스마' 개념의 확대와 일상화

카리스마 연구가 새롭게 활발히 진행되고 있는 분야는 조직(행동)학과 경영학 분야로, 이 분야의 학자들은 1970년대 중반부터 베버의 카리스마 이론을 리더십 이론에 적용하여 '카리스마적 리더십'[17]을 연구하기 시작하였다.

1980년대 이후부터는 이와 관련된 엄청난 양의 연구가 본격적으로 행해졌으며, 그 결과 이에 관련된 다양한 이론과 실증적 연구 결과들이 생산되었다. 이로써 이전의 고전적 카리스마 이론이 거시적 관점에서 특히 사회체제의 변화를 설명하는 데 적용되었다면, 이제는 카리스마

도자들이 그들 또래와는 근본적으로 다른 일련의 특징적인 성향(막대한 에너지, 커다란 자신감, 사회에 대한 통찰력, 영감을 주는 웅변술, 공감력 등)을 소유하고 있다고 주장한다(Potts, 앞의 책, 133-135).

16) Dawson, 앞의 글, 20f.

17) '카리스마적 리더십'에 대한 정의는 다양하나 이를 두 부류로 나눈다면, 하나는 카리스마적 지도자에 초점을 맞추어 지도자의 특수한 능력이나 자질을 강조하는 경우가 있고, 다른 하나는 카리스마적 지도자와 추종자들 사이에 특수한 (상호)관계를 강조하는 경우가 있다(홍영기, 『한국 초대형 교회와 카리스마 리더십』, 교회성장연구소, 2001, 114 참조).

이론이 좀 더 일상적이고 미시적인 관점에서 조직 안의 리더십을 설명하는 데 적용되기 시작했는데, 특히 후자를 '신베버주의적 시각'이라고 부른다.18)

한편 리더십 이론은 발전을 거듭하면서 현재는 (하위자, 집단, 조직 전체의) 변화를 주도하는 리더십에 초점을 맞춘 소위 '신조류 리더십 이론'이 널리 적용되고 있는데, 지도자는 비전을 지녀야 하고 추종자에게 강한 정서적 반응을 이끌어내야 한다는 것이 그 중심 주제로 되고 있다.19) 여기서 주목할 것은 카리스마 이론이 조직행동학이나 경영학 분야의 리더십 이론과 접목됨으로써 '카리스마'의 고전적 의미—즉 후천적으로 습득될 수 없는 것으로, 신적 · 초자연적 · 초인간적으로 간주되는 특정 개인의 비일상적 자질로 '지배'의 정당성을 제공—가 상당 부분 해체되고 오히려 훈련과 교육을 통해 습득할 수 있는 자질로 '일상화'되었다는 것이다. 이러한 카리스마의 의미 변화는 베버가 카리스마 개념을 주로 뛰

18) 조기룡, 『불교리더십과 사찰운영 - 불교지도자의 카리스마와 도심포교당의 성장』(한국학술정보, 2007), 32.
이는 카리스마적 리더십이 사업 영역과 같은 세속적인 영역에서도 등장할 수 있고 또 효과적일 수 있다는 것을 전제로 하고 있으며 또한 많은 경험적 연구들이 조직(개인/그룹/조직 차원)에서 카리스마적 리더십의 강력한 효과를 입증하고 있다고 한다. 또한 방법론적으로도 이들 연구가 기존의 사회학적 연구와 차별되는 것은 바로 많은 양적 데이터와 장기간의 현장조사에 기초하고 있다는 것이다(Chanoch Jacobsen & Robert J. House, "The Rise and Decline of Charismatic Leadership," http://cbae.nmsu.edu/~dboje/teaching/338/charisma.htm(1999. 2.), 8f.).

19) 조기룡, 앞의 책, 26, 29. 리더십 이론의 발전 과정은 다음과 같이 크게 시대별로 요약된다고 한다. (1) 1940년대 후반 이전 - 특성(trait) 이론: 리더십 능력은 타고난다. (2) 1940년대 후반~1960년대 후반 - 행동이론: 리더십 유효성은 리더의 행동에 따라 달라진다. 즉 리더십은 개발될 수 있다. (3) 1960년대 후반~1980년대 초반 - 상황(부합)이론: 리더십 유효성은 상황에 따라 달라진다. (4) 1980년대 초반 이후 - '신조류 리더십 이론'(같은 책, 26).

어난 종교적 · 정치적 인물과 관련지어 사용한 것과 달리, 동시대 문화에서는 '카리스마'가 하나의 대중적인 용어로 타인의 주목을 끄는 광범위한 범위의 '특별한' 인물들—유명인, 연예인, 스포츠선수, CEO 등—에게 부여되고 있는 것과 궤를 같이한다고 할 수 있다.

무엇보다 흥미로운 것은 이러한 조직(행동)학과 경영학 부분에서 발전한 카리스마적 리더십에 대한 최신 이론과 조사방법이 근래에 한국 학자들에 의해서 한국의 기성종교 조직의 성장을 분석하는 데 적극적으로 차용되고 있는 것이다. 그 대표적인 연구 결과가 홍영기의 『한국 초대형 교회와 카리스마 리더십』(2001)과 조기룡의 『불교리더십과 사찰운영 - 불교지도자의 카리스마와 도심포교당의 성장』(2007)이다. 그러나 이들 학자들이 특정 종단/교단에 직접적으로 관련된 인물들이라는 점에서 이들 연구의 궁극적 목적은 해당 종교조직의 리더십 잠재력을 극대화하여 해당 종단/교단의 양적 · 질적 성장, 그리고 무엇보다 포교/선교에 긍정적 기여를 하고자 한다는 것이다. 이런 맥락에서 홍영기는 앞의 저술에서 자신의 방법론을 '선교사회학'이라고 명기하고 있다.[20]

이러한 종교조직 내의 카리스마 리더십에 대한 연구는 카리스마 연구가 다시 본래의 종교 영역으로 회귀한 것처럼 보일 수도 있으나, 이는 어디까지나 리더십의 효과에 대한 연구로 제도 종교 또한 조직과 경영의 효율성에 높은 관심이 있음을 반증한다.

---

20) 홍영기에 따르면 '선교사회학'은 경험적인 분석을 통하여 선교학적/신학적 성찰을 하는 학문 분야이며 또한 종교적/신학적인 가치판단이 가능하다고 한다. 홍영기, 앞의 책, 저자 서문.

4) 여성의 부재

앞에서의 개괄적인 조명에서도 드러나듯이—여성학이나 젠더 연구가 다양한 학문 분과에서 상당한 발전을 이루었는데도—기존 연구에서 카리스마적 여성을 조사 대상으로 삼거나 카리스마를 행사하는 데에 성별적 차이/특징을 다룬 것은 발견하기 힘들다.[21)]

'카리스마' 개념이나 카리스마적 권위에 대한 이론들은 언뜻 보면 성중립적으로 생각될 수도 있다. 그러나 이 개념과 관련 이론들이 기초하고 있으며 그 적용 대상이 되는 것은 거의 예외 없이 남성들이기에, '카리스마'는 쉽게 남성성과 연상되어 이해되어 왔으며, 그 결과 카리스마적 여성 지도자는 예외 경우로 아니면 '남성적 여성'으로 간주되어 왔던 것이 사실이다. 따라서 기존 연구는 카리스마에 대한 '보편적인' 혹은 '남성 중심적' 모델만을 재생산하고 있다고 비판받을 수 있다. 무엇보다 여성 고유의 문화사회적 경험, 특히 남성과 차별되는 종교 자원에 대한 접근성을 인정한다면 카리스마 연구는 젠더의 관점을 포함하여야만 그 객관성을 담보 받을 수 있을 것이다. 특히 한국과 같이 여전히 가부장적 종교문화가 팽배한 사회에서 여성들이 종교지도자로 성장하는 데 많은 장애물—제도적 제한, 여성 성직자에 대한 부정적/유보적 인식 등—이 존재한다는 사실을 인지한다면, 여성과 남성을 동일한 조건에 위치지어 이들의 종교적 권위를 일반화하는 이론은 설득력을 갖기 힘들다.

---

21) 예외적으로 경영학이나 조직(행동)학에서 일련의 논문들이—다분히 현실적인 이유에서—카리스마 리더십에서 성별적 차이점을 도출하고 있을 뿐이다. 최근에는 위의 학문 분과에서 이러한 연구가 증가하는 추세이나 2005년도까지만 하더라도 카리스마적 리더십을 젠더 시각에서 다룬 연구는 매우 극소수였다고 한다(Kevin S. Groves, "Gender Differences in Social and Emotional Skills and Charismatic Leadership," *Journal of Leadership & Organizational Studies* 11:3, 2005, 31).

주지하다시피 젠더는 생물학적 성별과는 차별되는 하나의 사회적 범주로 한 개인의 정체성 및 역할과 관련되어 있다. 특히 젠더 역할은 어떻게 한 개인이 행동해야 하는가에 대한 사회적 기대와 이에 근거한 일련의 행위를 포함한다. 그렇다고 젠더 역할이 고정적이라는 것을 의미하는 것은 아니며 경우에 따라서는 전복되기도 한다. 그 대표적인 예가 여성 종교지도자일 것이다. 한국과 같이 종교 영역에서 가부장적 질서가 굳건한 경우 여성 종교지도자는 기존 질서에 대항할 만한 탁월한 자질이나 능력을 갖추었다고 대중에게 인식되어야 한다. 이런 맥락에서 한국의 여성 종교지도자들을 이해하기 위해서는 이들 여성이 행사하는 종교적 권위의 근간에 대한 논의가 불가피하다고 할 수 있다.

3. '카리스마'의 원천과 제도화 과정

이 장에서는 한국의 여성 종교지도자를 이해하는 데 있어 왜 '카리스마'가 유용한 개념인가를 재확인하고, 이어서 각 종교전통별로 일련의 여성들을 구체적인 사례로 들어 이들 여성이 행사하는 종교적 권위 혹은 '카리스마'의 원천은 무엇이며, 이들의 종교적 권위는 어떻게 제도화 과정을 밟게 되는가를 살펴보고자 한다. 막스 베버가 '정당한 지배'를 (합)법적 · 전통적 · 카리스마적 지배/권위의 세 가지 형태로 유형화한 것은 이미 앞에서 기술하였다. 우선 (합)법적 권위와 관련하여 이미 많은 학자들이 한국 사회에서 여성이 제도 종교 내에서 합법적인 절차를 거쳐 공동체 안에서 권위를 행사하는 성직자 혹은 리더로 자신의 위상을 굳히기에는 매우 많은 제약이 따른다는 것은 충분히 지적한 바 있다.[22] 다시 말해, 한국 사회에서 여성이 종교 영역에서 (합)법적 권위를 획득하는 것은 (천주교의 경우처럼) 불가능하거나 많은 어려움이 따른다. 또한 관례나 관습에 의해서 전통적 질서가 정당화되는 전통적 권위는 현대 사회에서 심각하게 도전받을 뿐 아니라, 그 대표적인 예가 가부장적 지배임을 인지한다면 이 또한 결코 여성 친화적이라고 할 수 없다. 이런 상황에서 한국 사회에서 여성들이 종교지도자로 자신의 입지를 구축하는 데 있어 (합)법적·전통적 권위가 아닌 한 개인의 예외적인이고 비일상적인 자질/능력에 기초하는 카리스마적 권위에 의존하는 경향이 강한 것은 당연한 귀결일 것이다. 같은 맥락에서 강한 카리스마를 행사하며 자신의 종교공동체를 이끌고 있는 여성들이 제도 종교가 아닌 '비주류권' 종교 영역에 대거 포진하고 있는 것 또한 놀랄 일이 아닐 것이다.

한국 사회에서 여성들이 (합)법적·전통적 방식을 통하여 종교지도자로 자신의 입지를 굳히는 것이 수월하지 않기에 많은 여성이 카리스마적 권위에 의존할 수밖에 없다면, 구체적으로 이들이 드러내 보인다는 비일상적/초자연적 자질이 무엇인가 알아볼 필요가 있을 것이다.

이를 위해 이 글에서는 일련의 여성 종교지도자를 중심으로 이들이 행사하는 종교적 권위의 근간을 살펴보고자 한다. 여기서 언급할 것은 이 글은 강한 카리스마를 행사하고 이를 바탕으로 성공적인 종교적 리더십을 구축한 여성들을 다루고 있기에 '종교지도자'에 대한 좀 더 엄격한 정의를 필요로 한다는 것이다. 따라서 이 글에서 '종교지도자'는 "상당수의 추종세력을 모으고 조직화하여 종교공동체/단체를 구축하였거

22) 기성종교의 성차별적 제도에 대한 논의는 우혜란, 「젠더화된 '카리스마': 한국의 여성 종교지도자들의 사례를 중심으로」, 『종교연구』 62호(2011), 84-89 참조.

나 구축하는 데 결정적인 역할을 담당하고, 해당 공동체/단체를 이끌었거나 현재도 이끌고 있는 인물"로 조사 대상을 한정하려 한다.

이와 더불어 필자는 이들 여성 종교지도자들이 어떤 과정을 통해 자신들의 종교적 권위를 구축하고 또 이를 안정화, 즉 제도화할 수 있었는가를 살펴보기 위해 이들의 '자전적 기술'(autobiographical writing)을 중요한 일차자료로 사용하였다. '자전적 기술'에 높은 연구 가치를 부여한 것은, 이들 여성들을 이해하기 위해서는 외부자(연구자)의 선험적 가치 판단이 아닌, 이들의 목소리에 귀를 기울이는 작업이 우선되어야 한다는 필자의 인식에 기인한다. 무엇보다 자전적 기술은 해당 여성들의 구체적인 삶의 여정과 이들의 인생에 커다란 전환점을 제공한 신비 체험의 내용을 포함하기에, 이들 여성들의 종교적 성장 과정, 즉 자신의 삶을 종교적으로 재의미화하는 과정을 보여 준다는 점에서 이들 여성들의 종교적 정체성 내지 소명의식을 이해하는 데 필수 자료라고 할 수 있다.[23)]

이 글에서는 앞에서 언급한 협의의 '종교지도자' 조건을 충족하는 동시에 자전적 기술을 (부분적이라도) 확보하고 있는 여성들을 각 종교별로 분류하여 사례로 제시하고자 한다. 개신교의 경우 김신옥 목사, 최자실 목사, 현신애 권사, 강은숙 원장, 김계화 원장, 가톨릭의 경우 윤율리아와 황데레사 그리고 불교의 경우 대행 스님, 송은영 스님, 묘심화 스님이다.

---

23) 물론 자전적 기술은 해당 인물의 삶을 '있는 그대로' 기록하기 위함이 아니다. 특히 '영적 자서전'(spiritual autobiography)의 경우, 신비/종교 체험을 중심으로 이전의 삶과 이후의 삶을 (재)해석 혹은 (재)의미화하여 하나의 일관된 '구원의 역사'를 구성한 것으로 해당 인물의 현재 종교적 역할이나 위상을 정당화하려는 의도를 담고 있다. 이런 의미에서 언급된 여성들의 신비 체험 또한 기술의 과정을 거치면서 재의미화되고 해당 종교 전통의 맥락에서 재구성된 결과물임이 틀림없다.

1) 개신교

김신옥 목사(1924~)는 미국의 오순절 교단인 '국제 포스퀘어 복음교회'(International Church of the Foursquare Gospel)를 한국에 들여와 1972년 '대한예수교 복음선교회'(1997년 '대한예수교 복음교회'로 개명)라는 명칭으로 재단설립 인가를 받음으로써 여성으로는 유일하게 한국에 오순절 교단을 세운 인물이다. 미국의 '국제 포스퀘어 복음교회'('포스퀘어 교회'라고도 불림) 또한 여성이 설립한 유일한 오순절 교단으로, 유명한 대중 설교가이자 성령 치유사인 에이미 셈플 맥퍼슨(Aimee Semple McPherson, 1890~1944)이 교단의 설립자이다.

김신옥은 정식 교단인가에 앞서 1970년 대전복음교회를 설립하고 이 교회에서 담임목사로 은퇴(2003년)할 때까지 목회 사역을 행함으로써, 여성 담임목사로는 당시 한국에서 가장 큰 규모의 교회를 이끈 인물로 언급되기도 한다. 그녀의 높은 위상은 해당 교단의 총회가 1985년 감독제에서 총회장 제도로 교단 헌법을 개정한 후 1대와 2대 총회장으로 재차 선출된 것에서도 확인된다.[24]

김신옥이 여성으로서 한국에서 교단을 설립하고 이끌 수 있었던 배경에는, 그녀가 미국에서 신학공부 중 '국제복음교회'에 한국으로 선교사 파송을 적극적으로 요청하는 등 한국에서 이 교단이 정착하는 데 결

24) 임열수, 「김신옥 목사의 사역과 목회신학」, 건신 김신옥 목사 성역 33주년 기념논문집 간행위원회, 『리더십, 영성, 신학』(복음신학대학원대학교출판부, 2005), 29. 여기서 헌법 개정은 '대한예수교 복음선교회'가 미국 본부로부터 독립함으로써 독자적인 헌법 제정이 가능해졌음을 의미한다. 즉 '대한예수교 복음선교회'는 1984년까지 미국 선교부의 선교지에 속함으로써 미국에서 파송된 선교사의 감독과 지휘하에 있었으나, 이후 미국 본부는 한국 교회가 독자적으로 총회를 구성할 만큼 역량을 키웠다고 판단하여 한국 복음교회를 독립시키기로 결정하였다고 한다(앞의 글, 32).

정적인 역할을 했을 뿐 아니라, 귀국 전 이미 미국에서 해당 교단에서 목사 안수를 받음으로써 그녀의 리더십이 적어도 교단 내에서는 제도적으로 보장될 수 있었기 때문이다.[25)]

여기서 주목할 것은, 그녀가 설립한 대전복음교회가 대형 교회로 성장하게 된 주요 요인으로 임열수는 그녀가 "성령의 능력으로 병자를 고치고 귀신을 내쫓는 등 '기사와 이적'이 나타나는 사역을 행하면서 교인들로부터 하나님의 종으로의 영적 권위를 인정받았기 때문"이라고 기술하고 있는 것에 반해,[26)] 그녀의 자서전『행함으로 믿음을 온전케 하라』(2010)에는 이러한 초자연적 능력에 대한 언급이 없다는 것이다.

이러한 현상은 활동 초기의 그녀가 비일상적/초자연적 능력에 토대를 둔 카리스마적 권위에 상당 부분 의존하고 있었다면, 교단이 성장하고 교단 내 그녀의 위상이 확고해짐에 따라 그것이 서서히 (합)법적 권위로 대체되었음을 시사한다. 이런 의미에서 김신옥 목사의 종교적 권위는 초기에는 카리스마적 권위와 (합)법적 권위가 결합된 형태를 보이나, 해당 교단이 성장하면서 전자는 약화되는 동시에 후자가 강화되는, 즉 종교적 권위의 제도화 과정을 밟게 되었다고 할 수 있다.

한편 김신옥 목사에 앞서 한국의 오순절 운동에서 두각을 나타낸 여성으로는 고 최자실 목사(1915~1989)를 들 수 있다. 그녀는 한국에서 최초 그리고 최대의 오순절 교단 '하나님의 성회'의 핵심 교회인 '여의도

---

25) 그러나 김신옥은 귀국(1970년) 후 교단 설립 초기에 기성 교단과의 갈등을 겪었다고 하는데, 즉 안수 받은 여성 목사가 매우 드문 당시에 장로교 중심의 한국 교계에서 여성 목사가 신생 교단을 설립하고자 함으로써 이단 시비에서 자유로울 수 없었기 때문이라고 한다(김신옥,『행함으로 믿음을 온전케 하라』, 도서출판 대장간, 2010, 235f.; 임열수, 앞의 글, 40).

26) 임열수, 위의 글, 59f.

고 최자실 목사의 자서전

순복음교회' 설립과 성장에 지대한 역할을 한 인물이다. 물론 이 교회의 공식적인 설립자는 조용기 목사이나, 그의 영적 어머니이자 후에 장모가 된 고 최자실의 헌신적인 사역이 교회 성장에 결정적인 역할을 담당한 것은 부정할 수 없다. 최자실은 '순복음신학교'에서 수학하던 중 조용기를 만났으며, 그에 앞서 성령 체험을 하고 방언을 하였고, 졸업 후에는 서울 근교의 도시빈민층을 대상으로 기도를 통한 치유 사역으로 복음을 전파하고, 천막교회를 세우고 신도를 모으면서 현 여의도순복음교회의 실질적인 기초를 놓았으며, 후에 '순복음 금식기도원'(현 '오산리 최자실기념 금식기도원')을 설립하기도 하였다. 한편 최자실은 자신의 지대한 공헌에도 불구하고 교회 내에서 제도적으로 자신의 지도자적 위치를 굳히는 것이 쉽지 않았는데, 여기에는 그녀의 이혼 경력이 한국 순복음교단에서 목사 안수를 받는 데 걸림돌이 되었다고 한다. 그러나 그녀는 1972년 일본 '하나님의 성회'에서 목사 안수를 받음으로써 이 문제를 우회적으로 해결하였다.27)

이 밖에도 한국의 개신교에는 자신의 치유 능력을 중심으로 강력한

27) 기하성(기독교대한하나님의성회) 총회헌법은 여전히 목사의 자격을 "이혼 사실이 없는 자"(37조 2절 8항)로 정하고 있다.

카리스마를 행사했던/행사하고 있는 많은 여성들이 존재한다. 예를 들어, 고 현신애는 대한예수교장로회 소속인 (대구) 청암교회의 권사(평신도 사역자)로 1970년대 복음전도회를 통해 수많은 환자를 치유하면서 신유사역을 펼친 인물로 유명하다. 당시 그녀의 이름을 딴 '현신애 권사 복음선교회'가 결성됨과 동시에 그녀의 신유사역을 위해 여러 대도시(서울, 대구, 광주)에 '제단'이라는 집회 장소가 세워지면서 이곳으로 무수한 병자들이 모여들었고, 그녀는 이들에게 안수기도를 통해 치유하는 신유이적을 나타냈다고 한다.

그러나 현신애는 비록 자신의 치유 활동을 위한 독립적 장소('제단')를 확보하였고 그녀의 이름을 딴 출판사(신애출판사)와 그녀의 능력을 칭송하는 노래 '현신애 복음전도회가'가 불릴 정도로 커다란 카리스마를 행사하였으나, (합)법적으로 승인된 권위(목사직)를 추구하지 않았으며, 기존 교단을 떠나 독립적인 신앙공동체나 교단을 구축하지도 않았다. 따라서 현신애의 카리스마는 제도화 과정을 결여함으로써 그녀의 종교적 권위는 한시적인 성격을 지닐 수밖에 없었다.[28]

그러나 한국의 개신교에는 신유은사(神癒恩賜)[29]를 기반으로 독립적인 신앙공동체 설립에 성공한 여성들도 여럿 있다. 그 예로, 강은숙 원장과 김계화 원장은 자신의 치유 능력을 통해 많은 추종 세력을 모아 각각 '세계신유복음선교회'(현 '글로벌치유센터')와 '할렐루야기도원'을

28) 그 결과 현신애는 한때의 유명세에도 불구하고 현재 그녀 개인의 신상에 대한 기록은 거의 남아 있지 않다. 단지 그녀로부터 치유를 받은 이들의 글을 모아 놓은 간증집(『능력의 증언』, 신애출판사, 1974)을 통해 그녀에 대한 파편적 정보를 접할 수 있을 뿐이다.

29) '은사'는 그리스어로 '카리스마'(χάρισμα)이며 은혜로운 선물, 성령이 내려준 특별한 능력을 의미하며, '신유은사'는 여러 종류의 은사 중 기적적(초자연적) 은사나 표적의 은사에 속한다고 한다.

설립하였고, 김계화의 경우 2000년 한국기독교총연합회(한기총)로부터 이단 판정을 받은 뒤에도 현재까지 활발한 활동을 지속하고 있다.

한국 개신교에서 신적인 치유 능력 혹은 신유를 앞세워 자신의 카리스마적 권위를 행사하는 여성들이 집중적으로 관찰되는 것은 초기 한국교회로부터 현재까지 신유운동이 꾸준히 이어져 오면서 (순복음교회의 예를 들더라고) 한국 개신교 교회의 성장에 커다란 동력으로 작용하였고, 또한 신유은사를 받았다는 많은 여성들이 기도원을 통해 자신의 초자연적 능력을 발휘할 수 있었기 때문이다. 물론 이러한 신유운동은 개신교 내의 성령운동인 '오순절-은사주의 운동'(the Pentecostal-Charismatic movement)의 큰 틀에서 이해할 필요가 있을 것이다.[30)]

앞에서 언급한 개신교 여성들은 현신애를 제외하고 모두 (후에) 성직자의 직분을 얻었으나, 이들이 이미 그전에 추종 세력을 모을 수 있었던 것은 신유은사가 가지고 있는 '평신도 친화적' 성격 때문일 것이다. 즉 성령의 은사인 신유은사는 교리적으로 볼 때 교회에서의 직분에 상관없이 누구에게나 내릴 수 있는 것이며, 무엇보다 치병이라는 대중들의 현실적 욕구를 반영하고 있기 때문이다. 더 나아가 해당 여성들은 자신들의 의사와는 상관없이 하나님/성령이 자신들을 선택하여 치유 능력을 행하게 하신다는, 즉 초월적 힘의 개입을 강조함으로써 기존 교회의 남성 중심적 위계질서를 넘어 자신의 종교적 권위를 정당화할 수 있는 기회를 얻었다는 것이다.

---

30) 한국의 오순절-은사주의 운동과 여성의 관계에 대한 자세한 논의는 필자의「한국의 오순절-은사주의 운동 내 여성의 위치와 그 구조적 배경」,『종교와 문화』23(2012), 37-80 참조.

2) 가톨릭

황데레사(1925~)와 윤율리아(1947~)는 한국 가톨릭교회의 성장에서 중요한 동력인 성모신심운동에서 두각을 나타낸 인물들로, 이들은 평신도로서 자신들의 사적 계시를 근거로 추종 세력을 모으고 독자적인 신앙공동체 구축을 시도하면서 교도권과의 지속적인 갈등과 마찰을 빚었다.

그러나 이 두 여성은 자신의 카리스마적 권위를 제도화하는 단계라고 할 수 있는 공동체 설립에서 서로 다른 결과를 보여 주고 있다. 황데레사(본명: 황옥희)의 경우 일찍이 제도권의 견제와 금지 공문/이단 판정을 받고 그녀가 이에 순종함으로써 대중과 격리되어 서서히 잊혀지고, 그녀를 중심으로 형성되었던 상주 공동체는 제도권으로 흡수되어 일반 수도회—미리내 성모성심수도회(1984~), 미리내 천주성삼 성직수도회(1991~)—의 형태로 정착하면서 그녀의 이름은 해당 수도회의 공식적인 역사에서 사라지게 된다.[31] 반면 윤율리아(본명: 윤홍선)는 그녀를 중심으로 결성된 나주 '마리아의 구원방주'에 대하여 2008년 광주대교구장이 이 단체에서 의식을 주관하거나 참여하는 자들이 파문 제재의 대상임을 교령으로 분명히 하였음에도 불구하고, 해당 공동체는 이의 무효화를 주장하는 동시에 로마 교황청으로부터 직접적인 공동체 인준을 시도하면서 그녀는 여전히 해당 공동체에서 자신의 지도자적 위치를 확고히 하고 있다.[32]

---

31) 황데레사는 오랜 기간 자신이 받은 계시를 근거로 방인수도회의 설립을 주장하였다. 비록 그녀가 현재 해당 수도공동체의 설립자로 인정되고 있지 않으나 그녀의 추종 세력에 의해 결국 해당 수도회의 설립이 완성을 보았기에 해당 수도회의 설립에 그녀의 역할은 결정적이라고 할 수 있다.

32) http://www.gjcatholic.or.kr/naju/gong04.html; http://www.najumary.or.kr/

황데레사와 윤율리아는 둘 다 초자연적 능력(기적)을 나타냄으로써 주위에 추종자들을 모았으나, 모두 치유 능력을 토대로 자신의 권위를 구축한 것은 아니다. 즉 황데레사는 윤율리아와 달리 치유 행위에 커다란 비중을 두지 않았기 때문이다. 이 두 가톨릭 여성의 카리스마적 권위를 이해하기 위해서는 이들이 경험한 신비 체험의 내용을 좀 더 자세히 살펴볼 필요가 있다. 물론 앞에서 언급한 개신교 여성들 또한 자신들의 간증서에서 이전의 (절망적인) 삶을 획기적으로 변환시킨 신비 체험을 언급하고 있다. 그러나 이 부분은 비교적 짧고 간략하게 기술되어 있으며, 이는 신비 체험 자체가 아닌, 하나님이 해당 여성을 선택한 것에 대한 구체적인 증표인 치병 능력(신유)이 이들이 종교적 권위를 구축하는데 직접적인 자원으로 작동하고 있음을 말해 준다.

이에 반해, 황데레사와 윤율리아의 자전적 기술에서는 신비 체험이 커다란 부분을 차지하고, 그 내용 또한 매우 자세하고 생생하게 묘사되고 있다. 무엇보다 묵시/계시, 환시/현시 등이 동반되는 이들의 신비 체험에서는 예수, 성모, 성인들의 구체적인 메시지와 요구가 직접적으로 전달된다. 더불어 이들의 종교 경험은 신비 체험을 통해 예수의 십자가 고통이나 성모의 고통에 동참함으로써 고통을 수반하는 특징이 있다. 그러나 이들에게 고통은 신비 체험에만 국한되지 않고 일상으로 연장되면서 다양한 병마로부터 고통을 받으나, 자신들의 이러한 육체적 고통을 초월자가 인류의 구속을 위해 나타낸 고통과 일치화하면서 자신들의 구원론적 사명을 확인하고, 더 나아가 이들은 초월자와의 지속적인 합일을 위해 자발적으로 고통을 구하게 된다.[33]

---

najumary/index.php

33) 황데레사와 윤율리아의 신비 체험과 고통에 대한 더 자세한 논의는 필자의 「한국 가톨릭

따라서 황데레사와 윤율리아의 경우, 이들의 초자연적 능력의 근간에는 신적인 메시지가 전달되고 초월자와의 합일이 이루어지는 신비 체험이 자리 잡고 있다고 할 수 있다. 특히 윤율리아의 경우는 여기서 한발 더 나아가 '십자가 길의 예수의 고통'에 정기적으로 동참하면서 편태고통(가시면류관 고통)과 자관고통(채찍질 고통)으로 피를 흘리고, 성체가 그녀의 입에서 예수의 살과 피로 변한다는 '성체기적'을 보여 주는 등 자신과 예수의 하나 됨을 가시화함으로써 자신의 카리스마(초자연적 자질)를 대중에게 좀 더 극적이고 직접적인 방법으로 어필하고 있다고 할 수 있다.[34]

3) 불교

대행 스님, 송은영 스님, 묘심화 스님의 경우는 비구니로서 자신들의 독자적인 불교공동체를 구축하였다는 점에서 한국 불교계에서 이례적인 인물들이라고 할 수 있다. 특히 고 대행 스님(1926~2012)과 고 송은영 스님(1910~1981)은 비구니들의 자율적 공간을 확보하기 위하여 전통적 승가체제에 변혁을 시도했다는 점에서 큰 의미를 가진다.[35] 홍미

여성에게 고통과 신비 체험: 황데레사와 윤율리아의 자전적 기술을 중심으로」, 『종교와 문화』 19(2010), 참조.

34) 물론 신비 체험과 초자연적 능력의 행사가 언제나 시간적으로 구분되는 것은 아니다. 예를 들어 황데레사는 신비 체험 중 환시(vision)를 받으면서 (문맹자이기에) 이를 '자동적'으로 그림(500여 장)으로 옮겼고 그때마다 자신도 모르는 말(묵시)이 쏟아지면 이를 옆의 서기가 기록하였다고 한다. 이런 현상에 대하여 그녀는 한 사제에게 자신이 공중에서 예수나 성인들의 고통스런 행적을 보는 동시에 그들의 고통을 그대로 받고, 또한 "연필만 들면 제대로 팔이 돌아가는 대로 (그 광경을) 그립니다"라고 진술하고 있다(황데레사, 『데레사의 지난 일들』, 미리내성모성심수녀회, 1990, 297).

35) 이향순, 「보문종과 한마음선원」(세계여성불자대회 자료집, 2006. 6. 17~24), 1.

롭게도 같은 해인 1972년 대행 스님은 '한마음선원'을 설립하였고, 송은영 스님은 세계 유일의 비구니 종단인 '보문종'을 창종하였다. 한마음선원은 현재 신도 10만 명에 국내지원 15개와 해외지원 10개를 두고 있는, 불교 조계종에서 가장 신도 수가 많은 사찰로 성장하였다. 묘심화 스님의 경우는 '자비정사'라는 자신의 사찰을 운영할 뿐더러 '한국불교법성종'이라는 신생 종단의 종정으로 추대되면서 불교계 최초의 여성 종정으로 소개되기도 한다.[36] 그러나 이 종단은 '한국불교종단협의회'에 소속된 27종단에 들어 있지 않고, 또한 묘심화 스님이 자신의 활동을 빙의퇴치 내지 퇴마에 집중하면서 자신의 사찰을 '빙의기도 전문사찰'로 특화하고 있다는 점에서 이 단체는 불교 계통의 신종교로 분류될 수도 있다.

앞에서 소개한 세 비구니 스님은 강한 카리스마를 바탕으로 (수행) 공동체를 구축하였다는 점에서 공통점이 있으나 이들의 종교지도자로의 성장 과정은 매우 다르다. 대행 스님의 경우 한마음선원의 설립으로 정착하기까지 홀로 여러 산을 옮겨 다니며 혹독한 고행, 즉 만행(萬行)을 한 인물로 유명하다. 그녀는 일반 출가자들처럼 승가의 정식 교육도 받지 않았고 선방 수행도 하지 않았다. 승적에 있어서도 1950년 사미니계를 받았으나 사찰에 머물지 않고 줄곧 산중을 떠돌며 수행함으로써 승적이 불분명하게 되었으나 승랍(僧臘)에 연연하지 않아 10년이 지난 1961년에야 비구니계를 받았다고 하는데, 이는 승적이 불법을 전하는 데 편하다는 권유를 받아들였기 때문이라고 한다.[37] 따라서 "나는 누구

36) '한국불교법성종'은 무학 대사의 '법성종'에 그 연원을 대고 있으나 많은 신생 불교 종단이 그러하듯 법맥상 후자와 구체적인 연결점은 없으며 따라서 이 신생 종단에 대해서 알려진 바도 거의 없다.

를 스승 삼아 가르침을 받지는 않았으나 부처님께서 갈팡질팡하게 만들지도 않았다"[38]라고 그녀 스스로 기술하고 있듯이, 그녀는 법맥이나 제도권의 승인이 아닌 자기 스스로의 깨달음에 절대적 의미를 두었음을 알 수 있다. 대행 스님은 우주의 진리를 깨달은 뒤 여러 초자연적 능력을 구사하게 되었다고 하는데, 즉 우주법계를 드나들고 삼라만상, 영계와 소통하는 것을 비롯하여 사람들을 치유할 수 있게 되었다는 것이다.[39] 한편 그녀의 놀라운 치유 능력이 처음으로 나타난 상원사 토굴 시절부터 대행 스님을 따르던 한 신도가 안양시 석수동에 소재한 사유지를 보시함으로써 현 한마음선원의 기초가 마련되었다는 점에서도 그녀의 초자연적 치유 능력이 그녀의 활동 초기 카리스마의 주요 원천으로 작용하였음을 알 수 있다.

그러나 한마음선원 설립 후 그녀는 생활불교, 현대불교를 표방하고 이에 상응하는 참선수행법을 제시하면서 초자연적 치유 능력으로 대중을 모으는 대신, 법문을 통해 자신의 가르침을 전파함으로써 그녀의 카리스마는 합리화 과정을 밟게 된다. 이러한 과정은 그녀가 고령에 접어들면서 외부에 자신의 모습을 오랫동안 드러내지 못함으로써 더 가속화되었다고 할 수 있다. 이를 뒷받침하는 것으로 대행 스님의 행적과 법어를 기록한 『한마음 요전』은 한마음선원에서 일종의 '경전'의 위상을 갖게 되었고, 이는 그녀의 카리스마를 사후에도 안전하게 보존하려는 의도를 반영하고 있으며, 또한 최근 들어 한마음선원이 자체적으로 대행 스님의 가르침을 담은 수많은 서적을 국내뿐 아니라 해외에서도 왕성하

37) 한마음선원, 『한마음 요전: 대행 스님 행장기 · 법어집』(도서출판 여시아문, 1993), 125f.
38) 한마음선원, 위의 책, 118.
39) 한마음선원, 위의 책, 95-99.

고 대행 스님의 법회 모습(사진, 한마음선원 제공)

게 출간하고 있는 사실도 같은 맥락에서 이해할 수 있다.[40] 다시 말해, 신도들이 초기에 경험한 대행 스님의 초자연적 능력에 기초한 카리스마는 공동체가 커지고 조직화되면서 합리화 · 제도화 과정을 걷게 되고, 대행 스님이 직접 자신의 카리스마를 드러낼 수 없는 상황에서 한마음선원은 이전의 동력을 계속 유지하기 위해서 스님의 가르침을 명문화하여 이를 반복적으로 접하게 함으로써 스님의 카리스마를 보존 · 계승하고자 하는 것이다.

고 송은영 스님은 세계 유일의 비구니 종단이라는 '보문종'을 설립한

40) 한마음선원은 관련 기관으로 '현대불교신문', '한마음출판부', '한마음국제문화원' 등을 두고 있으며, 이 중 '한마음국제문화원'은 대행 스님의 설법을 번역, 출판하고 국내외 수행자들을 위한 교육 프로그램 및 교재 개발 등을 주요사업으로 하고 있다. (http://www.hanmaum.org/html_img/groups.html; http://www.hanmaum.org/html_img/stupa_info.html)

인물이다. 비록 보문종은 현재 그녀에게 초대 총무원장이라는 명칭을 부여하고, 대신 보문사의 초대 주지이며 은영 스님의 은사인 긍탄 스님을 초대 종정 그리고 보문종을 창설한 창종으로 명시하고 있으나, 보문사의 보문종 격상에 실질적인 역할을 수행한 인물은 은영 스님이다.[41] 그 이유는 송은영 스님이 긍탄 스님에 이어 보문사의 주지를 맡고 있던 중, 해방이 되고 불교정화운동으로 비구승과 대처승의 대립으로 불교계가 혼란스러운 와중에 해당 사찰이 비구들의 손에 넘어갈 위험에 닥치자, 그녀의 주도로 재산권을 포함한 사찰의 독립적인 권리를 보장받기 위해 '재단법인 대한불교보문원'이 설립하였고, 이것이 다음 해 '보문종' 창종으로 이어졌기 때문이다. 이런 맥락에서—긍탄 스님이 아닌—송은영 스님의 업적을 정리한 『보암대사 송은영 스님의 일대기』(1984)가 그의 사후에 출간되기도 하였다.

송은영 스님의 종교적 권위는 신비 체험(깨우침)이나 초자연적 능력에 기초하고 있지 않다는 점에서, 이 글에서 다루고 있는 다른 여성들과는 구분된다. 사실 그녀는 긍탄 스님의 제자로 불교에 입문하면서 잠시 동학사에 머물던 시절을 제외하고는 보문사에 상주하면서 일생 동안 이

41) http://www.bomunsa.or.kr. 흥미로운 것은 예전 보문사 홈페이지에서는 긍탄 스님이 초대 종정으로 그리고 송은영 스님이 보문종을 창종한 인물로 기술되었다는 것이다. (참고. http://buddhapia.com/_service/buddhapia/0000000312/default.asp?clss_cd=0002182268&TOP_MENU_CD=0000000312&Menu_code=0000007414) 참고로, 현재 보문종에는 약 250명의 비구니와 80,000명의 신도가 등록되어 있으며, 국내에 34개, 해외에 4개의 사찰을 두고 있다. 한편 보문종은 조계종과 긴밀한 협조체계를 유지하고 있는데 한국 최초의 비구니 승가교육기관이었던 보문강원(1936~1986)이 폐쇄된 후 보문종 비구니들의 교육과 수계는 조계종의 강원과 수계의식에 의존하고 있으며, 자체 선원이 있으나 상당수의 보문종 비구니들이 조계종의 하안거와 동안거에 참여하고 있기 때문이다(이향순, 앞의 글, 2f.).

사찰의 재건에 모든 힘을 쏟으면서 자신의 수행에는 상대적으로 등한시 할 수밖에 없었다. 따라서 그녀는 뛰어난 학승도 선승도 아니었으며 초자연적 능력과도 거리가 멀었다. 그녀의 사후 출간된 일대기를 보면 일부분 그녀에 대한 신비화 작업이 시도되고 있으나, 그녀의 일대기는 사실 보문사의 역사를 의미하기에 그녀의 종교적 권위는 보문사의 그것과 맥을 같이한다고 할 수 있다.[42] 따라서 그녀의 종교적 권위는 폐허가 된 한 비구니 사찰을 혼신의 힘으로 재건하고 결국에는 하나의 독립된 종단으로 정착시킨 초인간적 헌신으로 대표되는 그녀의 비일상적 능력에 근거하는 동시에, 보문사의 주지로 그리고 한동안 보문종의 창종으로 추앙됨으로써 (합)법적 권위와 함께, 비구니 사찰의 전통을 수호했다는 점에서 전통적 권위와도 맞닿아 있다. 이런 의미에서 송은영 스님의 경우는 카리스마적 권위, (합)법적 권위, 전통적 권위가 중첩되는 흥미로운 현상을 보여 준다.[43]

한편 '자비정사'의 묘심화 스님은 무속적 전통과 깊게 관련되어 있는

---

42) 그녀의 사후 출간된 일대기는 일정 부분 종단적 차원에서 그녀에게 초자연적 후광을 입히려는 시도라고 볼 수도 있다. 왜냐면 이 전기는 그녀의 '탄생설화' 그리고 비범했던 그녀의 어린 시절의 이야기로 시작되면서 그녀가 위대한 인물로 성장할 것을 예견하고 있기 때문이다(안덕암,『보암대사 송은영 스님의 일대기』, 불교통신교육원, 1984, 37-49). 그러나 이 전기는 출가 후 그녀의 삶을 기술하면서 보문사를 지키는 데 당면한 지극히 세속적인 여러 어려움—재정적 궁핍, 급박한 사찰 보수, 비구승들에 의한 사찰(전답) 탈취 시도 등—과 이에 대한 힘겨운 극복에 대한 일화들로 채워지고 있기에 그녀에게 입혀진 어린 시절의 초자연적 후광은 곧 빛을 잃고 만다.

43) 전통적 권위와 관련하여 보문종의 토대가 되는 보문사는 창건(1115년) 이후 비구니가 지속적으로 주지직을 맡아 왔다고 기술된다. 이러한 비구니 전통을 강조하기 위해서 보문종은 석가의 이모이자 계모인 대애도(大愛道) 비구니 즉 마하파자파티를 종조(宗祖)로, 중국의 정검니(淨檢尼)를 전법조(傳法祖)로, 신라의 법유니(法流尼)를 중흥조(中興祖)로 삼고 있다(안덕암, 앞의 책, 315).

인물이다. 그녀는 자신의 어머니가 신병으로 고생한 것과 같이 어린 시절부터 신기가 있었으나 무속인이 되기를 거부하면서 심하게 무병을 앓게 되고, 결혼 후에는 특히 빙의로 큰 고통을 겪었다고 한다. 결국 그녀는 불교에 귀의하여 구병시식(救病施食)을 받고 혹독한 기도정진을 하면서 관세음보살과 부처님을 환시로 보고 기(氣)가 몸을 관통하는 신비체험을 경험한 후 자신의 병(빙의)이 치유됨과 동시에 신들을 통제할 수 있는 능력을 얻게 되었다고 한다.[44] 묘심화 스님의 활동은 무엇보다 불교식 퇴마의식이라 할 수 있는 구병시식에 집중되고 있는데, 이 의식을 통해 빙의 상태를 제거하여 병을 치유한다는 것이다. 그러나 묘심화 스님은 자신의 역할을 영적 치유자로 제한하지 않고 미래를 예견하는 일종의 '예언자'로 의식하고 있는데, 이런 맥락에서 그녀는 심심치 않게 미래의 국운이나 정계의 변화에 대한 발언을 이어가고 있다.[45] 따라서 묘심화 스님의 경우는 카리스마적 권위가 초자연적 능력(영계와 소통, 퇴마, 예언 등)에 근거하는 전형적인 모습을 보여 준다고 할 수 있다. 그러나 그녀가 단순히 무당이 아닌 한 사찰의 주지이며, 더구나 한 종단('한국불교법성종')의 종정이라는 점에서 카리스마적 권위와 (합)법적 권위가 결합된 형태를 보인다.

정리하면, 앞에서 사례로 제시된 여성들은 모두—적어도 초기 활동시기에—비일상적 자질(송은영 스님)이나 초자연적 능력—특히 치유 능력—을 주요 기반으로 자신의 종교적 권위를 주장할 수 있었고, 이를 바

---

44) 묘심화, 『빙의가 당신을 공격한다』(랜덤하우스중앙, 2004), 63-68; 『여성조선』(2003. 12), 356f.

45) 묘심화 스님은 박근혜 씨의 후원자로 미래의 여성 지도자 내지 차기 여성 대통령으로 박근혜 씨를 지목하였고 지난 대선 전에는 관련 책을 출간하기도 하였다(『대한민국과 결혼한 박근혜』, 찬섬, 2006).

탕으로 추종 세력을 모았다는 점에서 이들의 종교적 권위는 한 개인의 특수한 자질/능력 즉 카리스마에 의지하고 있음을 알 수 있다. 또한 이들 여성들은—현신애와 황데레사를 제외하고—자신의 카리스마적 권위를 토대로 종교공동체를 구축하고 해당 조직 내에서 자신들의 지도자적 위치를 제도적으로 공고히 하였다. 이를 통해 그들의 카리스마적 권위가 합법적 권위로 서서히 대체되거나 이 두 종류의 권위가 결합하게 됨으로써 이들의 종교적 권위는 일상화 혹은 안정화의 길을 걷게 된다.

특히 김신옥 목사, 송은영 스님, 묘심화 스님의 경우는 이들이 신생 교단/종단을 설립하고 수장이 됨으로써 새로운 종교전통을 구축한 것처럼 보이나, 사실상 김신옥의 경우 미국 교단을 한국에 이식한 것으로 기존 교단의 세력과 권위에 의지한 면이 있으며, 송은영과 묘심화 스님의 경우 이들의 종단 또한—적어도 담론적으로—한국 불교의 전통에 그 정당성을 둠으로써 전통적 권위에 의존하고 있음을 알 수 있다. 따라서 카리스마적 권위는 베버가 이미 언급했듯이 그 안정성을 확보받기 위해서 필연적으로 합법적 혹은/그리고 전통적 권위에 의존할 수밖에 없음을 보여 준다.

4. 맺는 말

이 글에서 사례로 다룬 여성들은 한국 사회의 뿌리 깊은 가부장적 종교 질서에도 불구하고 강한 카리스마적 권위를 행사하며 적지 않은 추종 세력을 모은 인물들이다. 이들 대다수는 독립적인 종교공동체를 구축하거나 합법적 절차를 거쳐 성직자의 지위를 획득함으로써 자신의 리더십을 조직 내에서 성공적으로 제도화할 수 있었다. 그러나 동시에 이들 중 다수—특히 개신교와 가톨릭의 여성들의 경우—는 제도 종교로부터 강한 견제를 받으며 이단 논쟁에 휘말렸고, 이 중 일부(강은숙, 김계화, 황데레사, 윤율리아)는 현재도 여전히 제도권의 비판뿐 아니라 부정적인 대중 담론과 직면하고 있다는 사실은 많은 것을 시사한다.

한국의 제도 종교가 가부장적 질서를 고수하면서 여성이 (합)법적인 절차를 거쳐 공동체 안에서 지도자적 위치를 획득하고 이에 상응하는 역할을 수행하는 것을 어렵게 만드는 한, 자신의 비일상적/초자연적 능력을 기반으로 종교적 권위를 주장하는 여성들은 지속적으로 나타날 것이다. 이와 동시에 주류 사회가 지속적으로 이들과 그 추종자들을 '일탈적', '비정상적'이라고 비난하고 공격함으로써 이들 여성들은 한국 사회에서 계속 주변화될 것이다. 이러한 악순환을 끊기 위해서 우선 기성종교는 성차별적 구조를 폐기하고 여성에게도 남성과 같은 동등한 종교적 의무와 권리를 보장해야 할 것이다. 그러나 제도 종교 중심의, 남성(성직자) 중심의 현 한국 종교계의 상황에서 이러한 기대는 매우 비현실적으로 여겨진다.

이러한 암울한 전망에도 불구하고 한국의 여성 종교지도자들은 기존 종교 질서에 도전하는 조용한, 그러나 뚜렷한 자신의 목소리를 내고 있음을 잊지 말아야 할 것이다. 이런 맥락에서 필자는 앞에서 다룬 여성들의 종교적 도전과 실험이 한국 종교문화의 다양성과 역동성을 반영하고 있다는 긍정적인 해석을 내리고 싶다.

저 자 소 개

조승미

서울불교대학원대학교 연구교수로, 이화여대와, 동국대 대학원 불교학과를 졸업했으며(석, 박사), 동국대 강사, 불교문화연구원 연구교수, 서강대 종교연구소 선임연구원 등을 역임했다. 동아시아 불교와 여성을 전공하였고, 주요 저서와 논문으로는『여성주의 불교수행론』(해조음, 2009),『한국 비구니승가의 역사와 활동』(공저, 한국비구니연구소, 2010),『일본불교사 근대』(공역, 동국대출판부, 2008),「현대 한국불교 여성 성직자의 현황과 젠더경험」(2013),「동아시아 선불교 여성과 소셜네트워킹의 화두」(2011),「한국의 불교와 여성 연구: 회고와 전망」(2013) 등이 있다.

박혜훈

영산선학대학교 교수이자 원불교 여성교무로서, 원광대 원불교학과와 동 대학원 불교학과에서 석사와 박사학위를 취득하였다.(논문명:「사명지례(四明知禮) 천태실상론의 연구」) 주요 저서와 논문으로는『(낱말로 배우는) 원불교』(원불교출판사, 2008),『원불교 선의 정체성 확립과 세계화 방안 모색』(공저, 영산선학대학교, 2009),『원불교 인물과 사상 1』(공저, 원불교사상연구원, 2000),「세계화 시대의 원불교 세계교화 방향」(2011),「소태산의 여성관과 원불교 여성교무의 현재」(2010) 등이 있다.

최혜영

성심수녀회 수녀이며 가톨릭대학교 종교학과 교수로서, 이화여대와 서강대 대학원 종교학과를 졸업(석, 박사)하였고, 한국가톨릭여성연구원 대표를 맡고 있다. 신약 성서 신학을 전공하였고, 주요 저서와 논문으로는『열린 교회를 꿈꾸며』(공저, 바오로딸, 2004),『미래를 여는 가정공동체』(공저, 가톨릭대출판부, 2008),『도전받는 가정공동체』(공저, 가톨릭대출판부, 2006),『하느님 내 입시울을 열어주소서』(우리신학연구소, 1999),「수도자의 성 정체성과 정결서원」(2007),「본당 사제와 본당 수도자」(2005),「제2차 바티칸 공의회 이후 여성 수도회의 시대적 필요에 대한 응답」(2013) 등이 있다.

임희숙

성공회대학교 겸임교수이자 목사, 기독여성살림문화원 원장으로, 한신대와 독일 함부

르크 대학교를 졸업(철학박사)하였고, 연세대, 이화여대 강사 및 한국여성신학회 회장, 한신대/한일장신대 연구교수 등을 역임했다. 주요 저서 및 논문으로는『기독교 근본주의와 교육』(대한민국학술원 우수학술도서, 동연, 2010),『제국의 신』(공저, 동연, 2008),『민족과 여성신학』(공저, 한들출판사, 2006),「The Character of Protestant Church Women's Movement and its Tasks in Korea」(2013),「한국 교회여성의 의식 분석과 한국 교회의 과제」(2012),「한국사회의 변화와 교회여성교육 - 1960~80년대를 중심으로」(2011) 등이 있다.

박미현

일본성공회 동경교구 성구주교회 사제로, 이화여대 기독교학과 석사, 성공회 대학교 박사학위를 수여하였다. 대한성공회 부산교구에서 부제서품과 사제서품을 받았으며(2002), 성공회대 신학연구소 연구원을 역임하였다. 주요 저서와 논문으로는『여인아 네가 어디서 와서 어디로 가느냐: 대한 성공회 여성들의 이야기』(대한성공회출판부, 1998),「오키나와 여성의 고난과 한에 대한 여성 신학적 성찰」(박사학위논문, 성공회대, 2009) 등이 있다.

차옥숭

이화여대 기독교학과, 동 대학원 석사, 독일 프랑크푸르트 대학교 대학원(철학박사, 종교학 전공)을 졸업하였다. 한일장신대 교수, 이화여대 인문과학원 HK 연구교수 등을 역임하였으며, 주요 저서와 논문으로는『동아시아 여신 신화와 여성 정체성』(공저, 이화여대출판부, 2010),『한국인의 종교경험: 천도교, 대종교』(서광사, 2000),『한국인의 종교경험: 증산교, 원불교』(서광사, 2003),『한국인의 종교경험: 巫敎』(서광사, 1997),「동서교섭의 관점에서 본 대종교의 마음 이해」(2012),「전쟁 폭력 여성 - 오키나와 전장의 기억을 중심으로」(2009),「함석헌의 모성성의 주춧돌 위에 세워진 씨알, 생명 사상」(2008),「인간과 자연의 소통가능성 - 멕페이그와 해월사상을 중심으로」(2010),「동서 교섭의 관점에서 본 몸과 마음 이해 - 동학과 스피노자를 중심으로」(2012) 등이 있다.

조은수

서울대 철학과 교수로, 서울대 철학과 대학원 석사, 미국 버클리대에서 박사 학위를 취득했으며, 미국 미시간대 조교수, 서울대 규장각 국제한국학센터 초대 소장, 유네스코 아시아 태평양지역 세계기록문화유산 출판소위원회 의장, 서울대 철학사상연구소 소장 등을 역임했고, 현재 불교학연구회 회장, 불교여성연구소 소장을 맡고 있다. 주요 저서와 논문으로는『마음과 철학』(공저, 2013), *Korean Buddhist Nuns and Laywomen:*

Hidden Histories, Enduring Vitality (SUNY Press, 2011), 『출가 10년 나를 낮추다』(역서, 웅진뜰, 2011), "Repentance as a Bodhisattva Practice"(2013), 「지율스님의 생태운동과 에코페미니즘」(2011), 「범망경(梵網經) 이본을 통한 고려대장경과 돈황(敦煌)유서(遺書) 비교연구」(2009), 「원효에 있어서 진리의 존재론적 지위」(2007), 「불교의 경전 주해 전통과 그 방법론적 특징」(2007) 등이 있다.

이숙진

성공회대학교 연구교수로, 이화여대 기독교학과, 동 대학원을 졸업하였고(석, 박사) 기독교윤리, 여성신학을 전공하였다. 성공회대 초빙교수, 이화여대 강사 및 서울대 post doc 연구원 등을 역임하였으며, 주요 저서와 논문으로는 『한국기독교와 여성 정체성』(한들, 2006), 『생명의 길 평화의 삶』(공저, 동연, 2010), 『민족과 여성신학』(공저, 한들출판사, 2006), 「여성정치세력화와 여성대통령 만들기 - 박근혜정부에 대한 기독교 여성윤리학적 비평」(2013), 「신자유주의시대 한국기독교의 자기계발 담론 - 여성교인의 주체화 양식을 중심으로」(2010), 「대부흥운동기 여성공간의 창출과 여성주체 탄생」(2009) 등이 있다.

강혜경

숙명여대 아시아여성연구소 책임연구원 및 서강대 사회과학연구소 연구원으로, 안동대, 서강대 대학원 사회학과를 졸업(석, 박사)하였으며, 서강대, 성균관대, 외대, 가톨릭대 강사 등을 역임하였다. 전공은 가족/성(gender)의 사회학으로, 유교와 여성주의를 중심으로 연구하고 있다. 주요 논문은 「유교문화속의 여성의 자아 - 수용성(Receptivity)과 감응성(Responsiveness)을 중심으로」(2009), 「여성주의 윤리 시각에서 본 여성의 모성」(2008), 「근현대 종부를 통해 본 유교전통 여성의 지위: 영남지역 종부사례를 중심으로」(2008) 등이 있다.

우혜란

서울대, 가톨릭대, 한신대 객원교수 및 가톨릭대 인문과학연구소 연구교수, 서울대 종교문제연구소 객원연구원 등을 역임하였으며, 현재 한국 신종교학회와 종교문화연구소의 연구이사, 한국종교학회 "종교와 여성" 분과장으로 활동하고 있다. 서강대 독문학과, 서울대 대학원 종교학과 석사, 독일 마부르그 대학교 종교학과(박사)를 졸업하였고, 전공은 종교여성학과 종교사회학이다. 주요 저서와 논문으로는 「한국의 오순절 - 은사주의 운동에서 여성의 위치와 그 구조적 배경」(2012), 「젠더화된 카리스마: 한국 여성종교지도자를 예로」(2011), 「한국 가톨릭 여성에게 고통과 신비체험」(2010), 「낙태아 천도재와 여성」(2009), "New Age in South Korea"(2009), 『죽음의례 죽음 한국사회』(공저, 모시는 사람들, 2013), 『신자유주의 사회의 종교를 묻는다』(공저, 청년사, 2011), *Religions in Focus: New Approaches to Tradition and Contemporary Practice* (공저, Equinox, 2009) 등이 있다.

서강대 종교연구소 소개

서강대 종교연구소는 종교와 신학의 연구 및 한국 종교들과 그리스도교의 상호이해를 증진시키기 위해 1984년 종교신학연구소로 출발하였으며, 1997년 12월 신학연구소와 분리하여 종교연구소로 개편되었다. 본 연구소는 그리스도교, 이슬람교, 유교, 불교, 도교, 샤머니즘 등 세계의 종교 전통들과 한국 종교에 대한 연구를 증진시키며 종교 간 대화와 상호이해를 촉진하는 것을 목표로 한다. 이러한 목표를 달성하기 위하여 국내외의 연구기관 및 학제 간의 교류를 추진하면서 개별 및 공동연구 수행, 연구발표회, 강연회 및 학술회의 개최, 자료 수집과 편찬, 학술지 및 종교학 총서 발간 등의 활동을 하고 있다.

서강대 종교연구소에서 발간한 학술지

『한국종교연구』(제1집 1999년~제11집 2009년 종간).

Journal of Korean Religions (2010년 창간 영문 국제전문학술지, 2014년 현재 Volume 5까지 발간).
http://muse.jhu.edu/journals/journal_of_korean_religions 참조.

서강대 종교연구소 종교학총서 시리즈

1. 김승혜 편저, 『종교학의 이해』, 분도출판사, 1986
2. 루돌프 옷토 저, 길희성 역, 『성스러움의 의미』, 분도출판사, 1987
3. 구보 노리따다 저, 최준식 역, 『도교사』, 분도출판사, 1990
4. 스미스, 윌프레드 캔트웰 저, 길희성 역, 『종교의 의미와 목적』, 분도출판사, 1991
5. Kenneth K. S. Chen 저, 길희성 · 윤영해 역, 『불교의 이해』, 분도출판사, 1995
6. G. 반델레에우 저, 손봉호 · 길희성 역, 『종교현상학 입문』, 분도출판사, 1995
7. 귄터 란츠쿕스키 저, 박태식 역, 『종교사 입문』, 분도출판사, 1997
8. 안네 마리 쉼멜 저, 김영경 역, 『이슬람의 이해』, 분도출판사, 1999
9. 박일영 저, 『한국 무교의 이해』, 분도출판사, 1999
10. 셰샤기리 라오 저, 『간디와 비교종교』, 분도출판사, 2005

한국 여성 종교인의 현실과 젠더 문제

2014년 4월 30일 인쇄
2014년 5월 8일 발행

지은이 | 조승미 박혜훈 최혜영 임희숙 박미현 차옥숭 조은수 이숙진 강혜경 우혜란
엮은이 | 서강대 종교연구소
펴낸이 | 김영호
펴낸곳 | 도서출판 동연
편 집 | 조영균 디자인 | 최려진 관리 | 이영주
등 록 | 제1-1383호(1992년 6월 12일)
주 소 | 서울시 마포구 월드컵로 163-3
전 화 | (02) 335-2630
팩 스 | (02) 335-2640
이메일 | yh4321@gmail.com

잘못된 책은 바꾸어 드립니다.
책값은 뒤표지에 있습니다.

ISBN 978-89-6447-238-5 93200